眾神的遊戲

喜劇大師寫給現代人的希臘神話故事 卷一

史蒂芬．佛萊 Stephen Fry——著
陳信宏——譯

Mytho
The Greek Myths Reto

目次

宙斯的玩具：第二部

推薦序

機智大神打造的希臘神話綜藝秀

龍貓大王通信（影評人）

在臺灣很難聽到史蒂芬・佛萊（Stephen Fry）這個名字，別怪誰見識淺薄，要怪佛萊太難介紹。他是電影電視演員、專業諧星、莎劇演員、導演、影視編劇、歌劇編劇、益智節目主持人、廣播DJ、活動司儀、評論家、小說家、聲優、影視製作人、慈善組織總裁，還有惡作劇專家。《哈利波特》系列電影找來所有知名的英國演員演出，獨獨漏掉了佛萊，原因很簡單：佛萊是全七本《哈利波特》小說有聲書的朗讀者，太多英國人腦海裡的《哈利波特》世界，其實都是他的聲音。

佛萊是英國人的終極模範，倒不只是因為他多才多藝，而是因為他有犀利的幽默感，同時又懂得以一派溫文儒雅，包裝這種尖得能刺死人的嘻笑怒罵，他是體現英國「刻薄幽默」文化的最佳代表。說笑話不困難，要像佛萊那樣一劍穿心才困難：他是出名的「一句評論家」（one-liner），意味著一句話就能讓人下不了臺，也代表他必須捨棄那些笑話裡的起承轉合，必須把開場、誤導與轉折這些笑話招式，壓縮到最精簡的形式裡。有時他甚至不需要那些招式輔助，只是直白撕開那些一般人的虛幻妄想。這些仍然能逗笑我們，只是也逗出了一些我們意想不到的情緒。

「教育其實是學生們在課本與課堂之外，教導彼此的那些東西。」

「一杯酒比起書上的墨水能教導我們更多，而比起一本書，我們也能從一句嘲諷裡學到更多。」

「Kindle不會為書帶來任何威脅，比起電梯對樓梯的威脅差多了。」

「我不需要你提醒我自己有多老，我的膀胱常常都在提醒我。」

「我不看電視的，我覺得那玩意摧毀了我們自言自語的藝術。」

「機智是很美麗的，因為它呈現了創意精餾後的精華。」這句話幾乎可以稍微歸納史蒂芬．佛萊的魅力根源。他將龐大知識去蕪存菁之後，留下精巧簡短的一句話，讓你笑、也同時讓你思考他的話外之意。他讓搞笑昇華成為一種拔河遊戲，讓你的小腦筋有了運動的機會，抓住那條他話中留下的線索，試圖拔出連帶其後的更大概念。

所以這是為什麼，佛萊會是你見過最優秀的歷史老師，同時《眾神的遊戲》這本書會如此有趣的原因：史蒂芬．佛萊以獨特的「佛萊風格」，將整套希臘神話從頭重新解釋一遍。對演員來說，希臘神話是許多戲劇理論與角色模型裡的基礎元素，其中許多悲劇與喜劇故事，仍然持續被改編成不同的影劇形式。身為演員，清楚希臘神話並不稀奇，但是要像個老師——還是一位風趣的好老師——將這些上自混沌時期、下至地中海戰爭的千年歷史，翻譯成駑鈍學生也能在笑聲中聽懂的資訊，那可不是簡單事。

是的，佛萊基本上把我們讀者視為駑鈍學生——壓根沒聽過希臘神話的幼兒園學生。因為《眾神的遊戲》的故事是從一無所有的宇宙開始講起，你不知宙斯的父親有多失職也沒關係，不瞭解阿波羅有多渣男也沒關係，佛萊會一五一十地從頭介紹。這種不厭其煩的態度，其實給了佛萊巨大的自由空間，代表他可以在講故事的同時，加進自己尖酸諷刺的獨門黜臭（thuh-tshàu），或甚至將某個神話轉變為詼諧小劇場（例如瑞亞告誡兒子宙斯，他父親有多麼殘暴，而宙斯竟然裝傻開母親玩笑）。

佛萊不只是重譯遠古經典，反過來，這些發生在神殿裡的偉大神話，也是嘲諷當代的最佳利器：「泰坦（Titan）的意思是『自不量力地奮力追求』，……烏拉諾斯的原意是在羞辱他們，但這個名稱卻從此帶有一股宏偉的色彩。從古至今，都沒有人會因為被人稱為某個領域的泰坦而覺得自己遭到羞辱。」

所以說，《眾神的遊戲》是一本多功能的書，因為你能在書中任何一個小篇章裡，獲得多方面的樂趣。就像這一段介紹分開天空與大地的天神阿特拉斯：「阿特拉斯奮力扛起整個天空的重量。雙腿挺立，肌肉緊繃……」搞笑的部分來了：「在無盡的時間長流裡，他一直在那裡喘息力撐，就像保加利亞的舉重選手一樣……」而佛萊的小知識時間也要開始了：「在世界最早的地圖上，可以見到他蹲立著奮力苦撐的形象，所以我們直到今天都把地圖集稱為『atlas』——和他的名字一模一樣。他的一側是地中海，另一側的大洋則是以他為名，稱為

『the Atlantic』（大西洋）。神秘的島嶼王國亞特蘭提斯（Atlantis），據說就是位於大西洋上。」

《眾神的遊戲》有希臘神話鉅細靡遺的解說、有令人發噱的黜臭、同時還有以古諷今的對比，而你也不需要事先讀好讀滿任何預習資料。《眾神的遊戲》是節目主持人佛萊全心佈置好的精彩節目，其中有知識單元、英語語源介紹單元、眾神們荒謬地亂丟生殖器或是變馬變牛以便把妹的喜劇單元，還有許多原本已經夠驚奇的神話篇章，由佛萊的生花妙筆改寫而成的驚悚劇等等。你只要坐下來、翻閱它，馬上就能享受雅典娜從宙斯腦中誕生的神奇故事、赫菲斯托斯施計騙倒母親赫拉的甜蜜復仇劇，並且快速聯想到，它們與你見過最棒的一些作品竟然如此相似——相信這時你再觀賞一次電影《普羅米修斯》，因為有了對於教導人類用火的普羅米修斯的瞭解，一定會對這個遙遠宇宙的異形故事有不同的感觸。

有眾多身分的史蒂芬．佛萊，在《眾神的遊戲》這本書裡又多了另一種全新的歷史老師身分，而且你能感受到這個新身分綜合了過去他所有的才能。當然，一本書怎麼裝得下偉大的佛萊——《眾神的遊戲》只是一套三部曲作品的第一本，往後還有更多的希臘神話故事等著激發你的想像力。我羨慕那些並不認識史蒂芬．佛萊的人們，因為這代表還有一場美好的體驗等著你們，而《眾神的遊戲》絕對會是認識佛萊的最佳起點。

推薦序

神話是認知世界的方式

邱建一（藝術史學者）

「神話究竟是甚麼？為何如此複雜？」

這個問題我都被問過千百遍了。不管是學校裡的學生，還是演講場合裡的社會各階層人士，當聽到如此龐大又如此複雜的神話內容時，都不約而同地有一樣的疑問。

當然，我們可以很嚴謹地按照「神話學」（Mythology）這個學科的說法，照本宣科地告訴大家，神話學是以「神話」（Myth）為內容，源自於民族學或文化人類學的一個分支。按照研究方法又可分類為自然神話學、歷史神話學、比較神話學、結構人類學等等，之後再搬出羅蘭巴特（Roland Barthes，一九一五—一九八〇）、李維史陀（Claude Lévi-Strauss，一九〇八—二〇〇九）這些大師級的人物出來，最後拿出幾本神話學的大著出來要大家回去好好研讀，順便告知某某圖書館有得借，要不然上書店隨時都有中文翻譯本可買。

以上這樣的回答不但得體而且嚴謹，聽的人也點頭如搗蒜面帶微笑不會有任何異議，在一團和氣當中就結束了這個話題。但是問題有了答案了嗎？相信是沒有的。因為大概不會有人當真去讀完這些神話學著作，尤其是在面對這些書本時，大家都會被它的卷帙浩繁驚嚇到當場打了退堂鼓。

其實對於大多數的讀者來說，瞭解神話並不需要這些大師級的學術專著，只需要一點點的整理與適當的引導，然後拿幾則故事當作範例，相信很容易地就可以進入這個看似複雜但卻相對單純的世界。

就以銀河誕生的故事來說吧！這個源自希臘三大英雄赫克力士（Heracles）神話的分支故事，就很引人入勝而且又能滿足一般人的獵奇心態。最重要的是這則故事看似簡單，卻又容易理解希臘羅馬神話的思維路徑，與神話誕生的目的。

傳說在赫克力士誕生之後，天后赫拉（Hera）為了想看看這個宙斯的私生子，不惜遠從天庭下凡來探視這個初生的小孩。而就在赫拉靠近嬰兒床時，赫克力士突然放聲大哭。英雄果然非比常人，他宏亮哭聲響遍雲霄。赫拉在一時驚慌心急之下，為了安撫放聲大哭的赫克力士，她只好當場掏出自己的乳房餵養這個孩子。此舉雖然止住了赫克力士的哭泣，但赫拉在飛返天庭的路上，剛剛被用力吸過奶水的乳房，還一路濺灑著乳汁。結果點點星濺的赫拉乳水，在天上形成了一道像是奶水般的河流，銀河因此而誕生。這也是現代英語裡「奶水之路」（milky way）的字源。

這則荒誕卻又有趣的故事，簡簡單單地解釋了銀河誕生的過程。故事曾經廣泛流傳於地中海東端的沿岸地區，之後又被以拉丁文寫進奧維德（Publius Ovidius Naso，又稱 Ovid）的《變

話版本。

但問題是，為何早在西元前五世紀生活在地中海沿岸的人們，要講這則故事呢？其實答案是很簡單的，這是在過去的世界裡，人們認知這個世界的方式。

銀河這個肉眼就可觀察到的天文現象，與天上的黃道帶星座，早在很久以前就被發現是用來辨認季節變換，甚至是用來辨認方向的有效方法。但天上的星座何其複雜，要在浩瀚的星體當中有效辨認出星座，古人發現最好的方式是幫它們說一個故事。這些故事用來描述星座的樣貌外觀，同時又方便記憶，甚至星座之間的移動關係也藉由故事來解釋。這樣一來天上的星星不再只是一個發亮的小點點而已，它們被擬人化之後開始有了自己的性格，從此成為神話體系的一部分。

神話在本質上就是認知世界的方式。古代人用一則則故事串聯建立這個世界的樣貌，雖然看似怪異荒誕，但也是一種方便記憶的方式。畢竟正經八百的敘述總是比不上誇張的言語，古人倒是在很久以前就知道這種有效的口語傳播特色。

所以，對大部分的人來說其實並不需要一本神話學大著，才能帶領我們進入這個神話世界。我們需要的是一個引導，在一則則看似簡單又彼此穿插的神話故事中，梳理出一條簡單易懂的路徑出來。過去以來，梳理神話的著作向來不少，但我們也從未嫌這類述作整理太多，畢竟神話的世界是很複雜的，有人願意以現代人能懂的方式重新整理，總比要人直接去讀《變形記》（*Metamorphoses*）這類的劇本之中，在古羅馬劇院中演出，最終成為我們現今知道的神記》、《金驢記》，甚至荷馬（Homer）的原典來的方便許多。而且以神話的成形過程來說，一再傳述之後，代代相傳才形成完整的故事。所以，一再地轉述與述作本來就是神話成形過程的一環，過去如此，未來也是如此。

史蒂芬·佛萊（Stephen Fry）這本《眾神的遊戲：喜劇大師寫給現代人的希臘神話故事》，簡單易懂地整理出神話的幾條主線故事，讓我們瞭解這些故事的意義與背後的本質。一本寫給現代人的神話故事，這是一個方便門，沒有繁複的考證，也不需要古代語意轉寫的複雜分析。史蒂芬·佛萊直接了當告訴我們神話的內容是甚麼？這就是我們要的神話，現代讀者需要的也不過是如此而已。

前言

我很幸運，在小時候看了一本書叫做《古希臘的故事》（*Tales from Ancient Greece*）。我對那本書一見鍾情。雖然我後來也看了許多其他文化與民族的神話和傳說，但這些希臘故事卻帶有某種特質，能夠點燃我內心的火焰。他們那個世界的活力、幽默、熱情、獨特性與深富可信度的細節，從一開始就讓我著迷不已。我希望你也會有同樣的感覺。也許你已經熟知本書講述的某些神話，但我特別歡迎那些可能從來沒有接觸過希臘神話的人物與故事的讀者。你不需要先做任何功課就可以閱讀這本書。希臘神話從一個完全虛空的宇宙開始講起。你絕對不需要受過「古典教育」，也不需要知道神酒和仙饌有什麼不同、羊男和人馬有什麼不一樣，或是命運女神和憤怒女神有什麼差別。希臘神話完全沒有任何學術或智識色彩；希臘神話讓人欲罷不能，不但娛樂性高、平易近人，而且人性化的程度令人吃驚。

可是，古希臘的這些神話是從哪裡來的呢？在糾結纏繞的人類歷史當中，我們也許可以拉出一條屬於希臘的絲線而往回追溯。但是只挑出一個文明及其故事，對於普世神話真正源頭的探究也許可以說是太過隨便。世界各地的早期人類都納悶過造成火山、雷雨、海嘯與地震的力量究竟從何而來。他們歡慶並且敬重四季的節律、夜空的天體運行，以及每天發生的日出奇蹟。他們好奇天地的一切可能是怎麼開始的。許多文明的集體潛意識所講述的故事，都包含憤怒的神明、瀕死與重生的神明、豐饒女神、神靈、魔鬼，以及火、土與水的精靈。

當然，不是只有希臘人這個民族從令人費解的天地結構當中編出眾多的故事與傳說。如果要從考古學與古人類學的角度來看，希臘的眾神可以追溯到美索不達米亞的「肥沃月灣」（亦即今天的伊拉克、敘利亞與土耳其）所傳說的天父、月亮女神以及惡魔。在那裡，遠比希臘人早了許久的巴比倫人、蘇美人、阿卡德人及其他文明，都有他們自己的創世故事與民間神話，而且就像用來講述那些傳說的語言一樣，其起源也可以追溯到印度，接著還能再往更西邊與更早的史前時代，追溯到非洲以及人類的誕生。

不過，我們不管講什麼故事，都不得不挑選一個點剪斷敘事線，而把那裡當成起點。希臘神話很容易做到這一點，因為這些故事保存得極為詳細、豐富、生動又鮮豔，所以和其他神話有著明顯的區隔。希臘神話獲得最早的詩人記載以及保存，並且幾乎從文字出現以來就一路連續不斷地傳承至今。希臘神話雖然有許多部分都相當類似於中國、伊朗、印度、馬雅、非洲、俄羅斯、美洲原住民、希伯來以及北歐的神話，卻帶有一項獨特的特色，也就是作家暨神話學家伊迪絲．漢彌爾頓（Edith Hamilton）所說的：希臘神話是「偉大詩人的創作」。在所有的民族當中，希臘人最早以自己的神祇、怪物與英雄編撰出前後一致的敘事，甚至可以說是一套文學。

希臘神話敘述人類的興起，還有我們為了擺脫眾神干預而進行的抗爭——抗拒他們的虐待、他們的多管閒事，以及他們對人類生活與文明的高壓控制。希臘人沒有對神祇卑躬屈膝。他們知道神祇懷有需要受到人類祈求與尊敬的虛榮心，但是相信人類能夠與神祇平起平坐。他們的神話懂得這一點：不管是誰創造了這個令人費解的世界，既然這個世界如此殘忍、奇妙、無常、美麗、瘋狂又不公正，那麼其創造者本身必然也是殘忍、奇妙、無常、美麗、瘋狂又不公正。希臘人依照自己的形象創造了他們的神祇：好戰但有創意，明智但凶猛，深情但好妒，溫柔但殘暴，慈悲但又有仇必報。

《眾神的遊戲》（*Mythos*）開始於開頭，但不是結束於結尾。我要是納入伊底帕斯、柏修斯、忒修斯、傑森、赫拉克勒斯，以及特洛伊戰爭的細節，那麼這本書恐怕會厚重得連泰坦都搬不動。此外，我只管**說**故事，而無意解釋這些故事，也不探究可能潛藏於其中的人類真理與心理洞見。這些神話極為引人入勝，充滿各種令人不安又出人意料、浪漫、滑稽、悲慘、暴力又迷人的細節，本身就足以當成故事閱讀。你如果在閱讀過程中忍不住納悶是什麼啟發了希臘人發明出一個人物與事件如此多彩繁複的世界，也不禁思索這些神話代表哪些深刻的真理——那麼，這當然是閱讀這些神話的樂趣之一。

享受這樣的樂趣，正是讓自己沉浸於希臘神話世界裡的重點所在。

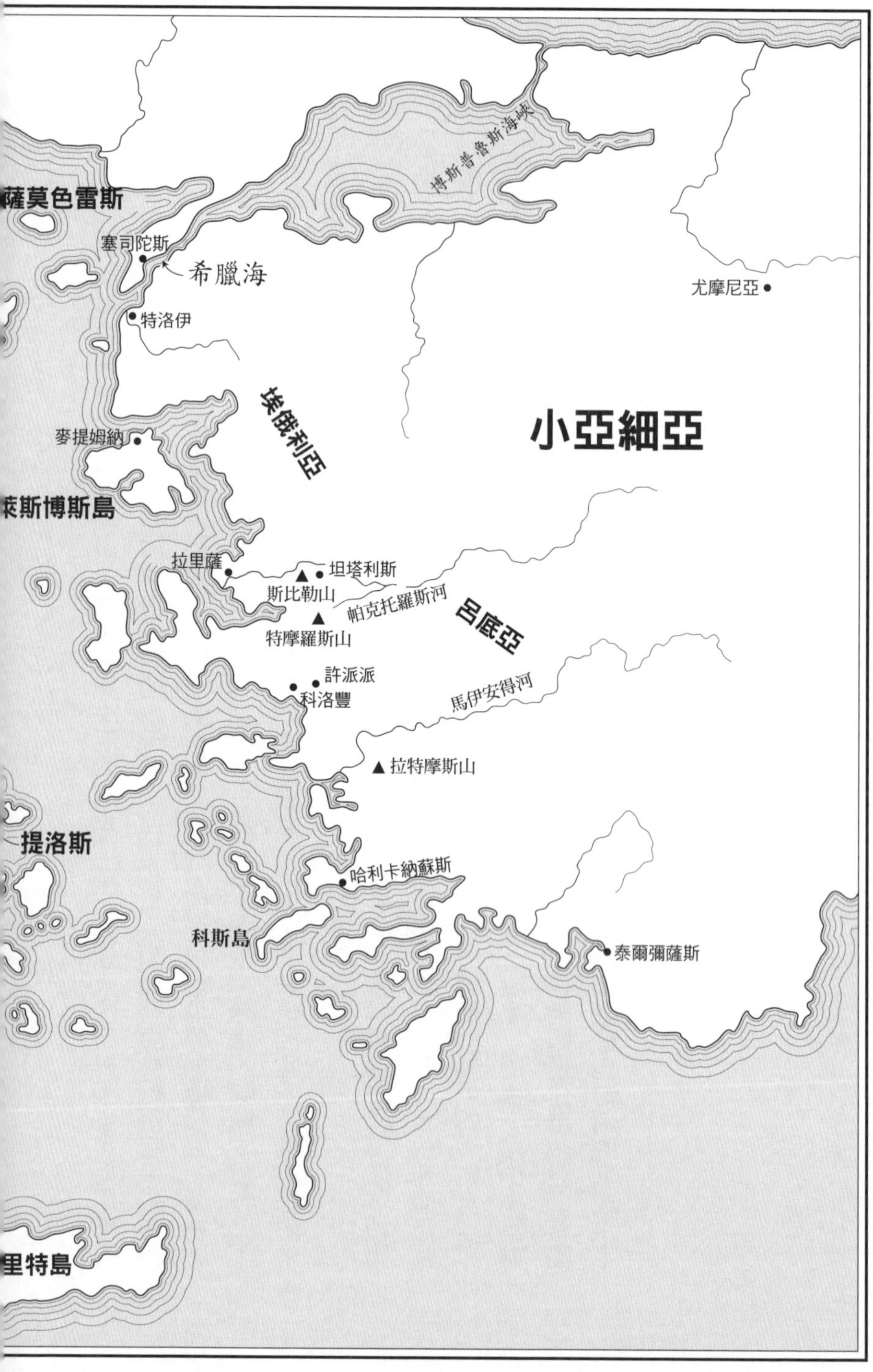

薩莫色雷斯
塞司陀斯
希臘海
博斯普魯斯海峽
特洛伊
尤摩尼亞
埃俄利亞
小亞細亞
麥提姆納
萊斯博斯島
拉里薩
坦塔利斯
斯比勒山
帕克托羅斯河
呂底亞
特摩羅斯山
許派派
科洛豐
馬伊安得河
拉特摩斯山
提洛斯
哈利卡納蘇斯
科斯島
泰爾彌薩斯
里特島

塞薩利
皮埃里亞
奧林帕斯山
薩索斯
利姆諾斯島
奧薩山
皮立翁山
希臘
愛琴海
俄特律斯山
愛奧尼亞海
帕納索斯山
雅典
塞瑟島
地中海
伊達山
菲斯托斯

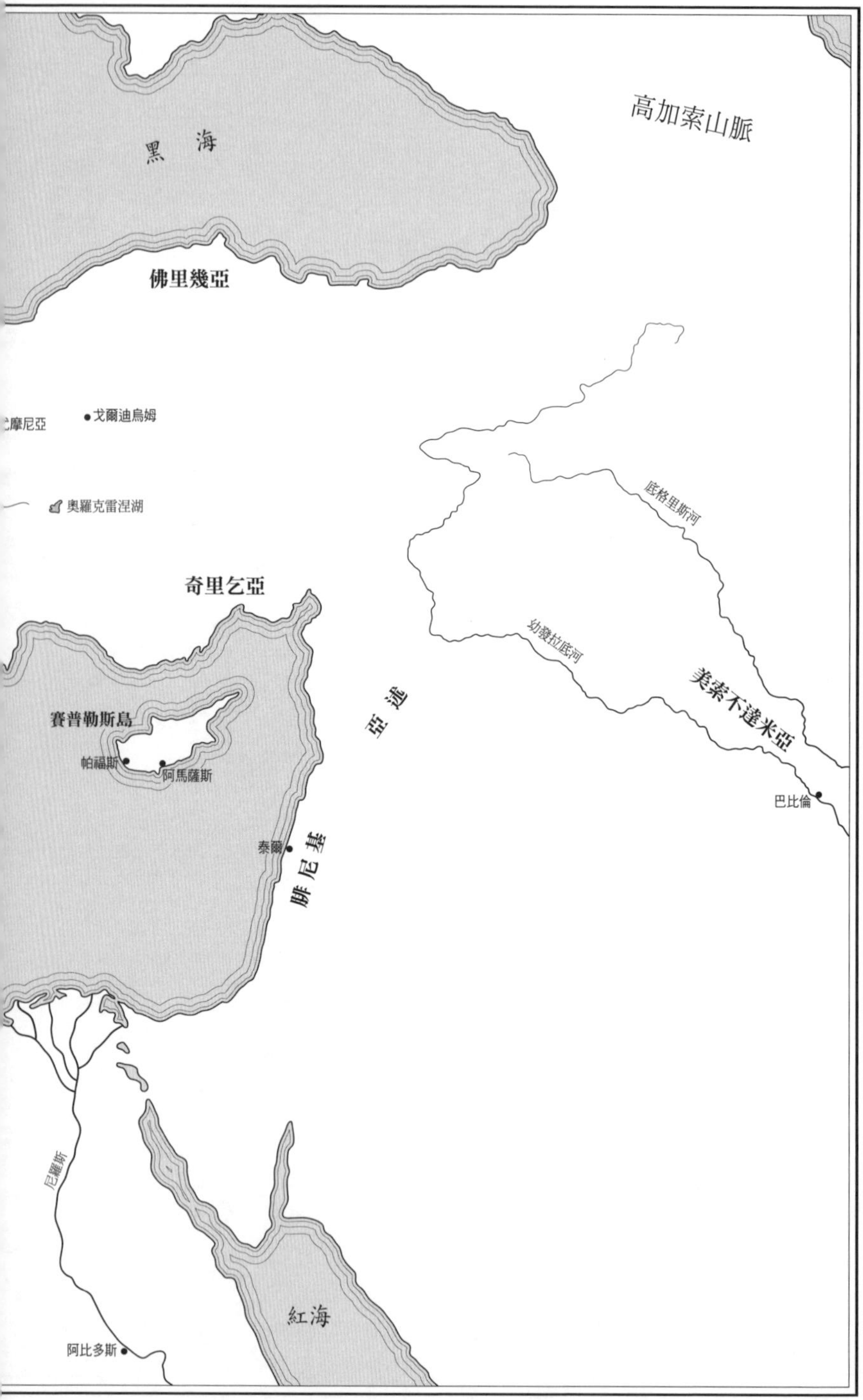

黑 海
高加索山脈
佛里幾亞
戈爾迪烏姆
摩尼亞
奧羅克雷涅湖
奇里乞亞
底格里斯河
幼發拉底河
亞 述
美索不達米亞
賽普勒斯島
帕福斯
阿馬薩斯
巴比倫
泰爾
腓尼基
尼羅斯
紅海
阿比多斯

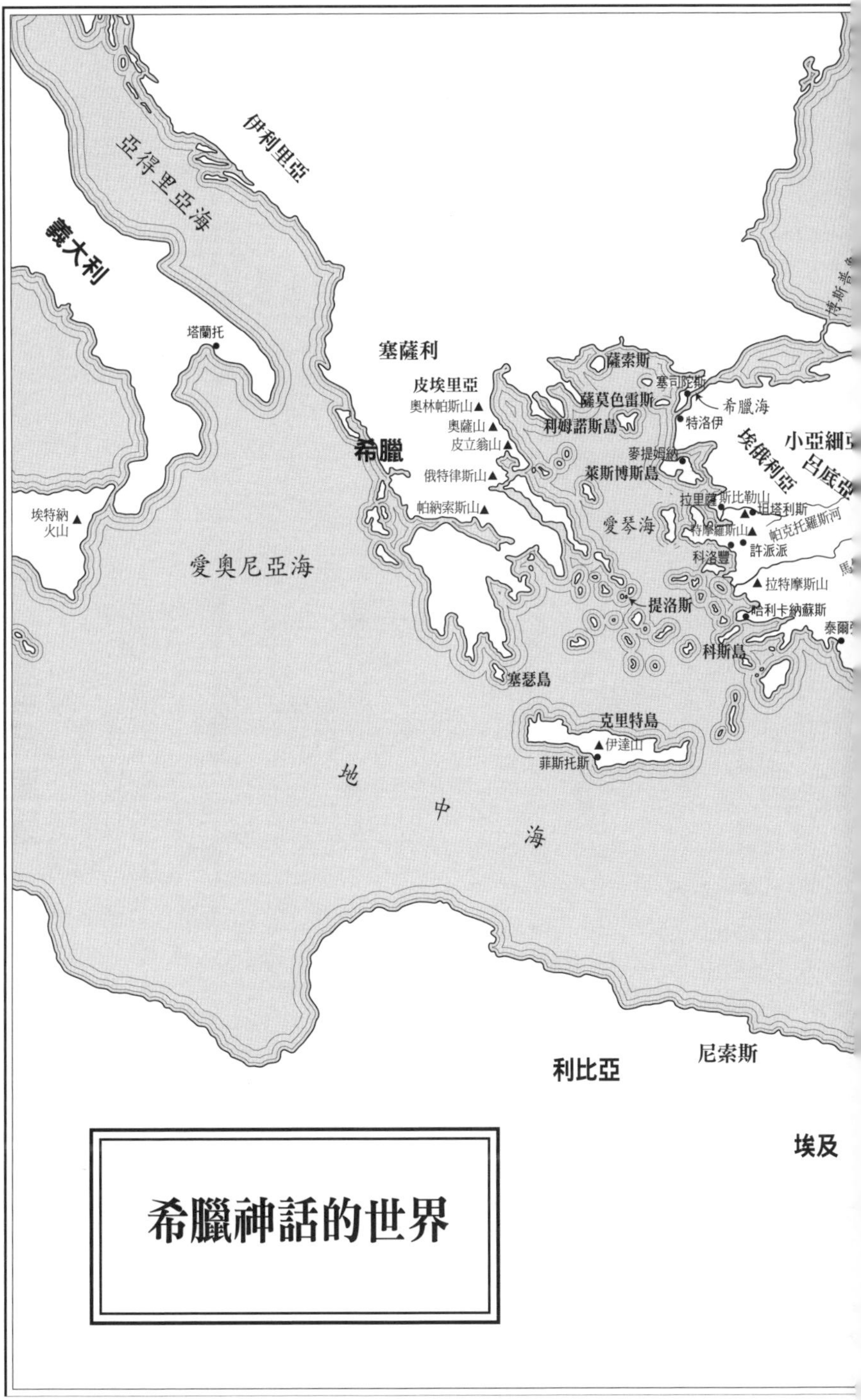
伊利里亞
亞得里亞海
義大利
塔蘭托
埃特納火山
愛奧尼亞海
塞薩利
皮埃里亞
奧林帕斯山
奧薩山
皮立翁山
希臘
俄特律斯山
帕納索斯山
薩索斯
薩莫色雷斯
塞司陀斯
希臘海
特洛伊
利姆諾斯島
埃俄利亞
麥提姆納
萊斯博斯島
拉里薩
斯比勒山
坦塔利斯
帕克托羅斯河
特摩羅斯山
許派派
愛琴海
科洛豐
拉特摩斯山
提洛斯
哈利卡納蘇斯
科斯島
塞瑟島
克里特島
伊達山
菲斯托斯
地中海
利比亞
尼索斯
埃及

希臘神話的世界

第二級神聖個體

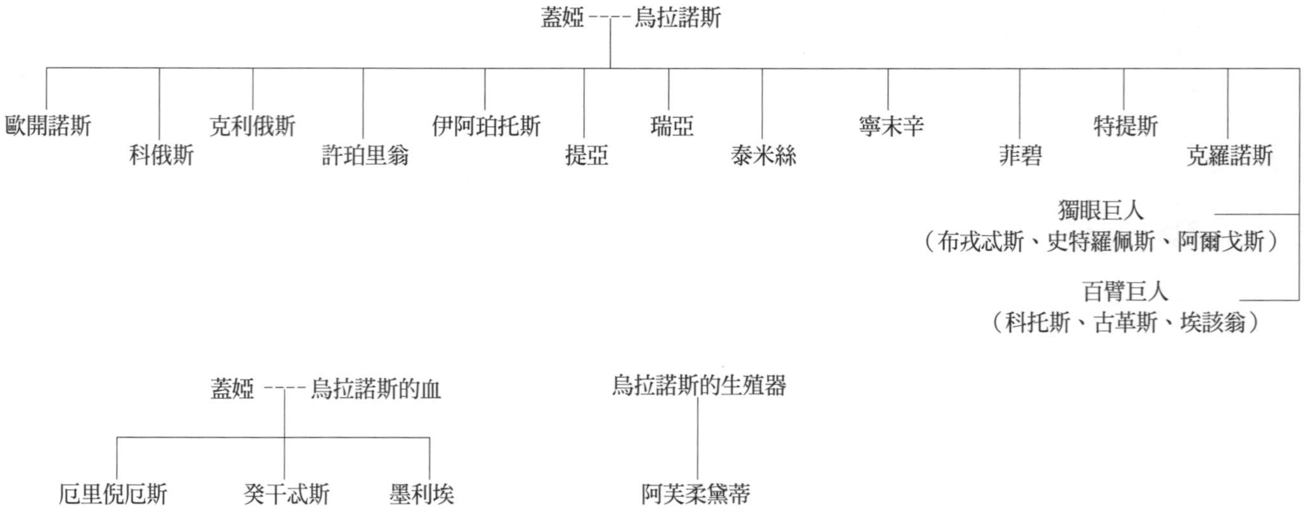
蓋婭 ---- 烏拉諾斯
歐開諾斯
科俄斯
克利俄斯
許珀里翁
伊阿珀托斯
提亞
瑞亞
泰米絲
寧末辛
菲碧
特提斯
克羅諾斯
獨眼巨人
（布戎忒斯、史特羅佩斯、阿爾戈斯）
百臂巨人
（科托斯、古革斯、埃該翁）
蓋婭 ---- 烏拉諾斯的血
厄里倪厄斯
癸干忒斯
墨利埃
烏拉諾斯的生殖器
阿芙柔黛蒂

奧林帕斯眾神

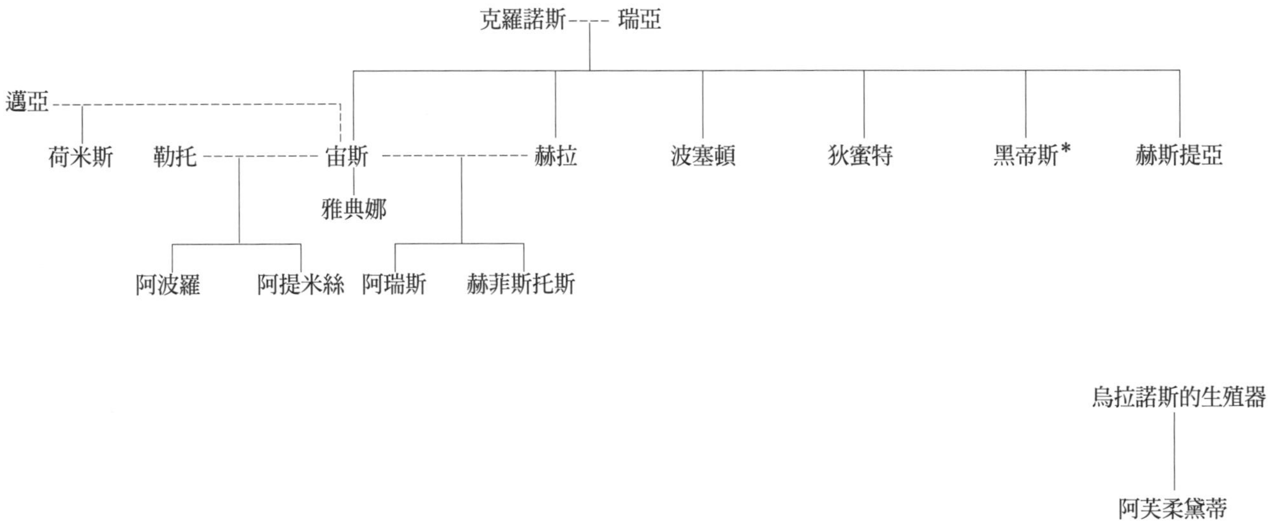

* 黑帝斯嚴格說起來不是奧林帕斯神，因為他所有的時間都待在冥界。

第一部：始初

從混沌中誕生

現在，我們認為宇宙起源於一場大霹靂，這項單一事件在一瞬間就產生了所有的物質，而天地萬物與所有的人就都是由這些物質構成。

古希臘人不這麼認為。他們說萬物不是起源於一場爆炸，而是始自混沌（Chaos）。混沌到底是神——一個神聖的個體——還是純粹只是一種虛無的狀態？還是混沌就像我們今天對於這個詞語的理解一樣，是一團徹底的混亂，就像青少年的臥房，而且還更糟？

也許我們可以把混沌想像成宇宙打的一個大呵欠，就像是個張大口的裂縫或虛空。

我不知道混沌究竟是從虛無當中帶來生命與物質，還是藉著打呵欠或做夢產生出生命，抑或是以其他方式變出生命。我畢竟不在現場，而且你也一樣不在現場。但話雖這麼說，我們就某方面而言卻又可以算是曾在現場，因為構成我們的點點滴滴就誕生於那個時候。不過，我們在這裡只需要這麼說：希臘人認為當初混沌用力一推，或是聳了聳肩，或是打嗝、嘔吐或咳嗽，而就此展開漫長的造物鏈，終究產生出鵜鶘與醍醐、蛤蜊與蛤蟆、海獅、海豹、獅子、人類、水仙花，還有謀殺、藝術、愛情、迷亂、死亡、瘋狂與餅乾。

不管真相是什麼，當今的科學同意萬物終將**回歸**混沌。科學界把這種無可避免的命運稱為

「熵」（entropy），也就是從混沌到秩序、再從秩序返回混沌的這個巨大循環的一部分。你的長褲原本是一團混亂的原子，不曉得怎麼聚合成物質，經過千百萬年而構成生物，然後慢慢演化成一株棉花，再被人織成那件帥氣的衣物，套在你美麗的雙腿上。過了一段時間以後，你會丟掉那件長褲——希望不是現在——於是那件長褲就會被倒進掩埋場內慢慢腐爛，或是在焚化爐裡燒掉。不管是哪一種處理方法，構成那件長褲的物質都會獲得解放，成為地球大氣的一部分。等到太陽爆炸，摧毀這個世界的每一個粒子，包括你那件長褲的組成原料在內，屆時構成萬物的原子就會回歸為冰冷的混沌。而你的長褲如此，你自己也一樣不會例外。

所以，做為萬物開端的混沌，也將會終結萬物。

這時候，你也許會問：「可是，在混沌**之前**有什麼人或是什麼東西呢？」或者：「大霹靂之前有什麼人或是什麼東西？一定不可能**什麼都沒有**。」

這個嘛，就是沒有。我們必須接受沒有所謂的「之前」，因為那時候還沒有時間的存在。沒有人對時間按下啟動鍵，沒有人喊出「**開始！**」而既然時間還沒創造出來，因此像是「之前」、「期間」、「當時」、「後來」、「午餐後」以及「上星期三」這類詞語就都不可能有任何意義。這樣的概念雖然讓人腦筋打結，不過總之就是這樣。

希臘文表示「一切存在的事物」的詞語是「Cosmos」——我們可以稱之為「宇宙」。在這個時刻——儘管「時刻」是個時間詞語，在目前根本毫無意義（「目前」一詞同樣也毫無意義）——宇宙就是混沌，因為混沌就是唯一存在的事物。如同運動員在比賽前伸展筋骨，樂團在演奏前調音……

不過，事情很快就出現了變化。

第一級

從虛空無形的混沌當中，冒出了兩個創造物：厄瑞玻斯（Erebus）與倪克斯（Nyx）。雄性的厄瑞玻斯是黑暗，雌性的倪克斯則是夜晚。他們隨即交合，而瞬間誕生赫墨拉（Hemera），白晝，與埃忒耳（Aether），光明。

在此同時——因為能夠區分事件的時間還不存在，所以一切都必須同時發生——混沌又產生出兩個創造物：蓋婭（Gaia），也就是大地；還有塔爾塔羅斯（Tartarus），也就是大地底下的深淵與洞穴。

我猜得到你現在可能在想什麼。這些創造物聽起來還算迷人——白晝、夜晚、光明、深淵與洞穴。但這些並不是神祇，甚至連性格也沒有。此外，你可能還想到這一點：既然沒有時間，就不可能有戲劇性的敘事，不可能有故事，因為故事需要有「很久很久以前」以及「接下來發生了什麼事」。

你這麼想確實沒錯。首先從混沌中冒出來的東西，是原始的基本原則，沒有任何真正的色彩、性格或趣味。這些東西是原始神靈（Primordial Deities），是第一級的神聖個體。希臘神話裡所有的神祇、英雄與怪物都由此衍生而來。這些原始神靈靜觀萬物，存在於萬物底下……等待著。

後來，蓋婭自行產下兩個兒子，填補這個世界的寂靜空虛。[1]第一個兒子是蓬托斯（Pontus），也就是海洋；第二個兒子是烏拉諾斯（Ouranos），也就是天空——這個名字在英語世界裡總是能夠讓心智幼稚的孩子樂不可支，不管這樣的孩子是九歲還是九十歲。[2]赫墨拉與埃忒耳也彼此交合，而產下了塔拉薩（Thalassa），她是性別與蓬托斯相異的海洋女神。

烏拉諾斯**就是**天空，因為在最初始的這個階段，原始神靈即是他們自己所代表並且掌管的那個東西。[3]你可以說蓋婭就是有著丘陵、谷地、洞穴與高山的大地，但又能夠幻化成可以走路說話的形體。天空烏拉諾斯的雲朵在她上方飄盪聚集，但也能夠幻化成我們可能認得的形體。這是萬物的生命當中非常初期的階段，所以還沒有什麼東西處於確立的狀態。

第二級

不論在什麼地方，天空烏拉諾斯都覆蓋著他的母親蓋婭。這種覆蓋包括兩種含意：他覆蓋在蓋婭上方，一方面就像是天空至今仍然覆蓋在大地上方一樣，但另一方面也像是公馬騎在母馬身上交配。隨著他這麼做，就發生了一件非常特殊的事情：**時間從此展開**。

還有別的東西也從此展開——應該叫做什麼呢？人格？愛恨情仇？個性？帶有各種缺陷與弱點、風格與激情、算計與夢想的人物。**意義**從此展開，也許可以這麼說。對蓋婭的播種帶來了意義，使得思緒萌芽成為形體。天空的精液帶來精彩的語義符號學。我想我還是把這類思索留給學識淵博的學者比較實在。但不管怎麼樣，這畢竟是個了不起的時刻。藉著創造烏拉諾斯

---

1 這種處女生子的把戲，又稱為單性生殖，至今仍可見於自然界裡。在蚜蟲、某些蜥蜴，甚至是鯊魚當中，這都是一種頗為常見的生殖方式。單性生殖不會產生兩組基因所造成的那種變異，而希臘神祇的誕生也是如此。有趣的神祇都是來自兩個不同的父母，而不是一個。

2 譯註：烏拉諾斯在英語當中的拼法為「Uranus」，發音近似於「你的肛門」（your anus）或者「尿在我們身上」（urine-us）。

3「ouranos」一詞就是希臘文裡的「天空」，至今依然。

以及與他結合，蓋婭不但把兒子變成丈夫，也解開生命的緞帶。那條緞帶不但貫穿人類歷史，也貫穿我們本身的自我，包括你我的自我在內。

從一開始，烏拉諾斯與蓋婭的結合就多產得令人深感滿意。首先是十二個活潑健康的孩子——六個男孩，六個女孩。男孩分別是歐開諾斯（Oceanus）、科俄斯（Coeus）、克利俄斯（Crius）、許珀里翁（Hyperion）、伊阿珀托斯（Iapetus）與克羅諾斯（Kronos）；女孩則是提亞（Theia）、泰米絲（Themis,）、寧末辛（Mnemosyne）、菲碧（Phoebe）、特提斯（Tethys）與瑞亞（Rhea）。這十二個孩子注定將成為第二級的神聖個體，為自己贏取傳奇的名聲。

在某個地方，隨著時間悄悄出現，時鐘於是開始轉動，也就是至今仍然轉動不停的宇宙歷史之鐘。這也許是那十二個新生兒的其中某一人造成的結果，我們可以後續再來探究這一點。

烏拉諾斯與蓋婭產下這十二個健壯貌美的兄弟姐妹還不滿足，接著又把更多後代送進這個世界——兩組明顯不同但顯然都**不**美麗的三胞胎。先是三個獨眼巨人（Cyclopes），為他們的天空父親賦予了各式各樣的表情與變化。年紀最長的獨眼巨人是布戎忒斯（Brontes），代表打雷；[4]接著是史特羅佩斯（Steropes），代表閃電；最小的是阿爾戈斯（Arges），代表光芒。從此以後，烏拉諾斯就能夠以耀眼的閃電與震撼的雷聲布滿天空。他對那樣的聲響與奇景樂在其中。不過，蓋婭產下的第二組三胞胎卻令他還有其他所有見到他們的人都顫慄不已。

我們也許可以委婉地把他們說成一項空前絕後的突變實驗，是一條基因上的死路。這組新生兒稱為百臂巨人（Hecatonchires），每人都有五十顆頭和一百隻手，而且是無比的醜陋、凶猛、殘暴又強大。[5]他們的名字分別是憤怒的科托斯（Cottus）、長臂的古革斯（Gyges），以及海羊（Sea Goat）埃該翁（Aegaeon），有時又叫做活力充沛的布里阿瑞俄斯（Briareos）。蓋婭深愛他們，烏拉諾斯則對他們厭惡至極。他也許是因為這個念頭而深感震驚：身為天空主宰的他，竟然會生出這麼怪異又醜陋的東西。不過，我猜想他的厭惡就像大部分的仇恨一樣，也是根源於恐懼當中。

他懷著滿心的反感詛咒他們：「由於你們冒犯了我的眼睛，所以你們將永遠見不到光明！」他吼出這句充滿憤怒的話語，然後就把他們還有獨眼巨人全部推回蓋婭的子宮裡。

蓋婭的復仇

我們有充分理由懷疑「推回蓋婭的子宮裡」這句話到底是什麼意思。有些人認為這句話表示他把百臂巨人埋進土裡。神聖身分在這個早期時代浮動不定，很難確知一個神到底算是一個

---

4 雷龍的名稱「brontosaurus」即是取自布戎忒斯。出身於約克郡的小說家勃朗特三姐妹**可能**也是。她們的父親原本是姓「Brunty」，後來才改為「Brontë」，也許是想要讓自己的愛爾蘭姓氏聽起來帶有如雷貫耳的古典聲響，也可能是為了向英國海軍上將納爾遜致敬，因為納爾遜曾被封為勃朗特公爵——那個公爵領地位於埃特納火山（Etna）的山坡上，據說其名稱即取自沉睡於火山底下的布戎忒斯這個獨眼巨人。

5 百臂巨人的名稱中，「hecaton」意為「百」，「chires」則是「手」（例如指壓按摩師就叫做「chiropractor」）。

人還是只是一種屬性。那時候的專有名詞和一般名詞常常沒有分別，所以不管是大地之母還是大地本身，都一樣叫做**蓋婭**，就像天空本身與天空之父也都同樣叫做**烏拉諾斯**。

可以確定的是，烏拉諾斯對自己親生的三個百臂巨人產生這樣的反應，又以如此駭人的殘忍手段對待自己的妻子，即是犯下天地間的第一項罪行，而且是一種絕對逃不過懲罰的基本罪行。

蓋婭的痛苦難以忍受。在她的體內，除了那三個加總起來共有三百隻手臂與一百五十顆頭顱的百臂巨人一再又抓又撞、不停掙扎之外，另外也冒出一股仇恨，一股極為可怕而且無可平撫的仇恨，對象是烏拉諾斯：那個她自己生下的兒子，同時也是與她共同產下一個新世代的丈夫。此外，如同纏繞著樹幹的藤蔓，這股仇恨也生出一項復仇計畫。

蓋婭強忍著百臂巨人在體內啃噬著她的透骨疼痛，登上了俄特律斯山（Othrys）。這座大山俯瞰著我們現在稱為弗西奧蒂斯（Phthiotis）的這個希臘中部區域，從山頂上可以望見馬格尼西亞（Magnesia）的平原一路延伸到西愛琴海的藍色水濱，然後目光再沿著海水繞過馬利亞灣（Malian Gulf），望向一片星星點點地散布於海面上的小島，稱為斯波拉第群島（Sporades Islands）。不過，蓋婭深深籠罩於痛楚與憤怒之中，根本沒有餘力欣賞這幅冠絕世界的美景。在俄特律斯山的山頂，她著手利用山上的石頭打造出一件極不尋常的駭人工具。她努力了九天九夜才終於完成那件物品，然後把它藏在山上的裂縫裡。

接著，她動身前去造訪她那十二個貌美又健壯的孩子。

「你願不願意殺了你的爸爸烏拉諾斯，和我一起統治宇宙？」她依序問了每一個孩子：「你將會從他手上接管天空，然後天地萬物都會臣服於我們。」

我們也許會把大地之母蓋婭想像成柔軟、溫暖、慷慨又和善。有時候她的確是這樣，但可別忘了她內心懷著一股熊熊怒火。有時候，她可以比最狂暴的海洋都還要殘忍、嚴酷而且可怕。

說到海洋世界，蓋婭第一個試圖拉攏的孩子就是歐開諾斯以及他的妹妹特提斯。[6]不過，他們當時正在與原始海洋女神塔拉薩協商瓜分海洋。在這個時候，他們這整個世代都忙著擴張以及施展自己的權力、建立自己的專業領域和控制權，互相囓咬、咆哮以及測試著彼此的力量與權勢，就像籃子裡的一窩小狗一樣。歐開諾斯想出製造潮汐與洋流的點子，有如巨大的鹹水河流環繞著世界奔流。特提斯即將產下他的孩子——這種行為在那個早期時代當然不是罪惡。在那個時候，如果沒有這類亂倫的結合，就根本不可能繁殖後代。她當時懷了尼羅斯（Nilus），也就是尼羅河，後來又產下其他河流以及至少三千個大洋神女（Oceanids）——這些迷人的神靈在陸地上活動的靈巧度絲毫不遜於在海水當中。[7]他們還有兩個已成年的女兒：克

6 古生物學家把地中海前身的古大海命名為「特提斯海」。

7 由於大洋神女可能有三千個之多，所以就算他們的名字確實為人熟知，全部列出來大概也沒什麼意義。不過，值得一提的是卡呂普索（Calypso）、安菲特里忒（Amphitrite），以及又黑又嚇人的斯提克斯（Styx）——和她的哥哥尼羅斯一樣，後來也成為一條非常重要的河流的神靈。還有一個大洋神女也值得一提，但純粹只是因為她的名字——多麗斯（Doris）。大洋神女多麗斯後來與海神涅柔斯結婚，生下許多海精（Nereids），她們是友善的海中寧芙（nymphs）。

呂墨涅（Clymene）是伊阿珀托斯的愛人，機靈又明智的墨提斯（Metis）則注定在即將發生的事件裡扮演非常重要的角色。這對夫妻過得相當幸福快樂，而且期待著海浪上的生活，所以兩人都不覺得有什麼理由要協助殺了他們的父親烏拉諾斯。

接著，蓋婭找上女兒寧芙辛，她的名字相當難以發音。她看起來非常淺薄、蠢笨又無知，什麼都不知道，懂得的事物又更少。但這其實是假象，因為她隨著每一天過去而變得愈來愈聰明，見聞愈來愈廣博，能力也愈來愈強。她的名字意為「記憶」（英文字「助記符號」〔mnemonic〕即是由此衍生而來）。在她母親來找她的時候，世界和宇宙都才剛誕生不久，所以寧芙辛還沒有機會獲取知識或經驗。但一年年過去之後，她儲存資訊和感官經驗的無窮能力使她變得比幾乎任何人都還要聰明。我們後續會見到她生下的九個女兒，也就是繆思（Muses）。

「你要我幫你殺了烏拉諾斯？可是天空之父應該不可能會死吧？」

「那就把他拉下王位，或者廢了他的力量……反正他是罪有應得。」

「我不會幫你。」

「為什麼？」

「我這麼回答是有原因的，等我知道以後，我就會記起來然後告訴你。」

氣急敗壞的蓋婭接著找上提亞，她也同樣與自己的手足成婚，也就是她的哥哥許珀里翁。他們生下了太陽赫利俄斯（Helios）、月亮塞勒涅（Selene）與黎明厄俄斯（Eos），家庭生活同樣忙碌不已，所以對於蓋婭推翻烏拉諾斯的計畫也興趣缺缺。

看到她這些蒼白又缺乏冒險精神的孩子拒絕實現她認為是他們的神聖命運，尤其又對他們耽溺於夫妻恩愛與家庭生活的模樣深覺反感，蓋婭於是接著找上菲碧，也許是她那十二個孩子裡最聰穎又富有洞見的一個。閃亮耀眼的菲碧從小就顯示出自己擁有預言的天分。

「唉呀，大地之母，不行。」她聽完蓋婭的計畫之後這麼說：「我不能參與這樣的陰謀。我看不出這麼做有任何好處。而且，我已經懷孕了……」

「去你的，」蓋婭一口打斷她：「是誰的種？我敢說一定是科俄斯。」

她說得沒錯，菲碧的哥哥科俄斯的確是她的配偶。蓋婭更加氣憤地拂袖而去，把目標轉向剩下的其他孩子。至少總該有一個人有勇氣打上一仗吧？

她找上後來被世人視為正義與明智忠告化身的泰米絲，而泰米絲就明智地勸告母親放棄推翻烏拉諾斯這項不義的念頭。[8]蓋婭仔細聆聽明智的忠告，然後就像所有不管是凡俗還是不朽的芸芸眾生一樣，決定置之不理，而把目光轉向她的兒子克利俄斯。克利俄斯的配偶是蓋婭與蓬托斯所生的女兒歐律比亞（Eurybia）。

「殺了我爸爸？」克利俄斯不敢置信地盯著母親看。「可——可是要怎麼……我是說……為什麼？……我是說……喔。」

「媽，這樣對我們有什麼好處？」人稱「鐵石心腸」的歐律比亞問。

---

8 泰米絲後來被人視為代表法律、正義，還有**習俗**——就是規範禮儀以及事物應有狀態的規則。

「也沒什麼啦，就是全世界還有世界上的一切都會屬於你們所有，這樣而已。」蓋婭說。

「和你一起共享嗎？」

「和我一起共享。」

「不要！」克利俄斯說。「媽，你走吧。」

「值得考慮呀。」歐律比亞說。

「太危險了，」克利俄斯說：「我不允許。」

蓋婭怒哼一聲轉身離開，然後找上她的兒子伊阿珀托斯。

「伊阿珀托斯，我心愛的兒子。毀掉烏拉諾斯那個怪物，和我一起統治天地吧！」

為伊阿珀托斯生下兩個兒子，而且現在又懷了第三胎的大洋神女克呂墨涅走上前來。「什麼樣的母親會提出這種要求？兒子殺父親是極度可怕的罪行，全宇宙都會怒吼譴責的。」

「媽，這我不得不同意。」伊阿珀托斯說。

「詛咒你們還有你們的子女！」蓋婭怒罵道。

母親的詛咒非常可怕。我們後續將會看到伊阿珀托斯和克呂墨涅的孩子阿特拉斯（Atlas）、艾比米修斯（Epimetheus）以及普羅米修斯（Prometheus）遭遇了什麼樣的下場。

第十一個受到蓋婭詢問的瑞亞，說她不願參與這項計畫，但是——她在這時舉起雙手阻止母親的狂怒謾罵——她的弟弟克羅諾斯，也就是這群健壯貌美的孩子當中最小的一個，很可能會對推翻父親的點子感到興趣。瑞亞有好幾次聽到他咒罵烏拉諾斯以及他的力量。

「真的嗎？」蓋婭驚呼道：「你說真的？他在哪裡？」

「他大概在塔爾塔羅斯的洞穴裡鬼混。他和塔爾塔羅斯感情很好，他們兩個都是皮膚黝黑又喜怒無常，而且凶惡、魁偉又殘忍。」

「老天，別跟我說你愛上了克羅諾斯……」

「媽，在他面前說些我的好話，求求你！他真的迷死人了。他那雙閃閃發亮的黑色眼睛、威猛的眉毛、沉默寡言的個性。」

蓋婭一直以為這個小兒子的沉默寡言只是代表他腦筋遲緩，但她很明智地沒有把這個想法說出口。她向瑞亞保證自己一定會向克羅諾斯大力推薦她之後，就立刻邁開腳步衝向塔爾塔羅斯位在地下深處的洞穴。

如果從天上拋下一個銅砧，要掉落九天之後才會落到地面上。如果從地上拋下那個銅砧，也要掉落九天才會落到塔爾塔羅斯。換句話說，地面正介於天空與塔爾塔羅斯的中間。或者，也可以說塔爾塔羅斯和地面的距離就和天空與地面的距離一樣遠。因此，那是一個極深極為偏遠的地方，但又不只是一個地方。別忘了，塔爾塔羅斯也是個原始個體，和蓋婭同時從混沌當中誕生出來。所以，她來到塔爾塔羅斯面前之後，他們兩人就像家人一樣寒暄一番。

「蓋婭，你胖了。」

「塔爾塔羅斯，你看起來真是一團糟。」

「你下來這裡想要幹麼？」

「你把嘴巴閉上我就告訴你……」

雖然說起話來針鋒相對，他們後來卻又互相交合而生下提豐（Typhon）——他是最可怕也最致命的怪物。[9] 不過，在當下這個時刻，蓋婭可沒有心情理會愛情或者互酸互貶。

「聽我說，我的兒子克羅諾斯——他在這附近嗎？」

塔爾塔羅斯無奈地嘆了一口氣。

「應該是吧。我希望你可以叫他別再來煩我了。他整天什麼都不做，就是在這裡垂著眼皮張著嘴巴盯著我看。我覺得他可能是迷戀上我了。他模仿我的髮型，無精打采地靠在樹幹和大石頭上，一副可憐、寂寞又被人誤解的模樣。他如果不是盯著我看，就是盯著那邊的那個岩漿噴口。實際上，他現在就在那裡，你看。你去開導他一下吧。」

蓋婭走向她的兒子。

鐮刀

瑞亞和塔爾塔羅斯的描述，可能會讓人以為克羅諾斯是個心懷痛苦而且脆弱的憂鬱少年，可是實際上並非如此，因為他是這個一派強壯的家族當中最強壯的一個。他確實皮膚黝黑而且帥氣，也的確喜怒無常。克羅諾斯要是有可以認同的對象，那麼他的偶像大概會是最處於內省狀態之下的哈姆雷特，或是《皆大歡喜》當中徹底放縱自己耽溺於憂鬱裡的雅克。他就像是契訶夫的名劇《海鷗》裡的康士坦丁，而且又帶點歌手莫里西的味道。不過，他也帶有一點馬克白的特質，更是不只有一點地類似於食人魔漢尼拔——我們後面將會看到這一點。

克羅諾斯最早發現沉思寡言經常會被人視為力量、智慧與威勢的表現。身為十二個兄弟姐妹當中最小的一個，他向來痛恨自己的父親。深厚刻骨的嫉妒與怨恨已逐漸瓦解他的理智，但他卻設法隱藏內心的強烈仇恨，只有對他愛慕不已的姐姐瑞亞知道他的心情，因為在家人當中，他只有在瑞亞面前才能夠自在地表現出自己真實的一面。

在他們從塔爾塔羅斯爬上地面的途中，蓋婭又對已經滿懷怨恨的他灌注更多讒言。

「烏拉諾斯很殘酷。他瘋了。我擔心我自己，也擔心你們這些我心愛的孩子們。來吧，兒子，來吧。」

她帶著他走向俄特律斯山。還記得嗎？我說過她出發去找她的孩子之前，在那座山上打造了一件極不尋常的駭人工具，然後藏在山上的裂縫裡。現在，蓋婭就帶著克羅諾斯到那裡去，向他展示她所打造的東西。

「去拿吧，去。」

看到那件怪異物品的形狀，並且體會到其所代表的意義之後，克羅諾斯的黑色眼睛閃閃發

9　提豐為我們帶來了斑疹傷寒（typhus）、傷寒（typhoid），以及颱風（typhoon）這種致命的熱帶風暴。我們後續會見到提豐和半為女人半為水蛇的厄客德娜（Echidna）所生下的兩個令人厭憎的孩子。

亮起來。

那是一把鐮刀。一把超大的鐮刀，彎曲的巨大刀刃由精金（adamantine；意為「無可馴服」）鑄造而成，並且以灰色燧石、花崗岩、鑽石與蛇綠岩的聚合物為這片半月形的刀刃磨出最尖銳的刀口，不管什麼東西都切得開。

克羅諾斯將這把鐮刀從藏匿處抽出，就像你我拿起一枝鉛筆那麼容易。他拿在手上感受一下重心與重量之後，舉起來揮了一次，然後又一次。那把鐮刀劃過空氣所發出的破空聲，令蓋婭的臉上浮現一抹微笑。

「克羅諾斯，我的兒子，」她說：「我們一定要等待時機，在赫墨拉與埃忒耳潛入西方的海水裡，而厄瑞玻斯和倪克斯準備以黑暗——」

「你是說我們一定要等到傍晚。」克羅諾斯很不耐煩，也沒什麼文學修養或者細膩的情感。

「沒錯，等到薄暮時分。你的父親會在那個時候來找我，這是他的習慣。他喜歡——」

克羅諾斯立刻點頭打斷她的話。他不想多聽他父母的床笫之事。

「躲進那裡，就在我藏匿鐮刀的那個裂縫裡。等你聽到他趴在我身上，而且因為激情和色慾所發出的叫聲與喘息聲愈來愈大之後——就立刻痛下殺手。」

夜與日，光明與黑暗

如同蓋婭所預測的，赫墨拉與埃忒耳玩耍了十二個小時之後已經累了，於是白晝與光明緩緩滑向西方落入海裡。在此同時，倪克斯也脫下她陰暗的面紗，而和厄瑞玻斯一同將其抖開蓋在世界上，猶如一張閃爍發光的黑色桌布。

隨著克羅諾斯手握鐮刀在裂縫裡等待，天地間的所有造物也為之屏息。我說「所有造物」，原因是天地間不是只有烏拉諾斯、蓋婭和他們的後代在繁殖。其他人也生養眾多，尤其厄瑞玻斯和倪克斯更是多產。他們生下許多孩子，有的可怕，有的高尚，有的可愛。我們已經看過他們怎麼產下赫墨拉與埃忒耳。不過，倪克斯在沒有厄瑞玻斯幫忙的情況下又接著生了摩羅斯（Moros），又稱為厄運，後來成為所有造物當中最令人害怕的一個。厄運能夠降臨在任何生物上，不管凡俗還是不朽，但又總是隱而不顯。就連不朽一族也害怕厄運對於宇宙全能全知的控制。

在摩羅斯之後，倪克斯接著生下一連串子女，猶如一場恐怖的空襲侵略。首先是代表欺騙的阿帕忒（Apate），羅馬人稱她為福勞斯（Fraus；英文的「詐騙」〔fraud〕、「欺詐的」〔fraudulent〕與「詐騙犯」〔fraudster〕等詞語都由此衍生而來）。她一溜煙跑到克里特島（Crete）去等待時機。接著出生的是代表老年的革剌斯（Geras）。他不必然是我們今天所認為的那麼可怕的惡魔。革剌斯雖然可能會奪走柔軟度、青春與靈活性，但在希臘人眼中，他所賦予的尊嚴、智慧與權威，用來彌補那些損失卻是綽綽有餘。羅馬人稱他為塞涅克圖斯（Senectus），這個名字和英文裡的「資深」（senior）、「參議院」（senate），以及「老朽」（senile）等詞語帶有同樣的字根。

接下來是一對陰森可怕的雙胞胎：代表悲慘、憂鬱和焦慮的神靈俄匊斯（Oizys；拉丁文為Miseria），還有她殘酷的兄弟墨莫斯（Momos），代表充滿惡意的嘲諷、蔑視與責怪。[10]

倪克斯與厄瑞玻斯這時才算是剛熱身完畢而已。他們的下一個孩子是代表糾紛的厄里斯（Eris；拉丁文為Discordia），所有的意見分歧、離婚、爭吵、衝突、吵架、爭鬥與戰爭的背後都有她的身影。在許久許久以後的未來，她將會送出傳奇的是非之果（Apple of Discord）這件充滿惡毒的結婚禮物，因而造成特洛伊戰爭這場漫長慘烈的大戰。厄里斯的妹妹涅墨西斯（Nemesis）是報應的化身，也就是一股毫不留情的宇宙正義，專門懲罰猖狂而過度的野心——也就是希臘人稱為「狂妄自大」（hubris）的那種惡行。涅墨西斯帶有和東方的因果報應觀念相同的若干元素，我們今天也用她來指稱大壞蛋終將遭遇的剋星。[11]我想，我們可以說福爾摩斯是莫里亞蒂的涅墨西斯，詹姆斯·龐德是布洛菲爾德的涅墨西斯，傑利鼠則是湯姆貓的涅墨西斯。[12]

厄瑞玻斯與倪克斯也生下了卡戎（Charon），他後來因為擔任死者的擺渡人而惡名遠播。睡眠的化身許普諾斯（Hypnos）也是他們的孩子。此外，他們還生了數以千計的俄涅洛伊（Oneroi），專門製造夢境並帶給沉睡中的人。我們知道名字的俄涅洛伊有惡夢之神佛貝托爾（Phobetor），還有方塔索斯（Phantasos）——夢中的事物能夠幻化成其他東西的奇妙現象就是他的傑作。他們共同接受許普諾斯的兒子摩耳甫斯（Morpheus）督導。摩耳甫斯本身的名字就帶有變形（morphing）的意思，代表夢境裡各種變幻不定的形體。[13]「嗎啡」（morphine）、「幻想」（fantasy）、「催眠」（hypnotic）、「解夢」（oneiromancy），以及其他許許多多由希臘的睡夢之神所演變生成的詞語，至今仍然使用於英語當中。許普諾斯的弟弟塔納托斯（Thanatos）是死神，衍生出「安樂死」（euthanasia）。羅馬人稱他為摩爾斯（Mors），由此衍生而來的詞語則包括壽命有限的「凡人」（mortal）、「太平間」（mortuary）與「難堪」（mortification）。

這些新出生的個體都極度恐怖而且噁心。他們在天地間的造物上留下一道可怕但必要的印記，因為這個世界只要提供一項美好的東西，似乎就不免會同時產生一項嚇人的相反事物。但話說回來，卻也有三個美麗的例外：三個美麗的姐妹，名為赫斯珀里得斯（Hespe-

---

10 墨莫斯後來在文學裡被半認真半詼諧地尊崇為諷刺的指引之神。伊索把他納入自己所寫的部分寓言當中，而他也是索福克里斯（Sophocles）一部佚失劇作的主角。

11 譯註：涅墨西斯的名字在英文裡演變成勁敵、死敵的意思。

12 有點讓人混淆的是，羅馬人把涅墨西斯稱為因維迪亞（Invidia），而這個詞語在拉丁文裡有「妒忌」之意。

13 尼爾．蓋曼的《睡魔》（*Sandman*）系列漫畫當中的主角「夢」（Dream），又名摩耳甫斯。華卓斯基兄弟由此獲得靈感，而在《駭客任務》系列電影當中創造勞倫斯．費許朋所飾演的莫菲斯（Morpheus）一角。

rides）——她們是西方的寧芙，也是夜晚的女兒。[14]她們每天宣告父母的來臨，但她們本身發出的是黃昏的輕柔金黃光芒，而不是夜晚那種令人害怕的黑暗。她們的時刻是當今的電影攝影師所謂的魔幻時刻，也就是天空的光芒最迷人優美的時候。

所以，這些就是倪克斯與厄瑞玻斯的子女。這對夫妻在這時以黑暗的夜色籠罩大地，只見蓋婭靜靜等待著自己的丈夫，內心盼望著這將會是他們最後一次見面，而克羅諾斯則是埋伏在俄特律斯山的那道裂縫當中的陰影裡，雙手緊緊握著那把大鐮刀。

烏拉諾斯慘遭閹割

終於，蓋婭與克羅諾斯聽到西方傳來撼動大地的腳步聲，樹上的葉子也隨之簌簌抖動。克羅諾斯站在自己的藏身處，一語不發，也沒有絲毫顫抖。他已做好準備，隨時可以行動。

「蓋婭！」烏拉諾斯一面走近，一面高呼：「做好準備吧，今晚我們要製造出比百手畸形兒和獨眼怪胎更好的孩子……」

「過來吧，美麗的兒子，親愛的丈夫！」蓋婭召喚道。克羅諾斯覺得她那充滿說服力的熱切姿態實在令人噁心。

聽到慾火焚身的神明口水橫流、拍打臀部以及喘息不已的駭人聲響，克羅諾斯猜測自己的父親大概是在從事著某種前戲。

他在那個裂縫裡深深吸氣吐氣五次。他完全沒有想過自己即將要做的這件事在道德上是對是錯，只是思考著手法和時機的問題。他深吸一口氣，舉起那把大鐮刀，然後迅速橫移一步，從藏身處閃身而出。

正準備趴到蓋婭身上的烏拉諾斯，驚訝地咆哮一聲並跳了起來。克羅諾斯冷靜地踏步上前，把鐮刀往後一揚，接著猛力向前一揮，劃出一道長長的弧線。刀刃破空而過，恰恰削下烏拉諾斯的生殖器。

全宇宙都聽得到烏拉諾斯發狂似的尖叫聲，其中混雜著疼痛、悲楚與憤怒。在天地的短暫歷史當中，從來沒有出現過如此巨大駭人的聲音。所有聽到這股叫聲的生物都害怕不已。

克羅諾斯發出一聲得意忘形的歡呼，同時一躍而上，在半空中接住那個滴著鮮血的戰利品。

烏拉諾斯癱倒在地，因為劇痛而扭曲著身體，口中嚎叫出以下這段話：

「克羅諾斯，你是我的孩子也是所有造物當中最卑劣的一個。天下沒有人比你更可恥，你比醜陋的獨眼巨人還有令人作嘔的百臂巨人都還要不如，我詛咒你。**願你的子女毀了你，就像你毀了我一樣。**」

克羅諾斯低頭看著烏拉諾斯。他的黑色眼睛冷酷無情，但嘴角微微揚起，露出一抹陰狠的

---

14 也許該說是四個例外。許普諾斯畢竟沒那麼糟糕。人活得愈久，就會愈喜歡他。而說到活得久，革剌斯好像也不是那麼不堪。所以，就算五個吧。

微笑。

「爸爸，你沒有詛咒的力量。你的力量被我握在手裡了。」

他在他父親面前拋弄著那件血腥的勝利獎賞。那個器官滿是黏膩的血液，也流淌著濃滑的精液。他放聲大笑，舉起手臂，然後把那團生殖器遠遠拋出。只見那坨血肉模糊的東西飛越希臘的平原，一路飛到黑暗的海面上。他們三人一同看著烏拉諾斯的生殖器官在海洋上方消失於視線之外。

克羅諾斯轉頭望向他的母親，而訝異地發現她手摀著嘴巴，一副驚恐不已的模樣。淚水從蓋婭的眼角流了下來。

他聳聳肩。她會在乎才怪。

厄里倪厄斯、癸干忒斯與墨利埃

這時候的天地，充斥於其中的原始神靈都把全副精力與人生目標投注於繁殖後代，而且整個世界也是豐饒得令人吃驚。土壤肥沃至極，讓人覺得彷彿就算是種下一枝鉛筆，也能夠長出花來。神聖的鮮血不論灑在何處，就會從大地冒出生命。

不管烏拉諾斯的個性有多麼嗜血、殘忍、貪婪又狂暴，他畢竟曾經是所有造物的統治者。所以，他的兒子以如此凶殘的手段閹割他，即是犯下侵害宇宙的嚴重罪行。

因此，接下來發生的事情也許不是那麼令人意外。烏拉諾斯遭到去勢的現場留下一灘灘的鮮血。在那些從烏拉諾斯的下體噴濺而出的血液當中，生物陸陸續續冒了出來。

首先從溼軟的地面上破土而出的是厄里倪厄斯（Erinyes），我們習於稱為憤怒女神（Furies）。她們共有三人，名字分別是阿勒克托（Alecto，無情）、墨蓋拉（Megaera，妒恨）以及提西福涅（Tisiphone，復仇）。也許是烏拉諾斯無意識的本能導致這些充滿復仇之心的生物出現。自從她們誕生自地面以來，她們永恆的職責就是懲罰最令人髮指而且最暴力的罪行：永不止歇地追逐犯下罪行的人，只有在犯罪者付出完整的可怕代價之後才會罷休。憤怒女神持有殘酷的金屬鞭子，會把犯罪者打得皮開肉綻。希臘人以其典型的反諷姿態，把這三位復仇女神暱稱為歐墨尼得斯（Eumenides），意為「仁慈者」。

接著從土裡冒出來的是癸干忒斯（Gigantes）。英文的「巨人」（giant）、「十億」（giga）與「巨大的」（gigantic）都是由他們的名稱衍生而來。不過，他們雖然無疑擁有巨大的力量，體型卻不比他們那些同父異母的兄弟姐妹來得大。[15]

---

15 他們的名稱指涉的不是他們的體型大小，而是指他們產生自土裡，亦即「Gaia-gen」（產生自蓋婭）。順帶一提，蓋婭的名字在後來的希臘文裡簡化為「Ge」，至今仍存在於地球科學的詞彙裡，例如「地質學」（geology）與「地理學」（geography），更遑論後來的環境研究又恢復她完整的名字——最典型的例子，就是洛夫洛克（James Lovelock）著名的「蓋婭假說」。

最後，那個充滿痛苦與毀滅的瞬間還產生了墨利埃（Meliae），這種優雅的寧芙。她們後來成為一種梣樹的守護者，其樹皮會分泌出甜美營養的嗎哪（manna）。[16]

隨著這些出乎意料的新生物從鮮血淋漓的地面上冒出來，克羅諾斯滿懷厭惡地看著他們，然後一揮鐮刀把他們掃飛出去。接著，他轉向蓋婭。

「大地之母，」他說：「我答應過會幫你消除那刻骨的疼痛——不要動。」

他又一揮鐮刀，劃開蓋婭的體側，獨眼巨人和百臂巨人隨即滾了出來。克羅諾斯低頭看著他的父母，兩人現在都滿身血汙，喘著氣低聲怒吼，像是氣憤不已又受了傷的動物一樣。

「你再也不能覆蓋在蓋婭身上了。」他對自己的父親說：「我把你永久放逐到地底下，埋得比塔爾塔羅斯還深。已經被閹割而毫無力量的你，就懷著怒火在那底下生悶氣吧。」

「你弄巧成拙了，」烏拉諾斯咬著牙說：「你一定會遭到報應。我詛咒你在永久的無情折磨當中慢慢度過這一生，你永恆不朽的生命淪為無窮無盡難以忍受的負擔。你自己的子女也將會毀了你，就像——」

「就像我毀了你一樣。我知道，你已經說過了。我們走著瞧吧。」

「你和你的兄弟姐妹，我全部都詛咒。你們自不量力的野心將會摧毀你們。」

泰坦（Titan）的意思是「自不量力地奮力追求」，而我們就以這個頭銜指稱克羅諾斯與他的十一個兄姐，還有他們的（大多數）後代。烏拉諾斯的原意是在羞辱他們，但這個名稱卻從此帶有一股宏偉的色彩。從古至今，都沒有人會因為被人稱為某個領域的泰坦而覺得自己遭到羞辱。

克羅諾斯對這些詛咒嗤之以鼻，持著鐮刀，把他身受傷殘的父親以及剛從母親身上釋放出來的變種弟弟趕到塔爾塔羅斯。他把百臂巨人與獨眼巨人關在洞穴裡，但把自己的父親埋到更深的地方，盡可能遠離其原本的天空居所。[17]

憂愁惱怒的烏拉諾斯懷著滿腔怒火，深深埋在一度愛過他的大地底下，將他所有的憤怒與神聖能量壓縮成石頭，希望有一天會有某個生物挖出這種石頭，試圖駕馭從中輻射而出的不朽力量。當然，這個期望有可能永遠不會實現。那麼做太危險了。如果說有哪種生物會笨到想要釋放鈾礦石（uranium）的力量，那麼那種生物一定還沒誕生吧？

從白沫中出現

接著，我們把目光轉回烏拉諾斯遭到砍下的生殖器在空中劃出的巨大弧線。你應該還記得，克羅諾斯把天空之父的男根遠遠拋過了海洋。

16 至今仍然生長於南歐的花梣（manna ash）所產生的糖，是甘露醇（Mannitol）這種甜味劑的製造原料。

17 遭到推翻的天空之父至少可以感到欣慰的一點是，天王星（Uranus）乃是以他命名——傳統上，每個行星都有各自代表的神祇，也以那些神祇的羅馬名稱命名。

現在，我們可以看到，在愛奧尼亞海的塞瑟島附近，那個器官嘩啦一聲落入海裡，彈跳一下，再度躍起，然後才終於掉進水裡，在波浪中載浮載沉。那個器官拖著牽絲的精液，猶如風箏的飄帶。那些精液只要一接觸水面，就會湧出大量的白沫。不久之後，整片海洋都為之沸騰。某個東西從中冒了出來。從那場父權閹割與異常野心的恐怖後果當中誕生而出的東西，必然是難以想像的醜陋，極為可怕、暴力而且駭人，只會帶來戰爭、流血與痛苦，對不對？

由鮮血與精液構成的漩渦翻騰不已，泡沫不斷冒出。在浪花與精子當中，只見一個頭頂浮了上來，接著可以看到眉毛，然後是整張臉。可是，是什麼樣的臉呢？

一張天地間的造物從來沒有見過，也永遠不可能再見到的美麗臉龐。從泡沫中升起的不只是一個美人，而是美麗本身。在希臘文裡，「從白沫中出現」可以寫成阿芙柔黛蒂（Aphrodite），而這正是現在從飛沫中浮現而出的這個人物的名字。她站在一個大扇貝上，臉上掛著一抹嬌羞的微笑。她緩緩登上賽普勒斯（Cyprus）的一片海灘。只要是她的腳步踏過的地方，就會冒出花朵以及成群的蝴蝶。鳥兒在她的頭上繞圈飛行，鳴唱出狂喜的歌聲。完美的愛與美降臨大地，世界從此再也不一樣。

羅馬人稱她為維納斯（Venus），而她誕生於扇貝上並且抵達賽普勒斯的情景，最生動的描繪即是在波提切利（Botticelli）那幅精美的畫作裡。只要看過這幅畫，就永遠無法忘懷。

在阿芙柔黛蒂於賽普勒斯定居下來之際，我們再把目光轉回克羅諾斯身上，這時他正從塔爾塔羅斯的陰暗洞穴返回地面上。

瑞亞

克羅諾斯抵達俄特律斯山的時候，發現他的姐姐瑞亞在那裡等著他。一看見這個黝黑帥氣的弟弟，手裡握著一把滴著血的巨大鐮刀，瑞亞就興奮得心臟彷彿要從胸腔裡跳了出來。

克羅諾斯的權威已然確立：他的泰坦兄姐都不敢對他有所質疑。他的父親已經被剝奪力量，而蓋婭發現自己發動的這場暴力推翻行動並沒有為她帶來喜悅，就退回她掌管的領域，並且從此扮演起比較消極被動的角色。她從未喪失自己的力量、權威或者身為大地之母與萬物先祖的崇高地位，但已不再出頭與別人互動或者結合。現在，當家作主的已然是克羅諾斯。經過一場盛大的宴會，他閹割以及推翻烏拉諾斯的成就受到喧鬧而五音不全的嗓音頌唱之後，克羅諾斯於是轉向羞紅而顫抖不已的瑞亞，將她拉到一旁與她行雲雨之歡。

瑞亞的欣悅達到頂點。她已協助自己仰慕的弟弟達成掌控萬物的成就，而且現在他們又得以交合。不僅如此，經過一段時間之後，她更開始感到自己的體內有孩子在動。一定是個女嬰，她深感確信，也開心不已。

但克羅諾斯卻不是如此……。他原本就冷峻的個性，又因為別的事情而變得更加陰沉。他父親烏拉諾斯的話開始迴盪在他的腦海裡：

你自己的子女將會推翻你，就像你推翻我一樣。

在接下來的幾週和幾個月裡，克羅諾斯悶悶不樂地懷著不祥的預感，看著瑞亞的肚子愈來愈大。

你自己的子女……你自己的子女……

到了分娩的那一天，瑞亞在山壁的一個凹洞內躺下來——實際上，這個凹洞就是當初蓋婭隱藏鐮刀、克羅諾斯也藏身其中的那個裂縫。她在這裡產下一個美麗的女嬰，並將她命名為赫斯提亞（Hestia）。

瑞亞才剛說出她的名字，克羅諾斯就立刻踏步上前，從她的懷抱裡一把抓過那個孩子，一口吞下去。他轉頭就走，連打個嗝都沒有，只留下因為震驚而滿臉蒼白的瑞亞。

瑞亞的孩子

現在，克羅諾斯已是大地、海洋與天空的霸主，那把鐮刀則象徵他的權威，有如他的權杖。他從蓋婭手上接管大地，從烏拉諾斯手上接管天空，接著又藉著暴力脅迫而從蓬托斯、塔拉薩還有他的兄姐歐開諾斯、特提斯手上奪過海洋的統治權。他對任何人都不信任，統治大權完全掌握在自己手中。

儘管如此，克羅諾斯還是繼續找瑞亞行敦倫之樂，而瑞亞也還是一再同意，在內心無可救藥地愛著他，認定他吞食他們的第一個孩子只是某種反常的行為。

但卻不是如此。他們的下一個孩子是男孩，瑞亞將他取名為黑帝斯（Hades），結果也一樣遭到吞食。她接著產下女兒狄蜜特（Demeter），然後是第二個兒子波塞頓（Poseidon），最後是第三個女兒赫拉（Hera）。他們全都被克羅諾斯一口吞進肚裡，就像你我吞下一顆牡蠣或者一匙果醬那麼容易。

等到克羅諾斯吞下赫拉，也就是瑞亞生下的第五個孩子之後，她對克羅諾斯的愛已轉變為恨。當天晚上，他又抓住她，再度對她索歡。瑞亞在心裡暗自發誓，她要是再次懷孕，絕不讓克羅諾斯奪走她的第六個孩子。可是要怎麼阻止他呢？他太強大了。

一天早晨，她起床之後感到一陣熟悉的噁心反胃。她懷孕了。她靠著神聖直覺而得知自己的第六胎是個男孩。

她離開俄特律斯山，前去找尋她的母親和父親。儘管她參與了推翻他們的陰謀，但對他們的智慧與善意仍然保有女兒對父母的信任。她也知道他們對她的憤怒完全比不上他們對於克羅諾斯的深切仇恨。

整整三天，她呼喚蓋婭與烏拉諾斯的聲音不斷迴盪在全世界的山丘與洞穴裡。

「大地之母，天空之父，聆聽你們女兒的呼求，快來幫助她吧！砍傷並且放逐你們的那個兒子已變成醜惡至極的食人魔，是全世界最惡毒而且反常的生物。你們已經有五個孫子被他吃了。我體內現在又有一個胎兒，即將誕生在這個世界上。教我怎麼救他。求求你們教我，我一定會從小教導他要永久尊崇你們。」

大地深處傳來一股深沉恐怖的隆隆聲，瑞亞腳下的地面為之顫動。烏拉諾斯的嗓音轟然傳入她的耳裡，但她在其中也聽到母親比較平和的聲音。

他們三人一同籌劃出一項絕佳的計畫。

調包

為了推動這項絕佳的計畫，瑞亞前往克里特島和一頭名叫阿瑪爾忒亞（Amalthea）的母山羊密商。同樣住在那座島上的還有墨利埃，也就是一群寧芙，負責守護能夠產生嗎哪的梣樹。你如果還記得的話，她們是從受到烏拉諾斯的鮮血浸溼的土壤中冒出的生物，連同憤怒女神與癸干忒斯。與阿瑪爾忒亞的談話令瑞亞深感激勵，於是接著又與這些溫和甜美的寧芙磋商。對於在克里特必須達成的事情感到滿意之後，她便返回俄特律斯山準備生產。

這時候，克羅諾斯已看出自己的太太即將分娩，於是也做好準備要吞下他的第六個孩子。他絕不冒任何風險。烏拉諾斯的預言仍然迴盪在他的耳朵裡，而所有得位不正的暴君都免除不了的迷信多疑，在這個最早的史達林心中也與日俱增。

蓋婭對瑞亞提及一塊石頭——一塊完美的磁鐵礦，大小正適合他們所需，外形平滑圓潤，有如一顆豆子——位在距離俄特律斯山不遠處的山丘上。[18]

在早上，克羅諾斯喜歡從希臘的一端走到另一端，一一拜訪他所有的泰坦兄姐，表面上是向他們請教，實際上則是要確認他們沒有私下謀反。瑞亞依照慣例推算時間，趁著他到海岸上拜訪歐開諾斯與特提斯的時候前往蓋婭描述的那個地方，找到了那塊石頭，並帶回俄特律斯山用亞麻布包起來。計畫已經逐漸到位。

不久之後的一天下午，瑞亞趁著克羅諾斯離她一小段距離的情況下——不至於遠到聽不見她的聲音，但又需要一小段時間才能趕來——開始發出分娩的尖叫聲。她痛苦的號叫愈來愈大聲，劃破四周的空氣。接著是一小段突如其來的寂靜，然後她再努力裝出嬰兒首次啼哭的聲音。

一如所料，克羅諾斯隨即趕到。他的影子籠罩瑞亞。

「孩子給我。」他說。

「令人敬畏的主子與丈夫——」瑞亞以哀求的目光看著他：「你不能讓我保住這個孩子嗎？你看他，這麼可愛，這麼純真，這麼無害。」

克羅諾斯粗聲一笑，從瑞亞的懷抱裡將那個裹在襁褓中的孩子一把抓過來，然後一口吞下去，連同包裹的亞麻布一起吃得乾乾淨淨。這個孩子也和先前的那幾個一樣直接滑落他的胃

18 俄特律斯山所在處的希臘中部地區，稱為馬格尼西亞（Magnesia），由這個名稱衍生而來的詞語包括「鎂」（magnesium）、「磁鐵」（magnet）以及「磁鐵礦」（magnetite）。還有「錳」（manganese）也是由此而來，不過是拼字錯誤造成的結果。

裡，完全沒有碰到食道的側壁。克羅諾斯敲了自己的胸骨一下，接著又是一下，然後打了個巨大的飽嗝，隨即轉身離去，毫不理會他太太的悲痛啜泣。

克羅諾斯才剛離開，啜泣就轉變為抑制不住的狂笑，笑得上氣不接下氣。

瑞亞喘了口氣之後，就從床上爬起，溜下山去，挺著大腹便便的大肚子以最快的速度趕往克里特。

克里特的孩子

瑞亞在克里特島上的分娩過程相當順利。在那頭母山羊與墨利埃的溫柔協助下，她到伊達山（Ida）的一座洞穴裡安全而舒適地分娩。不久之後，她就產下一個美麗超凡的男嬰。她將他取名為宙斯（Zeus）。

正如蓋婭找上她最小的孩子克羅諾斯幫忙對她的兒子暨丈夫烏拉諾斯復仇，瑞亞也發誓她將養大自己這個最小的孩子，以打倒她的丈夫暨弟弟克羅諾斯。標誌著原始世界誕生陣痛的那種嗜血、貪婪與殺戮的恐怖循環，就這麼持續到下一個世代。

瑞亞知道自己必須趕在克羅諾斯之前返回俄特律斯山，以免引起他的疑心。如同先前安排好的做法，母山羊阿瑪爾忒亞將會利用自己豐富而營養的羊乳哺餵這個嬰兒，墨利埃則是用她們的梣樹所分泌出來的嗎哪餵食他。這麼一來，小宙斯即可在克里特島上健康長大。瑞亞會盡可能常來看他，教導他復仇的技藝。

以上所述雖是最廣為人知的版本，但宙斯如何得以躲過掌管大地、天空與海洋的神明克羅諾斯的注意，卻有許多不同的說法。其中一種版本指出，有個名叫艾達曼提亞（Adamanthea）的寧芙，用繩子把嬰兒宙斯垂吊在一棵樹上。由於他懸掛在大地、海洋與天空之間，因此他的父親也就看不見他。這幅情景頗有達利畫作般的迷人色彩——日後將成為天地間最高統治者的這個嬰兒，在半空中咿咿呀呀咯咯而笑，吊掛在注定將受到他統治的萬物之間。

宣誓效忠

宙斯藏身於克里特島上，在父親不知情的狀況下憑著羊奶與嗎哪的滋養日益長大，並且學會行走、說話，以及理解四周的世界。在此同時，克羅諾斯則是把他的泰坦兄姐召集到俄特律斯山，要求他們再度宣誓對他的忠心與臣服。

「這是我們的世界了。」他對他們說：「命運已經宣告我不會有子嗣，以便我更能專注於統治的工作。不過，你們必須善盡你們的責任。努力繁殖吧！讓這個世界充滿我們的泰坦族，撫養他們成為我的忠貞子民，這樣我就會為你們賜予土地和專屬的領域。好了，對我俯身行禮吧。」

所有的泰坦都深深彎腰，於是克羅諾斯滿意地哼了一聲——這是他有史以來最接近於開心的一次表現。他父親充滿復仇之恨的預言已然受到避免；永恆不衰的泰坦時代可以展開了。

克里特的男孩

克羅諾斯雖然滿意地哼了一聲，但命運和厄運的化身摩羅斯卻露出了微笑——每當權高勢大者表現出自信滿滿的模樣，他就會這樣。這一次，摩羅斯之所以微笑，原因是他可以看到宙斯在克里特島上茁壯成長。宙斯已逐漸成長為所有造物當中最強壯也最引人注目的男性——實際上，他發出的光輝已幾乎令人不敢逼視。[19]羊奶的滋補與嗎哪的營養賦予他強健的骨骼、潔白的肌膚、閃亮的雙眼與滑順的頭髮。套用希臘人的說法，他經歷了「pais」（男孩）、「ephebos」（少年）與「kouros」（青春）的階段，而成長為一個健全帥氣的青年。他的下巴與臉頰在這時已經長出細毛，日後將形成一股傳奇性的美髯。[20]他擁有命定的領導者所具備的那種自信以及自然而然的霸氣。他性情爽朗，不易動怒，但只要發起脾氣來，就足以讓周圍的一切生物為之顫慄。

他從一開始就展現出對於生命的熱情以及強烈的意志力，連他的母親都不禁讚嘆。有些人見證說阿瑪爾忒亞的羊奶為這個少年賦予了非凡的能力。直到今天，克里特島的導遊仍然會講述年輕宙斯的驚人能力以娛樂遊客。他們講得眉飛色舞（彷彿親眼目睹過那些事情一樣），敘述宙斯在嬰兒時期與他心愛的山羊保母玩耍，卻因為沒有意識到自己的力量有多大，而不小心折斷她的一支角。[21]由於他早已擁有強大的神聖力量，這個斷裂的羊角因此立刻滿溢出美味至極的食物，包括新鮮麵包、青菜、水果、醃肉和燻魚——而且不論怎麼吃都永遠吃不完。著名的豐饒之角（Cornucopia）即是由此而來。

宙斯那位心意堅決的母親，只要一有機會能夠從隨時充滿警覺的克羅諾斯身邊溜走，就會來到克里特探望兒子。

「永遠不要忘記你父親所做的事。他吃了你的哥哥姐姐，而且也想要把你吃掉。他是你的敵人。」

宙斯總是專心聽著瑞亞描述克羅諾斯統治下的世界多麼充滿苦難。

「他利用恐懼遂行統治。他絲毫不懂得何謂忠心或信任。我的宙斯，這種做法絕非正道。」

「他不是因為這樣才強大的嗎？」

「不是！這樣其實是讓他變**弱**。泰坦是他的家人，他的哥哥姐姐、姪子外甥。有些人已經

19 這是異常迷人的人物常有的情形。我們的美貌如果造成別人的不自在，就必須道歉或者將目光轉向一旁。

20 不朽族要經過多長的時間才會斷奶、學會走路、說話以及長大成人，是個難解的問題。有些文獻堅稱宙斯在一年內就從嬰兒長大成為青年。神聖時間與凡人時間的流逝速度似乎不盡相同，就像狗的時間和人類的時間，或者大象的時間與蒼蠅的時間也都各不相同。所以，我們也許不該太過實事求是地執著於神話當中的時間結構。

21 宙斯相當調皮。羅馬人稱他為朱比特（Jupiter；木星即以此為名）或朱威（Jove），所以他的確擁有歡快（jovial）的性情。作曲家霍爾斯特在《行星組曲》當中稱他為〈歡樂之神〉（The Bringer of Jollity）。

開始厭惡他的殘酷暴政。等到你的時機成熟，你就要善用那些人的厭惡感受。」

「是的，媽。」

「真正的領導者會把人團結起來，真正的領導者會受到眾人的仰慕和信任。」

「是的，媽。」

「真正的領導者會受到愛戴。」

「是的，媽。」

「哼，你笑我，但我說的都是真的。」

「是的，媽——」

瑞亞搧了他一巴掌。

「正經一點。你不是笨蛋，我看得出來。艾達曼提亞對我說你很聰明，但是性子魯莽。你花太多時間獵捕野狼、逗弄綿羊、爬樹、勾引梣樹寧芙。你該要接受正式教育了。你已經十六歲，我們再過不久就必須行動。」

「是的，媽。」

大洋神女和藥水

瑞亞請她的朋友——美麗又有智慧的墨提斯，是特提斯與歐開諾斯的女兒——教導她兒子為即將來臨的事情做好準備。

「他很聰明，但是任性又莽撞。請你教他耐性、手腕和心機。」

宙斯從一開始就深受墨提斯所吸引。他從沒見過如此美女。這位女泰坦的體型比其他泰坦小了一些，但與生俱來的優雅與穩重卻令她顯得極為突出。步履如鹿，精明如狐，悍猛如獅，輕柔如鴿，所有這些特質共同構成的氣質與才智，把這個男孩迷得神魂顛倒。

「和我一起躺下來。」

「不要，我們去走走。我有很多事情要告訴你。」

「在這裡，就在草地上。」

墨提斯微微一笑，拉起他的手。「宙斯，我們有工作要做。」

「可是我愛你。」

「那你就要聽我的話。我們要是愛一個人，總是想要討好對方，對不對？」

「你不愛我嗎？」

墨提斯笑了起來，但實際上她卻對這個放肆又俊美的青年所散發出來的耀眼魅力深感震驚。不過，她的朋友瑞亞請她教育這個男孩，而她從來就不會辜負別人的信任。

在一年的時間裡，她教導宙斯如何看穿別人的內心，判斷對方的意圖；如何想像，如何推理；如何找尋力量，並且在行動前先沉澱情緒；如何籌謀策劃，並且知道計畫在什麼時候必須改變或者放棄；如何以理智控制情感，並以真心贏得別人的愛戴。

她拒絕讓他們的關係涉及肉體層面，反倒更加深宙斯對她的愛。而墨提斯雖然從來沒有說出來，但她其實也深愛宙斯。於是，這兩人只要在一起，空氣中就充滿電力。

一天，宙斯看到墨提斯站在一塊大石頭上方，用一顆小圓石猛砸大石頭的扁平表面。

「你在幹麼？」

「打碎芥菜籽和鹽晶。」

「最好是。」

「今天是你的十七歲生日，」墨提斯說：「你已經準備好要去俄特律斯山實現你的命運了。瑞亞很快就會過來，但我首先必須完成我自己構想的一項準備工作。」

「那個罐子裡是什麼東西？」

「這裡面裝了罌粟汁和硫酸銅，再加上我們的梣樹朋友墨利埃所提供的嗎哪糖漿。我會把這些材料放在一起，再搖晃混合，就像這樣。」

「我不懂。」

「你的媽媽來了，她會解釋給你聽。」

墨提斯在一旁看著，瑞亞於是向宙斯概述他們的計畫。母親與兒子深深凝望著彼此的雙眼，深吸一口氣，然後鄭重立誓，兒子對母親，母親對兒子。他們準備好了。

五名兄弟姐妹重生

午夜，厄瑞玻斯和倪克斯為了標記赫墨拉與埃忒耳的晝行旅程結束而蓋在大地、海洋與天空上的厚布，已徹底包覆世界。在俄特律斯山上高處的一片凹谷裡，萬物之主獨自來回踱步，捶打著胸部，煩躁不安又心情低落。克羅諾斯已成為所有泰坦當中脾氣最差也最不滿的一個。掌控一切的權力沒有為他帶來滿足。自從瑞亞無緣無故地不再與他同床，他就再也難以入睡。被剝奪這項慰藉之後，他本來就不好的情緒和消化情形更是每況愈下。他吞下的最後一個嬰兒似乎引發強烈的胃食道逆流，這是前五個都沒有造成的狀況。隨著他的胃不停埋怨，思緒又在失眠之中迷迷糊糊地盲目亂轉，全能又有什麼喜悅可言呢？

不過，他在這時卻出乎意料地聽到瑞亞一面爬上山坡，一面以她甜美的嗓音輕哼歌曲的聲音，而因此精神一振，幾乎可以說是達到開心的程度。他最美的姐姐也是最親愛的妻子！她對於他吞掉他們的第六個孩子當然不免有些生氣，但她想必也瞭解他別無選擇。她是泰坦，她知道責任與命運是怎麼一回事。克羅諾斯出聲呼喚她。

「瑞亞？」

「克羅諾斯！你現在還沒睡？」

「我已經不曉得幾天幾夜沒闔過眼了。許普諾斯和摩耳甫斯對我而言已成為陌生人。親愛的老婆，我的腦子就像塞滿蠍子一樣。」馬克白這個同樣無法入睡而且深受不祥預言所苦惱的謀殺犯，也說過一樣的話，但那是許久以後的事情了。

「別胡說了，我的愛。我這個女泰坦的聰明伶俐難道比不過那兩個笨蛋睡魔嗎？要慰藉你身體上的疼痛、平撫你混亂的思緒、緩和你受傷的心靈，許普諾斯和摩耳甫斯絕對比不上我香甜溫暖的手法。」

「你香甜溫暖的雙唇！你香甜溫暖的大腿！你香甜溫暖的——」

「稍安勿躁，心急的主子！首先，我帶了個禮物給你：一名可愛的男孩為你擔任斟酒人。」

宙斯從凹洞裡現身，俊美的臉龐上掛著一道燦爛的微笑。他鞠躬行禮，然後為克羅諾斯呈上一只綴滿珠寶的酒杯。克羅諾斯貪婪地一把搶過。

「很漂亮，非常漂亮。我待會兒可能會試試他。」他一面以欣賞的目光打量著宙斯，一面一口喝乾酒杯。「不過，瑞亞，我真正愛的是你。」

在黑暗當中，他沒有看見瑞亞揚起一側的眉毛，露出鄙夷而不可置信的神情。

「你愛我？」她咬牙說道：「**你？愛？我？**把我心愛的孩子吃得只剩下一個的你？竟敢對我說**愛**？」

克羅諾斯打了個不太舒服的嗝。他感到一股極為怪異的感受。他皺起眉頭，想要集中精神。瑞亞在說什麼？她不可能不再愛他。他覺得頭腦比平常更加混亂，肚子也翻攪得更為嚴重。他到底**怎麼**了？還有，剛剛瑞亞說的一句話，那句話完全不合理。

「你是什麼意思，」他以充滿困惑與噁心的嗓音問道：「什麼叫做我把你的孩子吃得『只剩下一個』？我把他們**全部**都吃了，我記得很清楚。」

一道響亮年輕的聲音清脆地劃破夜裡的空氣。「沒有全部吃完喔，爸爸！」

肚裡的噁心感受瞬間湧上，克羅諾斯震驚地轉過頭去，看見那個年輕的斟酒人從陰影中踏步上前。「你……你……嗚哇！」克羅諾斯還來不及發問，就克制不住地嘔吐了起來。他在一陣痙攣之下，嘔出一塊大石頭。原本包覆著那塊石頭的亞麻布早已被胃酸溶化。克羅諾斯懵懵懂懂地盯著那塊石頭，眼眶裡噙著淚水，臉色一片蒼白。不過，他還沒想通自己看到的這個東西是什麼，就又感到每個嘔吐過的人都經歷過的那種毫無疑問的痛苦感受，顯示胃裡的東西還沒吐完，而且還得拖上好一段時間。

宙斯一躍上前，撿起克羅諾斯嘔出的那塊石頭，遠遠拋出去，就像克羅諾斯當初在同一個地點把烏拉諾斯的生殖器遠遠拋出去一樣。我們待會兒將會看到這塊石頭掉在哪裡，並且造成什麼後果。

那杯由鹽巴、芥末與吐根混合而成的飲料，持續在克羅諾斯體內發揮著催吐的效果。[22]就這樣，他一一吐出他吞下的那五個孩子。第一個出來的是赫拉，接著是波塞頓、狄蜜特、黑帝

22 此一藥水由墨提斯（Metis）調製而成，所以把英文的「催吐」（emetic）一詞想成是衍生自她的名字雖然頗為吸引人，但我不認為實際上是如此。

斯，最後是赫斯提亞。[23]吐完以後，這個深受折磨的泰坦才癱倒在地，疲憊不已地喘著氣。

你如果還記得的話，墨提斯調製的藥水裡還包括罌粟汁。這項材料隨即開始產生催眠效果，於是克羅諾斯發出最後一聲隆隆作響的呻吟之後，就翻過身去，陷入極深極深的睡眠。

宙斯興奮地高呼一聲，俯身打算從他鼾聲雷動的父親身旁拾起那把致命的大鐮刀，然後一刀砍下克羅諾斯的頭，意氣風發地舉起於全世界面前，造就一幅永遠不被忘懷的勝利場景，由世世代代的藝術家不斷描繪。不過，蓋婭為克羅諾斯製作的這把鐮刀，卻不能用來對付他。儘管宙斯極為強壯有力，卻連拿都拿不起來。他試了一下，但那把鐮刀彷彿固定在地面上。

「那把鐮刀是蓋婭給他的，所以也只有蓋婭能夠從他手上拿走。」瑞亞說：「算了吧。」

「可是我一定要殺了他，」宙斯說：「我們必須報仇。」

「他受到他母親的保護。可別激怒大地之母，以後你將會需要她的幫忙。你終究會有機會報仇的。」

宙斯放棄那把鐮刀。沒辦法趁著他父親躺在那裡睡得像豬的時候砍下他的頭雖然令人懊惱，但他的母親說得沒錯。報仇可以等，他們現在還有別的事情要慶祝。

在星空下的俄特律斯山上，他和他那五個重獲自由的弟妹開心地又笑又跳又喊又叫。他們的母親也笑了，欣喜地拍著手，看著她那些亮麗耀眼的子女如此健全而開心，終於降生在這個世界上，準備拿取他們承繼的遺產。那五個獲救的兄弟姐妹一一擁抱宙斯——原本是他們的幼弟，現在卻成了他們的長兄，同時也是他們的救星與領袖。他們宣誓永遠對他效忠。他們將共同推翻克羅諾斯與他那一整個醜陋的種族，從而建立一套新秩序……

儘管他們由泰坦所生，但他們卻不願把自己稱為「泰坦」。他們將會是**神祇**，而且不是隨隨便便的神，而是**唯一**的一群神。

23 按照出生順序，赫拉的排行雖然只在宙斯之前，但她現在卻算是排行第二。這五個兄弟姐妹被克羅諾斯吐出來的時候，恰好是以出生次序的相反順序冒出。於是，宙斯成了長兄，最早誕生的赫斯提亞則成了年紀最小的一個。這種邏輯只有對神祇說得通。

初始：第二部

泰坦的衝突

在俄特律斯山的頂峰，克羅諾斯平躺在地面上。其他的泰坦還不知道宙斯救出其弟妹的事情，但他們要是知道了，想必會以憤怒的暴力做出回應。在夜幕的掩護下，瑞亞與她的六個子女急忙溜走，盡可能遠離泰坦族的國度。

宙斯清楚知道戰爭無可避免。克羅諾斯絕對不會放任自己的子女活著，而宙斯也同樣堅決要推翻自己的父親。他從小就有一股聲音迴盪在心裡，而現在那股聲音更是比以往都還要清晰：那是摩羅斯輕柔而堅定的耳語，告訴著他登上統治大位是他的命運。

接下來的那場血腥、暴力並且造成重大毀滅的衝突，史學家稱之為**泰坦之戰**。[1]這場十年戰爭的大部分細節在當今雖然都已不為人知，但我們確實知道泰坦、神祇與怪物相互交戰所造成的激烈狂怒，以及他們釋放出來的爆炸性力量和巨大能量，導致高山吐出火焰，大地本身也為之震動破裂。許多島嶼和陸塊都由他們的戰鬥造成，一塊塊大陸的位置與形狀也因此改變。我們今天所知的這個世界，其地理樣貌絕大部分都是形成於這場撼動大地的衝突之中。

如果是單純的武力對決，泰坦全體的力量幾乎可以確定是他們年輕的對手所無法抵禦的。

他們不但更為強壯，也更加野蠻殘暴。除了克呂墨涅的兒子普羅米修斯與艾比米修斯之外，其他的泰坦都支持克羅諾斯，人數遠遠勝過宙斯領導下的那一小群自號為神祇的反抗軍。不過，正如烏拉諾斯為自己將獨眼巨人與百臂巨人囚禁在蓋婭體內的罪行付出了慘痛的代價，克羅諾斯把他們監禁在塔爾塔羅斯的洞穴裡也是一項即將令他付出重大代價的錯誤。

明智聰穎的墨提斯，建議宙斯到地底下放出他那三個獨眼與三個擁有一百隻手的哥哥。宙斯對他們說，只要他們願意幫助他擊敗克羅諾斯與泰坦族，他就會讓他們擁有恆久的自由。他們不需要再進一步的鼓勵。癸干忒斯也選擇站在宙斯這一邊，並且證明了他們是勇敢不懈的戰士。[2]

在最後那場決定性的戰役裡，百臂巨人的凶猛無情——更遑論他們眾多的頭顱與手臂——和獨眼巨人的狂野電力正是絕配：你如果還記得的話，三個獨眼巨人的名字分別是光芒、閃電

---

1 赫西奧德（Hesiod）在西元前八世紀為我們留下了現存最完整的記述，但其他詩人也頌唱過這場大戰；科林斯的歐墨洛斯（Eumelus of Corinth；也可能是傳奇的盲眼詩人色雷斯的塔米里斯〔Thamyris of Thrace〕）寫於八世紀的《泰坦之戰》（*Titanomachia*）這部史詩，雖然在其他文獻裡被描述得相當誘人，卻沒有留存下來。赫西奧德這麼描寫那場撼動大地的激烈戰鬥：「無邊無際的海洋發出可怕的怒吼，大地轟隆碰撞；寬廣的天空也顫動嘆息，……其根基在不朽的神祇衝刺下為之動搖，一陣激烈的震動深深傳到陰暗的塔爾塔羅斯，還有他們在這項駭人攻擊當中的腳步聲以及他們拋擲堅硬物體所發出的撞擊聲。於是，他們憤怒互罵，兩軍的吼聲直衝天際，接著就在一陣巨大的吶喊聲中短兵相接。」

2 見附錄第四八〇頁。

與打雷，亦即阿爾戈斯、史特羅佩斯與布戎忒斯。這三個天賦異稟的工匠，把他們掌握風暴的力量打造成雷霆，提供給宙斯當成武器使用，而宙斯也學會了將雷霆準確擲向敵人，把他們炸得粉碎。在他的指示下，百臂巨人以飛快的速度撿起石頭拋出，獨眼巨人則是以強烈刺目的閃電與駭人的雷聲驚擾敵人。百臂巨人的一百隻手不斷撿拾拋擲，撿拾無數的石頭拋向敵人，就像數百具發狂的風車式投石器一樣。最後，傷痕累累的泰坦族終於要求停火。

在他們低垂著滿是血汗的頭而徹底投降之際，我們暫時把目光轉向別處，看看在可怕的戰火綿延不斷的那十年間，世界其他地方發生了什麼事。

萬物增生

戰爭的烈焰與怒火燒焦了大地，但也使大地變得更加富裕豐饒。新生的植物破土而出，讓獲勝的神祇得以承繼一個清新翠綠的世界。

你如果還記得的話，宇宙曾經只是一團混沌。接著，混沌當中冒出了最早的生命，也就是原始神靈以及光明與黑暗的原則。隨著一個個世代陸續發展，新的個體獲得誕生並且接著繁殖自己的後代，**複雜度**也因此增加。那些古老的原始基本原則演變成愈來愈多樣豐富的生命型態。後來誕生的人物也被賦予了細膩而獨特的性格與個別性。若以電腦語言來說，就彷彿是生命從二位元演變成四位元，再演變成八位元、十六位元、三十二位元、六十四位元等等。每一代的出現，都帶來了千百萬乃至上億種的新式大小、型態，以及所謂的**解析度**。我們現代人引以為傲的高解析個性就此出現，生物學家所謂的**物種形成**也呈現大爆發，只見新的形體不斷誕生。

我喜歡把第一階段的造物想像成一個老式的電視螢幕，顯示著《乒》（*Pong*）這個初期的黑白電動玩具。你還記得《乒》嗎？那個遊戲由兩個白色長方形代表球拍，還有一個正方形的點代表球。早期的存有就是原始的像素化乒乓球遊戲。過了三十五到四十年後，才發展出超高解析度的立體影像還有虛擬實境與擴增實境。希臘宇宙也是這樣，其中的造物原本是拙劣粗陋的低解析輪廓，現在則是爆發出豐富而多樣的生命。

充滿野心、反覆無常、無可預測、引人入勝而且不可知的生物與神祇已然誕生。套用小說家佛斯特（E. M. Forster）對於小說中人物的區別，世界在這個時候即是從扁平角色演變至立體角色——發展出行為能夠出人意料的人物。於是，樂趣就此展開。

繆思

身為原始泰坦族一員的寧末辛（記憶），與宙斯生下了九個極度聰明又有創意的女兒，稱為繆思，在不同時期曾經居住於不同的地方，包括赫利孔山（Mount Helicon；後來的希波克里尼之泉〔Hippocrene fountain〕的所在地）、德爾菲（Delphi）上方的帕納索斯山（Parnassus），還有塞薩利的皮埃里亞，也就是皮埃里亞泉（Pierian Spring）——所有藝術與科學的比喻性源頭——的奔流之處。[3]

今天，我們認為繆思是藝術的守護神，也是個人的靈感來源。「火之繆思啊！」在莎士比亞的《亨利五世》裡，合唱隊在一開頭如此高呼。如果有人激發我們的創意，並且激勵我們達成偉大的成就，我們可能會說那個人是「我的繆思」。在英文的「music」（音樂）、「amusements」（娛樂）、「museums」（博物館）與「musings」（沉思）等詞語當中，都可以見到繆思（Muses）的影子。詩人奧登（W. H. Auden）認為，要說明創作靈感令人惱火的不可靠性，最好的方法就是想像一個任性的女神把點子與想法輕聲送入詩人的耳朵。有時候她會帶給你絕佳的材料，但有時候你回頭閱讀她口述給你的文字，卻發現只是一堆垃圾。繆思的母親雖是記憶，但她們的父親卻是宙斯，而他的輕率不忠即是後來許多故事的主題。

不過，我們還是先來認識一下這九位姐妹，她們各自代表並且守護自己所屬的藝術形式。

卡莉歐碧

身為史詩繆思，卡莉歐碧（Calliope）的下場卻是相當沒有尊嚴。不曉得為什麼，她後來成了常在露天市集裡演奏的一種蒸氣樂器，而現在你大概也只有在這樣的場合當中能夠聽到別人提及她的名字。[4]在羅馬詩人奧維德眼中，她是所有繆思之首。她的名字意為「美麗的聲音」，並且生下了奧菲斯這位希臘歷史上最重要的音樂家。包括荷馬、維吉爾與但丁等最頂尖的詩人，在著手撰寫他們的重大史詩之時，都曾經召喚她的幫助。

克麗歐

克麗歐（Clio或者Kleio〔著名〕）現在雖是雷諾一款車型以及廣告業界一系列獎項的名稱，但她原是歷史繆思。她負責宣告、傳揚以及廣播偉人的功業。美國最古老的辯論隊，由麥迪遜、伯爾（Aaron Burr）及其他人創辦於普林斯頓大學，就為了向她致敬而取名為「克麗歐哲學社」（Cliosophical Society）。

艾拉托

艾拉托（Erato）是抒情詩與情詩繆思。她的名字與愛神厄洛斯（Eros）以及情慾（erotic）有關，而且有些藝術作品也會描繪她拿著金色的箭，藉以暗示此一關聯。斑鳩與香桃木是和她有關的常見象徵，還有魯特琴也是。

---

3 皮厄里得斯（Pierides）也來自皮埃里亞。這群為數九人的姐妹因為犯下挑戰繆思的錯誤，而被變成了鳥兒。英國詩人波普（Alexander Pope）在他的《批評論》（*Essay on Criticism*）裡，以這段著名的對句把皮埃里亞稱為所有智慧與知識的源頭：

> 一知半解是很危險的事情
> 皮埃里亞的泉水要就深飲，不然就根本不要品嘗……

4 譯註：蒸氣風笛的英文稱為「calliope」，與卡莉歐碧同名。

尤特琵

身為音樂繆思，「可人」又「歡快」的尤特琵（Euterpe）與河神斯特里蒙（Strymon）生下了色雷斯國王瑞索斯（Rhesus），後來瑞索斯在特洛伊戰爭當中扮演一個非常微小的角色。至於用來命名人類Rh血型系統的獼猴（rhesus monkey），是不是由瑞索斯的名字衍生而來，則是沒有定論。

墨爾波墨涅

悲劇繆思墨爾波墨涅（Melpomene；這個名字衍生自一個希臘動詞，意為「以歌舞慶祝」）原本代表合唱隊，後來則是代表悲劇整體——這是一種非常重要的藝術型態，融合了音樂、詩文、戲劇、面具、舞蹈、歌曲和宗教儀式。悲劇演員腳穿一種厚底靴，[5]英文稱為「buskin」，希臘文稱為「cothurnus」；墨爾波墨涅就通常被呈現為拿著或穿著這種靴子，手上當然也拿著聞名的悲劇面具，顯示出嘴角向下的憂鬱表情。她與她的妹妹特西珂麗一樣是海妖塞壬（Sirens）的母親——塞壬的時代將在日後到來。

波莉西妮亞

希臘文的「hymnos」意為「讚揚」，而波莉西妮亞（Polyhymnia）即是頌歌以及**神聖音**

樂、舞蹈、詩與修辭的繆思，但除此之外，她還代表了農業、默劇、幾何與冥想——不禁讓人覺得有點雜亂。我想，我們在當今也許會稱她為「正念繆思」。她通常被描繪成頗為嚴肅的形象，手指抵在腮邊，一副深陷於沉思中的模樣。她與卡莉歐碧互相競逐著英雄奧菲斯母親的身分。

特西珂麗

乳酪店老闆：哦，我以為你是在抱怨那個布祖基琴演奏者。

顧客：怎麼可能！我對繆思特西珂麗的各種體現都樂在其中。

這段摘自蒙提派森喜劇團體（Monty Python）的不朽經典〈乳酪店短劇〉（Cheese Shop Sketch）當中的對白，讓許多人——包括我自己在內——因此認識了特西珂麗（Terpsichore）這位舞蹈繆思。

塔利亞

塔利亞（Thalia）是最優秀、最逗趣也最友善的繆思，負責掌管喜劇藝術與田園詩。她的

5 藉此增加演員的身高，也因此提高悲劇演員的地位。

名字由意為「繁榮發展」的希臘動詞衍生而來。[6]如同悲劇繆思墨爾波墨涅，她也腳蹬演員的靴子並且手持面具（她的面具當然是開心微笑的表情），但頭戴常春藤花環，並且帶著一把號角與一把小喇叭。

烏拉尼亞

烏拉尼亞（Urania）的名字衍生自烏拉諾斯，也就是原始的天空之神（同時也是這九個姐妹的曾祖父）。她是掌管天文學與星辰的繆思，並且被視為博愛的代表，有如希臘版的聖靈。

三胞胎

三乘三的繆思讓我想到應該要介紹更多的三胞胎。我們已經知道蓋婭與烏拉諾斯生下了三個百臂巨人、三個獨眼巨人與四乘三個泰坦。我們已經見過三個厄里倪厄斯，又稱為歐墨尼得斯——也就是在烏拉諾斯遭到閹割之後，從染血的土壤中冒出的那三個一心復仇的憤怒女神。「三」在希臘人的心目中顯然是個非常神奇的數字。

卡里忒斯

為期十年的泰坦之戰雖是一場毀天滅地的大戰，但宙斯在那段期間卻還是有空滿足自己的肉慾。也許他認為自己是在善盡充盈大地的責任。至少宙斯確實對這項工作樂在其中。

有一天，宙斯注意到了大洋神女當中最美麗的一位——歐開諾斯與特提斯的女兒歐律諾墨（Eurynome）。歐律諾墨在漫天戰火中躲進一座洞穴裡，為宙斯生下三個貌美如花的女兒：阿格萊亞（Aglaea，意為「光輝」），還有歐佛洛緒涅，又稱為歐梯彌亞（Euphrosyne、Euthymia，歡樂），以及塔利亞[7]（Thalia，樂觀）。她們三人被統稱為卡里忒斯（Charites），羅馬人則是稱她們為葛臘提艾（Gratiae）。我們把她們稱為美惠三女神，古往今來的雕塑家與畫家都非常喜歡拿她們當藉口，以便呈現完美的女性裸體。她們的甜美性情，為世界提供了能夠與厄里倪厄斯的惡毒與殘暴抗衡的力量。

荷賴

時序女神荷賴（Horai）由兩組三姐妹構成。泰米絲（Themis，法律、正義與習俗的代表）生下的這幾個女兒原本是四季的化身。一開始似乎只有兩個姐妹，也就是代表夏季與冬季的奧克塞西亞（Auxesia）[8]與卡耳波（Carpo）。第一組荷賴三姐妹的構成，是因為後來又添加

---

6 化學元素鉈的名稱「thallium」也是由此衍生而來（其間還經歷了「thallos」這個意為新苗滋長的詞語），是犯罪小說作家與下毒罪犯最喜歡的一種元素。

7 與喜劇繆思同名。

8 有時簡稱為奧克索（Auxo）。

了塔羅（Thallo；羅馬人稱她為芙羅拉〔Flora〕）這位帶來花朵盛開的女神，同時也是春的化身。荷賴最珍貴的特質來自於她們的母親：也就是良辰吉時的天賦。這是自然律和時間的流動之間一種良性的關係——也許可以稱為「天賜機運」。

第二組荷賴負責掌管比較世俗的法律和秩序。這三個荷賴分別為法律暨立法女神歐諾彌亞（Eunomia）、正義與道德秩序女神狄刻（Diké；羅馬神話當中與她相當的神祇是朱斯提提亞〔Justitia〕），以及和平女神厄瑞涅（Eirene；羅馬人稱她為帕克斯〔Pax〕）。

摩伊拉

又稱為命運女神的三個摩伊拉（Moirai），分別名為克羅托（Clotho）、拉刻西斯（Lachesis）與阿特羅波斯（Atropos）。倪克斯的這三個女兒通常被想像成圍繞著一具紡車而坐：克羅托紡著代表個別生命的線，拉刻西斯量測其長度，阿特羅波斯（無情者，她的名字的字面意義為「反轉」）則是選擇在什麼時候把線剪斷，提前終結那條生命。[9]在我的想像裡，她們是兩頰乾癟凹陷的老太婆，身穿黑色的破爛衣裳，坐在洞穴裡，一面紡線，一面桀桀乾笑而且不停點頭。不過，許多雕塑家與詩人都把她們呈現為雙頰粉嫩的少女，身穿白色袍服，露出靦腆的微笑。她們的名稱衍生自一個意為「定數」或「命運」的詞語，意思就是「上天賦予你的命運」。希臘人常會以「她命中注定得不到愛情」或者「不快樂就是他的命」這類話語描述摩伊拉分配給人的特質或者命運。就連神祇也不得不向命運女神的殘酷命令低頭。[10]

凱瑞斯

倪克斯的這三個腐屍女兒是窮凶極惡又貪婪無比的橫死之靈。如同北歐與日耳曼神話中的女武神瓦爾基麗（Valkyries），她們也收集死於戰鬥中的戰士亡魂。不過，和那些和善的女武神不一樣的是，凱瑞斯（Keres）不會護送那些英勇的魂魄前往英靈神殿接受獎賞，而是會一一飛到每一具血腥的屍體上，貪婪吸食從中流出的血。徹底吸乾之後，她們就把屍體拋到一旁，再繼續吸食下一具。

戈爾貢

原始海神蓬托斯與蓋婭生下一個名叫福耳庫斯（Phorcys）的兒子和一個名叫刻托（Ceto）的女兒。這對兄妹的孩子是三個住在島嶼上的姐妹，稱為戈爾貢（Gorgons），名字分別叫做斯忒諾（Stheno）、歐律阿勒（Euryale）與美杜莎（Medusa）。這三個醜惡的姐妹有著一頭蠕

---

9 萃取自毒茄參與顛茄的毒藥阿托平（Atropine），其名稱就是由三姐妹當中這個最可怕的小妹而來。

10 後代的希臘人認為命運女神的母親不是黑夜，而是代表必然定數的阿南刻（Ananke）。她們與北歐神話的諾倫三女神（Norns）相當近似。

動不休的毒蛇長髮，凶猛瞪視的眼睛、凝結不變的可怕微笑、像野豬獠牙一樣的牙齒、銅爪手與長了利爪的腳，還有布滿金色鱗片的身體，看起來足以把人嚇得血液凍結。不過，任何人只要與戈爾貢四目相對——只要和她們任何一人的目光對上一秒——就會立刻變成石頭。「石化」的英文詞語「Petrified」，現在已演變成嚇呆了的意思。

天、地、水的精靈

在這個時期誕生的人物當中，值得重視的不是只有上述那些三胞胎。在泰坦之戰延燒於世界各地的同時，各式各樣的自然妖精與精靈也開始繁殖並且盤據自己的領域。我們可以想像他們四處奔逃避難，躲在樹叢後方發抖，看著石頭與雷霆紛飛於空中，大地也因猛烈的戰爭而震動。儘管如此，這些大多脆弱不已的個體卻存活下來，而且還茁壯成長，以他們的美麗、忠誠與魅力豐富這個世界。

在這些個體當中，最知名的大概是寧芙（Nymphs）。寧芙是次要女性神靈當中的一個主要類別，依據棲息地而區分成不同的族別或亞種。山精（Oreads）掌管希臘及其周邊島嶼的高山、丘陵與洞穴，海精（如同她們的母親大洋神女）則是深海的居民。掌管淡水的水澤仙女（Naiads），居住地點包括湖泊與溪流，還有生長在水濱的蘆葦叢裡以及河岸上。經過一段時間之後，有些水性寧芙開始更明確隸屬於特定領域。不久之後，就出現了掌管天然泉水的泉水寧芙（Pegaeae），以及居住在河流裡與河流周圍的河流寧芙（Potameides）。[11]在陸地上，牧場寧芙（Auloniades）只待在牧場與樹叢裡，草原寧芙（Leimakides）以草地為家。林地的精靈包括翅膀輕盈的德律亞得（Dryads）與哈瑪德律亞得（Hamadryads），這些森林寧芙終生都離不開她們居住於其中的樹木。她們的樹木如果死亡或者遭到砍伐，她們也會跟著死去。更專門性的林地寧芙，更是只居住在蘋果樹或月桂樹上。至於能夠產生甜美嗎哪的梣樹，我們先前已經見過為其守護的墨利埃。

哈瑪德律亞得的命運顯示寧芙有可能會死。她們不會變老，也不會受到疾病侵擾，卻不一定能夠永生不死。

於是，就在自然界以這種極為精彩的方式成熟、擴張與繁殖，誕生出愈來愈多美妙的半神半人與不朽一族的同時，大地也震顫於戰爭的暴力與恐怖之下。不過，這樣的大量繁殖確保了一點：在戰爭的煙塵終於落定之後，勝利者將可統治一個充滿生命、色彩與特色的世界。獲勝的宙斯因此承繼了比起他當初誕生之時遠遠更加豐富的大地、海洋與天空。

11　塔戈迪斯（Tagides）是只隸屬於塔戈斯河（Tagus）這條河的寧芙，但我現在提過她們以後，就可以把她們忘了，因為我們往後再也不會見到她們。

至高分配者與大地的仲裁者

接下來，宙斯著手確保戰敗的泰坦絕不可能再起而對他的秩序造成威脅。他在戰爭中最強大也最凶猛的對手不是克羅諾斯，而是阿特拉斯（Atlas）——伊阿珀托斯和克呂墨涅的長子，擁有殘暴的強大力量。[12]阿特拉斯在每一場戰役當中都扮演核心角色，激勵其他泰坦勇猛奮戰，即便在百臂巨人將他們打得氣若游絲的情況下，還高喊著要他們發起最後一次的強力反擊。為了懲罰他，宙斯於是判處他必須永遠扛著天空。這麼做堪稱是一石二鳥。在宙斯之前的兩任天空之王，克羅諾斯與烏拉諾斯，都必須花費許多精力把天空撐離於大地，而宙斯則是一舉就為自己卸下這個令人筋疲力竭的重擔，同時又把這個重擔壓在他最危險的敵人肩上。在我們後來稱為非洲與歐洲這兩座大陸的交界處，阿特拉斯奮力扛起整個天空的重量。雙腿挺立，肌肉緊繃，他強而有力的身軀因為背負這項艱苦沉重的工作而不禁扭曲。在無盡的時間長流裡，他一直在那裡喘息力撐，就像保加利亞的舉重選手一樣。經過許久之後，他固化成阿特拉斯山脈，至今仍然矗立在北非，高高扛著天空。在世界最早的地圖上，可以見到他蹲立著奮力苦撐的形象，所以我們直到今天都把地圖集稱為「atlas」——和他的名字一模一樣。[13]他的一側是地中海，另一側的大洋則是以他為名，稱為「the Atlantic」（大西洋）。神秘的島嶼王國亞特蘭提斯（Atlantis），據說就是位於大西洋上。

至於克羅諾斯——那個曾是萬物之主的陰鬱人物，那個憂心忡忡而違反自然的暴君，因為對預言心懷恐懼而吞食自己的子女——他受到的懲罰正如遭到他閹割的父親烏拉諾斯所預言的，就是不斷遊蕩於世界上，過著永遠沒有止盡而且孤獨寂寞的放逐生活。他必須記錄每一天、每一個小時和每一分鐘，因為宙斯詛咒他必須為無盡擔任計數者。直到今天，我們也還是四處都看得到他：一個手持鐮刀，令人感到不祥的瘦削身影。現在的他，被人取了「時間老人」（Old Father Time）這個低俗卑賤的暱稱，而他憔悴蠟黃的面容也提醒著我們宇宙的時鐘毫不留情地滴答不休，催促著所有人走向生命的終點。鐮刀就像無情的鐘擺一樣揮動收割，所有凡人都有如草葉一般遭到那片刀刃的殘酷削砍。在所有「長期」（chronic）或「同步」（synchronized）的事物當中，還有在「天文鐘」（chronometer）、「計時器」（chronograph）與「編年史」（chronicle）等詞語裡，都可以看到克羅諾斯的名字隱身其中。[14] 羅馬人將這個陰鬱憔悴的落敗泰坦取名為「Saturn」，後來土星即以此為名。在八大行星當中，他夾在他的父親烏拉諾斯（天王星）與兒子朱比特（木星）之間。[15]

12 阿特拉斯的弟弟墨諾提俄斯（Menoetius）——他的名字意為「注定失敗的力量」——也是個極為強大又可怕的對手，但宙斯最早發出的一道雷霆就摧毀了他。

13 不過，後來的形象都把他描繪成扛著世界，而不是天空。

14 有些神話學家認為「Kronos」（泰坦克羅諾斯）與「Chronos」（時間）是兩個不同的個體，但我偏好把這兩者視為同一人的說法。

不過，不是所有的泰坦都遭到放逐或懲罰。宙斯也對許多泰坦展現包容與仁慈，至於少數在戰爭中支持他的泰坦，他更是不吝於施恩。[16]在具有先見之明而加入神祇的陣營對付自己同胞的泰坦當中，最主要的一位就是阿特拉斯的弟弟普羅米修斯。[17]宙斯因此與他結為好友，並且愈來愈喜歡這位年輕泰坦的陪伴，直到有一天發生一件對人類造成巨大影響的事情，我們直到今天都還感受得到那件事情所帶來的後果。他們的友誼以及這項友誼後來的悲劇結局，我們在不久之後就會談到。

如同先前提過的，獨眼巨人在戰爭期間為了向宙斯表達敬意，而給他那件從此以後與他密不可分的武器：雷霆。獨眼巨人的弟弟百臂巨人，憑著他們巨大的力量為神祇拿下勝利，戰後獲得的獎賞是被送回塔爾塔羅斯——但這次不是囚犯，而是為那座深不可測的深淵擔任守門人。獨眼巨人的獎賞則是被宙斯任命為他個人的工匠、兵器製造者以及鐵匠。

第三級

殘破的世界還瀰漫著猛烈的戰爭所留下的硝煙。宙斯認為世界需要療傷，而他也知道自己所屬的世代，也就是第三級的神聖個體，必須做得比前兩個世代更好。該是建立新秩序的時候了：這套秩序不能再有先前時代那種塗炭生靈的嗜血與原始的殘暴。

勝者自然要享有戰利品。如同剛完成敵意併購的企業執行長，宙斯也把原本的管理階層驅逐一空，開始安插自己的人。他為自己的每個弟妹指派屬於他們的領域以及神聖職責，就像是不朽族的總統組織著內閣一樣。

---

15 天文學家為太陽系裡的天體命名時，諮詢了古典學者的意見。土星的眾多衛星都以希臘神話的人物命名，土衛六名為「Titan」（泰坦）、土衛八名為「Iapetus」（伊阿珀托斯）、土衛十五名為「Atlas」（阿特拉斯）、土衛十六名為「Prometheus」（普羅米修斯）、土衛七名為「Hyperion」（許珀里翁）、土衛三名為「Tethys」（特提斯）、土衛五名為「Rhea」（瑞亞）、土衛十四名為「Calypso」（卡呂普索）。除此之外，還有土星光環。土星光環也許象徵時間，就像樹木的年輪一樣。

16 有些泰坦非常迷人，而且就像其他生物一樣充滿肉慾與性魅力，也極易於墜入愛河。因此，宙斯早就已經對其中一兩個比較美貌的泰坦懷有不軌的意圖。

17 普羅米修斯（Prometheus）的名字正帶有「先見之明」或「深謀遠慮」的意思……

至於他自己，則是掌握全面的控制權，成為最高領導人兼皇帝、蒼穹之主，並且主掌天氣與風暴：眾神之王、天空之父、聚雲神。打雷與閃電受他指揮，老鷹與橡樹是他的象徵，不論在當初還是現在都代表著嚴厲的恩典與無可反抗的力量。他的話語就是法律，他的力量大得令人敬畏。然而，他並不完美。實際上，他距離完美非常**非常**遙遠。

赫斯提亞

在所有神祇當中，赫斯提亞——「第一個遭到吞食，同時也是最後一個被吐出來」——大概是我們所知最少的一位。之所以會如此，可能是因為宙斯以其智慧指派她擔任灶神。在當今這個不那麼重視集體生活的時代，由於一般人的家中都有中央暖氣系統，每個家庭成員也都有各自的房間，所以我們已不再像我們的祖先——不管是希臘人還是其他人——那麼重視家中的灶。不過，即便對我們來說，「灶」一詞代表的也不只是壁爐而已。我們把灶視為家的象徵，而「灶」的英文「hearth」與「心」（heart）帶有同樣的詞源，就像現代希臘文稱「灶」為「kardia」，而這個詞語的另一個意思即是「心」。在古希臘，比較廣泛的家園概念可由「oikos」一詞表達，而這個詞至今仍然存在於「經濟」（economics）與「生態」（ecology）等詞語當中。「灶」的拉丁文是「focus」，這個詞語在今天的英文裡意為「焦點」。我們由這些代表壁爐的詞語衍生出「心臟科醫師」（cardiologist）、「深度專注」（deep focus）與「生態鬥士」

（eco-warrior）等字眼，實在是一件古怪又美妙的事情。這些詞語共同帶有的「中心性」這個基本意義，也揭示了希臘人與羅馬人對於灶的高度重視，所以由此也可看出灶神赫斯提亞具有的重要性。

赫斯提亞拒絕其他神祇的求婚，立志永久守貞。平靜、滿足、親切、好客又居家的她，通常不會介入其他神祇的日常權力鬥爭與政治算計當中。[18]赫斯提亞是個樸實的神祇，通常被呈現為穿著樸素的長袍，為人端上一個裡面燃燒著火焰的碗，或是坐在一個簡樸的木製王座上，座位上只墊著一個簡陋的羊毛坐墊。在每一餐之前對她禱告，是希臘的習俗。

羅馬人稱她為維斯塔（Vesta），而且對她極為重視，甚至還有一群專門侍奉她的女祭司，也就是著名的維斯塔貞女。她們的職責除了終生守貞之外，還必須確保代表維斯塔的火焰永遠不會熄滅。她們是最早的聖火守護者。

因此，可以想像得到這位溫柔又可人的女神不會有太多故事流傳下來。我知道的故事只有一個，再過不久就會提到。當然，她在那個故事裡的形象也是非常正面。

18 希臘文稱為「xenia」的好客，在希臘世界裡是一項極受重視的特質，主管這項特質的神祇包括赫斯提亞與宙斯本身，有時他又被稱為「好客的宙斯」（Zeus Xenios）。有時候，神祇會考驗人類的「賓主之誼」：我們將會在費萊蒙與鮑西絲的故事裡看到這一點。這種行為稱為「theoxenia」。至於所謂的「xenophobe」（排外者），自然不會對陌生人伸出友誼之手……

抽籤

宙斯接著把目光轉向兩個黝黑又難搞的弟弟，黑帝斯與波塞頓。他們兩個在對抗泰坦的戰爭中所表現出來的戰技、勇敢與精明都不相上下，因此宙斯認為公平的做法，就是在海洋與冥界這兩個最重要的尚未受到指派的領域當中，由他們抽籤決定誰該掌管哪一個。

你想必還記得，克羅諾斯從塔拉薩、蓬托斯、歐開諾斯與特提斯手中奪下對於海裡、海底與海上一切事物的控制權。現在克羅諾斯已被擊敗，因此鹹水領域就落入宙斯的掌控。至於冥界——包括塔爾塔羅斯、神秘的水仙平原（這點後續會再談），以及由厄瑞玻斯控制的地底黑暗——也該要由一位神靈單獨主掌，而且是宙斯這個世代的神靈。

黑帝斯與波塞頓彼此看不順眼，所以宙斯把手藏到身後，然後再握著拳頭伸到他們兩人面前的時候，他們不禁陷入猶豫。兄弟如果不和，彼此通常就會想要奪走對方想要的東西。

「黑帝斯會希望主掌海洋還是冥界？」波塞頓沉吟著：「他如果想要冥界，那我就也要冥界，讓他氣死。」

黑帝斯也懷著類似的想法。「不管我選哪一個，」他在心裡對自己說：「結果揭曉之後一定都要大聲歡呼，讓那個混蛋波塞頓抱著懊惱回家。」

宙斯的兩個拳頭裡各自握著一顆寶石，一顆是像海水一樣藍的藍寶石，另一顆是像厄瑞玻斯一樣黑的黑玉。波塞頓伸手點了一下宙斯的右手，然後在宙斯張開的手掌內看到璀璨發光的藍寶石，隨即興奮地跳了起來。「海洋是我的！」他大喊。

「所以就是說——**耶！**」黑帝斯揮拳慶祝：「這樣表示冥界是我的了。哈哈！」

不過，他內心其實對這個結果難以接受。神祇就是這麼幼稚。

黑帝斯

這是黑帝斯最後一次在人前露出笑容。在那一刻之後，任何歡樂開心的感受就都遠離了他。也許是擔任冥界之王的職責慢慢磨掉他原本懷有的年輕熱情或輕鬆自在。

他深入地底去治理他的王國。他的名字雖然從此永遠和死亡還有死後世界連在一起，而且與他同名的整個冥界也成為痛苦、懲罰與恆久煎熬的代名詞，黑帝斯卻也成了財富與豐饒的象徵。從地底深處挖出的寶石與貴金屬，還有從地面下萌芽長出的穀物、青菜與花朵等珍貴無比的作物，全都提醒我們腐敗與死亡當中會產生出生命、豐饒與財富。羅馬人稱他為布魯托（Pluto），英文當中的「財閥」（plutocrat）與「鈽」（plutonium）等詞語就彰顯出他的富饒與力量。[19]

厄瑞玻斯與倪克斯還有他們的兒子塔納托斯（也就是死神本身），現在都受到黑帝斯的指揮。一群因為太黑太嚇人而無法在光天化日之下流動的河神，就奔流於這個地底世界裡。

其中為首的斯提克斯（Styx；仇恨），是特提斯與歐開諾斯的女兒。直到今天，每當我們要描述黑暗、威脅性而且陰沉的東西，或是漆黑陰鬱得嚇人的東西，仍然會引用她的名字以及她那「陰森」（Stygian）的特質。注入她的河流，有火焰河弗萊格桑（Phlegethon）、苦惱河阿刻戎（Acheron）、遺忘河麗息（Lethe）以及悲嘆河克塞特斯（Cocytus）。斯提克斯的弟弟卡戎（Charon）被指派為擺渡人，但他在這時只能站在斯提克斯的河岸上，倚靠著船篙等待。他夢到有一天將會有數以千計的魂魄湧至河岸，紛紛付錢請他擺渡過河。這天將在不久之後到來。

黑帝斯撥出空間讓誕生自地面的憤怒女神厄里倪厄斯居住在他的王國當中最黑暗的核心之地。不論在世界上的哪個角落，只要有人犯下足以引起她們注意的重大罪行，她們三人就會飛去對那個犯罪者施以報復。

經過一段時間之後，黑帝斯又養了一隻寵物：一條巨大的蛇尾三頭狗，其父母是蓋婭與塔爾塔羅斯生下的厄客德娜與提豐這兩個醜惡的孩子。這條狗名叫刻耳柏洛斯（Kerberos；羅馬人稱他為Cerberus）。他是最早的地獄犬，是令人聞之喪膽而且永不疲倦的冥界看門狗暨守護者。

在做為冥界入口之一的勒拿湖（Lerna）裡，黑帝斯部署了海德拉（Hydra）——塔爾塔羅斯與蓋婭的另一個孩子。我先前提過怪物交配所可能造成的可怕突變，而刻耳柏洛斯與妹妹海德拉的差別就是一個醒目的例子。刻耳柏洛斯是一條狗，有著還算不難控制的三顆頭和一條優雅的蛇尾可以搖晃；他的妹妹則是一條幾乎不可能殺得死的多頭水怪，只要有人砍掉她的一個頭，她就會從傷口處長出十個頭。

儘管有這些駭人聽聞的動物，黑帝斯在這時卻是個寧靜的地方，由一位沒什麼事情可做的神祇所統治。地獄要能繁忙，就必須要有性命有限的凡俗生物。所以，我們接下來要先把目光轉向別處，留下布魯托自己坐在他那冷冰冰的地獄王位上，陰鬱地沉思著，和那顆以他命名的行星一樣難以親近、冰冷又疏離，[20]同時暗暗詛咒著好運，竟然把海洋的統治權交給他那個討人厭的哥哥波塞頓。

波塞頓

波塞頓是一個與黑帝斯非常不一樣的神祇。他就像自己統治的海洋一樣易怒、暴躁、自負、任性、反覆無常、躁動不安、殘忍無情又捉摸不透。不過，他卻也有忠心而感恩的一面。如同他的兄弟以及部分的姐妹，他也能夠表現出饑渴的肉慾、深刻的精神之愛以及介於其間的

---

19 有些人以「Dis」（這是個拉丁文詞語，意為「富有」）這個名字稱呼他或是他的猶太基督教後裔路西法（Lucifer）。但丁在《神曲：地獄篇》當中把地獄之城稱為「Dis」。現在，大概只有熱愛晦澀字眼的縱橫字謎出題者才會使用這個名稱。

20 以他為名的冥王星（Pluto），現在已被無禮地降級為「矮行星」。冥王星的衛星冥衛五命名為「Styx」（斯提克斯），冥衛二命名為「Nyx」（倪克斯；也有人寫為「Nix」），冥衛一命名為「Charon」（卡戎）、冥衛四命名為「Kerberos」（刻耳柏洛斯），冥衛三命名為「Hydra」（海德拉）。

各種情感。他和眾神一樣，也渴求別人的仰慕、獻祭、服從與崇拜。他只要和你交上了朋友，就永遠都是你的朋友；要是一旦和你為敵，也永遠都會是你的敵人。此外，他的野心也不僅限於焚燒的祭品、祭酒以及禱告。他總是以充滿渴望與貪婪的目光盯著那個原本最小的弟弟，也就是現在自稱為「長兄」與「王」的宙斯。至高無上的宙斯要是犯了太多錯誤，波塞頓就會把他從王位上拉下來。

獨眼巨人不但當初為宙斯打造雷霆，現在也為波塞頓製作一件強大的武器——一把三叉戟。這把巨大的三尖魚叉可以用來攪動海嘯與漩渦，甚至引發地震，從而為他贏得「撼地之神」的綽號。他因為慾求妹妹狄蜜特，而發明馬匹以便討得她的注意與歡心。他後來雖然對狄蜜特失去了熱情，但馬匹從此成為他的聖物。

在我們今天稱為愛琴海的那片海洋底部，波塞頓以珊瑚與珍珠建造一座巨大的宮殿，而與他挑選的配偶安菲特里忒（Amphitrite）一起住在那裡。安菲特里忒的父母是涅柔斯與多麗斯，也有人說是歐開諾斯與特提斯。波塞頓送給她的結婚禮物是世界上的第一隻海豚。她為波塞頓生下一個男性人魚，名叫特里同（Triton），通常被人描繪為坐在自己的魚尾上，鼓起雙頰對著一個大海螺吹氣。老實說，安菲特里忒似乎有點乏味，也沒有出現在什麼引人注意的故事裡。波塞頓幾乎把所有的時間都投注於追求數不清的美貌女孩和男孩，並且和那些女孩生下為數更多的怪物、半神半人與人類英雄——包括波西・傑克森和忒修斯（Theseus）在內。

羅馬人把波塞頓稱為涅普頓（Neptune），以此為名的天體即是巨大的海王星，其周圍的衛星包括名為「Thalassa」（塔拉薩）的海衛四、名為「Triton」（特里同）的海衛一、名為「Naiad」（水澤仙女）的海衛三，[21]以及名為「Proteus」（普羅透斯）的海衛八。[22]

狄蜜特

在克羅諾斯的孩子當中，下一個受到分配神聖職責的是狄蜜特。她的髮色有如成熟的小麥，皮膚呈奶油色，眼睛比矢車菊更藍，豐盈夢幻的美貌和任何一位女神相比都毫不遜色，唯一比她美的可能是……唉，到底誰是最美的女神這個問題，後來成了史上最令人傷腦筋、最棘手也最災難性的一個問題。

狄蜜特的過人美貌吸引到她的哥哥宙斯與波塞頓這兩個爛桃花。為了逃避波塞頓的追求，她變身為一匹母馬，於是波塞頓也跟著變成公馬。他們交合之後產下的結果是一匹小公馬，名叫阿里翁（Arion），後來成長為一匹永生不死的馬，而且擁有說話的能力。[23]她和宙斯生下了

21 這點頗為奇怪，因為水澤仙女是淡水寧芙，不像海精與大洋神女是鹹水寧芙。也許天文學家為這顆衛星命名的時候忘了諮詢古典學者。

22 普羅透斯是會變形的海洋老人，負責畜養海怪，而且擁有廣博的知識。你如果要從他口中獲得資訊，就必須和他角力。不過，要打贏他是相當棘手的事情，因為他可以令人洩氣地迅速變化成各種不同型態——從蜥蜴變成豹，從海豚變成睡鼠。由於他這種滑溜不已的能力，英文有了「千變萬化」（protean）這個詞。

波瑟芬妮（Persephone）這個女兒，我們後續會談到她的故事。

宙斯為狄蜜特指派收成的職責，於是她也因此掌管成長、豐饒與季節。她的羅馬名字是刻瑞斯（Ceres），英文字「早餐穀片」（cereal）即是由此衍生而來。[24]

如同赫斯提亞，狄蜜特在當今一般人的眼中也是個比較沒有明確個性的神明，不像她的家人那麼充滿熱情與魅力。不過，她掌管的領域也和赫斯提亞一樣對於希臘人具有至高的重要性。比起其他表面上比較光鮮亮麗的神祇，祭拜她的神殿與教派也存續得遠遠更加長久。有一則關於狄蜜特與她的女兒還有黑帝斯的著名故事，不但充滿戲劇性、影響深遠又真實，而且還極為優美。

赫拉

赫拉是瑞亞生下的倒數第二個孩子。[25]經常套用在她身上的形容詞有「自負」、「跋扈」、「醋罈子」、「傲慢」與「睚眥必報」，但這些字眼必定都會令她大為光火。在藝術作品和尋常用語當中，她還經常會被額外加上三個以「-esque」結尾的惱人字眼：如雕像般莊嚴（statuesque）、像魯本斯筆下的女子一樣豐滿性感（Rubenesque），以及像朱諾一樣威嚴美麗（Junoesque；朱諾是她的羅馬名字）。

命運和後代並未善待這位天空之后。她不像阿芙柔黛蒂或蓋婭那樣有以她命名的行星，[26]

而且還必須背負一項不太體面的名聲，也就是被人認為她總是處於被動——被動因應她的丈夫兼哥哥宙斯四處風流的行為。

一般人都認為赫拉蠻橫又乏味——愛吃醋又充滿疑心，四處暴走咆哮，一副遭到厭棄的黃臉婆形象（我們可以想像她對著手下一群無能的嘍囉丟擲瓷盤的模樣），只要有哪個寧芙或凡人沒有討得她的歡心、沒有在她的祭壇上焚燒足夠的牲畜，或是犯下與宙斯私通的致命罪行（不論他們是迎合還是抗拒宙斯的追求，赫拉都絕不原諒他們，而且對他們抱持的怨恨還可能持續好幾輩子），就會遭到她的含怨報復。不過，她雖然的確野心勃勃、虛榮勢利、保守維護階級制度，對於原創性與才華也毫無耐性——許多文學作品裡的姨媽以及電影裡的惡寡婦都是以她為原型——卻絕不乏味。[27]面對宙斯這個能夠以一道雷霆把她化為烏有的神祇，赫拉表現

---

23 我們後續還會遇到一個同樣叫做阿里翁的創作歌手，他們兩個不是同一人。

24 狄蜜特經常被翻譯為「大麥之母」或「玉米之母」，但我們現在認為她的名字原意比較有可能是「大地之母」，由此可見宙斯那個世代的神祇有多麼徹底奪走蓋婭的權力。

25 如果把瑞亞（Rhea）的名字當中的字母拆開重新排列，即可得到赫拉（Hera）的名字。

26 我們不該忘記蓋婭也是一顆行星：她就是我們的家鄉地球。她的名字在拉丁文當中寫為「Tellus」或「Terra Mater」，在英文則是寫為「Earth」（與日耳曼女神 Ere、Erda、Joeth 或 Urd 來自同樣的詞源）。

27 簡單舉三個著名的例子，我認為經常飾演跋扈寡婦的瑪麗・杜絲勒（Marie Dressler），《不可兒戲》（*The Importance of Being Earnest*）劇中的布萊克奈爾夫人（Lady Bracknell）以及《吉福斯》（*Jeeves*）系列小說裡的阿加莎姨媽（Aunt Agatha），都是以赫拉為樣板。

出來的強勢與堅決充分顯示她的自信與勇氣。

我非常喜歡她。不過，雖然我相信她要是出現在我面前，我一定會結巴、臉紅、吞口水吞個不停，但她卻會認為我是她的虔誠崇拜者。她為眾神賦予威嚴、分量，以及羅馬人所謂的「權威」（auctoritas）這種無價之寶。如果她因為這樣而讓人覺得有點掃興的話，那麼只能說與致本來就不能全然放縱，有時還是必須把孩子從遊樂場上叫回家。赫拉掌管的領域是婚姻；她的代表動物是孔雀與母牛。

在對抗泰坦的戰爭期間，她和宙斯自然而然發展成為一對。宙斯看出只有她的氣勢、尊貴和威嚴足以擔任他的配偶，為他生下新的神祇。

這兩人的關係雖然充滿緊張、不耐與猜疑，但他們的婚姻卻還是相當精彩。

新家

宙斯對於新時代以及重新安排宇宙的野心，不僅限於單純對他的弟妹分配權力與掌管領域而已。宙斯心目中想像的是某種比先前的血腥殘酷暴政更為開明理性的體制。

他構想出一個由十二位主要神祇組成的議會——他以希臘語稱之為「dodecatheon」。[28] 我們到目前為止已經介紹了六個，都是克羅諾斯與瑞亞的子女。當然，當時還有另一個神明，而且年紀比他們都還大——也就是誕生於浪花中的阿芙柔黛蒂。泰坦之戰一爆發，宙斯就立刻把阿芙柔黛蒂從賽普勒斯接過來，深知她要是受到泰坦族綁架、扣押或者招募，將會是對手的一大助力。過去十年來，她一直心滿意足地和他們住在一起，於是眾神現在為數共有七名。[29]

如同泰坦族把俄特律斯山當成他們的基地，現在宙斯也把希臘最高峰奧林帕斯山選為他的總部。他和他手下的眾神從此被稱為奧林帕斯神（Olympians），而且他們的統治在神聖個體當中乃是空前絕後。

侏儒

眾神搬到奧林帕斯山的時候，赫拉已經懷孕了。她深感滿意。她的抱負就是要為宙斯生下擁有強大法力、體力與美貌的孩子，從而永久鞏固她自己身為天空之后的地位。她知道宙斯生性風流，因此決心要把他管好。她打算先生下一個無與倫比的神祇，一個她將命名為赫菲斯托

28 由於宙斯的這項決定，十二這個數字似乎產生某種重要性。十二可以受到二、三、四與六整除，所以因數比十這個無聊的數字多出兩個。十二這個數字至今仍可見於我們的日常生活中，包括在星座、一天的時數劃分、月份，以及英寸與便士的計算當中（至少在我小時候，一先令是等於十二便士），更遑論以色列的十二支派、耶穌的十二門徒、聖誕節的十二天以及亞洲的十二生肖。這是個十二進位的世界。

29 要是認真想想，眾神其實是阿芙柔黛蒂的姪子姪女。眾神是克羅諾斯的子女，而阿芙柔黛蒂則是烏拉諾斯的精子直接產生的結果。

斯（Hephaestus）的男孩，然後再與宙斯正式成婚，讓宙斯永久臣服於她。這是她的計畫。不過，不朽族的計畫卻與凡人的計畫一樣擺脫不了摩羅斯的殘酷把戲。

到了分娩的時刻，赫拉躺臥下來，產下赫菲斯托斯。不過，她卻失望地發現這個孩子又黑又醜又矮小，於是只以嫌惡的目光瞥了他一眼，就把他拎起來丟下山去。其他神祇看著這個號哭的嬰兒在懸崖上彈跳一下，然後消失在海中。接著，就只剩下一片可怕的寂靜。

我們馬上就會看到赫菲斯托斯後來怎麼了，但現在暫且先讓我們把目光繼續停留在奧林帕斯山上，只見赫拉在不久之後又再度懷了宙斯的孩子。這一次，她費盡心思照顧自己，不但吃得健康，也規律從事溫和的運動，遵守懷孕和分娩的一切相關守則。她想要生下一個**健美**的兒子，而不是一個只適合被丟掉的侏儒。

戰神

懷孕期滿之後，赫拉確實產下一個符合她心願的孩子，精力充沛、健壯又俊美。她取名為阿瑞斯（Ares）的這個孩子，從小就好鬥、凶暴又野心勃勃。他和什麼人都可以吵架，而且滿心著迷於武力衝突、馬匹、戰車、長矛與武術。因此，從一開始就不喜歡他的宙斯，指定他為戰神也就是自然而然的事情。

羅馬人稱為瑪爾斯（Mars）的阿瑞斯，當然並不聰明。他極為呆蠢又缺乏想像力，因為就像大家都知道的，戰爭是一件愚蠢的事情。儘管如此，卻連宙斯也不得不滿心不情願地承認奧林帕斯山不能沒有他的存在。戰爭雖然愚蠢，卻是無可避免，有時甚至——如果我們敢這麼說的話——有其必要。

阿瑞斯迅速長大成人之後，發現自己無可抗拒地深受阿芙柔黛蒂所吸引——又有哪個神祇不是如此呢？也許更令人費解的是，阿芙柔黛蒂也同樣受到他的吸引。實際上，阿芙柔黛蒂深深愛上了他，因為他的凶暴與力量引起她內心深處某個部分的共鳴。阿瑞斯雖是個凶暴的大老粗，卻也逐漸愛上了她。愛情與戰爭，維納斯與瑪爾斯，這兩者之間向來存在著強烈的吸引力。沒有人知道為什麼，但找尋答案的嘗試倒是為人賺進了許多錢財。

迷人的寶座

為了鞏固自己身為普世承認的天空之后以及宙斯不容置疑的配偶這樣的地位，赫拉覺得有必要舉行一場婚宴，藉著盛大的公開典禮永久確立她與宙斯的婚姻關係。

赫拉的所作所為，幾乎全都是源自於她對禮儀的重視以及對野心的追求。她樂於見到自己的兒子愛上阿芙柔黛蒂，卻又不信任那名女神。阿芙柔黛蒂如果同意像宙斯對赫拉那樣對阿瑞斯公開許下承諾，那麼一切就會因此具有正式的約束力，從而為赫拉的勝利賦予恆久的效力。因此，世界上的第一場婚禮將會同時隆重確立兩對伴侶的婚姻關係。

日期排定，邀請函也隨之發出。禮物紛紛湧入，而其中獲得所有人一致認為最亮眼的一件，就是一張指名送給赫拉的絕美黃金座椅。在此之前，從來沒人見過如此閃耀華麗的物品。赫拉宣告指出，不論這位匿名送禮者是誰，顯然具有極為卓越的品味。她露出得意的微笑，在那張椅子上坐了下來。這時候，椅子的扶手突然往內一縮，把她緊緊箍在椅子上。她極力掙扎，卻無法掙脫，就這麼被扶手卡住難以動彈。她發出的尖叫哀號令人不忍卒聽。

瘸子

赫菲斯托斯被母親從天上丟下去之後，關於他的下場就出現許多疑慮、歧見與臆測。有些人說這個嬰兒神祇受到大洋神女歐律諾墨照顧；或是歐律諾墨的母親，也就是身為泰坦的特提斯；也可能是在許多年後生下阿基里斯（Achilles）的海精忒提斯（Thetis；涅柔斯與多麗斯的女兒）。不過，似乎可以確定的一點是，赫菲斯托斯成長於利姆諾斯島上，在那裡學會鑄造金屬以及製作精美細緻的物品。他很快就展現出驚人的天分，能夠製造出實用物品、裝飾物件，甚至是魔法道具；再加上他操作風箱的力氣以及在熔鐵爐的極度高溫旁也不怕燒傷的能力，他因此成為最傑出的鐵匠。

他當初被拋落的時候，撞到奧林帕斯山的邊坡而傷了一條腿，以致從此只能跛著腳走路。由於他彆扭的走路步伐、些微扭曲的五官，以及一頭蓬亂的黑色捲髮，因此看起來相當嚇人。

然而，他卻是以忠實、和善、樂觀以及性情溫和著稱。希臘神話裡滿是被丟在荒野或是拋棄在山頂上等死的嬰兒，可能是因為預言指稱他們將來會為自己的父母、部族或城市帶來災難，也可能是因為別人認為他們受到詛咒、長得太醜或是畸形。這類遭到拋棄的嬰兒似乎總是會存活下來，從而實現預言，或是奪回他們應有的權利。

赫菲斯托斯一心想要返回奧林帕斯，因為他知道那裡應當是他的家，但他也知道自己如果要消除內心的怨恨並且正式回歸於眾神當中，就必須施行一項有所節制的報復之舉，藉此證明自己的堅毅個性、躋身神聖地位的正當性，並且以此做為他登上天界的敲門磚。

因此，就在赫菲斯托斯學習技藝、操作風箱的同時，他敏捷而聰穎的頭腦也謀劃出一項計策，並以他敏捷靈巧的雙手予以實現。

迎娶阿芙柔黛蒂

赫拉被緊緊束縛在黃金寶座上，不斷發出憤怒而沮喪的號叫。她無法憑著自己的力量脫身，就連宙斯也無能為力。她像個被上了鐐銬的罪犯一樣困在這張椅子上動彈不得，怎麼能夠邀請不朽族的成員來參加婚宴呢？這樣未免太荒謬，也太沒尊嚴了。她一定會遭人訕笑。這到底是什麼魔法？是誰這麼欺負她？她要怎麼樣才能夠擺脫這項魔咒？

倒楣的宙斯面對一連串氣急敗壞的尖聲疑問和埋怨，只好轉向其他神祇求助。他宣告只要有誰能夠讓赫拉脫身，即可將所有男人夢寐以求的阿芙柔黛蒂娶回家。

阿瑞斯對於這項獨斷的敕令深感惱火。難道宙斯不曉得要把阿芙柔黛蒂娶回家的人是他嗎？

「別緊張，」宙斯說：「你的力氣比其他所有神祇加起來都還要大，不用怕你的太太會被別人搶走。」

阿芙柔黛蒂也深感自信，於是一面鼓勵著她的愛人，一面將他推上前去。不過，阿瑞斯不管怎麼又拉又推又踢又罵，卻都一點效果也沒有。如果要說有什麼影響的話，感覺似乎是他愈使力，那張椅子對赫拉的束縛反倒愈緊。波塞頓（儘管早已娶了安菲特里忒為妻）也努力嘗試一番，但同樣毫無效果。就連黑帝斯也從冥界上來幫忙，試圖把赫拉從這項愈來愈令人難堪的困境當中拯救出來。不過，一切的努力都是徒勞。

就在宙斯狂亂地拉扯著椅子的扶手，同時承受著深感羞辱又憤怒不已的赫拉更多的辱罵之際，一陣客氣但持續不斷的輕咳聲打斷這場混亂。在場的眾神都回過了頭。

赫菲斯托斯歪斜的臉上掛著一抹微笑，站在蒼穹的廳堂裡。

「媽，你好，」他說：「有什麼問題嗎？」

「赫菲斯托斯！」

他一拐一拐地向前走幾步。「我聽說好像有什麼獎賞……？」

阿芙柔黛蒂低下頭來，咬著下唇。阿瑞斯低吼一聲，作勢就要衝上前去，但宙斯攔住了他。其他的神祇往兩旁讓開，任由那個醜陋的小傢伙跛著腳走到被困在黃金寶座的赫拉面前。他伸出手輕輕一碰，椅子的扶手就隨即鬆開，還給赫拉自由。[30]她站起身來，整理一下自己的長袍，然後挺直身軀，擺出一副情勢一直都在自己掌控當中的模樣。阿芙柔黛蒂雙頰飛紅。不可能！怎麼會這樣？

赫菲斯托斯終於在這一刻嘗到甜美的復仇滋味，但他因為善良的本性而沒有顯露出洋洋得意的模樣。他這輩子雖然一再遭受被人拒絕的痛苦——或者也許該說正因為這樣，所以他做任何事情從來不是出於憤怒或怨恨，而只是希望討好別人，為別人提供幫助以及帶給別人歡欣。他知道自己相貌醜陋，也知道阿芙柔黛蒂並不愛他。他知道自己要是把她娶回家，她一定會背叛他，而經常溜上他弟弟阿瑞斯的床。不過，他現在純粹只是沉浸在回家的喜悅裡。

至於赫拉，則是不肯承認自己當初那項殘忍又違反自然的背叛母性之舉受到報復，而一語不發地擺出莊嚴冰冷的姿態。她內心其實暗中為自己的長子頗感自豪，後來也對他發展出真心的喜愛，就和奧林帕斯山上的其他眾神一樣。

赫菲斯托斯後來為阿芙柔黛蒂以及所有的神祇都製作了禮物，藉此證明自己確實有資格加入十二主神的行列。他獲賜山上的一整座山谷做為他的鍛鐵場，結果那裡成為全世界最大也最有生產力的工作坊。他挑選獨眼巨人擔任助手，因為他們本身就是絕佳的工匠，這點我們在先

---

30 此處展現一項我們後續還會遇到許多次的重要原則：任何神祇都無法消除其他神祇的咒語、變身、詛咒或魔法。

前已經看過。赫菲斯托斯如果還有什麼不知道的事情，都可以向他們請教；他們依照他的設計共同製造出來的非凡物品，將會改變整個世界。

赫菲斯托斯——他是火神，也是鐵匠、工匠、雕塑家與金屬匠的守護神——終於回家了。他的羅馬名字是伏爾甘（Vulcan），「火山」（volcano）與「硫化橡膠」（vulcanized rubber）等詞都是由此衍生而來。[31]

婚宴

宙斯與赫拉的婚禮發出新的邀請函，內容經過匆忙修改，加入阿芙柔黛蒂與赫菲斯托斯的婚禮。獲邀參加這場雙重婚禮的人，都興奮而開心地接下邀請。天下蒼生從沒見過這種事情，但天下蒼生在以前也從沒見過像赫拉這樣的女神：她極度重視禮儀，也深深要求秩序、典儀與家族名譽。

在幾個星期的時間裡，樹木、河流、微風、高山與海洋的寧芙都不停談論著這場婚禮。林地精靈——包括好色的法翁（Fauns），以及樹皮堅硬的德律亞得與哈瑪德律亞得——也紛紛從每一片森林、灌木與雜林出發前往奧林帕斯山。為了慶祝這場婚禮，宙斯甚至還赦免幾個泰坦。當然，其中不包括阿特拉斯，也不包括遭到長久放逐的克羅諾斯；不過，威脅性與凶暴性最低的幾個泰坦，包括伊阿珀托斯和許珀里翁在內，則是獲得原諒，並且得以重享自由。

為了讓眾人對於這場活動早就懷有的深切期待更添狂熱，宙斯發布一項挑戰：誰能夠設計出一道最美味又最具創意的婚宴菜餚，即可向他提出任何一項請求。位階較低的不朽族與動物，都對這個能夠發光發熱的機會欣喜若狂。老鼠、青蛙、蜥蜴、熊、河狸與鳥兒都把牠們自己做出的料理呈獻給宙斯與赫拉。那些料理有蛋糕、麵包、餅乾、湯、鰻魚皮醬，還有用苔蘚與黴菌做成的粥。一切甜、鹹、苦、酸、辣的菜餚都擺在小餐桌上，供眾神之王與王后評選。

不過，首先登場的是婚禮。阿芙柔黛蒂與赫菲斯托斯先成婚，接著是赫拉與宙斯。典禮由赫斯提亞以迷人而簡約的方式主持。她以香油塗抹這兩對夫妻，飄散出香氣宜人的煙霧，同時以輕柔的嗓音吟唱頌讚伴侶關係、服務奉獻與互相尊重的歌曲。家人與賓客引頸觀看，其中許多人都感動得眼角泛淚。一個搞不清楚狀況的法翁邊啜泣邊讚嘆著阿芙柔黛蒂與赫菲斯托斯有多麼登對，結果屁股立刻被怒目瞠視的阿瑞斯狠狠踹了一腳。

正式典禮結束後，該是挑出料理競賽獲勝者的時間了。宙斯與赫拉對參賽的菜餚一一嗅聞、輕觸、戳捏、品嘗、啜飲以及舔舐，就像專業美食評論家一樣。站在小餐桌後方的參賽者全都屏息以待。宙斯對一道由朱槿、甲蟲與核桃做成的果凍讚許地點了點頭，結果這道果凍的

---

31 就我所知，《星艦迷航記》裡的火神星（Vulcan）以及那顆行星的居民——其中最知名的是史巴克中校——和伏爾甘並沒有關聯。羅馬人有時也把伏爾甘稱為莫爾西伯（Mulciber），意為「冶煉者」，指的是他軟化金屬以便加工或者平撫火山的能力。

作者——一隻名叫瑪格麗特的小蒼鷺——隨即興奮地尖叫一聲，然後就昏了過去。

但是她的作品沒有獲得優勝。獲勝的是一道看起來不起眼的菜餚，作者是個名叫梅莉莎（Melissa）的害羞小傢伙。她提出的作品是一個非常小的雙耳瓶，裡面裝滿一種琥珀色的黏液。

「啊，就是這個，」宙斯伸出手指沾起瓶裡的黏液，以一副見識廣博的讚許神情點了點頭：「松香。」[32]

不過，那個小瓶子裡裝的其實不是松香，而是另一種不同的東西，一種新的東西：濃而不黏，稠而不膩，甜得剛剛好，又帶有一股令人深深著迷的香氣。梅莉莎為這種東西取的名稱是「蜂蜜」。赫拉舀起一匙送入口中，只覺得口中彷彿瀰漫著草原與高山上最美的花草所散發出來的香氣。宙斯把湯匙背面也舔得乾乾淨淨，並且發出滿足的嘆息。這對夫妻對視一眼，然後點了點頭。就這樣，不需要再有進一步的諮詢。

「呃，這個……今年的水準……相當的高，」宙斯說：「大家都表現得很好。不過，赫拉王后和我已經做出決定。第一名就是這個……呃……**蜂蜜**。」

其他動物都努力掩飾內心的失望，裝出喜悅的神情，圍成一個半圓看著梅莉莎飛上前去領取她的獎賞——也就是由眾神之王贈予的一個願望。

梅莉莎非常小，飛上優勝者的頒獎臺更是顯得嬌小不已。她鼓起勇氣飛到宙斯的耳邊（她雖然有些身體部位看來過於圓胖笨重，但卻能夠飛），對他嗡嗡說出這段話：

「令人敬畏的主啊，我很高興您喜歡我的料理，但我必須告訴您這種東西非常難以製作。

我必須一一飛到許多的花朵上收集深藏於其中的花蜜。只有極小量的花蜜能夠被吸起來帶走。一整天，只要埃忒耳為我提供光線，我就必須吸取花蜜、找尋花朵然後返回蜂巢，吸取花蜜、找尋花朵然後返回蜂窩，而且經常必須飛越極長的距離。即便如此，到了一天的結尾，我也還是只有少之又少的花蜜可以用我的秘方製作成這種令您如此滿意的甜點。光是為了斟滿您握在手中的那個小小的雙耳瓶，就花了我四個半星期的時間，所以您可以看得出來這件工作確實非常費力。蜂蜜的氣味強烈、迷人又令人難以抗拒，以致許多人都會跑來劫掠我的巢。他們肆無忌憚，因為我體型這麼小，又只能發出憤怒的嗡嗡聲驅趕他們。想想看，只要一隻黃鼠狼用腳掌一撈，或是小熊用舌頭一舔，就可能奪走我辛勞了一整個星期的成果。懇請陛下賜給我一件**武器**。蠍子不會製作食物，但您為他配備致命的螫刺；整天趴著曬太陽的蛇，也獲得您賜予毒牙。偉大的宙斯啊，請您給我像那樣的武器，一件致命的武器。這麼一來，只要有人膽敢竊取我積存的珍貴蜂蜜，我就可以用這件武器殺了他。」

　　宙斯的眉頭一皺，露出陰沉懊惱的神情。天上傳來一陣隆隆的聲響，烏雲開始飄動聚集。所有的動物都騷動起來，惶恐地看著天色黯淡下來，風也將桌巾和女神閃閃發亮的長袍吹得獵獵作響。

32 希臘人至今仍然會在紅酒當中添加松香，稱之為松脂酒，用來招待訪客。沒人知道這個一般而言友善又好客的民族為什麼會這麼做，因為松脂酒喝起來的味道其實就像是畫家用來稀釋油畫顏料的松節油一樣。我愛這一味。

如同大多數忙碌的重要人物，宙斯對於瑣碎計較與自憐自艾也絲毫沒有耐心。這個愚蠢又微不足道的小東西要求致命的螫刺是不是？好，他就讓這個願望實現給**她**看。

「你這該死的昆蟲！」他以震耳欲聾的低沉嗓音怒斥道：「你竟敢要求這麼可怕的獎賞？你擁有的這種天賦應該要樂於和別人分享，而不是小氣地自己窩藏起來。我不只要拒絕你的要求——」

梅莉莎隨即以一股充滿不悅的尖聲嗚響打斷宙斯的話：「可是你已經許下了承諾！」

在場的所有人都倒抽一口氣。她竟敢打斷宙斯的話，而且還質疑他的誠信？

「不好意思，我想你應該會發現我宣告的是……」宙斯以強自克制的冰冷姿態低聲說，但給人的感覺卻比憤怒大吼還要可怕百倍——「……優勝者可以**提出**任何要求，但我可沒有承諾這樣的要求一定會受到**恩准**。」

梅莉莎失望地垂下了翅膀。[33]

「不過，」宙斯一面說，一面舉起一隻手：「從現在開始，你採集花蜜的工作將會變得比較容易，因為我下令你不必再獨力操勞。你將會是一整個蜂群的女王，統領一大群富有生產力的臣民。而且不只這樣，我**還會**實現你的願望，賜給你一個致命又令人痛苦的螫刺。」

梅莉莎興奮地抬起翅膀。

「可是呢，」宙斯接著說下去：「這個螫刺雖然會對你們所刺的對象造成激烈的疼痛，但死亡卻是會降臨在**你**還有你的同類身上。就這樣。」

天上又滾過一道隆隆的雷聲，然後烏雲隨之散開。

梅莉莎隨即感受到體內出現一股奇怪的活動。她低頭一看，只見自己的腹部末端長出一根又長又細又尖的東西，像是長矛一樣。那是一根螫刺，像針一樣尖細，但末端有個可怕駭人的倒鉤。她身體一顫，嗡鳴哀號著飛走了。

直到今天，蜜蜂在希臘文裡仍是稱為「meliss」，而且蜜蜂的螫刺也的確是一種逼不得已才會使用的自殺性武器。螫刺的倒鉤一旦卡在螫刺對象的皮膚裡，這時蜜蜂若想飛走，就會導致自己的內臟被拉出體外。用處和勤奮程度都遠遠比不上蜜蜂的黃蜂，則是沒有這樣的倒鉤，因此不論怎麼螫刺別人都不會造成自己的傷害。不過，黃蜂雖然煩人，卻從來不曾對神祇提出過自私傲慢的要求。

此外，科學上也把蜜蜂所屬的那一目昆蟲稱為「Hymenoptera」（膜翅目）——這個詞語在希臘文裡意為「婚禮的翅膀」。

眾神的食物

也許，宙斯這麼嚴厲懲罰梅莉莎不只是因為一時動怒以及缺乏耐心——畢竟，她的蜂蜜確

---

33 當然，這不會是我們最後一次看到宙斯藉著玩文字遊戲的方式規避自己許下的承諾。

實非常美味。也許宙斯這麼做是出於政策考量。不朽眾生都在現場目睹那一刻，而因此得知眾神之王的殘酷無情。

這時，婚宴陷入一片死寂，就像先前聚集在空中的烏雲一樣陰沉而令人生畏。宙斯把那瓶蜂蜜高高舉到頭上。

「為了我的王后和我心愛的妻子，我賜福這個雙耳瓶。這個雙耳瓶永遠不會空乏，而是會恆久滋養我們。任何人只要品嘗瓶內的蜂蜜，就會長生不老。這將會是眾神的食物，而且一旦與水果的果汁混合，就會成為眾神的飲料。」

眾人熱烈歡呼，鴿子在頭頂上飛越而過，烏雲和寂靜都因此受到驅散。卡莉歐碧、尤特琵與特西珂麗這三位繆思拍著手走上前去。音樂與頌歌聲響起，大家也開始跳起舞來。許多人都因為狂喜而摔破了盤子，結果這項傳統就此流傳下來。直到今天，每當希臘人聚在一起用餐、慶祝以及賺觀光客的錢，就會把盤子摔得滿地都是。

「永生不朽」的希臘文是「ambrotos」，其名詞則是「ambrosia」，而這個詞語也就成為這種受到特別賜福的蜂蜜的名稱。由此發酵而成的一種蜂蜜酒，則稱為「nectar」，藉此紀念那些為我們提供這種甜蜜贈禮的花朵。[34]

壞壞的宙斯

赫拉這時堪稱福杯滿溢，而且就字面和比喻意義來說都是如此：一方面，一個用心侍奉的水澤仙女在她的杯子裡斟滿神酒，滿得溢出杯緣；另一方面，她的長子締結了一項無可挑剔的婚姻，而且宙斯也在全世界面前向她宣誓自己的忠誠真心。

不過，她沒有注意到的是，即便在當下這一刻，她那個慾求不滿的丈夫也已經以色迷迷的眼神望著勒托（Leto）的舞姿——這個來自科斯島（Kos）的絕美寧芙，[35]是泰坦族的菲碧與科俄斯所生的女兒，而他們兩人才在不久之前獲得宙斯赦罪，現在也身在婚宴現場。

一道聲音在宙斯耳邊輕輕響起。「你認為我表妹勒托欠你一條命，所以應該會願意和你同床共眠。」

宙斯抬起頭，正好望進一雙充滿智慧與幽默的眼睛——那是他的教師墨提斯，也就是那位機智、精明與洞見無與倫比的大洋神女，那位他仍然心懷愛意，而且確信對方也愛他的墨

---

34 譯註：「Nectar」意為花蜜，也可用來指稱眾神的飲料，中文譯為神酒；「ambrosia」則是指眾神的食物，中文譯為仙饌。

35 也拼寫為「Cos」。這座島嶼生產一種與之同名的蘿蔓萵苣，是凱撒沙拉的必備生菜。

提斯。宙斯渾身上下的血液早就因為仙饌神酒而溫熱起來，這下又因為舞蹈與音樂而更加沸騰。[36]他與墨提斯原本就已存在的火花，現在更是顯得一觸即發。

墨提斯察覺到這一點，隨即舉起一隻手。「不行，宙斯，絕對不行。我對你就像是母親一樣。況且，今天是你的大婚之日——你難道連一點格調也沒有嗎？」

不過，宙斯最缺的東西正是格調。他在桌子底下伸手摸了墨提斯。她心裡一驚，隨即轉身離開。宙斯站起身來，跟在她後面。她加快腳步，轉過一個牆角之後，隨即衝下山坡。

宙斯立刻追上去，先是幻化成一頭公牛，接著變成熊，再變成獅子，最後變成老鷹。墨提斯躲在一座山洞深處的一堆岩石後方，但宙斯變成一條蛇，從岩石間的縫隙鑽了過去，而盤起身來捲住她。

墨提斯向來都愛著宙斯，這時因為疲累，又被他的堅持不懈所感動，而終於接受他的求愛。不過，就在他們交合的同時，卻有一股煩惱縈繞在宙斯的心頭上。那是他從菲碧那裡聽來的一項預言，提到墨提斯的孩子會崛起而打倒自己的父親。

事後，他們在枕邊細語當中聊起變身的話題——希臘文稱之為「metamorphoses」。神祇或泰坦都擁有這種把別人或自己變成動物、植物或甚至堅硬物體的能力，就像宙斯在追逐墨提斯的過程中所展現的做法。墨提斯稱賞他在這項技能上的造詣。

「沒錯，」宙斯略帶得意地說：「我追你的時候變身成公牛、熊、獅子還有老鷹，不過後來變成蛇才抓到你。墨提斯，你雖然以精明慧黠著稱，但這次我用智計勝過了你，承認吧。」

「哦，我敢說我如果願意的話，一定可以贏過你。想想看，我要是變成一隻蒼蠅，你就一定抓不到我了，對不對？」

宙斯笑了起來。「你以為這樣我就拿你沒辦法？你真是太不瞭解我了。」

「那就試試看啊，」墨提斯出口挑釁：「來抓我吧！」話一說完，她就立刻變成一隻蒼蠅，在洞穴裡飛來飛去。一眨眼間，宙斯也隨即變成一隻蜥蜴，又黏又長的舌頭彈射而出，把墨提斯（連同現在可能剛在她的子宮裡成形的孩子）一口吞進肚裡。宙斯似乎遺傳他爸爸克羅諾斯那種駭人的習慣，只要聽到預言說有什麼人會打倒他，就立刻把對方一口吃掉。

宙斯變回原形，隨即溜回奧林帕斯山，內心因為認定自己遠比號稱精明的墨提斯還要聰明而得意不已。這時候，婚宴上的所有人仍然陶醉在歡樂的音樂與舞蹈當中，他的太太看起來也完全沒有注意到任何異樣。

頭痛之母

眾神之王罹患了頭痛。不是婚宴的宿醉，也不是所謂的對什麼棘手問題感到頭痛——身為

36　實際上，神祇的血管內沒有血液，而是一種美麗的金銀色液體，稱為神液。這是一種矛盾的液體，一方面帶有仙饌神酒的恆久賦生特質，對於凡人卻具有立即斃命的強烈毒性。

領導人，他對於棘手的問題早已習以為常——而是真正的頭部不停抽痛。他的頭痛不但極為嚴重，而且疼痛程度還與日俱增，導致他身陷於有史以來最急劇猛烈而且難以忍受的痛楚當中。神祇也許不受死亡、老化以及其他許多令凡人深感折磨害怕的遭遇所苦，但他們卻無法免疫於疼痛。

宙斯的怒吼、哀號與尖叫聲迴盪在希臘本土的河谷、峽谷與山洞裡，也迴盪在周圍群島的洞穴、峭壁與海灣當中，以致全世界都不禁納悶是不是百臂巨人從塔爾塔羅斯逃了出來，而再度掀起另一場泰坦之戰。

宙斯的弟弟妹妹以及其他家人都在海邊擔憂地圍著他，因為他們發現他在那裡求著姪子特里同——波塞頓的長子——把他壓進海水裡。特里同對這項要求敬謝不敏，於是所有人只好絞盡腦汁設法想出別的解決方案，可憐的宙斯則是痛苦得又蹬又叫，雙手緊緊抱著頭顱，彷彿想把頭壓破一樣。

接著，最得宙斯歡心的年輕泰坦普羅米修斯想出一個點子，隨即悄聲告訴赫菲斯托斯。赫菲斯托斯興奮地點了點頭，然後以最快的速度跛著腳走回他的鍛冶場。

宙斯的頭顱裡其實發生一件頗為有趣的事情。難怪他會遭受如此劇烈的疼痛，原因是詭計多端的墨提斯正在他的頭骨內忙碌不已，冶煉、焙燒以及打出盔甲與武器。宙斯健康、多樣而均衡的飲食當中含有足夠的鐵和其他金屬、礦物、稀土與微量元素，可讓墨提斯在他的血液與骨頭當中找到所需的一切原料、礦石與化合物。

對於她這種粗陋但有效的金屬加工方式想必會表達贊同的赫菲斯托斯，在這時回到海灘上，手上提著一把米諾斯式的巨大雙頭斧。

普羅米修斯哄勸著宙斯說，要消除他的痛苦，唯一的方法就是把他的雙手從太陽穴兩旁移開，跪下來，全心信任他們。宙斯喃喃抱怨，說身為眾神之王的問題，就是沒有地位更崇高的對象可以祈禱求助。不過，他還是順從地跪下來，等待著自己的命運。赫菲斯托斯與高采烈並且充滿自信的在手心吐了一口唾沫，抓住粗大的木柄，然後在眾人屏息注目的情況下，把斧頭用力一揮，乾淨俐落地將宙斯的頭骨劈成兩半。

現場一片靜默，只見所有人都驚恐地望著眼前這幅駭人的景象。不過，他們的驚恐在不久之後即轉為不敢置信，接著又轉為深切的訝異，原因是在宙斯被劈開的頭顱當中，露出一把長矛的尖端，接著又出現一個紅褐色頭盔頂端的裝飾羽毛。圍觀的眾人屏氣凝神，看著一個全副武裝的女子從宙斯的頭顱裡慢慢冒了出來。宙斯低下頭——沒有人知道他這個舉動是因為疼痛，還是因為鬆了一口氣，抑或是屈服或者驚嘆的表現——然後那個光耀奪目的身影就彷彿把他低下的頭當成坡道，氣定神閒地緩步而下，踏上沙灘，再回過身來面對著他。

那名女子身穿板甲，手持盾牌與長矛，頭戴羽飾頭盔，盯著她父親的眼珠呈現出無與倫比的絕美灰色。那樣的灰色似乎散發出一項格外醒目的特質——無盡的智慧。

一隻貓頭鷹從生長在岸邊的一棵松樹上飛下來，停落在這名閃亮耀眼的女戰士的肩膀上。此外，又有一條綠紫相間的蛇從沙丘裡竄出來，盤繞在她的腳上。

這時候，只聽到啪噠一聲，宙斯被切開的頭顱重新黏合起來，傷口也隨即癒合得無影無蹤。

在場的所有人立刻清楚意識到，這位新誕生的女神擁有的力量與性格凌駕於不朽族的所有成員之上。就連赫拉也差點忍不住在她面前跪下，儘管她心知這個新生兒絕對是宙斯偷腥的產物，而且事情發生的時間想必距離婚禮很近。

宙斯盯著這個對他造成這麼多痛苦的女兒，臉上露出一道溫暖的微笑。他心中浮現出一個名字，於是脫口說出。

「雅典娜！」

「爸爸！」她也喚了一聲，同樣露出溫柔的微笑。

雅典娜

雅典娜（Athena）[37]代表的特質，後來成了雅典這個以她為名的城邦最注重的德行與成就。她遺傳到母親墨提斯的智慧與洞見。她精通手工藝、戰技與治國能力，也代表法律與正義。此外，原本屬於阿芙柔黛蒂獨有的愛與美，她也分了一杯羹。雅典娜的美表現在美學當中，表現在藝術、再現、思想與性格當中，對於美的**理想**所懷有的理解，而不是肉體上那種明顯可見而且可能比較膚淺的美——那種美永遠都是屬於阿芙柔黛蒂的範疇。雅典娜代表的愛也比較沒有那麼熱烈，沒有那麼強調肉體的面向；她代表的這種愛後來被稱為「柏拉圖式」的愛。後來的雅典人把雅典娜代表的這些特質置於其他一切特質之上，就像他們也把身為雅典守護神的她擺在現有的其他眾神之上。我之所以說「現有」，原因是我們後續會看到，有兩個目前尚未出生的奧林帕斯神，將在不久之後對於何謂雅典人與希臘人的定義發揮影響力。

雅典娜與波塞頓在日後將會競逐對於西哥羅佩城（Cecropia）的守護權。波塞頓把三叉戟插入他們腳下的一塊高聳岩石，海水隨即噴湧而出；這把戲雖然令人驚豔，但由於湧出的是鹹水，所以這座湧泉也就沒什麼實用價值，只能當成一座觀賞用的公共噴泉。雅典娜提出一件簡樸的贈禮：世界上的第一株橄欖樹。西哥羅佩城的居民很有智慧，立刻就看出這棵樹的果實、油脂與木材所具有的多重用途，而選擇雅典娜做為他們的守護神，並且為了向她致敬而把城名改為雅典。[38]

她在羅馬被稱為密涅瓦（Minerva），但羅馬人不像希臘人那樣對她懷有特殊的情感連結。她偏好的動物是貓頭鷹和蛇，前者形貌莊重，象徵充滿警覺的智慧；後者則是她的父親對她母親求愛成功之時所化身而成的動物。橄欖樹也是她的聖物，其用途多端的柔軟果實是希臘人的

---

37 雅典娜的拼寫方式除了一般常見的「Athena」之外，還有「Athene」，但這個拼法似乎沒有什麼別的意義。

38 海上實力以及因此帶來的貿易，後來拯救了雅典（他們藉此在薩拉米斯〔Salamis〕與波斯人打了一場意想不到的勝仗）。不過，屬於雅典娜掌管的栽種橄欖以及其他工藝、美術與技術，說來重要性又更高。

一大福氣。[39]

她的灰色眼珠看來雖然柔和，其中卻帶有一種新的理想，一種把身體力量與性格還有心智的力量結合起來的理想。惹怒她絕對不是聰明的行為。況且，你要是得罪雅典娜，就等於是得罪宙斯。他深深迷戀這個女兒，她的一切在他眼中看來都是完美無瑕。阿瑞斯是他最不喜歡的孩子，而這對同父異母的兄妹恰好形成一項耐人尋味的對比。他們兩人都是戰神，但雅典娜的興趣在於計畫、策略與智計，阿瑞斯則是掌管衝突交戰以及各式各樣的打鬥。他只懂得暴力、武力、攻擊、征服與脅迫。說來雖然令人沮喪，但他們各自的力量都比不上兩人互相結盟的威力。

雅典娜經常冠上帕拉斯（Pallas）這個名字，以帕拉斯・雅典娜的身分守護雅典這座城市。她的守護象徵稱為「palladium」，有不少戲院都以這個詞語為名，而且這個詞語也是化學元素鈀的名稱。帕拉斯原本是海神特里同女兒的名字，她與雅典娜是兒時好友。她們經常以略帶認真的態度一起玩戰爭遊戲。有一次，帕拉斯在遊戲中逐漸占上風，結果對於自己心愛的女兒總是隨時關注並且極盡保護之能事的宙斯因此出手干預，以一道雷霆震昏了帕拉斯。雅典娜在一時激動下隨即施以致命一擊，而殺了她的朋友。從此以後，她就為自己冠上帕拉斯的名字，藉此代表自己對好友的恆久情誼與悔恨。

雅典娜和狄蜜特一樣，從來沒有被男人碰過。[40]由於她一直維持著沒有子女的單身生活，年少時期又與帕拉斯交好，有些人因此主張把她當成女同性戀的象徵。

體內的墨提斯

當初雅典娜的母親墨提斯在宙斯的誘騙之下變成蒼蠅，結果被他用蜥蜴舌頭捕食下肚。以墨提斯的標準來說，那樣的表現實在異常愚蠢。或者，至少表面上看起來如此。

實際上，她根本沒有被騙。是她誘騙了宙斯。畢竟，她的名字「Metis」就帶有「狡猾」與「奸詐」之意。她刻意讓自己遭到宙斯吞食，而且還引誘他這麼做。她意識到自己如果犧牲自由而永久待在宙斯體內，即可為他扮演明智的顧問，或說是軍師，永遠都能夠對他輕聲提供忠告，不論他想不想聽。

如果有人膽敢對大權在握的人說真話，下場通常不是身陷牢籠就是死於非命，但在宙斯的

---

39 除了盔甲以外，雅典娜也經常被呈現為持有埃癸斯（aegis）。埃癸斯究竟是什麼模樣並無定論，有些人將其描述為一張獸皮（原本是羊皮：「aiga」是希臘文的「山羊」），但後來的雕塑與陶瓷人像也將其呈現為獅皮或豹皮。宙斯的埃癸斯通常被認為是一塊盾牌，也許包覆著羊皮，而且表面經常繪有戈爾貢的臉。有些人類國王與皇帝為了呈現自己具有半神性的地位，就會在肩膀戴上埃癸斯，彰顯自己的統治權。現在，這個詞語指的是領導或權威的象徵。所謂「under the aegis」，就是說在某個人、某項原則或某個機構的「支持」下從事一項行為或者發布一份聲明。

40 她的名字經常被人加上「parthenos」一詞，也就是希臘文的「處女」——所以她位於衛城的神廟才會稱為「帕德嫩神廟」（Parthenon）。

頭顱裡，墨提斯卻永遠不會遭到噤聲。她將會以自己的謹慎遏制這位雷霆之神的莽撞縱慾和輕率激情，以免他總是因此陷入麻煩。他的脾氣、色慾和嫉妒心必須受到她平靜的聲音所平衡，藉著這樣的聲音把他的本能衝動導向比較理性開明的管道。

我沒辦法確定墨提斯犧牲自己的自由到底是出於責任感，還是因為她對自己向來仰慕的宙斯所懷有的愛。我傾向於認為是兩者都有。就像希臘人可能會說的，侍奉以及愛戀宙斯是她的**摩伊拉**（命運）。

宙斯的正面特質——包括魅力、[41]愛心、先天的機巧，也（通常）高度重視正義、公平與是非——與墨提斯在他體內提供的精明引導相互結合之後，促使他成為一位傑出的領導者，性格特質遠遠勝過他的父親克羅諾斯與祖父烏拉諾斯。實際上，墨提斯可以說是徹底成為他的一部分，因此荷馬有時也把宙斯稱為「Metieta」，意為「明智的顧問」。

尋求棲身之所

宙斯的一隻耳朵也許經常傳來墨提斯的智慧之音，但他的另一隻耳朵卻一再聽到激情的催促。只要一看到美麗的女孩和女人——有時也包括少年——他就會不顧一切展開追逐，不但可以從世界的一頭追到另一頭，也不惜變身為各式各樣的動物。他的慾火只要一點燃，墨提斯就再也控制不了他，正如輕聲低語不可能平撫風暴；赫拉妒火中燒的瘋狂尖叫，也無力喚他回頭，一如蝴蝶拍動翅膀也不可能把船隻吹離航道一樣。

我提過宙斯熱情的目光曾經落在勒托的身上，也就是菲碧與科俄斯這兩位泰坦所生下的文靜女兒。我猜女人如果聽到別人用「文靜」一詞描述自己，大概會覺得頗為惱火（畢竟，我們極少聽到「文靜的男人」這種說法）。不過，勒托後來成了一個小神明，而她代表的特質正是「文靜」一詞所指涉的那種端莊樸素。[42]儘管如此，宙斯還是在不久之後就追到她，並且遂了自己的願。

勒托（羅馬人稱她為拉托娜〔Latona〕）是一位低調的女泰坦，後來被人敬奉為母職女神以及端莊的模範。也許這是為了紀念她的懷孕，因為宙斯對她逞完肉慾之後，她的懷孕和生產卻成了一項以高度勇氣克服逆境的勝利。赫拉發現自己的丈夫讓勒托懷上孩子之後，即要求她的祖母蓋婭不得讓勒托在任何陸地上生產。對於赫拉來說，出身低下的雅典娜獲得宙斯的喜愛竟然勝過她高貴的心肝寶貝赫菲斯托斯與阿瑞斯（她似乎忘了自己當初因為嫌惡自己的長子而將他從天上丟下去），就已經令她惱怒欲狂，所以她絕不會讓另一個雜種小神再擠進來攪

41 在這裡用上這個老掉牙的字眼並不是偷懶——畢竟，「charisma」（魅力）本來就是希臘文詞語，而且能夠讓我們想像雅典娜帶有卡里忒斯（Charites）的優雅。

42 我查了同義詞典，發現與文靜同義的詞語有：「謙遜、柔順、溫和、拘謹、靦腆、安靜、害羞、害臊、羞怯、沉默寡言、膽小、退縮、忸怩；穩重、正派、得體、嫻淑、體面、規矩、品行端正、純潔、單純、貞潔；持重、冷靜、沉穩、古板、一本正經、循規蹈矩。」我想應該不會有多少女性聽到這些字眼套在自己身上會開心得手舞足蹈。

亂奧林帕斯應有的秩序。赫拉有許多特質都讓人不禁聯想起羅馬皇帝奧古斯都的皇后莉薇亞（Livia），或是若干英國國王與黑手黨大老的妻子：總是以朝代與血脈為重，總是不惜一切維護名譽和家族、世系與傳承。

在無處可以登陸的情況下，可憐的勒托只能挺著大肚子航行在海上，找尋可以生產的地方。她找上住在北風以北[43]的希柏里爾人，請求那群野人收容她，但他們因為害怕招來赫拉的怒火而不肯讓她待下來。茫然無措之下，勒托只好向害她陷入此一難堪困境的宙斯祈禱。不過，宙斯雖然身為眾神之王，他的權威基礎卻是接納以及支持眾神在各自的領域當中握有統治權並且遂行自己的意志。他無法干預以及撤銷赫拉的命令，也不能消除她那個可怕的詛咒。領導人、國王與皇帝總是埋怨自己是最不自由的人，這種說法確實有其道理。宙斯雖然力量強大又地位崇高，卻總是受制於共識與集體責任這類令他得以遂行統治的內閣制政府原則。

現在，他唯一能夠幫助勒托的做法，就是說服弟弟波塞頓以一道大浪把她的船隻帶到提洛斯——那是一座無人居住的小島，漂浮在基克拉迪（Cyclades）的渦流當中，沒有植基於海床上，因此不受赫拉的詛咒影響。

雙胞胎！

勒托疲累不堪地登上提洛斯這座適宜人居的漂浮島嶼，以僅存的力氣爬到沙丘後方，在岸邊一排稀疏的松樹底下尋求掩蔽。她在那裡只找得到少數可供食用的松子和青草，不足以為她體內那個活躍的小生命提供養分。於是，她只好前往在遠方可以看到的一座翠綠山谷。在這座位於辛索斯山（Cynthos）下的谷地裡，她藉著果實與種子為生，過著像野獸一樣的生活，但總算不再受到赫拉的詛咒所迫害。她的肚子在這段期間隆起的幅度極大，以致她不禁擔心自己懷的會不會是怪物或者巨人。不過，她還是持續覓食、進食、休養，覓食、進食、休養。

有一天，一股先前沒有過的激烈疼痛取代了饑餓的感受。勒托在無人幫助的情況下獨自產下一個女孩，是個容貌秀麗程度前所未有的嬰兒。[44] 勒托喘著氣將她命名為阿提米絲（Artemis）。這個女嬰相當健壯，天生就速度驚人而且強韌有力，在出生第一天就奇蹟似地立刻為她母親幫上了忙，原因是勒托這下終於得知自己的懷孕過程為什麼會如此辛苦，孕肚又是如此沉重——她的肚子裡還有另一個孩子，而且這個年紀較小的第二胎橫向卡在產道裡，所以才會對她造成嚴重的痛楚。阿提米絲天生就懂得怎麼以最省力的方式接生嬰兒，於是協助母親產下了這個光輝耀眼的雙胞胎弟弟。

這個男孩一呱呱落地，母女兩人就隨即發出充滿喜悅的驚呼聲，因為這個男孩的頭髮不像他的姐姐或媽媽是黑色的，而是有著一頭金髮，遺傳自他的外祖母：閃亮無比的菲碧。勒托把

---

43 在今天的色雷斯（Thrace），鄰接希臘、保加利亞與土耳其。

44 阿芙柔黛蒂與雅典娜的美貌雖然與她不相上下，嚴格來說卻都不是誕生自娘胎，所以這句話確實成立。

他命名為阿波羅（Apollo）。有時候，我們以他的出生地將他稱為「提洛斯的阿波羅」，有時又稱他為「菲碧斯阿波羅」，一方面藉此向他的泰坦外祖母致敬，另一方面也是指他自己金光閃耀的美貌，因為「菲碧斯」（Phoebus）的意思就是「閃耀者」。

阿提米絲

宙斯對阿提米絲的愛不下於雅典娜，也極力保護她不受赫拉的怒火所傷害，因為赫拉對於這個又是外遇帶來的孩子深感難以忍受，尤其是這個女孩又被她痛批為頑皮淘氣的男人婆，玷汙了女性神靈的尊嚴。

在阿提米絲還小的時候，宙斯有一天下午看到她在奧林帕斯山腳下的一片灌木叢裡對老鼠和青蛙玩著又捉又放的遊戲。他在她身邊的一塊石頭上坐下來，把她抱到自己的大腿上。她輕拉宙斯的鬍鬚玩了一會兒，然後開口問道：「爸爸，你愛我嗎？」

「阿提米絲，你問這什麼問題！你明明知道我愛你，明明知道我是全心全意地愛你。」你的父親如果是個不知忠誠又放縱惡習的傢伙，那麼不管你有什麼要求，就絕對都能夠設法讓他答應。阿提米絲把宙斯玩弄於股掌之間，就像她把玩著他的鬍鬚一樣。

「你有愛我到願意讓我實現一個願望嗎？」

「當然啦，親愛的。」

「嗯，可是回頭想想，這根本不算什麼。就算是最微不足道的寧芙和水精，你也照樣會實現他們的願望。所以，你願意讓我實現**不只一個**願望嗎？」

宙斯在內心暗暗哀號。全世界似乎都以為身為全能的眾神之王，坐在奧林帕斯山的寶座上統治天地是一件簡單至極的工作。他們哪裡懂得身為父親的內疚感、手足之間的競爭、權力的鬥爭，以及醋桶般的妻子呢？討好一個家族成員，就不免惹惱另一個。

「不只一個願望？老天！還有什麼女孩子想要的東西是你沒有的？你是不朽的神祇，一旦成長到最美的時刻，就再也不會老化。你身體健壯、頭腦聰明、動作敏捷，而且——噢！」他叫了一聲，原因是他的下巴被用力扯下一根毛。

「爸爸，我求的又不是什麼很難實現的願望，都只是一些微不足道的東西而已。」

「好吧，說來聽聽看。」

「我永遠都不要有男朋友或者丈夫，也不要讓男人碰我，你懂我的意思——」

「懂，懂……呃……我完全明白。」

這可能是宙斯第一次臉紅。

「還有，我想要有很多不同的名字，像我的弟弟那樣。也就是人家說的『名號』。我還要一張弓，因為我注意到**他**有一大堆的弓，可是我因為是女孩就都沒有，實在一點都不公平。畢竟，我可是雙胞胎裡面比較大的那一個。赫菲斯托斯可以做一張很特別的弓送我當誕生禮物，就像他送阿波羅的那樣。我要一張銀弓搭配銀箭，拜託。我也要一件長度及膝的外衣方便打獵，因為長袍難穿又不實用。我不想要統領城鎮，可是我想要掌管山坡和森林。還有雄鹿，我喜歡雄鹿。還有狗，我是說獵犬，不是沒用的觀賞狗。而且，如果可以的話，我也想要有一群少女組成的合唱隊在廟裡唱歌頌讚我，還要有一群寧芙幫我遛狗、照顧我，以及保護我不受**男人**騷擾。」

「就這樣？」宙斯對於她提出的要求如此單純幾乎樂壞了。

「應該是吧。哦，還有，我希望擁有讓女人生孩子變得比較容易的能力。我看過分娩過程有多麼痛苦。說實話，生小孩的過程實在很噁心，我想要幫忙改善這種情形。」

「我的老天，你該不會異想天開要求我把月亮給你吧？」

「咦，這點子真棒！月亮。好啊，我想要月亮，求求你。就這樣，我從此以後再也不會提出任何要求了。」

宙斯實現她的每個願望。他怎麼可能拒絕她呢？

阿提米絲因此成為狩獵與貞潔女神，守護未受教育和未經馴服的生物、獵犬與雌鹿、產婆與月亮。她同時也是弓箭手和女獵人之后，而且她重視自己的獨立與單身生活甚於其他一切。她雖以仁慈的態度對分娩的女性表達同情，但追逐獵物以及懲罰膽敢太過接近她的男人卻是心狠手辣。她在古代世界深受恐懼、景仰與愛慕，因為出生於辛索斯山而有時被人稱為辛西亞（Cynthia）；羅馬人則是稱她為黛安娜（Diana）。柏樹是她的專屬樹木。雅典娜代表一切經過培育、生產、製作以及策劃的事物，掌管自然、本能與野生事物的阿提米絲則是與她正好相對。不過，她們兩人都和赫斯提亞一樣，堅守自己的貞潔。

阿波羅

如果說阿提米絲是銀，那麼她的雙胞胎弟弟阿波羅即是全金。如果阿提米絲是月亮，那麼阿波羅就是太陽。他閃耀奪目的五官令所有見到的人為之著迷。直到今天，他的身材比例與輪廓仍是某種男性美的理想。我說「某種」，原因是阿波羅不僅因為肌膚白皙搶眼，而且臉部沒有鬍鬚，胸部也沒有長毛，不論在希臘人還是他們崇拜的眾神當中都是罕見的特例。他就像聖經裡的雅各一樣，也是個肌膚光滑的男人，但男子氣概並不因此有所稍缺。

阿波羅是數學、理性與邏輯之神。詩文與醫藥、知識、修辭以及啟蒙是他掌管的範疇。基本上，他就是和諧之神。認為卑下的物質世界及其中的平凡物體帶有神聖的性質，並且能夠與天界產生共鳴，即是阿波羅式的想法，不論是表達在正方形、圓形與球體的神奇性質裡，還是呈現在聲音或者推理鏈的完美調諧和韻律當中。只要你擁有這方面的天賦，那麼就算是意義與命運本身，也可以從平凡的事物當中解讀出來。阿波羅擁有大量的這種天賦，同時又完全缺乏說謊的能力。這樣的結合，也使得他成為掌管神諭和預言的自然選擇。巨蟒當然是他的聖物，還有月桂樹也是。專屬於他的動物是海豚與白渡鴉。[45]

如果有人以為阿波羅金光耀眼的美貌是軟弱的象徵，即是犯了愚蠢的錯誤。他是技藝超群的弓箭手，必要的時候也是凶猛狂暴的戰士，絲毫不遜於任何一位奧林帕斯神：如同他所有的近親，他也具有殘忍、惡毒、好妒與充滿怨恨的一面。他是眾神當中極不尋常的一位，因為羅馬人也以他的希臘名字稱呼他，而沒有任何改變。在古代世界裡，不管你到什麼地方去，阿波羅一樣都是阿波羅。

赫拉的怒火

在那座漂浮的島嶼上，阿波羅與阿提米絲這對新生的雙胞胎成為天空之后持續不斷的怒火所鎖定的焦點。赫拉竭盡全力阻止這兩個宙斯偷情的產物誕生，一旦未能成功，更是令她感到無邊無際的挫折與憤怒。於是，她又嘗試了一次。

在這對雙胞胎才生下幾天之後，她就派遣皮同這條蛇前去吞食他們。還記得懷孕的瑞亞曾經誘騙克羅諾斯吞下一塊磁鐵礦，而讓宙斯得以逃過一劫嗎？後來他不是吐出那塊礦石，而被宙斯從俄特律斯山上遠遠拋擲出去嗎？結果，這塊礦石落在帕納索斯山坡上一個叫做皮托的地方，緊緊嵌在土壤裡，後來成了希臘的臍石，稱為翁法洛斯（Omphalos）——也就是希臘的肚臍，不但是希臘的精神中心，也是起源點。這塊礦石的掉落地點原本就已是蓋婭的聖地，這時又在她的命令下冒出一條有如龍一樣的巨蛇，負責守護礦石。這條巨蛇以其誕生地為名，因而稱為皮同，後來的許多蛇也都沿用牠的名字。[46]

這時候，憤怒的赫拉派遣皮同到提洛斯島去殺害勒托與她的兩個孩子。宙斯冒著進一步激怒赫拉的風險，悄悄把這項消息告訴了風，再由風傳給嬰兒阿波羅，於是阿波羅隨即向赫菲斯托斯傳送一項迫切的求救訊息，請求他這位同父異母的哥哥盡力製作一組最好的弓箭。赫菲斯托斯在熔鐵爐前奮力工作七天七夜，然後把一張無比美麗強大的弓和一束金箭送往提洛斯，正好來得及讓阿波羅取得這組武器，並且躲在沙丘後方等待那條巨蛇前來。皮同一從海裡游上沙灘，阿波羅就立刻從藏身處閃身而出，以一枝箭射穿牠的眼睛，然後當場把牠的屍體大卸數塊，並且朝著天空發出勝利的歡呼。

你也許認為阿波羅有完全正當的理由可以保護他的姐姐、母親還有自己免於這麼一條致命生物的傷害，但由於皮同誕生自地面，所以是蓋婭的孩子，受到神聖保護。宙斯知道自己必須懲罰阿波羅殺死那條蛇的舉動，否則自己的權威就會蕩然無存。

不過，他為阿波羅選擇的懲罰其實不太嚴厲。宙斯把這名年輕的神祇放逐到那條蛇位於帕納索斯山下的誕生地八年藉以贖罪。除了取代蛇妖皮同守護翁法洛斯之外，阿波羅還被賦予在那裡定期舉行體育錦標賽的任務。皮提亞運動會因此每四年舉行一次，與奧林匹克運動會相距

45 我們後續將會看到阿波羅為什麼把渡鴨變成黑色，以及月桂樹為什麼會成為他的聖樹。

46 譯註：皮同（Python）的名字衍生自其誕生地皮托（Pytho），還有後文提到的皮提亞運動會（Pythian Games）也是。「Python」後來成為蟒屬的拉丁文學名，以及英文的「巨蟒」。

兩年。[47]

阿波羅並且在皮托（他把這裡的地名改為德爾菲）[48]設立一座神廟，任何人都可以到這裡向這位神祇或是他指定的女祭司（又稱為希貝兒〔Sibyl〕或皮媞亞〔Pythia〕）詢問有關未來的問題。女祭司在進行預言的恍惚狀態下坐在詢問者的視線之外，身體底下有個深坑，通連至大地的子宮，然後把模稜兩可的預言召喚至地面上的廳堂裡，也就是焦慮不已的祈願者等待指點的地方。因此，在旁人看來，阿波羅與希貝兒的神諭能力有一部分乃是來自於阿波羅的曾祖母蓋婭本身。據說蒸氣會從地底下冒出，許多人都認為那是蓋婭的氣息。[49]卡斯塔利亞泉由此湧出，據說任何人只要飲用這裡的泉水或者聽到泉水的低語，就會文思泉湧。[50]

於是，提洛斯的阿波羅也稱為德爾菲的阿波羅。直到今天，仍有許多人會到德爾菲詢問自己的未來。我自己也去問過。阿波羅從來不會說謊，但也從來不會給人直截了當的答案，而是喜歡提出另一個問題或是謎語做為回答，藉此掩蔽答案的真義，讓人在木已成舟之後才會恍然大悟。

為了彌補自己破壞正常秩序的舉動，並且讓被殺的皮同能夠永眠於母親蓋婭的懷裡，宙斯終於把那條蛇的喪命地點提洛斯島固定於大地上。這座島雖然不再漂浮不定，但即便到了今天，造訪過那裡的人都能夠證明船隻要航抵這座島嶼是極不容易的事情，因為那裡不但有猛烈的地中海季風，還有梅迪美海流（meltemi currents）。不管是什麼人，要去那裡恐怕都不免暈船。感覺彷彿是赫拉還沒原諒提洛斯島讓勒托得以產下阿提米絲與阿波羅這兩個光芒耀眼的雙胞胎。

邁亞

現在有幾位奧林帕斯神了呢？且來簡單數一數。

---

47 皮提亞運動會與奧林匹克運動會，連同尼米安運動會（Nemean Games）與依斯米安運動會（Isthmian Games），構成四個所謂的「泛希臘運動會」。這些運動會上的獎賞遠遠比不上當今的豐厚資金和闊氣的贊助。奧林匹克運動會的獲勝者能夠得到一個橄欖花環，皮提亞運動會的獲勝者是月桂花環，依斯米安運動會是松葉花環，而最令人興奮的是尼米安運動會的獎品：野芹菜花環。

48 一般認為德爾菲（Delphi）這個名稱衍生自「delphys」，意為「子宮」。當然，也有可能是衍生自「adelphi」，意為「兄弟姐妹」（因為兄弟姐妹都來自同一個子宮）。所以，這個聖地有可能是以阿波羅這個雙胞胎弟弟為名，也可能是以蓋婭的子宮為名。另外還有一個理論，指稱阿波羅是騎著海豚來到皮托，而海豚的希臘文乃是「delphis」。畢竟，海豚就是一種擁有子宮的魚。不過，他究竟是怎麼騎著海豚橫越距離那麼長的陸地，我就不曉得了。

49 皮媞亞是在受到阿波羅、泰米絲或者蓋婭附身的情況下做出預言，或者也有可能是同時受到這三者共同附身。「神靈附身」的希臘文是「enthusiasmos」——即是英文的「熱忱」（enthusiasm）。充滿熱忱即是「被神附身」，受到神靈的啟發。

50 有些人說卡斯塔利亞（Castalia）這座地下泉會冒出蒸氣，而當地的山羊顯然非常喜愛那些蒸氣。這樣的景象也許讓人聯想到海豚的噴氣孔，所以又為這裡的地名從皮托改成德爾菲提供另一個可能的解釋。順帶一提，赫塞（Hermann Hesse）的小說《玻璃珠遊戲》（*The Glass Bead Game*）當中的未來世界，也叫做卡斯塔利亞。

宙斯坐在王座上，赫拉隨侍在側，這樣是兩位。在他們周圍有赫斯提亞、波塞頓（他總是喜歡到內陸來監看宙斯）、狄蜜特、阿芙柔黛蒂、赫菲斯托斯、阿瑞斯、雅典娜、阿提米絲與阿波羅——所以共有十一位。黑帝斯不算，因為他只待在冥界裡，完全無意在奧林帕斯十二神當中占有一席之地。因此，還必須再加上一位，奧林帕斯山上的眾神才會達到十二這個必要人數。

塵埃才剛落定，皮同慘劇引起的尖聲指責也才剛消退為悶燒的慍怒，宙斯就清楚看出自己的職責所在。他必須生下最後的那第十二位神祇。或者換個方法說，他色慾氾濫的目光又落在另一個引人垂涎的不朽族身上。

在泰坦之戰期間，阿特拉斯這個泰坦族最凶猛的戰士與大洋神女普勒俄涅（Pleione）生下七個女兒。為了紀念她，這七個女兒就稱為普勒阿得（Pleiades），但也有人為了向她們的父親表示敬意，而把她們稱為阿特蘭提得（Atlantides）。

在這群黑眼珠的姐妹當中，年紀最大也最美的是邁亞（Maia）。她是個害羞而快樂的山精，居住在阿卡迪亞（Arcadia）的庫勒涅山（Cyllene）[51]位於科林斯境內的美麗山坡上。她原本很快樂，直到有一天晚上，天神宙斯出現在她面前，讓她懷上了孩子。由於赫拉對待宙斯私生子的態度已傳得人盡皆知，令希臘內外的所有美麗女子都深感恐懼，邁亞因此在極度保密的情況下於一座偏遠隱密的洞穴裡產下一個健康的男孩，將他取名為荷米斯（Hermes）。

神嬰

荷米斯證明自己是有史以來最矯健非凡而且智力又超乎尋常的嬰兒。他才出生二十五分鐘，就能夠從洞穴的一側爬到另一側，同時對他驚訝不已的母親提出各種意見。五分鐘後，他要求母親給他亮光，好讓他仔細查看洞壁。由於母親無法滿足這項要求，他於是把兩顆石頭拿在一束乾草上互相撞擊，而點燃了一簇火焰。這是以前從來沒人做過的事情。這個令人驚奇的嬰兒站起來（這時他還不到半個小時大），宣稱自己要出去走走。

「這座狹小的洞穴欠缺空間，對我造成難受的強烈幽閉恐懼症。」他說，就此發明了押頭韻和「恐懼症」一詞。[52]「我待會兒就回來。你繼續做你的紡紗或者編織還是什麼的吧，媽媽要乖喔。」

這個獨一無二的非凡神童漫步走下庫勒涅山的山坡，一面開始哼起歌來。他的輕哼逐漸轉為優美的歌聲，周遭樹林裡的夜鶯隨即開始模仿他，而且從此以後不斷努力想要重現他的嗓音。

---

51 當今的凱里尼山（Mount Kyllini）。

52 譯註：這句話裡押頭韻的詞語是「close confines」與「cramped cavern」，在此處以中文的雙聲詞語「狹小」與「欠缺」譯之。

他走了不曉得多遠之後，來到一片草原，看到一群絕美的純白牛隻在月光下吃著草，並且發出輕聲低鳴。

「啊！」他著迷不已地嘆息一聲：「真是美麗的牛牛。」他雖然如此早熟，說起話來卻還是不免帶點童言童語。

荷米斯看著那群牛，那群牛也回望著他。

「過來。」他對牠們下令。

那群牛盯著他看了一會兒，然後又低下頭繼續吃草。

「咦，不聽我的話是不是？」

荷米斯的腦筋轉得很快，立刻摘採一束長長的草葉，編成牛版的馬蹄鐵，裝上每一頭牛的腳蹄。接著，他用月桂葉包覆自己圓圓胖胖的小腳。最後，他折下一株柳樹的枝條，剝除葉子形成一條長鞭，而以精熟的手法對那群牛又搔又戳，促使牠們聚集成一個易於操控的緊密隊形。為了進一步預防出問題，他並且趕著牠們倒退走，一路倒退著爬上山坡，回到洞穴的開口，而發現他的母親訝異又驚恐地站在洞口。實際上，自從他平靜地信步離開之後，他的母親就一直擔憂不已地在洞口等他。

邁亞在這之前從來沒有養育孩子的經驗，但她確信自己這個兒子的奇特風格與怪異行為絕不尋常——就算是在眾神當中也是如此。她知道阿波羅還是嬰兒就打敗了皮同，雅典娜當然也是一出生就全副武裝，可是只用石頭就能夠生火？驅趕牛隻？還有他現在拿在她面前晃啊晃的這個是什麼東西——一隻**陸龜**？她是在做夢嗎？

「母親，」荷米斯說：「聽我說，我有個點子。我要你打昏這隻龜，挖出肉拿來煮。我敢說這樣一定能夠煮出一道很美味的湯。我也會建議你加很多的野蒜，也許再加一點茴香？主菜是牛肉，我現在就來準備。借我這把刀，我馬上就回來。」

話才說完，他就閃身消失在洞穴深處，接著便傳來一頭牛遭到這個嬰兒的圓胖小手割斷喉嚨所發出的可怕哀號聲。

吃了一頓邁亞不得不承認極為美味的餐點之後，她鼓起勇氣問了兒子接下來打算做什麼，因為他現在把牛的內臟串起來，垂掛在火堆旁。在等待這些腥臭的內臟乾燥的同時，他又忙著在龜殼邊緣鑽出一個個小孔。

「我有個點子。」他唯一願意透露的就只有這句話。

阿波羅解讀徵象

荷米斯可能知道也可能不知道，不過他在呱呱墜地的第一天晚上就走了一段很長的路程，一路從他位於庫勒涅山的誕生地行經塞薩利的草地，最遠抵達皮埃里亞，在那裡發現並且偷走那群牛，然後又一路走回家。以嬰兒的步伐來看，這樣的距離實在頗為驚人。

荷米斯絕對不可能知道的是，那群牛屬於阿波羅所有，而且深受他的重視。他一得知那群牛失蹤的消息，就隨即在盛怒中趕到皮埃里亞，認定必然是一群凶惡的盜賊竊取他的牛群，而打算追蹤到他們的巢穴去。可能是變壞的野生德律亞得或法翁，他在內心猜想。他們一定會後悔自己偷了這位弓箭之神的財產。他在牛群吃草的草原上趴下來檢視地面，就像經驗豐富的野生動物追蹤者一樣一絲不苟。然而，他卻震驚地發現那些盜賊完全沒有留下任何有用的蹤跡。他只看得到雜亂的刷痕、毫無意義的螺旋紋路，還有一個小小的嬰兒腳印——除非是他眼花看錯了。牛蹄踏出的足跡怎麼看都不像是通往草原以外，而是**朝著**草原而來！

偷牛群的人必定是在愚弄阿波羅。可以確定的是，對方顯然是一群技術精巧熟練的盜賊。他的姐姐阿提米絲是他所知技藝最精湛的獵人：她敢做這種事情嗎？也許她以某種狡詐的方法掩飾自己的蹤跡。阿瑞斯沒有這樣的頭腦，波塞頓不會有興趣做這種事情。赫菲斯托斯？可能性不大。那麼，會是**誰**呢？

他注意到一隻畫眉鳥在不遠處的一根樹枝上整理著羽毛，於是立刻以流暢的動作拉弓射下那隻鳥兒。掌管神諭和占卜的阿波羅切開這隻鳥的嗉囊，瞇起眼睛仔細察看其內臟。從腸子的顏色、右腎的扭結以及胸腺的異常狀態，他隨即看出牛群在阿卡迪亞，距離科林斯不遠。還有，肝臟上的凝結血塊對他透露出什麼訊息？庫勒涅山。還有呢？原來如此！那個腳印**真的**是嬰兒的腳印。

阿波羅通常柔和的眉毛緊蹙在一起，藍色的眼珠發出憤怒的光芒，紅如玫瑰的雙唇也緊緊抿成一條嚴肅的直線。

他一定要報仇。

同父異母的兄弟

等到阿波羅抵達庫勒涅山的山腳下，他壓抑的怒火已經達到爆發邊緣。全世界都知道那群牛是他的聖物，而且牠們也明顯可見是屬於一種稀有而珍貴的品種。到底是誰有這樣的**膽子**？一個垂掛在白楊木樹枝上的哈瑪德律亞得雖然沒辦法為他提供線索，但對他說山上有一大群寧芙聚集在邁亞的洞穴口。說不定他可以在那裡找到他要的答案？要不是她不能離開自己的樹木，否則她也會到那裡去。

阿波羅抵達山頂之後，看見庫勒涅山的所有生物都聚集在那個洞穴。隨著他逐漸走近，他注意到群眾當中傳來一道聲音——一道他從沒聽過的聲音。那道聲音聽起來就像是結合香甜、愛情、完美以及一切美麗的事物，而輕柔地經由他的耳朵傳入他的靈魂裡。正如仙饌引誘一位神祇走向餐桌，令他發出期待的感嘆；就像一個寧芙的秀麗容貌使他血管內的神液為之沸騰，而覺得自己彷彿就要爆炸開來；又像肌膚貼著肌膚的溫暖觸感令他的身心都激動不已——現在這道肉眼無法看見的聲音就深深引誘並且迷住了他，讓他覺得自己內心充滿喜悅和欲望，強烈得令他幾乎就要發狂。他多麼希望能夠把那道聲音從空中摘下來吸入胸中，他多麼希望……

那道神奇的聲音突然終止，令人著迷的魔咒也隨即消失無蹤。

聚集在洞口的水澤仙女、德律亞得及其他精靈開始四散離去，一面走一面搖頭讚嘆，彷彿剛從催眠當中醒來一樣。阿波羅從他們當中推擠而過，發現洞口的石堆上擺著兩大塊牛脅肉，已經切成一片片牛排。他狂暴的怒火隨即又竄升上來。

「我一定要叫你們付出代價！」他一面衝進洞穴，一面大吼：「你們——」

「噓！」

山精邁亞這位阿波羅的堂姐，正坐在一張柳條椅上縫著衣服。她舉起一根手指擱在嘴巴前面，同時把頭偏向火堆旁的一張嬰兒床，只見有個兩頰紅咚咚的嬰兒酣睡在裡面。

阿波羅嚥不下內心的怒氣。「那個該死的小孩偷了我的牛！」

「你瘋了嗎？」邁亞說：「我的小天使才剛生下來一天而已呢。」

「小天使你個頭！我知道怎麼解讀畫眉鳥的內臟。況且，我也聽得到那些牛在洞裡踩踏鳴叫的聲音。不管在哪裡，我都認得牠們的聲音。那個嬰兒是個賊，我要求——」

「你要求**什麼**？」荷米斯坐起來，以強硬的目光瞪著阿波羅：「你就不能讓我這個小孩睡個覺嗎？我昨晚趕牛忙了一晚，勸你別在這個時候——」

「你承認了！」阿波羅大叫一聲，同時踏著大步走向他。「以宙斯之名，我要用雙手把你掐死，你這個小——」

不過，他才把荷米斯抓起來，準備對他做出令人髮指的行為，這時一個由木頭與龜殼做成的奇怪器具卻從嬰兒床上掉了下來。那個東西掉落之時發出一道聲音，就是剛剛在洞外令阿波羅迷醉不已的那個聲音。

他立刻放開荷米斯，撿起那個器具。兩根細細的木條固定在龜殼上，木條之間緊緊綳著幾條牛腸線。阿波羅用拇指撥了其中一條線，就隨即發出那種美妙的聲音。

「怎麼會……？」

「什麼，這個東西嗎？」荷米斯一面說，一面訝異地揚起眉毛。「這只是我昨晚隨手做出來的一個小玩意兒，我把它叫做『里拉琴』（lyre）。不過，這東西可以製造出一些有趣的效果，只要用適當的方式撥弦就行，或者想用刷奏的方式也可以。只要按下幾條弦，就可以——來，給我，我示範給你看。」

不久之後，他們就開始又彈又撥，又拍又刷，並且交換著新和弦，猶如興奮不已的青少年。荷米斯正在示範自然泛音的原則，而阿波羅雖然深為這件非凡的器具在他內心引起的感受所著迷，卻在這時恢復了理智。「沒錯，你講的這一切都很棒，」他說：「可是我那群該死的牛怎麼辦？」

荷米斯以詢問的目光看著他。「我猜猜看，你一定是……不要告訴我……阿波羅，對不對？」

阿波羅從來沒有遇過別人認不出他的情形，而且他也不喜歡這樣的感覺。被一個才一天大的嬰兒以帶著優越感的語氣對他說話，讓他覺得渾身不舒服。他正準備以一句尖銳的話酸爆這個自以為了不起的小屁孩，還可能對他的下巴再加上一記右鉤拳，卻在這時發現對方向他伸出一隻圓圓胖胖的小手。

「波仔，握個手吧，很高興認識你。我是荷米斯，眾神的最新成員。你算是我同父異母的兄弟，對不對？我媽邁亞昨晚對我解說了我們的族譜。我們還真是一群怪胎啊，是不是？是不是？」

阿波羅這時又體驗到一種從沒經歷過的感覺，也就是被人以戲謔的姿態輕戳胸前。他覺得自己對眼前的情勢快要失去控制了。

「聽我說，我不管你是誰，反正你不能隨便偷走我的牛，又以為自己不必付出代價。」

「哦，我不會讓你吃虧的，別擔心。可是我實在不能不帶走這群牛，用牠們做出來的腸線品質太棒了。我既然要為我心愛的異母哥哥製作一把里拉琴，就一定要用品質最好的弦。」

阿波羅的目光從荷米斯轉向里拉琴，又從里拉琴轉回荷米斯身上。「你是說……？」

荷米斯點點頭。「我懷著滿心的愛為你獻上這把琴。這把里拉琴以及其背後的藝術全都屬於你。我是說，你本來就已經是數字、理性、邏輯與和諧之神，再加上音樂可以說是相當合適，你不覺得嗎？」

「我不曉得該說什麼。」

「你可以說：『荷米斯，謝謝你。』還有：『我的弟弟，儘管留下那群牛吧。』」

「荷米斯，謝謝你！還有，沒錯，儘管留下那群牛吧。」

「老傢伙，你人真好，不過我其實只需要兩頭牛就夠了。你可以把其他的牛帶回去。」

阿波羅茫然困惑地舉手捏著自己滿是汗水的眉毛。「你為什麼只需要兩頭？」

荷米斯從床上跳到地板上。「邁亞告訴我神祇有多麼喜歡受到崇拜，還有動物獻祭對他們而言有多麼重要，所以我殺了兩頭牛，然後把其中一頭牛身上切下的十一片肉拿來燒烤獻給奧林帕斯。媽和我昨天晚上一起吃了十二片牛排。還有一些剩下的，你會想吃冷的嗎？加上我做的芥末籽醬很好吃喔。」

「不用了，謝謝你。」阿波羅說，接著又讚許他一句：「你想得真周到，還用烤肉的煙獻祭眾神。」一如其他的神祇，阿波羅對於祈願獻祭也是深深喜愛。「這麼做很得體。」

「我們來看看有沒有效吧，好不好？」荷米斯說，然後就突然跳進阿波羅的懷裡，勾住他的肩膀。

這個異乎常人的嬰兒不管思緒、動作還是行事作風都飛快不已，阿波羅不禁覺得有些應接不暇。「看什麼有沒有效？」

「我討好我們父親的計畫啊。帶我到奧林帕斯山上，介紹我給大家認識吧，」荷米斯說：「那個空著的第十二個寶座是我的。」

第十二位神祇

荷米斯的一切都非常快。他的心思、他的機智、他的衝動與他的反射都是如此。奧林帕斯眾神原本就已對前一晚從庫勒涅山飄上來的美味香煙頗感滿意，現在又對這個新來的小傢伙著迷不已。就連赫拉也把臉頰靠到他面前讓他親吻，並且宣稱這個嬰兒極為討喜。大家還來不及注意，他就已經坐在宙斯的大腿上拉著他的鬍子玩了。宙斯笑了起來，於是眾神也跟著他一起笑。

這個神的職責該是什麼呢？他飛快的思緒和腳步立刻讓人想到一個答案——他應該成為眾神的信使。為了進一步加快荷米斯的速度，赫菲斯托斯打造**塔拉里亞**（talaria）這雙後來成為他正字標記的鞋子——這是一雙帶有翅膀的涼鞋，可以讓他以老鷹都比不上的速度從一個地方瞬間移動到另一個地方去。荷米斯毫不矯情地表達自己對這雙鞋的喜愛，而對赫菲斯托斯獻上一個充滿感激的熱情擁抱，於是這位火與鍛造之神隨即跛著腳返回他的工坊，經過一天一夜不眠不休的趕工之後，做出了一頂低冠而且帽簷可以調整的帶翅頭盔，以便搭配**塔拉里亞**。這頂頭盔讓荷米斯顯得更有氣勢，也讓世人得以看出這個矯健俊美的年輕人代表眾神令人敬畏的崇高權勢。為了進一步凸顯他的活力與魅力，赫菲斯托斯又送他一根銀手杖，頂端綴有一雙翅膀，並且纏繞著兩條蛇。[53]

自此以後，荷米斯的各項歷險故事都令宙斯深感開心。他在竊取阿波羅那群牛的過程中所展現的狡詐與手段，使得他自然而然成為無賴、盜賊、騙子、賭徒、小販、弄臣、說書人和運動員的守護神。騙子、弄臣與說書人比較正向的那一面，使得他在文學、詩歌、演說與機智等方面也占有一席之地。他的技藝和洞見令他在科學與醫學領域當中握有影響力。[54]他成為商業與貿易之神，也是牧人（可想而知）還有旅行和道路之神。音樂雖是他的發明，但他確實遵守諾言，把守護音樂的職責送給阿波羅。阿波羅簡化里拉琴的結構，把龜殼換成我們對於這種古典樂器所熟悉的黃金框架。

正如我認為我們可以把阿提米絲與雅典娜視為代表彼此相反的事物（野蠻相對於教養、衝動相對於慎重等等），荷米斯代表的易變、迅速與積極衝動也可以說是與赫斯提亞代表的平靜、恆久、秩序以及自給自足恰恰相反。

除了赫菲斯托斯為他打造的手杖、頭盔與帶翅涼鞋，荷米斯的象徵還包括陸龜、里拉琴與小公雞。羅馬人稱他為墨丘利（Mercury），而且崇拜他的熱情程度不下於希臘人。他的皮膚就像他最喜歡的異母兄弟阿波羅一樣光滑（他們現在已成了情誼堅定不已的好朋友），也和他一樣是光明之神。他的光芒不像阿波羅那樣是金黃色，而是銀色——水銀的銀色。實際上，他的羅馬名字也是水銀這種元素的名稱，而且一切變化多端（mercurial）的事物也都會令我們

---

53 荷米斯時髦俐落的頭盔稱為「petasus」（寬邊帽）。他的手杖——希臘人稱為「kerykeion」，羅馬人稱為「caduceus」——在世界各地都經常被當成醫藥與救護車的符號，可能是與阿斯克勒庇俄斯（Asclepius）之杖互為替代（後續會再談到他），不然就是這兩者被人搞混的結果。

54 中世紀與文藝復興時期的煉金術士稱他為「Hermes Trismegistus」（三重偉大的荷米斯）。據說他擁有封上玻璃管與箱盒的魔力，十七世紀一件稱為馬德堡半球的發明（利用大氣壓力與真空造成緊密無比的密封性）於是被描述為「hermetically sealed」（毫不透氣）——這個說法至今仍然相當常見。

聯想起眾神當中最討人喜歡的這一位。後來，荷米斯將會擔任一項堪稱是他最重要的神聖職責，但我們現在且安排他坐在第十二張寶座上，然後好好欣賞壯觀的梅加拉卡札尼亞（Megala Kazania）[55]：也就是奧林帕斯山頂的那座宏偉舞臺。

奧林帕斯神

兩個大寶座面對十個比較小的寶座，現在每個寶座上都坐著一位神祇。宙斯伸出左手讓赫拉牽著。

百臂巨人當初在奧林帕斯山上取石轟炸泰坦族，因此挖出梅加拉卡札尼亞這個巨大圓坑。現在，這座圓形劇場就開展在眾神的面前。[56]聚集在現場的不朽族發出熱烈歡呼，慶祝這個重大場合、這個宙斯的絕頂時刻。

天空之后拉起宙斯的手。這時的她也感到心滿意足。她和她那個花名在外的丈夫談過了，從此以後將不會再有新的神祇，他不會再誘惑寧芙或女泰坦，更不會再讓她們受孕。十二主神已然完備，接下來宙斯將會把注意力轉向建立自己的恆久統治這項嚴肅工作。至於赫拉，則是會永遠在他身邊支持以及指引他，並且維持秩序和禮儀。

宙斯環顧他們身前那十位面帶微笑的神祇，而在這時突然感到赫拉捏了捏他的手，於是立刻就懂了她的意思。他向臺下那群獲赦的泰坦以及興奮激動得幾欲暈去的寧芙敬禮。獨眼巨人、癸干忒斯、墨利埃與大洋神女都為了爭取更好的視野而不停互相推擠。卡里忒斯與荷賴則是害羞地發出閃爍的光芒。黑帝斯、厄里倪厄斯以及冥界的其他黑暗生物紛紛低頭鞠躬。百臂巨人激切地揮舞著他們的三百隻手以表效忠。

為了標誌十二主神政權的開端，赫斯提亞走下自己的寶座，點燃一個閃閃發光的巨大銅碗當中的燈油。歡呼聲響徹雲霄，一隻老鷹從空中飛過，天上也傳來轟隆隆的雷鳴。

赫斯提亞回到寶座上坐下來。宙斯看著她平靜地理平自己的袍裙，接著把目光轉向其他神祇——波塞頓、狄蜜特、阿芙柔黛蒂、赫菲斯托斯、阿瑞斯、雅典娜、阿提米絲、阿波羅、荷米斯。這些神祇以及天地間所有的造物都拜伏在他面前。他所有的敵人都已遭到打散、摧毀、監禁或者馴服。他創造了這個世界前所未有的帝國與統治。他贏了。但他卻麻木無感。

他抬頭望向山岳的遠端，看見一個身影遮蔽著天空的一角，深色的衣服被風吹得不停飄盪。他的父親克羅諾斯來了。他像鐘擺一樣緩緩搖晃著手上的鐮刀，刀刃映照著底下的火光。儘管宙斯在這麼遠的距離和如此黯淡的光線下根本不可能看得清楚，但他確信他父親那張削瘦憔悴的臉上必定帶著殘酷而嘲諷的表情。

---

55 這是那個地方的現代名稱，字面上的意思是「大茶壺」。直到今天，這裡對於膽敢爬上奧林帕斯山頂的登山客而言，仍是一片令人深感值回票價的勝景。

56 這座圓坑可能是百臂巨人或者冰河作用造成的結果，這點實在難有定論。

「宙斯，揮揮手。看在老天的份上，笑一下好嗎！」赫拉的怒聲低語拉回他的思緒。他再回頭看往天邊，他父親的黑色身影已經不見了。說不定剛剛只是他自己的想像。

更多的歡呼聲。除了低沉的雷鳴之外，這時又加上地面傳來的隆隆震動。蓋婭與烏拉諾斯也送上他們的恭賀，或者也許是警告。歡呼聲連綿不斷，一切生物都崇拜又仰慕他。這一天理當是他這輩子最開心的一天才對。

不過，好像少了什麼東西。**什麼東西**……他皺起眉頭，努力思考。突然間，一道巨大的閃電從天上一閃而下擊中地面，掀起一團濃煙與燒焦的沙塵。

「親愛的，別這樣。」赫拉說。

可是宙斯沒有聽到她的話。他想出一個點子。

宙斯的玩具：第一部

普羅米修斯

我先前提過普羅米修斯，他是伊阿珀托斯和克呂墨涅的兒子。這位富有遠見的年輕泰坦擁有各種迷人的特質。他體魄健壯、俊帥得引人羨妒、老實、忠誠、謹慎、謙遜、幽默、體貼、有禮，而且又是個相處起來令人深感愉快的好同伴。所有人都喜歡他，宙斯更是如此。每當宙斯繁忙的行程中有了空檔，這兩人就會一起到鄉間散步，天南地北無所不聊——談論際遇、友誼和家人，談論戰爭、命運以及各種微不足道的愚蠢話題，就像朋友一樣。

在十二主神上任典禮的前幾天，與宙斯情投意合的普羅米修斯注意到他的好友變得不太一樣。宙斯顯得陰鬱暴躁，不再像以前那麼喜歡出外散步，也不像以前那麼輕鬆風趣，而是經常悶悶不樂又焦煩易怒，和普羅米修斯熟識並且喜愛的那位尊貴、幽默又富有自我掌控力的神祇實在是天差地遠。他認定這是典禮前的緊張焦慮，因此也就不去打擾他。

一天早上，在典禮過後已經一個星期左右，習於睡在色雷斯的芬芳草地當中的普羅米修斯，因為大拇趾一再受到拉扯而驚醒過來。他睜開眼睛，看見那位眾神之王恢復原本的活潑生氣，正在他面前蹦蹦跳跳，就像小孩在自己的生日當天早晨那樣興奮不已。先前的陰鬱已經有如山頂上的霧氣一樣消散殆盡，表現出來的愉悅歡騰更是原本的十倍。

「普羅米修斯，起來！趕快起床！」

「幹麼？」

「我們今天要做一件了不起的事情，一件會傳頌萬年的事情。這件事將會永垂青史，將會——」

「我們是要去獵熊嗎？」

「什麼熊？我想到一個極其特別的點子。**快點**。」

「我們要去哪裡？」

宙斯沒有回答，只是伸手搭著普羅米修斯的肩膀，強拉著他穿越草原，一路上不發一語，只是不時會爆出一陣興奮的笑聲。要不是他們擁有深厚的友誼，普羅米修斯恐怕會以為他是喝神酒喝醉了。

「這個點子，」他開口問道：「也許你可以從頭說給我聽聽？」

「好，好，從頭，沒錯，我們就應該從頭說起。坐下來。」宙斯指向一根倒下的樹幹，然後開始來回踱步，普羅米修斯則是檢查一下，確認樹幹上沒有螞蟻才坐下去。「想想看，宇宙的一切是怎麼開始的。一**開頭只有**一**片混沌**，然後從混沌中冒出第一級的神聖個體——厄瑞玻斯、倪克斯、赫墨拉他們那個世代——接著是第二級，也就是我們的祖父母蓋婭和烏拉諾斯，對不對？」

普羅米修斯輕輕點了點頭。

「蓋婭和烏拉諾斯，他們後來生下你們這個違反自然的災難世代，泰坦族——」

「喂！」

「——然後是各式各樣的寧芙和精靈，還有無數的小神靈、妖怪、動物以及其他各種東西，最後終於達到巔峰成就，也就是我們這群眾神。天地就此臻於完美。」

「你忘了提到你們和我族人打的那場漫長血腥的戰爭，而且你們是因為我的幫忙才打贏的。」

「是，是，不過最後的結果——總之一切都很好。到處都出現和平與繁榮。但儘管如此……」

宙斯沉吟不語，普羅米修斯只好主動提問。

「你的意思該不會是說你想念戰爭吧？」

「不是，不是那樣……」宙斯繼續在普羅米修斯面前來回踱步，就像老師對著只有一個學生的班級上課一樣。「你一定注意到我最近心情不太好。我告訴你為什麼。你知道我有時候喜歡變成老鷹飛翔在世界上方，對不對？」

「為了找尋寧芙。」

「這個世界呢，」宙斯繼續說下去，假裝沒聽到他的話：「實在是非常美麗。一切都各有其所——河流、高山、鳥兒、野獸、海洋、樹叢、平原和峽谷……可是你知道嗎，每當我從天上往下望，總是不禁感嘆這個世界有多麼空虛。」

「**空虛**？」

「噢，普羅米修斯，你完全不瞭解在一個已經完成的世界裡當神是多麼無聊的事情。」

「**無聊**？」

「沒錯，無聊。最近這段時間以來，我已經體會到自己無聊又寂寞。我所謂的『寂寞』是就宏觀層面而言，是從宇宙的角度來看。我是在宇宙的層次上感到寂寞。難道說從此以後永久都是如此嗎？就我自己坐在奧林帕斯的王位上，懷裡揣著雷霆，所有人拜伏在我面前，歌功頌德並且乞求恩惠？永遠這個樣子。這樣有什麼好玩？」

「這個嘛……」

「說實話，你也不會喜歡。」

普羅米修斯緊抿著雙唇想了一會兒。他確實從來不曾羨慕過他的好友坐在那個王位上所面對的種種煩惱與重擔。

「假設，」宙斯說：「假設我創造出一個新種族（race）。」

「在皮提亞運動會？」

「不是，不是賽跑（race）。是不同的**物種**，一種新式的生物。在各方面都和我們一樣，直立行走，有兩條腿——」

「一顆頭？」

「一顆頭，兩隻手。各方面都和我們相像，而且他們也會有——普羅米修斯，你最有才智了，讓我們凌駕於動物之上的那個面向叫做什麼？」

「我們的雙手嗎？」

「不是，是那個讓我們知道自己存在，讓我們能夠知覺到自己的那個部分。」

「意識。」

「就是那個。這些生物將會擁有**意識**。還有語言。當然，他們不會對我們造成威脅。他們會住在這底下的大地上，憑著自己的頭腦耕種、覓食以及謀生。」

「所以……」普羅米修斯皺著眉頭集中心思，想像著宙斯描述的情景。「一種像我們一樣的生物？」

「沒錯！可是不像我們這麼大。而且，他們會是我的創造物。呃，我們的創造物。」

「**我們**的創造物？」

「你的手很巧，就像赫菲斯托斯一樣。我的想法是，你可以用……例如用黏土捏塑這些生物。他們的樣貌就像我們一樣，解剖結構的一切細節都完全相同，只是比較小而已。然後，我們可以讓他們動起來，為他們注入生命，繁殖他們，把他們放到自然界裡，看看會有什麼後果。」

普羅米修斯思考著這個想法。

「我們會和他們往來、和他們說話，和他們一起活動嗎？」

「這就是重點所在。我想要有一個智慧物種——呃，至少是帶有些微的智慧——來歌頌並且崇拜我們，和我們一起玩耍，為我們帶來娛樂。一群服從仰慕我們的迷你生物。」

「有男性和女性嗎？」

「唉喲我的老天，不要，只要有男性就好。你也知道赫拉會怎麼說……」

普羅米修斯確實想像得到，赫拉要是看到這個世界突然充滿更多女性來吸引她這個風流成性的老公，會有什麼樣的反應。他看得出來宙斯對於這項宏大的計畫非常興奮。普羅米修斯深知，他這個好友只要下定決心，就算是百臂巨人和癸干忒斯合力也沒有辦法動搖他，即便是這麼一件新奇古怪的事情也還是一樣。

倒不是說普羅米修斯反對這個點子。他認定這是一項令人興奮的實驗，為不朽族創造玩物。認真想想，這個點子其實相當迷人。阿提米絲有她的獵犬，阿芙柔黛蒂有鴿子，雅典娜有貓頭鷹和蛇，波塞頓與安菲特里忒有他們的海豚和海龜。就連黑帝斯也養了一條狗——儘管那條狗實在是醜陋至極。所以，宙斯這樣的想法其實頗有道理。身為眾神之王的他，的確應該設計自己的特殊寵物，而且要比其他人的寵物都更加聰明、忠心又討人喜愛。

揉捏與烘烤

關於普羅米修斯與宙斯究竟到哪裡去找最好的黏土以供實現這項計畫，歷史的記載並不一致。早期的文獻，例如西元二世紀的旅行家保薩尼亞斯（Pausanias）留下的紀錄，宣稱是在福基斯州（Phocis）的帕諾裴烏斯（Panopeus）。後代的學者指稱這對好友遠赴小亞細亞，一路前往底格里斯河與幼發拉底河之間的那片肥沃土地。[1] 最近的研究主張他們的旅程越過尼羅斯，穿過赤道，最後抵達東非。

不管實際上是什麼地方，總之他們終於找到普羅米修斯心目中的理想地點：一條邊岸溼軟的河流，岸上的泥土與礦物正具有他需要的黏度、質地、耐久度與顏色。

「這裡的黏土品質很好，」他對宙斯說：「可是你不要待在這裡，我需要安靜而且完全沒有干擾的工作環境。不過，你走之前要先留一些唾液給我。」

「你說什麼？」

「這些塑像如果要有生命和呼吸，我就必須在他們體內注入一些屬於你的東西。」

宙斯知道他說得沒錯，於是欣然找個乾涸的水坑，在裡頭吐滿他的神聖口水。

「我必須把這些小黏土像排列在河岸上，讓陽光把它們烤乾。」普羅米修斯說：「你傍晚再過來，到時候應該就好了。」

宙斯雖然想觀看製作過程，但他很瞭解藝術家的脾性，所以只好讓普羅米修斯獨自工作。他往上一跳，隨即變成一隻老鷹高飛而去，留下他的朋友獨自捏塑其藝術作品。

普羅米修斯首先嘗試一些簡單的造型，滾搓出一條條香腸狀的黏土條，長約四普斯（podes）。[2] 然後，他在這些黏土條的一端插上一個沾了唾液的黏土球當做頭。接下來，即是扭轉調整、揉捏塑形，直到黏土呈現出有如迷你版的神祇或泰坦形體為止。他愈做愈興奮。宙斯把普羅米修斯比擬為赫菲斯托斯並沒有誇大——他確實擁有傑出的技巧。實際上，他在這時捏造塑形所展現出來的不只是技巧，而是藝術。

他在黏土當中混入不同顏料，做出了各式各樣色彩繽紛又栩栩如生的男性生物。他最早捏塑出來的成果是個小小的生物，膚色近似於眾神備受日曬的黝黑肌膚。接下來是一個膚色黑得發亮的作品，然後是略帶粉紅的象牙白，再來分別是琥珀色、黃色、古銅色、紅色、綠色、米色、鮮紫色與明亮的藍色。

被踩扁的塑像

到了黃昏之際，普羅米修斯站起身來伸展肢體，打個呵欠，並且發出專注工作一段時間之後的那種疲累又滿足的特殊嘆息聲。

午後的陽光已將他的作品烘烤成柔韌又具有可塑性的質地，也就是陶瓷界稱之為「乳酪感」的那種狀態。這是普羅米修斯對於時機的精準拿捏所造成的結果，因為他完成的作品要是曝曬於比較強烈的正午陽光下，就會烤成「餅乾狀」，太過堅硬易碎，而無法由他那位身為眾神之王的委託人做出最後一刻的修改。這樣的修改絕對無可避免，例如把耳朵拉長一點，或者

1「介於河流之間」的希臘文是「Mesopotamia」（美索不達米亞），所以希臘人向來都以這個詞語稱呼此一區域。

2 見附錄第四八三頁。

多加一組生殖器官等等。任性淘氣就是眾神的特色。

這時候，除非是他聽錯，否則在樹叢裡一面撥開枝葉前進，一面與人大聲談話的必定是回來觀看作品的宙斯。普羅米修斯聽得出與他談話的人是個女性，聲音輕柔平和。原來宙斯帶了他最疼愛的雅典娜一起過來。

「你爸爸是眾神皇帝，全世界都知道。」普羅米修斯聽到他這麼說：「全能的宙斯，沒錯。無敵的宙斯，沒問題。全知的宙斯，當然。還有——」

「無比謙虛的宙斯？」

「——**造物者**宙斯，這個稱號聽起來是不是很不錯？」

「是還滿不錯的。」

「好，河岸應該就在那裡了，我們叫他吧。喂，**普羅米修斯！**」

棲息在樹林裡的織布鳥紛紛驚飛而起，並且跟著咯咯大叫：「**普羅米—修斯！**」

「在這裡，」普羅米修斯高喊回應：「你們腳步要小心，因為——」

太遲了！

宙斯闖出樹林踏進這片林中空地，結果因為一時興奮沒有注意，而踩到擺在河岸上曬乾的那排精美黏土塑像。普羅米修斯發出一股交雜憤怒與絕望的叫聲，急忙上前查看損壞狀況。

「你這個笨手笨腳的傢伙！」他怒罵道：「你把它們踩壞了。你看！」

天下造物絕對沒有別人能夠以這種口氣對宙斯說話還能全身而退。不過，雅典娜卻訝異地看見她父親靦腆歉疚地低下頭。

經過檢查之後，狀況其實沒有普羅米修斯以為的那麼糟。只有三個塑像的損壞程度嚴重得無法修復。他把這三個從泥土地上摳起來，被踩扁的黏土還留有宙斯巨大腳趾的印痕。

「幸好，」宙斯開心地說：「其他的都沒事，這樣還有很多啊。我們繼續進行吧，如何？」

「可是你看這幾個！」普羅米修斯一面說，一面把那些被踩扁的塑像捧了起來。「綠色、紫色和藍色的這些剛好是我最喜歡的作品。」

「我們還是有黑色、咖啡色、乳白色、黃色、紅褐色等等的，這樣應該夠了吧？」

「我真的很**愛**那種鈷藍色。」

雅典娜低頭看著那些仍然完好的塑像，在夕陽之下發出閃亮的光澤。「噢，普羅米修斯，這些真是太完美了。」她的語氣雖然溫和，卻比其他奧林帕斯神的怒吼尖叫更引人注意。普羅米修斯的心情隨即大為好轉。能夠得到雅典娜的讚美，比什麼都好。

「這個嘛，我確實投注全心全力塑造它們。」

「做得很精緻，真的很精緻。」宙斯說：「由一位傑出的泰坦利用蓋婭的黏土做成，再由我的王者唾液黏合在一起，並且經由太陽烘烤，現在將由我女兒的溫柔氣息賦予生命。」

宙斯之所以會想到該由雅典娜為這些塑像注入生命，其實是潛藏在他體內的墨提斯所觸發的點子。雅典娜將對每個塑像呼氣，為它們**注入**她自己的智慧、本能、手藝與明智等優異特質。

取名

雅典娜在河岸上跪下來，把她溫暖香甜的氣息呼在每一個小塑像身上。完成之後，她站起身來回到普羅米修斯與她的父親身邊，一起看著接下來會發生什麼事。

接下來的事情發生得頗為緩慢。

首先，其中一個膚色較深的塑像抽動一下，然後發出一股喘息聲。

在這排塑像的另一端，一個黃色塑像扭動一下，然後坐起身來，輕輕咳嗽一聲。

短短幾秒內，所有小塑像都活了過來，舒展著筋骨。再過一會兒，他們已開始試用自己的四肢、眼睛以及其他感官，互相對看、嗅聞空氣、嘰嘰喳喳又高聲大叫。過沒多久，他們已經站了起來，甚至還開始踏出搖搖晃晃的步伐。

宙斯拉起普羅米修斯的雙手，開心得跳起舞來。

「你們看！」他高喊道：「看他們有多麼美麗！他們太美妙了，真是太美妙了！」

雅典娜舉起一根指頭擱在嘴巴前面。「噓！你嚇到他們了。」她指向地上那些體型嬌小的男子，現在都抬起頭，臉上露出恐懼驚愕的表情。其中最高的一個，也還不到她的膝蓋。

「小傢伙，不必害怕，」宙斯彎下腰，以他自己認為的柔和聲音對他們說話：「你們很安全！」

不過，從他口中發出的低沉轟鳴嗓音卻似乎更加驚嚇那些小生物，以致他們怕得開始到處亂跑。

「我們把自己縮小到他們的體型吧。」普羅米修斯說。話才說完，他就隨即變小，只比他創作的那些生物高了一英尺左右。宙斯與雅典娜也跟著他這麼做。

藉著擁抱、微笑以及輕柔的話語，那些害怕又困惑的生物於是慢慢受到安撫，也開始和他們熟稔起來。那群生物圍聚在這三個不朽族身邊，拜伏在地。

「不必這樣跪拜。」普羅米修斯說，伸手觸碰其中一個，而對自己所感受到的質地與生命深感驚奇。雅典娜的氣息把黏土轉變成如此活力充沛的溫暖皮肉。那些塑像的眼睛全都閃耀明亮，充滿活力、精神與希望。

「不好意思，」宙斯說：「他們**當然**要跪拜。我們是他們的神，他們絕不能忘記這一點。」

「我不是他們的神，」普羅米修斯說，望著他們的眼神裡滿是慈愛與自豪：「我是他們的朋友。」他蹲下身，好讓自己的高度比他們矮。「我將教導他們怎麼耕作，怎麼磨小麥與黑麥以便製作麵包。還有怎麼烹煮食物、打造工具，以及——」

「不行！」宙斯突然大吼一聲，又把那些驚慌的生物嚇得到處亂跑。宙斯的怒吼引來天上一陣隆隆的雷聲。「普羅米修斯，你想怎麼和他們交朋友都沒關係，而且我相信雅典娜和其他諸神也必定都會這麼做。可是有一個東西是他們絕對不能有的，永遠都不行。那個東西就是火。」

普羅米修斯驚愕不已地盯著自己的好友。「可是……可是為什麼不行？」

「要是有了火，他們就有可能起而挑戰我們。有了火，他們就可能會認為自己足以和我們平起平坐。我感覺得到，也知道事實就是這樣。他們絕對不能擁有火。我說了算。」

遠方一道長長的雷聲確認他的話。

「不過，」宙斯接著露出了微笑：「世界上的其他一切都可任由他們享用。他們可以前往這個世界的每一個角落，可以航行在波塞頓的海洋上，可以在播種與種植糧食方面尋求狄蜜特的幫忙，可以向赫斯提亞學習持家的藝術，找出怎麼豢養動物而利用牠們的奶、毛皮和勞力，也可以向阿提米絲學習打獵的技藝。荷米斯可以教導他們智計，阿波羅傳授他們音樂和知識，雅典娜教導他們怎麼培養智慧以及獲得滿足，阿芙柔黛蒂與他們分享愛的藝術。他們將會自由又快樂。」

「我們要把他們叫做什麼？」雅典娜問。

「『山下的生物』，」宙斯思考了一會兒之後說：「也就是『人』。」[3]

他雙手一拍，於是那一小群手工捏塑的人就變成一百個，然後那一百個又變成一大群，而那一大群又不斷向外擴散，人數一路增至千百萬之多，遍布於世界上的各個角落。

於是，早期的人類就這麼出現。除了普羅米修斯之外，蓋婭、宙斯、阿波羅與雅典娜也可以說是人類的始祖，因為普羅米修斯乃是以四個元素創造人類：土（蓋婭的黏土）、水（宙斯的唾液）、火（阿波羅的太陽）與風（雅典娜的氣息）。他們生長茁壯，體現他們創造者最美好的一面。不過，還少了一個東西，一個非常重要的東西。

黃金時代

由狄蜜特管理得豐盛富饒的大地，對於最早的人類而言是一片甜美的天堂。他們不曉得何謂疾病、貧窮、饑荒或者戰爭。他們過著天真單純的田園生活，只需負擔輕鬆的鄉村工作。在那個時代，神靈都以悠閒自在而不嚇人的樣貌與大小在人類之間活動，於是人類也以愉悅的心情崇拜神靈，而且還與他們頗為熟稔，甚至互相交好。和普羅米修斯用黏土捏塑而成的這些迷人又有如孩童的小侏儒來往，讓宙斯以及其他的神祇、泰坦與不朽族都深深樂在其中。

也許，早期那段美好、純樸又充滿普世和善的日子是我們想像出來的結果，以便利用那段天堂般的絕美時期批評後來的沉淪墮落。不過，後代的希臘人確實相信黃金時代的存在。那個黃金時代在他們的思想與詩歌當中無所不在，提供一個令人嚮往的完美夢想。比起我們認為原

---

3 這裡的「人」是希臘文的「anthropos」，而此處所述即是這個詞語從何而來的其中一種說法。嚴格來說，「anthropos」的意思其實是「男人」。可嘆的是，稱呼我們這個物種的許多詞語**似乎**都僅指涉男性。舉例而言，英文的「human」（人）與「homo」同源，而這個拉丁文詞語的意思也是「男人」。因此，「humanity」（人類）一詞其實粗魯無禮地排除了半數的人口。至於「folk」和「people」這兩個也用於指涉人的英文詞語，意思則是沒有那麼明確。不過，值得記住的是，英文的「man」（男人）其實與「mens」（心智）以及「manus」（手）有關，而且直到大約一千年前都還是個性別中性的詞語。

始人生活在洞穴裡的這種模糊想像，希臘人那樣的願景不僅更為具體，也更顯完整。柏拉圖式的理想與完美的理型，也許就是此一充滿嚮往的種族記憶在智性上的表達。

在所有的不朽族當中，最深愛人類的自然是他們的藝術創作者普羅米修斯。他和弟弟艾比米修斯已鮮少在奧林帕斯山上和其他不朽族相處，而是更常在人間生活。

普羅米修斯對於自己只獲准創造男性人類頗感沮喪，因為他覺得這個仿造眾神的單性種族不但在相貌、性情與人格上欠缺多樣性，也沒有能力繁殖造就出新的種類。他創造的人類確實很快樂，但在普羅米修斯眼中，這種缺乏危險與挑戰的安全生活實在乏味不已。他的這些創造物如果要達到他們應得的那種有如神一般的地位，就需要有別的東西。他們需要**火**。真正熾熱、猛烈、搖曳竄燒的火，讓他們能夠熔化、提煉、炙燒、烘烤、烹煮、煎炒、塑形與鍛造。除此之外，他們也需要內在的創意之火，一種**神聖**之火，促使他們思考、想像，並且鼓起勇氣動手實行。

他愈是關照自己的創造物，愈是和他們交流，就愈認定火正是他們需要的東西。而且，他也知道這東西該去哪裡找。

茴香枝

普羅米修斯查看了奧林帕斯山那兩座高高聳立的山峰。最高峰麥提克斯峰（Mytikos）直插雲霄，高達將近一萬普斯。與之相鄰的是岩壁陡峭的斯特法尼峰（Stefani），其高度雖然矮了兩三百英尺，攀爬的難度卻高出許多。此外，西側還聳立著斯可利俄峰（Skolio）。普羅米修斯知道，這座山峰雖然最難攀爬，但傍晚的斜陽卻可讓端坐於山頂的眾神看不見攀爬這座山峰的人。於是，他展開了極度危險的攀登行動，自信能夠在不被發現的情況下爬上山頂。

普羅米修斯從來沒有違背過宙斯的命令，至少在大事上從來沒有過。在遊戲、比賽、摔角以及競逐寧芙的芳心上，他總是恣意取笑譏諷他的好友，但從來不會公然違抗他。神界的階級體系不可破壞，否則就會帶來嚴重後果。宙斯雖是個親愛的好友，但他最重要的身分仍然是宙斯。

然而，普羅米修斯對於自己現在要做的這件事情卻是下定了決心。儘管他向來深愛宙斯，但他卻發現自己更愛人類。他現在內心的興奮與堅決，勝過對於引發眾神之王怒火的恐懼。他實在不願與他的好友作對，但在當下這樣的狀況，他卻也別無選擇。

他爬上斯可利俄峰的陡峭山壁之後，阿波羅的太陽馬車已經駛出西方的大門，因此整座山都籠罩在黑暗當中。普羅米修斯伏低身體，沿著梅加拉卡札尼亞這個大圓坑邊緣的嶙峋岩石攀爬。往前眺望，他可以看到遠方的繆思高原映照著閃爍不定的光芒，那是赫菲斯托斯位在數百普斯外的熔鐵爐所發出的火光。

在這個時候，眾神正在奧林帕斯山的另一側共進晚餐。普羅米修斯可以聽到阿波羅的里拉琴、荷米斯的排笛、阿瑞斯的粗聲大笑，以及阿提米絲的獵犬所發出的咆哮。這位泰坦攀附在赫菲斯托斯的鍛鐵場外壁，沿著其前院緩緩前進。他轉過一個角落，驚愕地看見身形巨大的布戎忒斯一絲不掛地躺在火旁熟睡打鼾。普羅米修斯縮身躲在陰影裡。他知道獨眼巨人是赫菲斯托斯的助手，但沒有想到他們竟然會睡在鍛鐵場內。

他看見鍛鐵場的開口處有一株大茴香（*Ferula communis*）——和我們現在煮魚使用的那種球莖香料植物不太一樣，但親屬關係很近。普羅米修斯傾身向前，摘下一根長長的枝條，只見枝條內部密密塞滿如同棉絨的木髓。普羅米修斯剝除葉子，然後把枝條伸過前院，從鼾睡的布戎忒斯上方伸向火焰。熔爐散發出來的高熱立刻就使得枝條末端著了火。普羅米修斯小心翼翼地把枝條收回，卻還是有一粒火星掉下去，正落在布戎忒斯的身體上，燙得他胸前的肌膚滋滋作響，於是他痛得大叫一聲，醒了過來。布戎忒斯睡眼惺忪地低頭看著自己的胸口，想要搞清楚那陣疼痛來自何處，又代表什麼意思，而普羅米修斯就在這時帶著那根枝條逃之夭夭。

火的贈禮

普羅米修斯爬下奧林帕斯山。他把那根茴香枝咬在嘴裡，其中的木髓緩緩燃燒著。每隔五分鐘左右，他就會把枝條拿下來輕輕吹一吹，避免火種熄滅。他終於安然抵達谷底之後，就隨即前往他和弟弟所居住的那個人類聚落。

你也許會認為普羅米修斯應該直接教人類用石頭互相撞擊或者摩擦樹枝生火就好，但我們必須記住的是，普羅米修斯竊取的是天上的火，是神聖之火。他盜來的火種也許點燃了人類的好奇心，而促使人類開始摩擦樹枝以及撞擊燧石。

他把火焰這種跳躍不定的惡魔展示給人類看，結果嚇得他們紛紛大叫著逃開。不過，他們的好奇心很快就壓過恐懼，而開始喜歡上這個神奇的新玩具、新元素、新現象——隨你怎麼叫它。他們從普羅米修斯口中得知火不是他們的敵人，而是一個強而有力的朋友，一旦馴服之後，將可以有千百萬種用途。

普羅米修斯前往一座座村莊示範各種技術，包括打造工具和武器、燒製陶罐、烹煮獸肉以及烘焙穀物麵團，結果這些技術立刻為人類帶來許許多多的優勢，把他們的地位提升於其他動物之上，原因是其他動物都無法抵禦金屬尖端的長矛與弓箭。

不久之後，宙斯從奧林帕斯山上隨興往下一望，結果看見地面上滿是點點的橘色光芒。他立刻就知道這是怎麼一回事，也不需要有人告訴他是誰幹的。他的怒火迅猛又可怕。從來沒有人目睹過如此龐大、激烈而且毀天滅地的狂怒。就連慘遭閹割的烏拉諾斯，也不曾湧現過仇恨如此深重的憤怒。烏拉諾斯是被一個他根本不放在心上的兒子偷襲，但宙斯卻是遭到他摯愛的好友背叛。這絕對是最令人髮指的背叛行為。

懲罰

贈禮

宙斯的怒火極為強烈，奧林帕斯山上的眾神都深怕普羅米修斯會遭到無比強大的力量轟成碎片，以致他的原子再也無法重新聚合。實際上，這本來說不定真的會是這位曾經深受宙斯喜愛的泰坦所遭遇的下場，所幸富有智慧又具備安定力量的墨提斯，在宙斯的腦子裡為他提供一項比較低調也比較穩重的復仇方法。他的憤怒程度並沒有因此減輕，而是聚焦成一道比較明確的復仇思路。他暫時不打算處理普羅米修斯，而是要先把自己的巨大怒火發洩在人類身上，那些微不足道但放肆無禮的人類。那些生物原本令他深感欣喜，但他現在對他們卻只懷有厭惡與冷冰冰的鄙視。

整整一個星期，在雅典娜沉重而擔憂的目光下，眾神之王就在自己的王座前不停來回踱步，考慮著該怎麼讓人類為他們膽敢盜用火以及模仿奧林帕斯神的行為付出代價。他內心似乎有一道聲音對他輕聲說著：不管他採取什麼樣的復仇手段，人類還是會不斷努力往上爬，終有一天會達到與眾神平起平坐的地位——或者，更可怕的是，他們將會不再**需要**眾神，而就此將眾神拋在腦後。不再有崇拜行為，不再有人向高聳入雲的奧林帕斯山祈禱。宙斯覺得這樣的前景實在太過褻瀆又太過荒謬，根本難以想像。不過，這麼一個令人震駭的念頭竟然會冒出於他的心中，又引得他的怒火更加熾烈。

我們不知道最後受到施行的那項傑出方案究竟是他的主意，還是來自墨提斯或甚至是雅典娜的建議，但無論如何，宙斯認定這是一項極為了不起的計畫。這項計畫帶有一種黃金對稱，正迎合他那顆希臘頭腦的喜愛。以天為證，他將會讓普羅米修斯付出代價，他將會讓人類付出代價。

首先，他下令赫菲斯托斯仿照普羅米修斯的做法，用黏土沾他的唾液捏塑成人。不過，這次捏塑出來的是年輕**女性**。赫菲斯托斯以自己的妻子阿芙柔黛蒂、母親赫拉、姑姑狄蜜特與妹妹雅典娜當做範本，用心捏塑一個極其美貌的女孩，再由阿芙柔黛蒂呼氣，為她注入生命以及愛的一切技藝。

其他神祇也共同為這個女孩賦予在世界上生活所需的獨特技能。雅典娜為她提供刺繡與編織等家居工藝的訓練，並且讓她穿上一件閃亮耀眼的銀色長袍。卡里忒斯為她提供各種飾品，包括項鍊、胸針與手環，全都綴有最美的珍珠、瑪瑙、碧玉和玉髓。荷賴又以花朵為她編髮，將她打扮得極為標緻，任何人看到她都不禁為之屏息。赫拉為她賦予平靜自得的氣質。荷米斯教導她說話的技巧，還有欺騙、好奇與狡黠的技藝。除此之外，他還為她取了個名字。由於每一位神祇都為她賦予一項引人注目的才華或者技能，因此她應當取名為「獲得所有的贈禮」，希臘文稱為潘朵拉（Pandora）。[4]

赫菲斯托斯又為這個女性的模範提供另一項贈禮，由宙斯親自送上。那是一個容器，裡面裝滿了……祕密。

你也許以為我會說那個容器是個盒子，或是某種型態的匣子，不過實際上那是一個上釉密封的陶罐，古希臘人稱之為「pithos」（壺）。[5]

「親愛的，這個給你，」宙斯說：「這東西是純粹裝飾用的。你絕對不能把它打開，懂嗎？」

潘朵拉搖了搖她那顆美麗的頭。「絕對不會，」她的語氣極度誠摯：「絕對不會！」

「這樣才乖。這是你的結婚禮物，把它深深埋在你們夫妻的床底下，可是絕對不能打開。永遠都不行。這裡面的東西……算了，沒什麼，這裡面沒什麼特別的東西。」

荷米斯拉起潘朵拉的手，瞬間把她帶到普羅米修斯與他的弟弟艾比米修斯所住的小石屋，正位在一座繁榮的人類城鎮中心。

性情迥異的兄弟

普羅米修斯知道宙斯一定會設法懲罰他違背命令的行為，因此對他的弟弟艾比米修斯警告道，在他出外前往新興的村莊與城鎮教導眾人用火的時候，奧林帕斯如果送禮過來，絕對不可以接受，不管是什麼樣的禮物都不行。

向來衝動魯莽的艾比米修斯，答應聽從他比較聰明的哥哥所提出的吩咐。

不過，他完全沒想到宙斯會送來這樣的禮物。

一天早上，艾比米修斯聽到敲門聲。他打開門，只見眾神的信使一臉燦笑站在門前。

「我們可以進來嗎？」荷米斯往旁一讓，艾比米修斯隨即看到他身後站著一個懷中抱著陶罐的人，而且是個前所未見的美女。阿芙柔黛蒂的美貌當然毋庸置疑，但由於她對人類而言太過遙不可及，因此只能是個令人崇拜敬畏的對象。同樣的，狄蜜特、阿提米絲、雅典娜、赫斯提亞和赫拉也都是如此。她們的美都是崇高而無可企及的美。至於寧芙、山精與大洋神女，雖然也漂亮迷人，但和他眼前這個羞紅臉的甜美少女相較之下，卻顯得膚淺幼稚。這個少女抬起眼睛看了看他，眼神羞怯不已，同時又極為嬌媚迷人。

「可以嗎？」荷米斯又問了一次。

艾比米修斯嚥了一口唾沫，隨即後退一步，把門敞開。

「見過你未來的妻子吧，」荷米斯說：「她叫潘朵拉。」

4　這個名字其實不只這麼單純，因為「pan-dora」的意思除了「獲得所有的贈禮」（all-given）之外，也有「無私給予」（all-giving）的意思。

5　據說把潘朵拉的「pithos」（壺）錯看成「pyxis」（盒子）的人，竟是伊拉斯謨（Erasmus）這位偉大的十六世紀學者暨人文主義大師。

誘人的陶罐

不久之後，艾比米修斯和潘朵拉就結婚了。艾比米修斯有個感覺，認為普羅米修斯——這時他正在遙遠的他方教導瓦拉納西（Varanasi）居民怎麼製造銅鑄模——不會贊成他娶潘朵拉為妻。所以，趁著哥哥回來之前趕快舉辦婚禮，在他看來是個好主意。

艾比米修斯與潘朵拉深深相愛，這點無可否認。潘朵拉的美貌與才藝極為傑出，每天都能夠為他帶來快樂，而他總是活在當下並且從不擔憂未來的輕率性格，則是讓潘朵拉覺得人生有如一場輕快美妙的冒險。

不過，潘朵拉的內心卻有一股蠢蠢欲動的渴望，就像一隻小蒼蠅不斷纏擾著她，就像一條蟲在內心不停鑽動。

那個陶罐。

她把那個陶罐放在臥房裡的一個架子上。艾比米修斯曾經問她那是什麼，她笑了笑說：「沒有什麼啦，這只是赫菲斯托斯為了讓我記得奧林帕斯而做給我的一個東西而已。」

「做得還滿漂亮的。」艾比米修斯稱讚了一句，就再也沒有多想這個陶罐的事情。

一天下午，潘朵拉趁著丈夫出門和朋友練習擲鐵餅，而走到這個陶罐前面，用手指撫摸著密封的蓋子邊緣。宙斯為什麼特別**指出**裡面沒什麼東西？裡面如果真的沒什麼東西，他一定不會這麼說。她在內心拼湊著其中的邏輯。

你如果送朋友一個空罐子，絕對不會特別**提起**罐子裡面是空的。反正你的朋友可能會自己打開罐子看看。既然如此，宙斯為什麼要特別強調這個罐子裡面沒什麼東西？看來只有一個解釋：罐子裡一定有什麼**非常**特殊的東西。某種具有高度價值或力量的東西，要不是很迷人，就是帶有魔力。

可是不行——她已經發誓絕對不會打開這個罐子。「許下承諾就要遵守。」她在心裡對自己這麼說，而隨即覺得自己頗為高尚。她認為自己有責任抗拒這項誘惑，但這個罐子對她的吸引力卻愈來愈大。在臥房裡放著一個如此誘人的東西實在令人深感懊惱，因為這個罐子每天早晚都不斷挑釁引誘著她。

誘人的東西只要不出現在眼前，誘惑力就會大幅降低。於是潘朵拉到屋子後面的小庭院，在鄰居送給他們當結婚禮物的日晷旁挖一個洞，把那個罐子深深埋在土裡。她把洞填平之後，再把沉重的日晷拉過來壓在上面。這樣就行了！

接下來的一個星期，只見她的心情好得不得了。艾比米修斯對她的愛更勝以往，於是邀請朋友到家裡來參加一場盛宴，並且聆聽他為了讚頌她而寫的一首歌。那是一場歡樂又成功的派對，是黃金時代的最後一場慶典。

那天晚上，也許是因為眾人的稱讚讓她整個人覺得輕飄飄的，潘朵拉在床上一直翻來覆去難以入睡。她從臥房的窗戶往外望，只見月光照耀著後院。日晷的晷針閃閃發光，有如一道銀色刀刃，於是她又想起那個誘人的罐子。

艾比米修斯酣睡在她身旁，月光映照得後院一片明亮。潘朵拉再也忍耐不了，於是從床上跳下來，走到後院，把日晷推開，挖開土壤，完全忘了自己不該這麼做。

她把罐子從洞裡抽出來，抓住蓋子一轉。密封的蠟條應聲脫落，她稍一用力就把蓋子拔開來。她聽見一陣拍打聲，接著耳朵裡隨即充滿翅膀迅速振動所發出的嗡鳴聲響。

哇！美麗的飛行生物！

可是，不對……牠們一點都不美麗。潘朵拉發出疼痛而害怕的叫聲，因為她感到某種表皮粗糙的東西擦過她的脖子，接著是一陣劇烈的刺痛，似乎有什麼東西叮咬她的肌膚。愈來愈多的東西從罐子裡飛了出來，在她的耳邊發出嘰嘰喳喳與尖銳嚎叫的聲音。就在那團可怕的生物圍繞著她飛舞之際，她看見她的丈夫來到屋外查看究竟是怎麼一回事，並且看到他被眼前的景象嚇得滿臉蒼白。潘朵拉大吼一聲，鼓起全身的勇氣和力量，把蓋子蓋回罐口，緊緊壓合。

在後院的圍牆上方，變身為狼的宙斯冷眼旁觀，嘴上掛著一抹可怕而邪惡的微笑，只見那些尖聲嚎叫的生物猶如蝗蟲般在院子裡盤旋飛舞，然後往上一衝，四散飛向城鎮各地，接著是城鎮周圍的鄉下地區，然後及於全世界，就像瘟疫一樣散播於一切有人居住的地方。

這些生物到底是什麼呢？牠們是倪克斯與厄瑞玻斯的黑暗邪惡子女所產下的變種後代。生下牠們的分別是代表欺詐的阿帕忒、代表衰老的革剌斯、代表苦難的俄匊斯、代表責怪的墨莫斯、代表橫死的凱瑞斯，還有代表摧殘的阿忒與代表紛爭的厄里斯。牠們的名字羅列如下：珀諾斯（Ponos），意為艱苦；利墨斯（Limos），意為饑餓；阿勒貢斯（Algos），意為痛苦；迪絲諾美亞（Dysnomia），意為混亂；普修得亞（Pseudea），意為謊言；奈克婭（Neikea），意為爭吵；安菲洛格亞（Amphilogiai），意為糾紛；瑪科海（Makhai），意為戰爭；許絲米納伊（Hysminai），意為打鬥；還有安德洛克達斯婭（Androktasiai）與弗諾伊（Phonoi），意為過失殺人與謀殺。

疾病、暴力、欺詐、苦難與匱乏降臨於世界之上，就此永久待了下來。

潘朵拉不知道的是，她在匆忙蓋上蓋子的時候，把倪克斯的最後一個女兒永遠關進罐子裡。這個小生物只能絕望地獨自在罐子裡恆久拍打著翅膀。牠的名字是厄爾畢斯（Elpis），意為希望。[6]

木盒、洪水與蓋婭的骨頭

於是，黃金時代瞬間畫下一個可怕的句點。從這時候開始，死亡、疾病、貧窮、犯罪、饑荒與戰爭就成了人類命運當中無可避免也永遠無法擺脫的一部分。

不過，接下來的白銀時代卻也不是全然只有絕望。這個時代和我們當今的時代不同，原因是

6 見附錄第四七九頁。

神祇、半神半人與妖怪仍然與人類混雜共處，和我們通婚繁殖，也徹底涉入我們的生活。由於人類擁有火，現在又有了女人能夠繁衍後代以及成就家庭與人類生活的完滿，潘朵拉的罐子所帶來的災害也就受到些許的抵銷。宙斯往下眺望而看見這種情形。在他內心裡，墨提斯似乎輕聲對著他說，不管他怎麼做，都阻止不了人類有一天能夠獨立自主的事實。這點令他深感煩惱。

但就目前而言，人類還是對眾神滿懷敬畏，而利用他們新近獲得的用火能力焚燒祭品向奧林帕斯獻祭，藉此展現他們對眾神的服從與愛戴。

身為第一個女人的潘朵拉，與艾比米修斯生下幾個孩子，其中一個是女兒皮拉（Pyrrha）。普羅米修斯也生了一個孩子，是個名叫杜卡利翁（Deucalion）的兒子。這個孩子的母親可能是普羅米修斯自己的母親克呂墨涅，或者其他文獻的記載如果可信的話，也有可能是大洋神女赫西俄涅（Hesione）。

於是，男人和女人開始生養繁殖。

向來具備先見之明的普羅米修斯，[7] 深知宙斯的怒火還未平撫。他在養育杜卡利翁的過程中，一再為他做好各種準備，以便因應眾神之王可能施加的最嚴重的懲罰。等到杜卡利翁年齡夠大之後，他更是教導他如何以木頭建造，並且和他一起建造一個巨大的盒子。

後來，皮拉與杜卡利翁愛上彼此而結婚，令他們這兩個身為兄弟的泰坦父親欣喜不已。自此以後，普羅米修斯與艾比米修斯即可把自己視為人類一個獨立新朝代的長老。但儘管如此，雷霆之神的威脅——陰鬱地坐在奧林帕斯王座上的雷霆之神——卻是他們心中揮之不去的一道陰影。

人類隨著時間過去而持續繁衍擴散，在宙斯眼中看起來比較像是瘟疫，而不再是他一度鍾愛的玩物。他正愁找不到藉口再度懲罰人類，結果人類最早的一個統治者就為他提供這麼一項藉口。那個統治者是阿卡迪亞國王萊卡翁（Lycaon）——他的父親是佩拉斯戈斯（Pelasgos），希臘人的祖先佩拉斯吉人（Pelasgians）的名稱即是來自於他。這個佩拉斯戈斯，就是當初由普羅米修斯捏塑出來並且由雅典娜注入生命的其中一個黏土人偶。在今天看來，我們會稱他為希臘裔，有著褐色的肌膚、頭髮和眼珠。後代的希臘人認為這個種族是野蠻人，也瞧不起他們的語言和習俗；我們後續也會看到，這個最早的種族活躍於地中海的時間並不長。

萊卡翁不曉得是想測試宙斯的全知與辨別能力，還是出於其他殘暴的原因，竟然殺了自己的兒子倪克提摩斯（Nyctimus），並且在宮殿裡舉行的一場宴會上烤他的肉用來招待宙斯。宙斯對這項恐怖至極的駭人舉動深感反胃，而把那個孩子復活，同時將萊卡翁變成一頭狼。[8]不過，倪克提摩斯接替父親的統治權才沒多久，就因為他的四十九個兄弟以極度的暴力與令人厭憎的行為摧殘大地，使得宙斯認定應當就此終結創造人類的實驗。於是，他把烏雲匯聚起來，形成一場強烈無比的風暴，導致洪水淹沒大地，溺死希臘與地中海世界的所有人。

7 是先見之明，不是預言能力……

8「狼人」的希臘文是「lycanthrope」，由萊卡翁的名字演變而來。

應該說是幾乎所有人，因為杜卡利翁和皮拉搭乘他們的木盒在水上安然漂浮了九天——多虧普羅米修斯敏銳的洞察力。一如優秀的求生者，他們在盒子裡準備充分的糧食、飲水以及一些有用的工具和器物，所以等到洪水終於消退，而他們的木盒也得以在帕納索斯山上著陸之後，他們即可在洪水肆虐後的爛泥巴當中生存下來。[9]

等到世界乾燥得可以讓皮拉與杜卡利翁安全走下山坡之後（據說這時杜卡利翁已經八十二歲），他們就前往位在帕納索斯山下谷地裡的德爾菲，請示泰米絲的神諭。這位具有預言能力的女泰坦擁有的特質，即是懂得怎麼做才是正確的選擇。

「啊，泰米絲，正義、和平與秩序之母，我們懇求您指導我們。」他們呼求道：「我們現在單獨身在這個世界上，年紀又已經太大，沒辦法生產後代填補這個空虛的世界。」

「普羅米修斯與艾比米修斯的孩子們，」一道莊嚴的聲音傳達了神諭：「聽我的話，並且依照我的指示去做。把你們的頭蓋起來，然後把你們母親的骨頭丟過肩膀上。」

說完之後，這對困惑不解的夫妻不論再怎麼求，神諭都不再出聲。

「我母親是潘朵拉，」皮拉坐在地上說：「我只能認定她已經溺死了。我要去哪裡找她的骨頭？」

「我的母親是克呂墨涅，」杜卡利翁說：「或者，如果你相信其他文獻的記載，那麼就是大洋神女赫西俄涅。可是不管怎麼樣，她們兩人都是不朽族，所以一定還活著，也絕對不會願意交出自己的骨頭。」

「我們要仔細思考，」皮拉說：「**我們母親的骨頭**。這句話是不是有別的意思？**我們母親的骨頭**。母系骨頭……快想，杜卡利翁，快想想看！」

杜卡利翁把一條布摺起來蓋在自己頭上，在他那個同樣也用布蓋著頭的太太身邊坐了下來，皺起眉頭思考這個問題。神諭。神諭。神諭的內容總是含糊不明。他煩悶地撿起一顆石頭，從山坡上滾下去。皮拉突然抓住他的手臂。

「我們的母親！」

杜卡利翁盯著她看。她開始用手掌拍打地面。「**蓋婭**！蓋婭是我們所有人的母親，」她興奮地提高聲音說：「我們的大地之母！這些就是我們母親的骨頭，你看……」她開始撿拾地上的石頭。「快來幫忙！」

杜卡利翁站起身來，幫著到處撿拾石頭。他們穿越德爾菲底下的草原，依照指示把石頭從肩膀上方往後丟，一路走了許多斯塔達（stadia）以後才敢回頭看。

他們終於轉過頭來，結果見到一幅令他們欣喜不已的景象。

在皮拉丟出的石頭所掉落的地方，冒出一個個年齡大小不一的女子，共有數百人之多，每個都面帶微笑，並且有著健全的身體。在杜卡利翁丟出的石頭所掉落的地方，則是冒出年齡大

---

9 至少奧維德是這麼記載的。另外有些文獻指稱是埃特納火山或阿索斯山（Mount Athos）。差不多在同一個時間，挪亞則是在亞拉拉特山（Mount Ararat）著陸。考古研究似乎證實當初確實曾有一場大洪水。

小不一的男子。

於是，佩拉斯吉人就這麼遭到大洪水滅絕，再由另一個新種族進駐地中海世界，而這個新種族的世系則可經由杜卡利翁與皮拉追溯至普羅米修斯、艾比米修斯與潘朵拉，當然最重要的是，還可以追溯至蓋婭。[10]

而這正是我們的本質：結合先見之明與魯莽衝動，以及所有的天賜贈禮與大地的土壤。

死亡

現在，人族終於由數量相等的男性和女性構成，因此開始繁衍擴散，在世界各地興建城市以及成立民族國家。船隻與馬車、村舍與城堡、文化與商業、商人與市集、農耕與金融、武器與小麥。簡言之，文明展開了。那是個國王、王后、王子與公主，還有獵人、戰士、牧人、陶匠與詩人的時代。是個帝國、奴隸、戰爭、貿易與條約的時代。是個獻祭、犧牲與崇拜的時代。城鎮與村莊各自挑選自己最喜歡的神祇做為守護神。不朽族本身也不怕以自己原本的形貌或是變身為人類或動物而下凡於人間，並且對吸引他們的人為所欲為，或是懲罰激怒他們的人以及獎賞努力討好他們的人。眾神從不厭倦別人的阿諛逢迎。

也許最重要的一點是，從潘朵拉的罐子裡飛出的哀傷，確保人類從此以後都必須面對無可避免的死亡，而且是各種樣態的死亡：猝死、凌遲般的緩慢死亡、暴力致死、病死、意外死亡、謀害致死以及天譴致死。

黑帝斯欣喜不已地發現——儘管我們在這位陰鬱的神祇身上實在很難看出何謂欣喜——愈來愈多死人的魂魄開始來到他的地底王國。荷米斯因此受到指派一個新角色：「Arch Psychopomp」——亡靈的主要接引者。而他也以慣常的活潑詼諧姿態執行這項任務。不過，隨著人口日益增加，只有重要人物死後才能夠獲得荷米斯親自護送，其他人則是由塔納托斯這位恐怖而冷峻的死神接引。

人的魂魄一脫離肉身，荷米斯或塔納托斯就會把他們引導到斯提克斯河（仇恨）與阿刻戎河（悲傷）匯流處的地底洞穴。在那裡，肅穆靜默的卡戎會伸手收費，然後才把魂魄擺渡至斯提克斯河彼岸。死者如果沒錢，就必須在河岸上等待一百年，然後不近人情的卡戎才會同意搭載他們過河。為了避免死者陷入這種進退不得的窘境，因此出現了在死者的舌頭上擺放錢財的習俗，通常是一個歐帛勒斯（obolus）這種古希臘銀幣，藉此讓死者支付擺渡費，以確保能夠安全而迅速地渡河。[11]卡戎收取費用之後，就會把亡靈拉上船，然後撐著他那艘鐵鏽色的平底小船橫越斯提克斯河的黑色水流抵達下船處，也就是地獄的集合地點。[12]凡人一旦死了以後，

---

10 見附錄第四七五頁。

11 卡戎也樂於接受達納克（danake、danace），這種後來被納入古希臘貨幣的波斯硬幣。

12 維吉爾（Virgil）在描寫伊尼亞斯（Aeneas）的冥界冒險當中，提到了卡戎那艘船的顏色。

就再也無法回到地面上的世界；不朽族要是在黑帝斯品嘗了一口食物或者飲料，就注定會再回到這座地獄王國。

至於亡靈的最終目的地是哪裡？這點似乎取決於他們生前過了什麼樣的人生。黑帝斯原本親自擔任仲裁者，但後來他把這項工作交給宙斯與歐羅巴（Europa）的兩個兒子——米諾斯（Minos）與拉達曼迪斯（Rhadamanthus）。這兩人死後，和他們同父異母的弟弟埃阿科斯（Aeacus）一同被指定為冥界判官。他們會判定一個人究竟是過了英勇、平庸，還是應受懲罰的邪惡人生。[13]

英雄以及獲得判定為極度正直的人士（還有身懷神聖血統的人）會被帶到極樂淨土，位在神佑群嶼（Fortunate Isles）這座群島上。這座群島究竟在哪裡並沒有定論。有可能是我們現在所謂的加那利群島（Canaries），也可能是亞速爾群島（Azores）、小安地列斯群島（Lesser Antilles），或甚至是百慕達群島。[14]後來有些記述指稱極樂淨土位於黑帝斯的王國內。[15]在這些記述裡，魂魄如果轉世三次，而且每次都過了英勇、正直又有德的人生，即可從極樂淨土被帶往神佑群嶼。

至於無功無過的大多數人，由於德行不是特別崇高，但也沒有犯下什麼大惡，因此可能會永久待在水仙平原，那裡的草地上長滿白色的水仙花。這些魂魄能夠享有頗為愜意的死後生活：他們在抵達之前會先喝下麗息河的遺忘之水，從此永久過著無憂無慮的平淡生活，不受生前令人苦惱的回憶所煩擾。

不過，敗德、褻瀆神明、邪惡又放蕩的罪人又會怎麼樣呢？其中罪惡最輕者，會在黑帝斯的廳堂裡飛來飛去，永遠沒有感覺、沒有力量，對於自己的存在也毫無意識；至於惡行最重大、罪無可逭的人，則是會被帶到刑罰曠野，位在水仙平原與塔爾塔羅斯的無盡深淵之間。在這裡，他們會永久遭受與自己的罪行相符的酷刑折磨。我們後續將會見到其中比較著名的幾個罪人。薛西弗斯（Sisyphus）、伊克西翁（Ixion）與坦塔洛斯（Tantalus）等人的名字一路流傳至今。

在荷馬筆下，離開人世的魂魄仍然保有生前的面容和外貌，但其他記述卻提到有個叫做歐律諾摩斯（Eurynomos）的醜陋惡魔，會像憤怒女神一樣把死者的皮肉從骨骼上剝除。此外，有些詩人指稱身在冥界的魂魄仍有說話的能力，而熱中於互相講述自己生前的故事。

黑帝斯是他那個滿懷妒忌的家族裡妒忌心最強的一個。他無法忍受自己的王國失去任何一條魂魄。三頭犬刻耳柏洛斯負責看守大門。只有極其少數的英雄能夠避過或者誘騙塔納托斯與刻耳柏洛斯，而在進入黑帝斯的國度之後再度活著返回地面上的世界。

於是，死亡成了人類生活中的一個恆常元素，至今仍是如此。不過，必須要瞭解的是，白

---

13 宙斯誘惑歐羅巴的故事將在稍後講述。

14 拜倫在他的《唐璜》裡選擇加那利群島做為神佑群嶼。

15 但不在法國，儘管巴黎香榭大道的名稱「Champs Elysées」，即是指「極樂淨土」。

銀時代的世界和我們今天的世界非常不一樣。眾神、半神半人以及各式各樣的不朽族在當時仍然混雜於人類當中。對於白銀時代的男男女女而言，與眾神的個人交流、社會交流以及性交流都是再自然也不過的事情，就像我們今天也把自己和機器以及人工智慧助理的交流視為理所當然。而且，我敢說那樣的交流絕對比我們今天的這種交流有趣得多。

普羅米修斯遭到綁縛

宙斯懷著悶燒的怒火看著皮拉與杜卡利翁存活下來，也看著他們以大地的石頭產生出一群新的人類種族。沒有人能夠干預蓋婭的意志，就連眾神之王也不行。她代表一種比奧林帕斯神更加古老、深刻而且恆久的秩序，因此宙斯知道自己無力阻止人類再度遍布世界。不過，他至少可以把焦點轉向普羅米修斯。宙斯決定要讓這位泰坦為自己的背叛行為付出代價的那一刻，正是天剛破曉時。他從奧林帕斯山上往下望，看到普羅米修斯在福基斯（Phocis）協助規劃一座新城鎮，還是一樣那麼愛好插手人類的閒事。

人類的大量繁衍，在不朽族眼裡看來只是一眨眼間的事情，對我們來說卻是長達幾百年的時間。在這段期間，普羅米修斯都一直以無比的耐心促使文明傳播於人類二・〇版當中——再度向人類教導農耕、製造與興建的各種技藝與做法。

宙斯變成一隻老鷹從天上俯衝而下，然後棲停在一座尚未蓋好的廟宇的木材上。這是一座為了祭拜他而興建的廟宇。正忙著把宙斯年輕時種種經歷的場景刻在山形牆上的普羅米修斯，在這時抬頭一看，隨即就知道這隻鳥即是他的老朋友。宙斯變回原形，細細檢視牆上的雕刻。

「這幅圖如果是艾達曼提亞和我，那你的比例根本就完全搞錯了。」他說。

「藝術家可以有自由發揮的空間。」普羅米修斯說。他的心臟跳得很快，因為這是他們兩人在他盜火之後第一次交談。

「時間到了，你必須為自己的行為付出代價。」宙斯說：「我可以召喚百臂巨人把你強迫帶到目的地去，或者你也可以選擇接受這無可避免的結果，乖乖跟我走。」

普羅米修斯放下鐵鎚和鑿子，用一塊皮布擦了擦手。「走吧。」他說。

他們沒有再說話，也沒有停下來休息或者吃東西，就這麼一路走到高加索山脈的山麓，在黑海與裏海的鄰接處。一路上，宙斯一直想要說些什麼，滿心想要伸手搭在好友的肩膀上和他擁抱。只要普羅米修斯流淚道歉，他說不定就能夠原諒他並且和他重修舊好。然而，普羅米修斯卻是一語不發。宙斯對於自己遭到背叛以及虧待而感到的氣惱又再度湧上心頭。「況且，」他在內心對著自己說：「偉大的統治者不能顯露出軟弱的一面，尤其是在遭到親近的人背叛的情況下。」

普羅米修斯用手遮擋著陽光，抬頭往上望。他看見三個獨眼巨人站在最高峰其中一側的大岩壁上。

「我知道你很會爬山。」宙斯原本希望自己能夠以冰冷的挖苦語氣說出這句話，但現在他自己聽來卻只覺得像是個憋著一肚子火的人在發著牢騷。「所以就爬吧。」

普羅米修斯爬到獨眼巨人的所在之處以後，他們隨即為他戴上手銬腳鐐，並且用無法打斷的巨大鐵釘把鐐銬釘在岩壁上，讓他整個人張開四肢仰躺在地。兩隻美麗的老鷹從空中飛下，滑翔在普羅米修斯的身體上方，擋住了陽光。他聽得到牠們的羽毛在熱風吹拂下簌簌作響。

宙斯在山下對他高喊：「你將永遠被綁縛在這塊岩石上，完全不可能逃跑，也不可能獲赦，永遠都不可能。每一天，這些老鷹都會把你的肝撕咬出來，就像你傷透我的心一樣。牠們會在你面前吃掉你的肝。不過，由於你是不朽族，所以你的肝每天晚上都會再長回來。這樣的折磨永遠不會結束，而且造成的疼痛還會與日俱增。你什麼都沒有，只能在永無止盡的時間長河裡反省自己的罪行有多麼重大，做的事情有多麼愚蠢。你的名字雖有『先見之明』的意思，但你違抗眾神之王的時候，卻完全沒有展現這樣的特質。」宙斯的聲音迴盪在山壑峽谷當中。

「怎麼樣？你無話可說嗎？」

普羅米修斯嘆了一口氣。「宙斯，你錯了。」他說：「我的行為其實是經過深思熟慮的結果。我權衡自己的安康和人類的未來究竟孰輕孰重。我現在看到他們將會繁榮興旺，而不必仰賴任何的不朽族，連你也不用。既然知道這一點，再大的痛苦我都甘之如飴。」

宙斯盯著他這個曾經的好友看了好一陣子，然後才再度開口。

「你不值得受到老鷹折磨，」他以令人背脊發涼的冰冷語氣說道：「改成禿鷹吧。」

那兩隻老鷹立刻變成腥臭醜陋的禿鷹，在普羅米修斯的身體上方盤旋一周，然後撲了下去。牠們如剃刀般鋒利的爪子割開這位泰坦的體側，然後發出嘶嘎的得意叫聲，開始盡情啄食。

普羅米修斯不但是人類的主要創造者、擁護者以及朋友，而且還教導我們、為我們盜火，並且為我們犧牲自己。我們每個人都是普羅米修斯之火的受益者。如果沒有火，人類就不成其為人類。我們確實應該可憐以及欽佩他，但他和那些充滿妒忌與自私的眾神不同，絕對不會要求我們崇拜、頌讚以及仰慕他。

而且，令人欣慰的是，儘管他遭受這樣的恆久懲罰，有一天卻會出現一個強大得足以違抗宙斯的英雄，而解開這位人類的擁護者身上的鐐銬，讓他重獲自由。

波瑟芬妮與馬車

宙斯身為至高無上的天空之主而統治的這個世界，對於人類而言是個富饒的母親。男女老少都不需花費太多的辛勤或勞力，即可享用樹上的果實、植物的穀粒、水裡的魚以及原野上的野獸。肥沃與豐收女神狄蜜特賜福了自然界。如果有饑餓或匱乏，都是人類的殘忍以及從潘朵拉的罐子裡飛出的那些可怕生物所造成的後果，而不是因為神靈的疏忽。不過，這一切都即將改變。黑帝斯在其中插有一手，而且——誰知道呢？——他的計畫說不定就是要加速以及增加世人的死亡，藉此為他的王國增添人口。摩羅斯的作為總是神秘難解。

狄蜜特與哥哥宙斯生了一個女兒，名叫波瑟芬妮。波瑟芬妮極為美麗、純潔又可人，因此眾神都暱稱她為可兒（Kore）或可拉（Cora），意思純粹就是「少女」。羅馬人稱她為普洛塞庇娜（Proserpina）。所有的神祇，尤其是單身的阿波羅與荷米斯，都對她神魂顛倒，甚至向她求婚。不過，護女心切的狄蜜特（有些人也許會說她過度保護）卻把波瑟芬妮藏在偏遠的鄉間，遠離眾神與不朽族的饑渴目光，不論他們為人是否正直，而希望她能夠像赫斯提亞、雅典娜與阿提米絲一樣，永遠都是單身的處女。不過，有個力量強大的神祇，還是把貪婪的目光投向這個少女身上，而且絲毫無意尊重狄蜜特的願望。

接觸大自然，是甜美單純的波瑟芬妮最喜歡做的事情。她的確不愧是狄蜜特的女兒，最能夠為她帶來喜悅的東西即是花朵與漂亮的生物。在一個金黃色的午後，她沒有和母親指派來保護她的同伴在一起，而是在日光點點又開滿花的草地上追逐著採蜜的蝴蝶。突然間，她聽到一陣有如撕裂或怒吼的低沉聲響。聽起來像是雷聲，卻又似乎不是來自天上，而是來自於她腳下的地面。她害怕又疑惑地看了看四周。大地震動不停，然後她面前的山坡裂了開來，從中轟隆隆地駛出一輛巨大的雙輪馬車。這個驚恐不已的少女還來不及轉身逃跑，馬車上的駕駛人就一把將她抱上車，然後隨即掉頭駛回山坡上的那道裂縫。等到波瑟芬妮的同伴循聲趕來，那道裂縫已經重新闔上，沒有留下絲毫痕跡。就這樣，波瑟芬妮在一瞬之間不知為何消失得無影無蹤。前一分鐘，她還在草地上歡欣跳躍，但下一分鐘就突然不見蹤影，而且完全無跡可尋。

狄蜜特陷入無可言喻的絕望之中。我們都失去過自己珍視的東西——不論是動物、植物還是礦物——而因此經歷悲傷、驚懼和憤怒等痛苦的階段。這種失去如果極度切身、毫無預兆，又是如此絕對並且無法理解，那麼那些感受就會放大到極為可怕的程度。然而，儘管波瑟芬妮安然歸來的可能性隨著一天天過去而顯得愈來愈渺茫，狄蜜特卻發誓自己一定要找到女兒，就算得花上恆久的時間也在所不惜。

狄蜜特找上了她的女泰坦朋友赫卡忒（Hecate）幫忙。赫卡忒是一位掌管魔法藥水、鑰匙、鬼魂、毒藥以及各種巫術和咒語的女神。[16]她擁有兩支火把，能夠照亮大地的每一個角落。她和狄蜜特搜尋這些角落一次、兩次、千百次。她們以火把照亮每一個洞窟與陰暗處所。

她們找遍全世界，卻都徒勞無功。

幾個月過去。在這段期間，狄蜜特完全把自己的職責拋在腦後。穀物、收成、果實的成熟與作物的播種——全都遭到遺忘，大地一片荒蕪。沒有種子發芽，沒有花苞綻放，沒有幼苗生長，世界開始逐漸沙漠化。

眾神在奧林帕斯山上安然無恙，但地面上那些挨餓絕望的人類發出的呼求聲傳入了宙斯的耳朵。直到他在一天晚上和其他神祇開始認真討論波瑟芬妮失蹤的神秘事件，太陽泰坦赫利俄斯才終於透露他知道的事情。[17]

「波瑟芬妮？喔，我有看到她發生什麼事。我什麼都看得見。」

「你有看到？那你怎麼都沒說？」宙斯質問道：「狄蜜特像發了瘋一樣走遍世界各地找她，整個人擔憂如狂，全世界也都快變成沙漠了。你怎麼他媽的都沒說話？」

「又沒人問我！從來沒有人問過我任何事情，可是我知道的事情很多。太陽的眼睛無所不見。」赫利俄斯借用阿波羅主掌太陽馬車之時常說的一句話。

「她發生了什麼事？」

「地面裂開，結果猜猜看是什麼人駕著馬車出來抓走她……就是黑帝斯！」

「**黑帝斯！**」眾神異口同聲地驚呼了出來。

石榴種子

宙斯立刻趕往冥界，打算帶回波瑟芬妮。不過，冥界之王沒有心情聽從陽界之王的命令。

「她必須留下來，她是我的王后。」

「你竟敢不聽我的話？」

「你是我的弟弟，」黑帝斯說：「而且還是年紀最小的小弟。你向來都是要什麼有什麼，我主張我有權留下我愛的女孩。你不能剝奪我的權利。」

「哦，我不行嗎？」宙斯說：「世界陷入饑荒，凡人挨餓哭求的聲音吵得我們睡不著覺。你要是拒絕歸還波瑟芬妮，我就會馬上讓你知道我的意志有多麼強大，管轄的範圍又有多麼廣。荷米斯將不會再把亡者的魂魄帶給你，從此不會再有一個魂魄被送到這裡來。他們全都會被送到一個新的樂園去，或者人類就從此都再也不會死。黑帝斯將會淪為一個空蕩蕩的國度，再也沒有力量，沒有影響力，完全不值一顧。你的名字將會成為笑柄。」

這對兄弟怒目瞪視著對方，但黑帝斯終究還是先讓了步。

16 她在莎士比亞的《馬克白》裡扮演了醒目的角色。

17 赫利俄斯在太陽馬車上雖然行動迅速又明亮，但他卻腦筋駑鈍又反應遲緩。他怎麼取代阿波羅的這項職責，將在後續談到。

「你這該死的傢伙，」他咆哮道：「讓我再和她多相處一天吧，然後你再派荷米斯來接她。」

宙斯心滿意足地返回奧林帕斯。

第二天，黑帝斯敲了波瑟芬妮臥室的房門。你可能會訝異他居然會敲門，但實際上，在莊重而富有自信的波瑟芬妮面前，就連黑帝斯這麼強大的神祇也不禁感到靦腆而且手足無措。他全心愛著她。雖然他在與宙斯的意志較勁上敗下陣來，卻深知自己無法放她走。況且，他還在她身上察覺到某個東西……某個為他帶來希望的東西。是不是一小簇閃爍不定的愛苗？

「親愛的，」他的溫柔語氣絕對會令所有認識他的人大吃一驚：「宙斯強迫我把你送回光明世界。」

波瑟芬妮抬起她蒼白的臉龐，兩眼直勾勾地盯著他。

黑帝斯以熱切的眼神和她四目相接。「希望你不會認為我是個壞人？」

她沒有回答，但黑帝斯覺得自己似乎看到她的臉頰和頸部微微泛上紅色。

「和我同享幾顆石榴種子，表示你對我沒有怨恨，好嗎？」

波瑟芬妮有氣無力地從他伸出的手掌上拿起六顆種子，慢慢吸吮其中的酸甜汁液。

欺騙之神荷米斯抵達的時候，發現自己和宙斯都被騙了。

「波瑟芬妮已經吃了我這個王國的果實，」黑帝斯說：「任何人只要品嘗過地獄的食物，就注定將再回來。她吃了六顆石榴種子，所以每年必須回來陪我六個月。」

荷米斯鞠躬行禮。他知道的確是這樣。他拉起波瑟芬妮的手，然後帶著她飛出冥界。看到女兒讓狄蜜特欣喜若狂，世界隨即開起花來。這樣的喜悅持續了半年，因為過了六個月以後，波瑟芬妮就必須依照無可逃避的神聖律法返回冥界。狄蜜特對於此一分離感到的哀傷，導致樹木因此落葉，世界也陷入一片死寂。再過六個月後，波瑟芬妮再度從黑帝斯的國度回來，於是誕生、重生與生長的循環也再次展開。四季就是這麼來的，秋季與冬季是因為狄蜜特對於女兒離開感到哀傷，春季與夏季則是因為她看到女兒回來而歡騰喜悅。

至於波瑟芬妮本身……她對自己身在地底的時間似乎愈來愈喜歡，甚至不遜於在地面上的時間。在那六個月當中，她不是黑帝斯的囚犯，而是心滿意足的冥界王后，是黑帝斯鍾愛的配偶，兩人一起在死亡國度裡握有至高無上的統治權。在另外的六個月裡，她則是回復成愛笑的可兒，帶來豐饒、花朵、果實與嬉戲。

世界從此有了新的節律。

荷瑪芙柔黛忒斯與西勒諾斯

隨著白銀時代的人類逐漸習於辛勞與苦難，眾神也持續繁衍。荷米斯迅速成長為英俊但永久青春的男人模樣，而與寧芙德律俄珀（Dryope）生下長著羊腿的自然之神潘恩（Pan）。[18] 此外，他也背著赫菲斯托斯與阿瑞斯而勾搭上阿芙柔黛蒂，結果生下一個俊美非凡的兒子，結合父母兩人的名字而取名為荷瑪芙柔黛忒斯（Hermaphroditus）。

這個漂亮的男孩在伊達山的山陰處長大，由水澤仙女照顧撫養。[19] 他在十五歲那年離開她們，到世界上遊蕩。他來到小亞細亞的時候，在一個明亮的午後於哈利卡納蘇斯的一座水泉遇見一個名叫薩耳瑪西斯（Salmacis）的水澤仙女在清澈的泉水裡玩水。這個莽撞冒失的仙女深深震驚於他俊美的相貌，而試圖引誘他，結果惹得極度害羞的荷瑪芙柔黛忒斯深感困惑又不悅。

大多數的水澤仙女都是純樸而勤奮的寧芙，認真維護自己負責的溪流、水池與水道，但薩耳瑪西斯卻是以虛榮又懶散聞名。她寧可懶懶地漂浮在水裡欣賞自己的四肢，而不願和其他水澤仙女出外狩獵或者運動。不過，她平靜而自我中心的生活卻被這個荷瑪芙柔黛忒斯的俊帥相貌瞬間打亂，而用盡全力想要贏得他的青睞。然而，她愈是搔首弄姿——包括赤裸著身體在水裡旋轉、以誘人的模樣搓揉著胸部、在水面下吐出靦腆的泡泡——那個男孩卻愈不自在，最後終於怒聲大吼，要她別再騷擾他。薩耳瑪西斯憋著一肚子火離開，對於自己從未遭遇過的這種被人拒絕的體驗深感震驚又難堪。

不過，那是個晴朗的日子，所以荷瑪芙柔黛忒斯為了躲避抗拒那個煩人的精靈，已經激動得滿身大汗。現在，由於以為對方已經離開，他因此脫下衣服，跳進水中納涼。

幾乎就在同時，靠著蘆葦的遮蔽而游回來的薩耳瑪西斯立刻像是鮭魚一樣撲向他，緊緊抱著他一絲不掛的身體。他深覺反感，努力扭動掙扎，試圖擺脫她的環抱，而她則是對著天空大喊：「天上的眾神啊，永遠不要讓這個少年和我分開！讓我們永遠合而為一吧！」

眾神聽見她的祈求，於是以那種似乎總是讓他們樂在其中的做法，冷酷無情地依據字面意思實現她的願望。在一眨眼之間，薩耳瑪西斯與荷瑪芙柔黛忒斯確實合而為一，融合起來。一個身體，兩個性別。他們不再是水澤仙女薩耳瑪西斯與少年荷瑪芙柔黛忒斯，而是成了一個雙性人，男性與女性共同存在於一個肉身當中。羅馬人雖然把這種狀態視為一種疾病，對於他們那個社會嚴謹的軍事性常態造成威脅，但思想比較開明的希臘人則是珍視、頌讚，甚至崇拜這種雌雄同體的性別。[20]從雕像以及陶器和廟宇牆壁飾帶上的圖案可以看得出來，羅馬人害怕的東西，希臘人卻似乎覺得相當值得讚賞。[21]

荷瑪芙柔黛忒斯就在這種新狀態下加入厄洛特斯（Erotes）的行列——而我們馬上就會描述厄洛特斯的本質與目的。

除此之外，荷米斯[22]也和一個不知名的寧芙生下塌鼻又有著驢子尾巴的好色之徒西勒諾斯

---

18 儘管有些人這麼說，但我傾向於認為潘恩（羅馬人稱他為法烏努斯〔Faunus〕）比奧林帕斯神還要古老，也許和自然界一樣古老。我們後續還會不時遇到他。

19 伊達山有兩座，一座位於克里特，是宙斯的出生地；另一座在小亞細亞的佛里幾亞，也就是當今土耳其的安納托利亞（Anatolia）。後者才是荷瑪芙柔黛忒斯長大的地方。

20 譯註：英文的「雌雄同體」（hermaphrodite）一詞，即是由荷瑪芙柔黛忒斯的名字衍生而來。

21 世界各大博物館都把描繪像是荷瑪芙柔黛忒斯這種雙性人物的藝術珍寶藏了起來。許多這類作品直到近來才開始公開展示，由牛津的阿什莫林博物館（Ashmolean Museum）以及其他首要機構舉行的展覽，為這個久遭忽視的領域帶動一股重新發現的風潮。這項趨勢的出現，也正是我們的社會開始對性別的流動性有所理解之時。

22 或者，也有可能是潘恩。

（Silenus）。他長大之後成了一個滿臉鬍鬚、挺著大肚子又皺著眉頭的老酒鬼，是繪畫、雕塑與酒杯刻飾當中常見的人物，我們稍後就會看到他。

在眾神繁衍的同時，人類也不停繁衍。不過，由於神祇本質當中的神聖之火也成了我們本質當中的一部分，因此我們也就和眾神一樣，不只具有肉慾、性交與生殖的能力，也擁有**愛**的能力。

如同希臘人所理解的，愛是很複雜的東西。

丘比特與賽姬

厄洛特斯

希臘人對於愛的複雜性予以拆解的方式，就是分別命名每一種特定的愛，並以不同的神祇做為代表。愛與美的至高女神阿芙柔黛蒂，身邊有一群全身赤裸又長翅膀的隨行小神，叫做厄洛特斯。如同其他許多神靈（例如黑帝斯及其地底下的跟隨者），厄洛特斯也在人類立穩腳跟並且開始蓬勃發展之後，突然發現自己忙得不可開交。每個厄洛特斯都各自負責傳播促進一種特殊的情愛。

安特洛斯（Anteros）——負責守護無條件的無私之愛。[23]

23 在倫敦皮卡迪利圓環的沙夫茨伯里紀念噴泉（Shaftesbury Memorial）上方，由吉爾伯特（Alfred Gilbert）雕塑的那個著名鋁製雕像，其實不是厄洛斯，而是安特洛斯。這是他刻意的選擇，藉此頌揚不求回報的無私之愛。當時認為這個雕像正適合用來頌揚沙夫茨伯里伯爵七世在禁止童工與改革精神錯亂法律等方面的傑出博愛成就。

厄洛斯（Eros）——厄洛特斯的領袖，是肉體之愛與性慾之神。

赫迪洛古斯（Hedylogos）——愛的語言與親密言詞之神，在今天想必負責督導情人節卡片、情書以及言情小說。

荷瑪芙柔黛忒斯（Hermaphroditus）——陰柔男性、陽剛女性以及我們現在所謂的流動性別者的守護神。

希莫洛斯（Himeros）——絕望衝動之愛的化身。這是一種等不及要得到滿足而且隨時可能爆發的愛。

海曼納伊歐斯（Hymenaios）——洞房與婚禮音樂的守護神。

波索斯（Pothos）——代表憔悴渴望、對於遠在他方以及亡故的人所懷有的愛。

在這幾個厄洛特斯當中，影響力最大也最具破壞性的是厄洛斯，因為他具有引起爭吵不和的能力。有兩個故事提及他的起源與身分。在創世故事的其中一個版本裡，他從倪克斯產下的一顆大蛋裡孵出，而播下宇宙所有生命的種子。因此，他算是啟動萬物創生潮的原始神靈之一。不過，在古典世界裡可能比較普遍的一種觀點當中，他則是阿瑞斯與阿芙柔黛蒂的兒子。被羅馬人稱為丘比特（Cupid）的他，經常被呈現為一個面帶笑容而且背有翅膀的小孩，正準備以銀弓射出一枝箭。這種形象直到今天仍然廣為眾人熟知，因此厄洛斯也許可說是辨識度最高的古典時代神祇。

貪婪和性慾都與他有關，而任何人只要被他的箭射中，就會瞬間無可控制地墜入愛河。他那枝箭會迫使人愛上中箭之後見到的第一個人（或甚至是動物）。[24]厄洛斯的任性、淘氣、反覆無常與殘酷，與愛本身相比可說是不遑多讓。

愛，愛，愛

希臘人陳述愛的詞語至少有四個：

Agape——這是一種宏大慷慨的愛，我們今天會稱之為「仁慈」，而且可以用來指涉任何一種神聖的愛，例如父母對子女的愛，或是信徒對神明的愛。[25]

Eros——這是以神祇厄洛斯為名的那種愛，或者也可以說那個神祇是以這種愛為名。最容易令人陷入麻煩的，就是這種愛。這種愛與情慾遠比喜歡強烈，但層次又遠低於性靈之愛，可

24　丘比特請你拉開弓弦
為我射出一枝箭
直直命中我愛人的心
我愛人的心……
©山姆・庫克（Sam Cooke）

能把我們帶向光榮，也可能把我們推向恥辱；可能為我們帶來最極致的幸福快樂，也可能導致我們落入絕望的深淵。

Philia——這是屬於友誼、偏好與鍾情的那種愛。在「哈法族」（francophile）、「戀屍癖」（necrophilia）與「博愛」（philanthropy）等英文詞語當中，都可以見到這種愛的蹤跡。

Storge——這是人對於自己所屬的國家或者運動隊伍所懷有的愛與忠誠。

厄洛斯本身雖然在後來被文藝復興時代與巴洛克時代的藝術家呈現為我剛剛描述過的那種模樣——一個俏皮、愛笑又面帶酒窩的小天使（有時也會蒙住雙眼，代表他射箭的行為具有任性又獨斷的本質）——但在希臘人的想像裡，他卻是一個才華洋溢的青年男子。他是藝術家也是運動員（在床上和運動場上都活躍不已），不但掌管體操與田徑運動，也是男性同性之愛的守護神。他的代表物品有海豚、小公雞、玫瑰、火把、里拉琴，當然還有那張弓和一整袋的箭。

在有關厄洛斯與賽姬——分別代表肉體之愛與靈魂——的神話當中，最有名的一則正適合在當今這個時代受到詮釋與解釋，而且適合的程度幾乎到了荒謬的程度。不過，我認為這則神話就像所有的神話一樣，最好的講述方式不是把它當成寓言、象徵或者隱喻，而是當成故事，單純的故事。這個故事帶有我們對於後來的追尋敘事與童話故事[26]所熟知的許多節奏以及劇情轉折，也許是因為這個故事出自於許多人認為很可能是史上第一部小說的著作：羅馬作家阿普列尤斯（Apuleius）的《金驢記》（*The Golden Ass*）。[27]希望這個故事對於許多西方思想、民間文學與藝術的影響——更遑論其迷人魅力——足夠做為我在這裡鉅細靡遺地重述這個故事的充分理由。

賽姬

很久很久以前，在一個現在已經不復存在的國度裡，住著一位國王和王后以及他們的三個美麗女兒。國王叫做阿里斯提德斯（Aristides），王后叫做達瑪麗絲（Damaris）。大女兒卡蘭特（Calanthe）和二女兒若娜（Zona）雖然都長得很美，不管到哪裡都足以吸引別人的目光，但最小的女兒賽姬（Psyche）更是美麗至極，以致王國裡的許多人民都不再祭祀阿芙柔黛蒂，

25 英王欽定本聖經把聖保羅寫給哥林多人的第一封信（當初自然是以希臘文寫成）當中的第十三章最後一句話譯為：「And now abideth faith, hope, charity, these three; but the greatest of these is charity.」在現代的翻譯版本裡，「charity」（仁慈）一詞都純粹譯為「love」（愛）。譯註：和合本聖經譯為：「如今常存的有信，有望，有愛這三樣，其中最大的是愛。」

26 舉例而言，你可能會注意到這個故事和《美女與野獸》以及《灰姑娘》有許多相似之處。

27 活躍於西元二世紀的阿普列尤斯來自北非，但使用拉丁文寫作，因此把厄洛斯稱為丘比特（有時也寫成「埃莫」〔Amor〕），阿芙柔黛蒂稱為維納斯，賽姬稱為阿尼瑪——「阿尼瑪」（Anima）這個譯名不僅傳達「賽姬」（Psyche）一詞當中的「靈魂」之意，也涵蓋「生命氣息」的意思，代表「為人賦予生命之物」。如果以字面意思翻譯阿普列尤斯的這則故事，看起來將會充滿寓言色彩。例如：「愛對靈魂說，你不能看我」、「靈魂逃避了愛」。

而崇拜起這位年輕女孩。阿芙柔黛蒂是個深懷妒心而且有仇必報的女神，完全無法忍受自己會有競爭對手，尤其還是個凡人。她於是找來兒子厄洛斯。

「我要你去找一隻豬，」她對他說：「一隻全世界最醜也最多毛的豬，然後到賽姬住的宮殿去，對她射箭，並且確保她中箭之後第一眼看見的就是那隻豬。」

對於母親這種作風早就習以為常的厄洛斯，聽完吩咐以後就開開心心地前去執行這項任務。他在距離宮殿不遠的地方向一個豬農買下一頭毛特別多而且臭氣沖天的公豬，然後在當天晚上把那頭豬牽到賽姬的臥房窗外。他雖是個身材纖瘦又運動神經發達的神祇，卻以頗為笨拙的姿態把那頭豬夾在腋下，而試圖在不發出聲音的情況下從窗戶爬進房內。

接下來很快的發生幾件事情。

厄洛斯在月光下安然踏進房間。

賽姬還是睡得很沉。

厄洛斯把那頭豬緊緊夾在兩腿之間。

厄洛斯伸手從背後抽出一枝箭。

那頭豬尖叫一聲。

厄洛斯因為一時慌亂，在拉弓時不小心以箭頭劃傷了自己的手臂。

賽姬驚醒過來，點燃蠟燭。

厄洛斯看見賽姬，而深深愛上了她。

真糟糕。愛神本身竟然被愛情沖昏了頭。你也許以為他接下來會做的事情，就是對賽姬射箭，然後故事就可以有美滿的結局，可是厄洛斯在這個故事裡呈現出來的形象相當正面。他的愛極為真實、純潔又絕對，所以根本下不了手剝奪賽姬的選擇權。他依依不捨地盯著她看了最後一眼，然後就轉身跳出窗外，消失在夜裡。

賽姬看到那頭豬在她的房間裡到處亂跑，不停低頭嗅聞她的臥房地板，因此認定自己一定是在做夢，於是吹熄蠟燭，又躺回床上睡覺。

可怕的預言

第二天早上，國王阿里斯提德斯聽到僕人稟報說他的小女兒似乎把自己的臥房變成了豬舍，而不禁擔憂不已。他和王后達瑪麗絲本來就對賽姬頗感煩惱，因為她的兩個姐姐卡蘭特與若娜早就都嫁給有錢的地主，賽姬卻一直頑固地拒絕結婚。聽到她現在竟然和豬混在一起，終於促使國王下定決心。他立刻前往阿波羅神廟，想要知道這個小女兒的未來。

獻上適當的祭品和禱告之後，希貝兒提出這項神諭：「為你的孩子戴上花環，然後把她帶到高地，讓她躺在一顆岩石上。前來納她為妻的，將會是天地間最危險的生物，它的力量連奧林帕斯眾神都怕。這點已經注定，必然一定要實現。如果不照做，這個生物就會摧殘你的王國，並且隨之帶來紛爭與絕望。這麼一來，阿里斯提德斯，你就會是摧毀人民幸福的罪人。」

十天後，一個奇特的隊伍緩緩走出城鎮。在一個被人高高抬著的墊子上，坐著身穿潔白服裝、妝點繽紛花朵，但神情哀愁無奈的賽姬。她得知神諭，也接受了這樣的安排。她所謂的美貌一向都只會為她帶來苦惱。她厭惡自己的相貌所引起的騷動，也厭惡別人總是因此在她面前表現得異於尋常，導致她覺得自己像個怪胎一樣，和別人格格不入。她原本打算終生不婚，但既然不得不結婚，那麼一頭凶猛的野獸也不會比一個無趣至極而只會成天奉承討好她的王子來得糟糕。至少，野獸造成的痛苦只要一轉瞬間就過了。

這群人一面發出哀傷的號哭聲，一面奮力爬上山坡，終於走到賽姬即將遭到獻祭處的一大塊玄武岩。她的母親達瑪麗絲哀號痛哭，淚流不止。國王阿里斯提德斯輕拍著她的手，只希望自己不必在現場面對這樣的情景。卡蘭特與若娜各由她們那年紀大又乏味但是財力傲人的丈夫陪伴著站在一旁，兩人都盡力隱藏內心的得意，原因是她們知道只要賽姬一死，她們的美貌在國內就再也無人能比。

賽姬被綁上那塊岩石，於是閉上眼睛深呼吸，靜待所有人發洩或者表演完他們的哀傷情緒。再過不久，一切的折磨和痛苦就會結束。

那群人一面唱著獻給阿波羅的頌歌，一面走下山丘，把賽姬單獨留在那塊岩石上。陽光灑在她身上，雲雀在藍天中啼鳴。她原本想像自己會在翻騰的烏雲、呼嘯的強風、滂沱的大雨和可怕的雷聲當中遭到撕咬而死，而不是躺在這燦爛的晚春陽光下，聽著此起彼伏的鳥鳴。

即將前來侵占她的那個生物會是什麼人或是什麼東西？她父親轉述神諭的內容如果沒錯，

那麼就連高高在上的奧林帕斯眾神也害怕這個東西。不過，在她從小到大聽過的所有傳說以及傳說的謠言當中，都從來沒有這麼一個恐怖的怪物。就算是提豐或者厄客德娜，也不足以讓強大的眾神為之驚恐。

突然間，一道溫暖的微風吹動她的白色禮服。那道微風逐漸增強，在她與那塊冰冷的玄武岩之間灌入一團空氣。這時候，賽姬訝異地發現自己被那團空氣抬了起來。那團空氣彷彿是固體一樣，支撐著她的身體，抬著她整個人飛上空中。

魔法城堡

賽姬高高飛在地面上空，安然躺在西風之神澤費羅斯（Zephyrus）強壯而輕柔的懷裡。「這不可能是那個可怕的怪物，」她心想：「這道風一定是那個怪物派來的使者。我就要被帶去受死了。也罷，至少這樣飛行還滿舒服的。」

她轉頭俯瞰自己成長於其中的那座都城。一切看起來都是那麼渺小、潔淨又整齊，完全不像是她所熟知並且厭惡的那座過度蔓延、臭氣沖天又雜亂不已的城鎮。澤費羅斯飛得更快更高，翻越山丘，劃過山谷，橫跨藍色的大海，掠過一座座的島嶼，而來到一個賽姬看不出是哪裡的國度。這個地方土地肥沃，樹林茂密，而且就在他們緩緩下降的時候，她看見一片林中空地裡矗立著一座宏偉的宮殿，每個角落都有高高聳立的圓塔。賽姬輕柔地降落下來，踏行幾步而滑降在一片開滿花的草地上，面對著一道金色的大門。那道風呼的一響就飛走了，只留下她自己一個人。她沒有聽到咆哮怒吼或者牙齒摩擦的聲音，只有從宮殿裡隱隱傳來音樂聲。她小心翼翼地向前走了幾步，結果大門就在她面前敞開來。

賽姬生長於其中的那座王宮，在她國內的平民百姓眼中看來雖然耀眼華麗又壯觀，但和她現在踏進的這座絕美宮殿相比之下，卻彷彿只是一間簡陋的小屋子而已。她一路往裡面走，驚訝不已的目光所見盡是黃金、枸櫞木與象牙打造而成的柱子，還有浮雕圖案精美得超乎想像的白銀飾板，以及看起來栩栩如生的大理石像。光線照得黃金廊道閃閃發光，她腳下的地板也由珠寶鑲嵌出華麗的圖案，而且那神秘的音樂聲也隨著她逐漸深入宮殿內部而愈來愈清楚。她走過一座座噴泉，只見晶瑩剔透的水柱在空中形成不可思議的弧形，似乎不受地心引力的影響。此外，她也聽到低聲細語的女性聲音。要不是她在做夢，那麼這必定是一座神聖的宮殿。凡人絕不可能建造出如此奇妙的建築，怪物就更不用說了。

她來到一間正方形的中央大廳，牆上的飾板繪有眾神的誕生與泰坦之戰的場景。空氣中瀰漫著檀木、玫瑰與溫暖的香料氣味。

異聲奇景與夜晚的訪客

低語聲和音樂聲感覺似乎不知從何而來，又似乎來自她身周的各個角落，但所有聲音在這時突然消失得無影無蹤。在令人發毛的寂靜當中，突然有一道聲音輕輕喚了她的名字。

「賽姬，賽姬，不要害怕。不要像受驚的羊兒一樣瞪大眼睛不停顫抖。你難道不曉得這一切都是你的嗎？這一切的華美，這一切的寶石，這座宏偉的宮殿和宮殿周圍的土地——全都是你的。走進那道門去沐浴吧。你聽到的那些聲音是你的女僕發出來的，她們都聽命於你。等你準備好以後，將會有一頓盛宴等待著你。親愛的賽姬，歡迎你，請你好好享受這裡的一切。」

目眩神迷的賽姬走進隔壁的房間，只見那是一間寬敞的臥房，掛著繡毯與絲布，由插在銅質壁架上的火把照明。廳堂的一端有個閃閃發光的銅浴缸，中間是一張巨大的床，打磨光亮的檜木床架裝飾著香桃木，床單上灑滿玫瑰花瓣。賽姬疲累又困惑，完全無法理解這是怎麼一回事，於是在床上躺下來，閉上眼睛，盼望自己睡了一覺之後，能夠從這奇怪的夢中醒來。

但她醒來之後，卻發現自己仍然身在這個夢境裡。她從柔軟的織錦床墊上爬起來，看見浴缸裡冒出蒸氣。她脫下衣服，踏進水裡。

這時候，事情更是變得怪異至極。

浴缸邊的一個銀瓶飄了起來，在半空中自己把瓶中的液體倒進水裡。賽姬大吃一驚，但是還來不及尖叫，一陣不知名的香氣就突然包圍她。接著，一把象牙手柄的刷子刷起她的背，還有一罐熱水倒在她的頭髮上。看不見的手為她搓洗按摩，一會兒又壓又揉，一會兒輕輕捶打。賽姬像個小女孩一樣咯咯而笑，任由這一切發生在她身上。究竟這是真實世界裡的一場夢，還是夢境裡的一個真實時刻，對她而言已經不再重要。她決定好好享受這場冒險，看看會有什麼樣的結果。

錦緞、絲綢、緞布與薄紗從隱藏的櫃子裡飛出，飄降於床上，在她身邊發出閃亮的光澤，並且因為期待著受到她的挑選而不停窸窣作響。她挑選了一件寶藍色的雪紡長袍——穿起來寬鬆、舒服又令人興奮。

臥房的門在這時打開，於是她踏著膽怯而猶疑的步伐走回大廳。一頓大餐正陳設於一張桌上。眼睛看不見的手忙著端上水果、發酵蜂蜜、燒烤異國禽肉，以及各式蜜餞。賽姬從沒見過如此豐盛的美食，甚至連想像都不曾想像過。她欣喜不已，伸出手指拈起一道道精緻美味的菜餚品嘗，而忍不住發出讚嘆。就算是農舍裡的豬頂著飼料槽搶食，也比不上她現在忘情大啖的模樣，只見那些水晶、白銀與黃金製成的魔法容器裡源源不絕地冒出食物與飲料，怎麼吃也吃不完。餐巾自動飛起來輕輕擦拭她沾了酒的嘴唇與黏有食物碎屑的下巴。在她欣喜若狂地吃喝之際，還有一支眼睛看不見的合唱團在旁唱著輕柔的情歌以及頌揚人類愛情的歌曲。

終於，她吃飽了。一股溫暖而舒適的感受充滿她的身心。如果是有個食人魔想要把她養肥之後再宰來吃，那她也認了。

桌子上的蠟燭飄了起來，帶著賽姬返回她的臥房。閃爍的火把與柔和的油燈都只發出些微的火光，因此臥房裡幾乎一片黑暗。看不見的手把她輕輕推到床邊，然後幫她脫掉身上的雪紡長袍。她全身赤裸地躺在絲綢被單下，閉上眼睛。

一會兒之後，她驚嚇地倒抽一口氣。有個人或是什麼東西鑽進被子裡，就躺在她身邊。她感到自己的身體被輕輕拉向對方。香甜溫熱的氣息和她的氣息交融在一起。她的肌膚貼上對方的身體，而發現那不是一頭野獸，而是個男人。這個男人沒有鬍鬚，而且雖然她看不見他的面貌，卻直覺知道他極為俊美。她連對方的輪廓都看不見，只感受得到他炙人的體溫與青春緊致的肉體。他親吻她的嘴唇，然後他們便四肢交纏在一起。

第二天早上，床上只剩下賽姬一個人，而她又再次由那些眼睛看不見的女僕幫她沐浴。隨著漫長的白晝緩緩流逝，她終於鼓起勇氣開口問她們問題。

「我在哪裡？」

「公主殿下，您就在這裡呀。」

「這裡是哪裡？」

「離他方很遠，但離附近很近。」

「誰是這座宮殿的主人？」

「您就是這裡的女主人。」

雖然從來沒有直截了當的答案，但她也沒有追問。她知道自己身在一個魔法國度，也感覺得到那些女僕必須遵守這個地方的規則與要求。

那天晚上，在一片漆黑當中，那個俊美的青年又再度上了她的床。她想和他說話，但他卻把一根手指擱在她的嘴唇上，然後她的腦子裡就響起一道聲音。

「噓，賽姬，不要問問題。像我愛你一樣愛我就好。」

慢慢的，隨著日子一天天過去，她意識到自己確實深愛這個她從沒見過的男人。每天晚上，他們都會作愛，但每天早上她醒來之後，總是發現他已不在。

這座宮殿燦爛奪目，賽姬的女僕對她的吩咐也無不遵從。她一無所缺，不但有最美味的食物和飲料，而且不管走到哪裡都有音樂伴隨著她。然而，在每個夜晚的甜蜜之愛以後，接著的總是漫長而孤獨的白晝。漫漫長日真是令她悶得發慌。

你想必已經猜到，每天晚上與她同床的那個「怪物」其實就是厄洛斯。他因為被自己的箭劃傷而愛上賽姬，現在這份愛又因為他們夜復一夜的幸福時光而益發強烈。神諭說厄洛斯的力量令眾神害怕確實沒錯，因為沒有一個奧林帕斯神不曾被厄洛斯征服過。也許他的確是個怪物。不過，他雖然調皮又殘忍，卻也能夠體貼又周到。他發現賽姬不太快樂，於是有一天晚上，就在他們一同躺臥於黑暗中的時候，他開口柔聲問了她。

「心愛的太太，你有什麼煩惱？」

「你已經給了我這麼多，我實在不願意說這樣的話，但是我白天都很寂寞，我想念我的姐姐。」

「你的姐姐？」

「卡蘭特和若娜。她們以為我死了。」

「和她們往來只會帶來不快樂，只會為她們還有你帶來痛苦和絕望。」

「可是我愛她們……」

「我跟你說，只會有痛苦和絕望。」

賽姬嘆了一口氣。

「請相信我，」他說：「不和她們見面是為了你好。」

「那你呢？我難道不能看你嗎？我難道永遠不能看到我深愛的人的面容嗎？」

「你不能要求這一點，絕對不能要求這一點。」

一天天過去，厄洛斯看到賽姬雖然享有無盡的珍饈美酒，還有美妙的音樂與魔法噴泉以及迷人聲響，卻是日益憔悴。

「親愛的，開心點嘛！明天是我們在一起的週年紀念日。」他說。

一週年！真的已經過了整整一年嗎？

「我送你的禮物，就是實現你的願望。明天早上，我的朋友澤費羅斯會在宮殿外面等你，帶你到你想去的任何地方。可是請你一定要小心，不要涉入你家人的生活太深，而且你也必須保證絕對不會向他們提到我。完全不能提到我。」

賽姬答應他，於是他們緊緊相擁，度過了一夜熱烈的週年之愛。她從來沒有感受過如此熱烈的愛以及肉體歡愉，而且她察覺到他也對她懷有同樣的熱情與愛意。

第二天早上，她一如往常獨自一人在床上醒來。她迫不及待地讓女僕為她穿衣以及服侍早點，然後就興奮地跑向宮殿前方的大門。她才剛踏出門，澤費羅斯就以強壯的臂膀把她抱起來飛上天去。

兩個姐姐

另一方面，在賽姬的故鄉，眾人正在紀念她被那個沒人見過的傳說怪物抓走的一週年。國王阿里斯提德斯與王后達瑪麗絲帶著哀悼群眾爬上山坡，來到他們的女兒當初被綁在上面的那塊玄武岩——為了紀念她，那塊岩石已被取名為「賽姬岩」。現在，岩石旁只剩下卡蘭特與若娜這兩位公主，她們當著所有人的面大聲宣告說，她們希望留下來私下悼念妹妹。

等到眾人離開之後，她們就掀開黑色面紗，開始笑了起來。

「想像看看，是什麼樣的怪物抓走了她。」若娜說。

「像憤怒女神一樣長了翅膀……」卡蘭特說。

「還有鋼鐵般的爪子……」

「嘴裡還會噴火……」

「黃色的大尖牙……」

「頭髮是一條條的蛇……」

「還有一條大尾巴——**那是什麼？**」

一陣突如其來的大風引得她們轉過身來，結果眼前的景象嚇得她們大叫出聲。

她們的妹妹賽姬就站在面前，明豔照人，身上穿著一襲閃閃發光的鑲金邊白色禮服。她看起來美得嚇人。

「可是……」卡蘭特開口道。

「我們以為……」若娜結結巴巴地說。

然後，兩人一起大叫：「**妹妹！**」

賽姬走上前，伸出雙手，臉上露出充滿姐妹柔情的甜美微笑。卡蘭特與若娜各自拉起一隻手吻了一下。

「你還活著！」

「而且還這麼……這麼……」

「這件**服裝**——一定很貴……我是說看起來很……」

「還有**你**也看起來……」若娜說：「這麼……這麼……卡蘭特，我要說的那個字眼是什麼？」

「快樂？」賽姬提議道。

「某種樣子，」她的兩個姐姐一致認定這個字眼：「你看起來絕對有某種樣子。」

「可是，最親愛的賽姬，告訴我們……」

「你到底怎麼了？」

「我們剛剛還在這裡哀悼你，為了你**哭**得心都碎了。」

「是誰給你這件服裝？」

「你怎麼從岩石上逃走的？」

「這是真的黃金嗎？」

「是不是有怪物來抓你？是野獸？還是食人魔？」

「還有這個布料。」

「是惡龍嗎？」

「你怎麼保持這種布料不皺？」

「那個怪物有把你帶到它的巢穴去嗎？」

「你的髮型是誰幫你梳的？」

「它是不是想要啃你的骨頭？」

「這該不會是真的翡翠吧？」

賽姬笑著舉起一隻手掌。「親愛的姐姐！我會把一切都告訴你們。不只這樣，我直接帶你們去看。風，來吧，帶我們回去！」

在兩個姐姐還不曉得發生什麼事情之前，她們三人就被抬起來，迅速飛行在空中，安然站在西風之神的懷裡。

「不要緊張，放鬆就好。」賽姬說，這時澤費羅斯已經帶著她們飛越了高山。若娜逐漸降低尖叫聲，卡蘭特的悶聲啜泣也慢慢停止。不久之後，她們甚至敢睜開眼睛看個幾秒鐘而不至於尖叫。

等到風終於讓她們降落在魔法宮殿前方的草地上之後，卡蘭特已經認定這才是人應該要有的移動方式了。

「搖搖晃晃的爛馬車有什麼好？」她說：「從現在開始，我也要讓風載我到處去……」可是若娜沒有在聽。她像著了迷一樣盯著宮殿的牆壁、高塔與綴有銀釘的大門，全都在早晨的陽光下閃閃發光。

「進來吧。」賽姬說。能夠帶她親愛的姐姐參觀她的新家，真是令人興奮。只可惜她們不能見到她心愛的丈夫。

驚豔訝異遠遠不足以形容她兩個姐姐內心的感受。於是，她們沿著綴有銀飾板的走廊與鑲了珠寶的過道走進一個接一個金光閃耀的房間裡，自然而然擺出一副嗤之以鼻的姿態，時而打個呵欠，時而吃吃地笑，時而搖一搖頭，嘴裡也發出不以為然的嘖嘖聲響。她們皺起鼻頭，藉此表現自己平常習於更奢華的享受。

「親愛的，我們是不是覺得有那麼一**點**俗氣呢？」若娜說。不過，她內心卻是想著：「這根本是神祇住的地方！」

卡蘭特則是想著：「我要是停下來假裝調整涼鞋的鞋帶，說不定可以拔下那張椅子上的一顆紅寶石……」

等到那些眼睛看不見的管家、男僕和女僕開始陳設午餐的時候，她的兩個姐姐就再也掩飾不了自己的驚奇與震撼。用完餐後，她們輪流接受塗油、沐浴以及按摩。

在姐姐不斷追問城堡主人是誰的情況下，賽姬想起自己的承諾，而匆匆編造一套說詞。

「他是個俊美的獵人，也是這裡的地主。」

「他叫什麼名字？」

「他的眼神非常溫柔。」

「他的名字叫做……？」

「他說很可惜沒機會和你們見面。他白天總是會帶著獵犬到原野去。他其實很想親自接待你們，下次再另外找時間吧。」

「是，可是他叫什麼名字？」

「他——他其實沒有名字。」

「什麼？」

「我是說，他當然**有**名字，這還用說嗎？每個人都有名字嘛，若娜，拜託！可是他平常都不用名字。」

「那他到底叫什麼名字？」

「老天，快點！天快黑了，澤費羅斯不會在晚上帶你們飛行……來吧，親愛的姐姐，你們想帶什麼東西回家就自己拿。這裡有一些紫水晶，還有藍寶石，還有金銀……別忘了也帶一些禮物給爸媽。」

兩個姐姐提著滿滿的珠寶，乘著風回到那塊大岩石。站在地面上向她們揮手道別的賽姬，對她們離開雖然一方面感到難過，同時卻也不禁鬆了一口氣。她很開心自己能有機會和她們相處、帶她們參觀自己的家，並且送禮物給她們，但由於她必須遵守自己對丈夫許下的諾言，而兩個姐姐又一直追問不休，以致她為了避重就輕而把自己搞得疲累不已。

她的兩個姐姐雖然抱了許多珍貴的珠寶回家，內心卻充滿了嫉妒、厭惡與憤怒。她們的小妹，那個呆笨自私的賽姬，怎麼會過著像女神一樣的生活？實在是太不公平了。那個虛榮醜陋而且被寵壞的傢伙！好吧，也許不能說她醜陋。她的容貌確實有某種醒目而俗氣的漂亮，可是根本比不上她們氣質尊貴的美貌。這實在是太不公正了：她們敢說這一切的背後一定存在著什麼邪惡的巫術。她怎麼可能連自己的丈夫叫什麼名字都不知道？

「我老公薩托的風溼愈來愈嚴重了，」卡蘭特說：「我每天晚上都必須幫他的手指一根根按摩，然後再塗上膏藥。實在是噁心又有損我的身分。」

「你以為**你**的生活很悲慘？」若娜說：「我的卡里翁禿得像顆洋蔥，還有口臭，在床上更是像死豬一樣。反觀賽姬……」

「那個自私的賤人……」

兩個姐姐緊緊相擁，哭得心都碎了。

那天晚上，賽姬的愛人厄洛斯為她帶來重大消息。她正忙著對他說她有多麼感謝他，並且說明自己怎麼避免向她姐姐透露他的真面目，而他就在這時伸出手指擱在她的嘴唇上。

「你真是個善良的可人兒。我很擔心你那兩個姐姐以及她們可能會對你造成的傷害，但是我很高興你這麼開心。現在，我還要再讓你更開心。」她感覺到他溫暖的手掌在她的身前往下滑，然後輕輕摩挲著她的肚子。「我們的孩子正在這裡面生長著。」

賽姬倒抽一口氣，隨即喜不自勝地緊緊抱住他。

「如果你保守這個祕密，」他說：「這個孩子就會是神祇。但你只要向一個人透露這件事，這個孩子就會變成凡人。」

「我會保密的，」賽姬說：「可是趁我的肚子還沒大起來，讓我和卡蘭特還有若娜再見一次面，向她們道別吧。」

厄洛斯雖然擔憂，卻想不出有什麼理由可以拒絕這麼一項合理而充滿姐妹情誼的要求，所以也就答應了。

「澤費羅斯會通知她們，並且帶她們過來，」他說，同時傾身向前吻了她：「可是別忘了，絕對不能提到我或是我們的寶寶。」

一滴熱油

第二天一早，卡蘭特與若娜才剛醒來，就感覺到澤費羅斯的氣息吹拂著她們，有如家犬在身邊喘著氣想要討東西吃一樣。她們睜開眼睛坐起身來，那陣風就隨即消失無蹤，但她們憑著自己的本能、貪婪以及與生俱來的機巧，立刻就明白風的吹拂代表什麼意思，於是匆匆趕到大岩石處等待接送。這一次，她們決定非得要揭開妹妹的愛人是什麼人這個謎題不可。

她們降落在宮殿前方，賽姬早已在門口等著迎接她們。兩個姐姐隱藏自己內心因為賽姬的好運而燃起的熊熊妒火，以熱情的姿態擁抱她，並且假作關切地搖頭咂嘴。

「卡蘭特，怎麼了？」賽姬困惑不解地問道，一面帶著她們坐下來享用一頓豐盛的早餐，內容包括水果、蛋糕與蜂蜜酒。「若娜，你為什麼看起來這麼傷心的樣子？你們看到我難道不開心嗎？」

「開心？」卡蘭特哀嘆道。

「要是能夠開心就好了。」若娜嘆了一口氣說。

「你們到底在擔心什麼？」

「唉，小妹，小妹，」卡蘭特哀聲說：「你真是年輕、天真又單純。」

「這麼容易被人占便宜。」

「我不懂。」

兩個姐姐彼此對望，彷彿猶豫著該不該揭露殘忍的真相。

「你對於這個……這個每天晚上來找你的**東西**有多麼瞭解？」

「他不是東西！」賽姬反駁道。

「他當然是個東西。他就是神諭所預言的那個怪物。」

「我敢說他一定全身長滿鱗片，」若娜說：「就算沒有鱗片，也一定長滿毛。」

「他完全不是那個樣子，」賽姬忿忿不平的說：「他年輕又帥又體貼。皮膚很軟，肌肉很結實——」

「他的眼珠是什麼顏色？」

「這個嘛……」

「他的頭髮是金色還是黑色？」

「親愛的姐姐，」賽姬說：「你們可不可以保密？」

卡蘭特和若娜都拉長了脖子，並且以關愛的姿態輕撫著她們的小妹。

「我們可不可以保密？這還用問嗎！」

「實際上，」賽姬說：「呃，我其實不知道他長得**什麼**樣子。我從來沒看過他，只有……那個……摸過他。」

「什麼？」卡蘭特驚愕不已。

「你是說你連他的臉都沒看過？」

「他堅持說我不可以看他。他總是在伸手不見五指的黑夜裡來找我，一來就鑽進被子裡，然後我們……那個，我們……你們知道的……」賽姬羞紅了臉。「但是我可以用手摸他的輪廓，而我摸到的絕對不是一頭怪物的身體。那是一個健壯俊美的男人的身體。只是他一到早上就不在了。」

「噢，你這個**呆頭鵝**！」若娜以焦急的語氣說：「你難道不知道——」她話說到一半就停了下來，彷彿不敢再說下去。

兩個姐姐互相交換一個充滿哀傷而且心照不宣的眼神。

「真糟糕……」

「賽姬又**不**知道！」

卡蘭特回應的語氣又是焦急，又是感嘆。

賽姬大惑不解地來回看著她們兩人。「知道什麼？」

卡蘭特伸出雙臂抱住她，開始對她說明，而若娜也不時插嘴附和以及提出自己的意見。最凶惡可怕的怪物——也就是阿波羅的神諭所預言會吞食她的那種怪物！——向來都擁有一種奇特的能力，而且也因為這樣的能力而廣為人知。那種能力就是能夠**變形**，例如幻化成讓少女觸摸起來覺得迷人俊帥的形體——但是這麼做只是為了贏得天真少女的信任——天真又愚蠢的少女！——然後在那些少女體內播下牠們的惡種——那些可憐的女孩都不懂，但是男人確實做得出這種事情——於是受孕的少女就會產下一個更加可怕的怪物——是原本那頭怪物的**變種**。這就是牠們繁殖的方法。

賽姬舉起一隻手。「別再說了！拜託！我知道你們是好意，可是你們不知道他有多麼溫柔、體貼……」

「這就是牠們的手法！牠們就是用這種方法！」

「你還不懂嗎？如果說有什麼事情可以證明這個怪物的凶猛殘酷，那就是這樣的溫柔體貼！」

「從這裡就看得出來牠一定是個窮凶極惡的惡魔。」

賽姬想著她肚裡的新生命，還有她丈夫堅決不准她告訴別人的要求，以及他總是不肯顯露自己面貌的行為。老天，也許她姐姐的話確實沒錯。

她們看到她開始猶疑，於是立刻加強攻擊力道。

「親愛的，我告訴你該怎麼做。今天晚上他來找你的時候，你一樣任由他對你為所欲為——」

「嗯！」

「——然後讓他睡著，可是你一定要醒著。」

「不管怎麼樣，都一定要**醒著**。」

「你一旦確定他已經睡熟以後，就下床去拿一盞油燈。」

「還有你的女僕用來幫你剃頭髮的那把剃刀。」

「沒錯，剃刀是一定要的！」

「在房間角落點亮油燈，但是要記得把火光遮住，以免驚醒他。」

「然後悄悄走到床邊……」

「舉起油燈……」

「用刀子割開他那長滿龍鱗的脖子……」

「割斷他那長滿瘤的血管……」

「殺了他……」

「殺死那頭野獸……」

「然後把所有的金銀收集起來……」

「還有寶石，這是最重要的……」

兩個姐姐合作無間，最後終於徹底說服了賽姬。

於是，那天晚上，厄洛斯在床上睡熟以後，賽姬就一手拿著蓋了燈罩的油燈，另一手拿著剃刀，站在他身前。她掀起燈罩，於是火光照亮了一個蜷曲著身體睡覺的裸體男子，有著她前所未見的俊美相貌與完美身形。溫暖的火光映照在他光滑青春的肌膚上——還有一對絕美的羽毛翅膀。

賽姬驚訝得不禁倒抽一口氣。她立刻就知道自己眼前見到的是誰。這可不是什麼惡龍或者怪物，也不是什麼食人魔或者惡煞，而是年輕的愛神。這是厄洛斯本身。想到自己竟然懷有打算傷害他的念頭，真是難以置信。他是如此的美。他豐滿而紅潤的嘴唇微微張開，而在她彎下腰來細細欣賞他的時候，更是感受到他呼出的甜美氣息。他的一切都是如此完美！些微隆起的肌肉為他的青春美貌賦予了男子氣概，但又不像賽姬父親手下的王牌運動員與戰士那種過於壯碩的醜怪體態。他蓬亂的頭髮閃耀著一種溫暖的顏色，介於阿波羅的金黃色與荷米斯的紅褐色之間。還有那對翅膀！收摺在他的身體下，就像天鵝的翅膀一樣飽滿而潔白。她伸出微微顫抖的手，輕撫著翅膀的邊緣。羽毛在她的手指輕觸下雖然只有微乎其微的窸窣聲，卻還是導致睡夢中的厄洛斯翻了個身，並且發出幾聲喃喃囈語。

賽姬隨即抽回手並且垂下燈罩。不過，等了一會兒之後，平緩規律的呼吸聲令她放下心來，知道厄洛斯仍然熟睡著。她再度掀起燈罩，而看到他現在背對著她。此外，他這麼一翻身也讓她因此看到一個引人好奇的東西。火光照亮他翅膀底下的一個銀色圓筒。是他的箭筒！

賽姬屏住呼吸，伸手抽出一枝箭。她握在手裡輕輕轉動，緩緩撫摸著閃亮的黑檀木箭桿。箭頭本身綴有一道金帶……她把左手的油燈舉高，伸出右手的大拇指輕撫箭頭，然後——**唉喲！**——她的拇指被鋒利的箭尖劃出一道傷口，滲出了血。就在這一刻，她突然覺得一股感受籠罩她的全身，對睡夢中的厄洛斯突然感到強烈無比的愛意，一股極度熱烈的激情慾望，一股徹底而永恆的愛戀，以致她忍不住俯身吻了他後頸上的捲曲髮絲。

然而，就在她這麼做的時候，油燈卻滴下一滴熱油，正中厄洛斯的右肩。他因為疼痛而驚叫一聲醒了過來，一睜開眼就看到賽姬站在床邊，而不禁發出一道失望又絕望的怒吼。他張開翅膀，開始拍打空氣。賽姬一看到他升上空中，就立刻向前一撲，抱住他的右腿，但他的力量太大，一句話也沒說就把她甩開，飛進夜色當中。

他一離開，賽姬身邊的一切立刻隨之崩解。宮殿的牆壁顫動起來，然後就像融化在夜裡的空氣中一樣消失無蹤。絕望的賽姬看著周圍的金柱變成一棵棵樹木，腳下鑲了珠寶的地磚也變為泥土與石礫。才一會兒功夫，那座宮殿和所有的貴金屬與寶石就都消失得無影無蹤。女僕的甜美歌聲轉變為狼嚎與貓頭鷹的叫聲，溫暖神秘的香氣則是變為凜冽的寒風。

孤獨無依

一個害怕而傷心的女孩獨自站在寒冷荒涼的樹林裡。她從一根樹墩上滑了下來，坐在堅硬的樹根上。她心裡只有一個念頭，想要就此了結自己的生命。

一隻甲蟲爬過她的嘴唇而驚醒了她。她打個冷顫，坐起身來，從眉毛上揭下一片潮溼的葉子。前一晚的恐怖遭遇不是做夢，她真的是獨自身在樹林裡。說不定先前的一切只是個夢，而她實際上的處境一直都是這樣？還是說她其實做了個夢中夢，現在只是醒來到了第一層的夢境？不過，她根本無意花費心力思考這個問題。不管是夢境還是真實，總之這一切對她而言都無可忍受。

「漂亮的女孩，別這麼做。」

賽姬吃了一驚，抬起頭來，看見神明潘恩站在她面前。那滑稽的皺眉、從濃密的捲髮當中長出的兩支角，還有從毛茸茸的側腹往下延伸而出的細長羊腿——除了潘恩絕對不可能是別人，不管是凡人還是不朽族。

「不行，不行，」潘恩一面說，一面以他的羊蹄踏著泥濘的地面：「我從你的臉上看得出來，絕對不可以。我不允許。」

「你不允許什麼？」賽姬問。

「我不允許你跳下懸崖。我不允許你去引誘野獸攻擊你。我不允許你去摘顛茄吸食其中的毒汁。我絕不允許你做這種事情。」

「可是我活不下去！」賽姬哭叫道：「你要是知道我的遭遇，瞭解我的心情，一定會幫助我自我了斷。」

「你應該問問自己是什麼東西把你帶到這個處境。」潘恩說：「如果是愛，那麼你就必須祈求阿芙柔黛蒂和厄洛斯的引導與撫慰。如果是你自己的惡行造成的，那你就必須活著懺悔。如果是別人導致的，那你就必須活下來報仇。」

報仇！賽姬突然懂得自己該怎麼做了。她站起身來。「潘恩，謝謝你，」她說：「你為我指引了一條明路。」

潘恩咧嘴一笑，鞠了個躬。他舉起手中的排笛，吹出一段道別的樂曲。

四天後，賽姬站在姐姐卡蘭特與姐夫薩托的豪宅前，伸手敲了門。一名僕人帶領她來到她姐姐的會客室。

「賽姬！親愛的！事情順不順利？你看起來有點——」

「親愛的姐姐，別擔心我。我會告訴你事情的經過。我完全依照你們的指示去做，趁我丈夫睡著的時候拿油燈去照，結果發現他不是別人，就是大神厄洛斯，厄洛斯他本身！」

「厄洛斯！」卡蘭特緊抓著胸前的琥珀項鍊。

「噢，姐姐，你知道他接下來說的話有多麼令我傷心失望嗎？他竟然說他之所以把我帶到他的宮殿，只是為了想要得到**你**。」

「我？」

「這就是他的陰謀詭計。他對我說：『把你那個美麗的姐姐卡蘭特帶來給我，就是綠眼紅頭髮的那一位。』」

「其實應該說是紅褐色啦——」

「『去帶她來。叫她到山上的那顆大岩石處，跳進澤費羅斯的懷裡，乘著風來到我這裡。賽姬，我求你把這些話轉達給卡蘭特。』這就是他要我說的話，我已經一字不差的都告訴你了。」

讀者可以想像卡蘭特以多麼快的速度立刻做好準備。她匆匆寫下一張紙條給她丈夫，宣稱他們根本不是夫妻，他們的婚姻其實是個悲慘的錯誤，因為他們當初的婚禮主持人喝醉了，沒有能力也沒有資格為他們證婚。況且，她也從來沒愛過他，所以現在她是個自由的女人。

在山上的那塊玄武岩旁，她聽到一陣風吹拂而過，於是歡呼一聲就往外一跳，認定自己會落在澤費羅斯的懷裡。

不過，西風之神根本不在那裡。於是，卡蘭特發出充滿沮喪、憤怒、失望與恐懼的尖叫，從山坡上滾了下去，撞上一顆接一顆的尖銳岩石，最後全身體無完膚地掉落在山底，就像石頭一樣沒有了生命。

另一個姐姐若娜也遭遇同樣的下場，因為賽姬對她說了一樣的話。

阿芙柔黛蒂的刁難

復仇完畢之後，賽姬於是開始思考自己接下來的人生該怎麼辦。她無時無刻都滿懷著對於厄洛斯的愛與渴望，也深陷於痛苦折磨當中，心知自己再也無法見到他。

另一方面，厄洛斯則是躺在一個密室裡，因為肩上的那個傷口而痛苦不已。燈油燙傷這種小事對於我輩凡人來說算不了什麼，但厄洛斯雖然身為不朽族，肩上的傷口卻是由他心愛的對象所造成。這樣的傷口必須花上很長的時間才會癒合，甚至可能永遠不會癒合。

厄洛斯身體不適的情形開始對世界造成了影響。少男與少女不再墜入愛河，也不再有人結婚。世人開始絮絮叨叨地埋怨不停，並且在祈禱中向阿芙柔黛蒂訴說自己的牢騷與不滿。她聽到這些祈禱，並且得知厄洛斯躲起來而荒廢自己的職責之後，不禁大為氣惱。後來得知是個凡人女孩偷走她兒子的心，並且對他造成如此大的傷害，更是令她的氣惱轉為憤怒。等到她發現那個凡人女孩就是她當初命令厄洛斯去羞辱的那一個，更是怒火沖天。她要讓賽姬愛上一頭豬的計畫怎麼會弄巧成拙到這個地步？好吧，這次就由她親自動手，確保這個女孩永遠不得翻身。

賽姬受到自己毫不知情的魔法影響，於是在一天來到一座宮殿，敲著高大的前門。可怕的怪物抓住她的頭髮把她拖了進去，然後丟進一座地牢。阿芙柔黛蒂親自前去看她，帶了好幾袋的小麥、大麥、小米、罌粟籽、鷹嘴豆、扁豆及其他豆類，倒在石頭地板上，全部混成一堆。

「你如果想要重獲自由，」她說：「就把所有不同的穀粒和種子分開來各自堆成一堆。只要你能夠在下次日出之前完成這件工作，我就放你走。」

阿芙柔黛蒂奸笑一聲——一點都不像是愛與美的女神該有的表現——然後就轉頭離開，在身後大力甩上牢獄的門。

賽姬趴在地板上啜泣了起來。就算給她一個月的時間，她也不可能把這些種子全部分類開來。

就在這時候，從賽姬的臉頰上滴下的一滴滾燙鹹澀的淚水，正好落在一隻爬過石板的螞蟻身上。

「小心點！」那隻螞蟻氣得大叫：「你覺得只是一滴小小的眼淚，對我來說可是一場大洪水哪。」

「對不起，」賽姬說：「我沒有看到你，我是因為難過才忍不住哭的。」

「有什麼事情那麼嚴重，會讓你難過到差點把認真生活的螞蟻給淹死？」

賽姬說明自己的困境，結果那隻寬宏大量又熱心助人的螞蟻就主動提議要幫她的忙。他發出一道人耳聽不見的叫聲，召集他為數龐大的兄弟姐妹，而開始分類起那些種子。

臉頰上還留有淚痕的賽姬，驚訝地看著一萬隻活力洋溢的螞蟻不停來回搬運，像軍隊一樣精確分類那些種子。早在粉紅手指的厄俄斯打開黎明的大門之前，螞蟻就已完成工作，只見七堆種子整整齊齊地排列在地板上，等著接受阿芙柔黛蒂檢查。

這位女神的挫折狂怒令人望之生畏。她立刻就又想出一項不可能達成的挑戰。「有沒有看到那邊那片樹叢，在河的對岸？」阿芙柔黛蒂一面說，一面扯著賽姬的頭髮，強迫她看向窗外。「有一群沒人看顧的綿羊在那裡吃草，一群特殊的金毛綿羊。現在就馬上過去拔一撮牠們的毛給我。」

賽姬遵照指示走到那片樹叢，但完全無意從事這第二項挑戰。她決定利用這一時的自由逃跑，不只是逃離阿芙柔黛蒂可憎的詛咒，更要逃離這令人厭惡的人生。她打算跳進河裡自盡。不過，她站在河畔深深吸氣，準備鼓起勇氣跳進水裡的時候，一株蘆葦卻點了一下頭——儘管當時一點風也沒有——而對她低語起來。

「賽姬，甜美的賽姬。你雖然深受困難的試煉所苦惱，但請不要以自殺的行為汙染我潔淨的水。你的煩惱有個方法可以解決。這裡的綿羊又野又凶暴，而且由一頭凶惡無比的公羊看守，牠的角可以把你像熟透的水果一樣刺穿。有沒有看到牠們在對岸那棵懸鈴木下吃草？你要是現在過去，一定會當場慘死。不過，你要是躺下來睡覺，牠們到了傍晚就會去別的地方吃草，然後你就可以游泳過河到那棵樹那裡去。你會看到一團團的金羊毛纏附在低矮的枝條上。」

那天晚上，怒不可遏又困惑不解的阿芙柔黛蒂把金羊毛往旁一甩，要求賽姬到冥界乞求波瑟芬妮給她一些美容膏。由於賽姬在厄洛斯拋下她之後就一直滿心懷著尋死的念頭，因此欣然同意這項挑戰，而遵照阿芙柔黛蒂的指示下到黑帝斯，一心打算就此待在那裡，永遠沉浸在沒有愛的哀傷與孤獨當中。

愛與靈魂的結合

有一天，一隻喋喋不休的燕子對厄洛斯訴說他那個吃起醋來全無分寸的母親對賽姬所開出的挑戰。他忍著肩膀上的疼痛站了起來，用盡全力張開翅膀。他一路飛到奧林帕斯山，要求立刻晉見宙斯。

厄洛斯對著一群聽得如癡如醉的奧林帕斯眾神講述自己的故事。他的母親向來痛恨賽姬。由於那個女孩出眾的美貌，以及有少數幾個愚蠢的人類因為愛慕那個凡人少女而不再崇拜阿芙柔黛蒂，以致這位不朽女神覺得自己身為奧林帕斯神的尊嚴與榮譽遭到了威脅。因此，她派遣厄洛斯去讓賽姬愛上一頭豬。他充分闡述自己的訴求。

宙斯派荷米斯到冥界把賽姬帶上來，同時也派了一隻老鷹去傳喚阿芙柔黛蒂。等到她們都來到眾神面前之後，宙斯發話了。

「你們幾個人的糾葛實在是異乎尋常又有損體面。阿芙柔黛蒂，親愛的，你的地位沒有受到威脅，這是永遠不可能的事情。低頭看看大地，看看你的名字是怎麼在世界上的每個角落受到膜拜與頌讚。厄洛斯，你長久以來都一直是個愚蠢、衝動又不負責任的孩子。你心愛她而且她也愛你的這個人將會成就你，也可望挽救世人免於你那些淘氣誤射的箭所帶來的悲慘後果。賽姬，過來喝我這個杯子裡的東西。這是仙饌，你現在品嘗過，就是不朽族了。在這裡，在我們所有人的見證下，你將與厄洛斯結為永久的夫妻。阿芙柔黛蒂，擁抱你的媳婦吧，讓我們所有人一同歡慶。」

厄洛斯與賽姬的婚禮上充滿歡笑與喜悅。阿波羅一面彈奏著里拉琴一面歌唱，潘恩也以排笛加入伴奏。赫拉與宙斯共舞，阿芙柔黛蒂與阿瑞斯共舞，厄洛斯也與賽姬共舞。直到今天，他們都還一同跳著舞。[28]

28 後來，賽姬產下一個女兒，名叫赫多奈（Hedone），是享樂和肉體歡愉的精靈。羅馬人稱她為沃路普塔斯（Voluptas）。她所代表的享樂主義（hedonism）與性感（voluptuousness），即是從這兩個名字衍生而來。

宙斯的玩具：第二部

凡人

伊俄

在這個時候，地中海世界的人類大多數都是受到國王統治。那些獨裁者建立統治權的方式各有不同。有些是不朽族或甚至眾神的後代，有些則是採取人類常見的做法，藉由武力或政治算計奪得權力。

伊納科斯（Inachus）是希臘最早的其中一位統治者。他是伯羅奔尼撒半島上的第一任阿果斯國王。當時的阿果斯（Argos）是個繁忙的新興城鎮，現在則是全世界持續有人居住的城市當中歷史最悠久的一座。伊納科斯後來受到半神化，變成一條河，但他還是人類的時候，他的妻子為他生下兩個女兒，伊俄（Io）與邁錫尼（Mycene）。[1]

邁錫尼嫁了個門當戶對的丈夫，是個名叫阿瑞斯托爾（Arestor）的貴族，但伊俄的命運卻是成為第一個引起宙斯色慾的凡人女孩。伊納科斯挑選天空之后赫拉做為阿果斯的守護神，女兒伊俄則是在古希臘世界最重要的一座赫拉神殿裡被撫養成女祭司。宙斯和其他女人亂搞，本來就已經足以令他的妻子氣憤不已，而他要是染指她的女祭司，更是一定會把她的忍耐逼到極限。但儘管如此，宙斯還是滿心想要她。該怎麼做，才能得到她又不讓赫拉知道呢？

宙斯撫著鬍鬚認真思考，而想出一個自認的高招。他把伊俄變成一頭乳牛，一頭豐滿美麗的小母牛，有著肥美的側腹與一雙溫柔的大眼。[2]他只要把她藏在一片原野上，絕對不會引起赫拉注意，然後他就能夠隨時去找她。不過，這只是他自己一廂情願的想法。他的慾火一旦燃起，所有的小心謹慎、常理判斷和智慧就都拋到腦後，於是他在激情驅使下自以為精明巧詐的障眼法，看在別人眼裡卻是昭然若揭的智障行為。

在醋桶妻的面前，藏匿一個情婦可是比藏一百座山都還要難。乳牛是赫拉的聖物，她辨識這個物種的眼光本來就特別敏銳，因此一眼就注意到這頭母牛，並且對牠的真實身分產生懷疑。

「那頭小母牛真漂亮，」一天早上，赫拉在奧林帕斯山上一面吃著早餐，一面若無其事地這麼對宙斯說：「體態那麼優美，還有長長的睫毛和水汪汪的大眼睛。」

「什麼，那頭老牛？」宙斯裝出一副毫無興趣的模樣，看著赫拉伸手所指的方向。

「親愛的，那是你的原野，所以她一定是你的牛。」

「可能吧，」宙斯說：「很有可能。我有幾千頭牛到處在吃草，不可能把每一頭都記得清清楚楚。」

---

1 邁錫尼城即是以她為名。

2 小母牛是沒有生產過的母牛。

「我希望你把那頭小母牛送我當生日禮物。」赫拉說。

「呃……真的嗎？那一頭？我相信我可以幫你找到一頭更胖更壯的。」

「不要，」赫拉說——只要是認識她的人，必定察覺得到她眼中射出的精光，還有嗓音當中的堅決語氣：「我就要那一頭。」

「沒問題，沒問題，」宙斯說，假裝打了個呵欠：「就把她送給你吧。你手邊有一罐仙饌……推過來給我好嗎？」

赫拉對她的丈夫瞭若指掌。他的好色本性一旦受到挑起，就再也抑制不了。她把伊俄送到一座有圍欄的牧場裡，並且派遣自己的僕人阿爾戈斯（Argus）——伊納科斯的孫子——負責看守她。

阿爾戈斯是邁錫尼與阿瑞斯托爾的兒子，就像當時所有的阿果斯人一樣，也是赫拉的忠實追隨者。[3]不過，他還擁有一項非常特殊的天賦，因此正適合看守他的阿姨伊俄——他有一百隻眼睛。他的綽號是潘諾普忒斯（Panoptes），意為「無所不見」。[4]他遵照赫拉的命令坐鎮於那片原野上，以五十隻眼睛看守著伊俄，另外五十隻眼睛則是各自掃視四面八方，注意著是否有強盜出現。

宙斯看到這一切，於是氣得不停來回踱步。他渾身熱血沸騰，以拳頭捶打著手掌。他一定要得到伊俄。在這場心照不宣的戰爭裡打敗赫拉，對他而言已經成了原則問題。不過，他知道自己智計有限，於是找來奧林帕斯山上最詭計多端也最沒有道德的搗蛋鬼。

荷米斯一聽就立刻知道該怎麼做。總是樂於討好宙斯以及到處惡作劇的他，隨即趕到伊俄所在的牧場。

「阿爾戈斯，你好，讓我陪你一下吧。」他一面說，一面打開柵門溜了進去。「你這頭小母牛很不錯唷。」

阿爾戈斯把十幾隻眼睛轉向荷米斯，只見他一屁股坐在草地上，取出排笛吹了起來。他又是吹奏，又是唱歌，持續整整兩個小時。輕柔的音樂、午後的陽光，還有罌粟花、薰衣草與野生百里香的香氣，以及附近一條溪流的溪水汨汨流過的聲響——阿爾戈斯的眼睛於是漸漸一隻一隻闔了起來。

等到第一百隻眼睛的眼皮也垂下來以後，荷米斯就放下排笛，悄悄上前，一刀刺進阿爾戈斯的心臟。眾神全都做得出極度殘忍的行為——荷米斯和其他任何一個神祇相比也毫不遜色。

阿爾戈斯既然死了，宙斯於是打開柵門，把伊俄放了出來。不過，他還來不及把她變回人形，看見事情經過的赫拉就派一隻牛虻飛來對著伊俄狠狠叮下去，痛得她尖叫一聲跳了起來，接著便奮力狂奔，遠離宙斯而去。

3「Argives」（阿果斯人）意為「阿果斯的公民」，但後來卻經常用來指稱希臘人——尤其是藉此與特洛伊人區分開來。

4 有些人認為阿爾戈斯擁有一百隻眼睛的說法只是比喻他的高度警覺性。這些人說，這種情形就像是有人形容他背後長了眼睛，結果後來被人誤以為他真的背後有眼睛。我在此要以嗤之以鼻的態度駁斥這種乏味無趣的論點。阿爾戈斯確實有一百隻眼睛，事實就是這樣。

赫拉對自己心愛的僕人遭到殺害深感哀傷，於是取下阿爾戈斯那一百隻明亮的眼睛，裝在一隻樸拙土氣的鳥兒尾巴上，把那隻鳥變成我們今天所知的孔雀——所以這種現在色彩鮮豔又姿態高傲的鳥兒，才會與赫拉產生密切關係。[5]

另一方面，伊俄沿著愛琴海北岸不停奔馳，接著游過歐洲與亞洲的交界處，因此我們至今仍然為了紀念她而把這個地點稱為「牛渡」（cow-crossing），希臘文為「Bosporus」。[6]她在痛楚的驅使下不停飛奔扭甩尖叫，一路奔至高加索。到了這裡，那隻牛虻似乎暫時放過她，於是她才得以抬頭看見被綁縛在山坡上的普羅米修斯。

「伊俄，坐下來喘口氣。」那位泰坦對她說：「放寬心，事情會好轉的。」

「也很難再更糟了吧，」伊俄哭著說：「我是一頭牛，還被全世界最大又最惡毒的牛虻攻擊。而且赫拉一定不會放過我。我要不是被叮死，就是發瘋跳進海裡淹死。」

「我知道你現在覺得人生一片黑暗，」普羅米修斯說：「但我有時候能夠看見未來，而且我確知這一點。你將會變回人形，並且會在尼羅斯奔流而過的那片土地創建一個偉大的王朝。此外，你的後代將會出現史上最偉大的英雄。[7]所以，抬起頭來，打起精神，好嗎？」

伊俄儘管迭遭困苦，但看到這位泰坦被兩隻相貌凶惡的禿鷹啄得肚破腸流，她實在沒有辦法不理會他的忠告。比起他那永無止盡的痛苦，自己這小小的不適算得上什麼？

結果，伊俄確實得以恢復人形。她在埃及與宙斯會面，而為他生下一個兒子，名叫厄帕福斯（Epaphus）。厄帕福斯將在費頓的故事裡扮演重要角色，而我們待會兒就會講到這個故事。**據說**宙斯只是輕輕把手放在伊俄身上，就令她受孕——厄帕福斯的名字意為「觸摸」。此外，伊俄還為宙斯生下一個女兒，名叫姬羅伊莎（Keroessa），其子拜占斯（Byzas）後來建立拜占庭這座了不起的城市。至於伊俄究竟是藉著觸摸還是比較傳統的方法懷了這個女兒，我們並不知道。

伊俄雖然被變成一頭牛，卻是一頭深具影響力與重要性的牛。

被精液浸溼的頭帶

有一則頗為感人的故事，提到雅典娜如何在沒有犧牲貞操的情況下，協助產下雅典城邦的其中一名創建者。

瘸腳的赫菲斯托斯自從當初劈開宙斯的頭顱而促使雅典娜降生於這個世界之後，就對這位女神產生強烈的愛意。有一天，他因為控制不了自己的慾火，而在奧林帕斯山上把她追到一個角落，打算霸王硬上弓。不過，他卻因為太過興奮，以致什麼都還來不及做就先繳械，把精液

5　畫家與雕塑家經常把赫拉呈現為搭乘在一輛由孔雀拉著的雙輪車上。當然，除此之外還有歐凱西（Sean O'Casey）的劇作《朱諾與孔雀》（*Juno and the Paycock*）。

6　奇特的是，「Oxford」（牛津）與「Bosporus」的意思竟然一模一樣。

7　就是後來解開普羅米修斯的鐐銬而讓他重獲自由的那位英雄。

噴了她一大腿。暗自作嘔而一語不發的雅典娜，解下頭帶抹除大腿上的髒汙，然後就把那頭帶丟下山去。

濡溼的布條掉落在山底下的地面上，赫菲斯托斯的神聖精液因此滲入土壤當中，使得蓋婭受孕。她生下一個男孩，名叫厄瑞克忒斯（Erechtheus）。雅典娜在天上看到這樣的結果，於是決心要讓這個孩子成為不朽族。她下山來到人間，把這個嬰兒放進一個藤籃，蓋上蓋子，交給赫爾賽（Herse）、阿格勞洛斯（Aglauros）與潘德洛索斯（Pandrosos）這三個凡人姐妹保管，並且吩咐她們無論如何都不能打開籃子。不過，阿格勞洛斯與赫爾賽卻抗拒不了誘惑，偷偷窺看了籃子裡的東西。他們看見一個活潑的男嬰被一條蛇緊緊纏住。蛇本來就是雅典娜的聖物，這條蛇更是雅典娜用來為厄瑞克忒斯賦予不朽生命的其中一項魔法。這幅駭人的情景使得那兩個姐妹立刻發瘋，從山丘的最高點跳下去——那座山丘即是我們現在所稱的「衛城」（Acropolis），意為「高城」。厄瑞克忒斯長大之後成為厄瑞克托尼俄斯（Erechthonius；也有一說認為厄瑞克托尼俄斯是他的兒子），也就是傳說中的雅典創建者。[8]

你如果在今天造訪雅典的衛城，還是可以在帕德嫩神廟的北側看到厄瑞克忒翁（Erechtheum）這座美麗的廟宇。其著名的門廊外圍那排女像柱，雕刻成身披長袍的少女，是世界一大建築瑰寶。在其不遠處還有另外兩座廟宇，用於奉祀可憐的阿格勞洛斯與赫爾賽——說來也確實應該如此。[9]

費頓

太陽的兒子

厄瑞克忒斯的代理母親是雅典娜，生母是蓋婭，生父是赫菲斯托斯。有三個不朽族父母也許不免讓人覺得有點過頭（也可能有人會認為是雅典人故意為他們的創建者吹牛），但是凡人擁有這樣的出身並不罕見。如同波瑟芬妮的神話，有勇無謀的費頓（Phaeton）[10]這個人的故事也解釋了世界上的若干地理變化是怎麼來的，並且由此產生希臘神話裡經常受到引用的一項教訓——驕傲會令人跌跤。

8「厄瑞克托尼俄斯」這個名字有時也用來指稱厄瑞克忒斯以及他的若干後代子孫。從這兩個名字——「Erechthonius」與「Erechtheus」——都可以看得出他誕生自土裡（chthonic）的經歷。

9 至於三姐妹當中唯一聽從吩咐而沒有偷窺籃子裡的潘德洛索斯，則是有人在密涅瓦的神廟附近興建一座祭祀她的廟宇，還有一項為了紀念她而舉行的節慶，稱為潘德洛席亞（Pandrosia）。

10 費頓（如同阿波羅的另一個名字「菲碧斯」）意為「閃耀者」，其拼寫方式除了「Phaeton」之外，也有人寫為「Phaethon」、「Phaëton」或者「Phathon」，通常念為與「Satan」（撒旦）或「Nathan」（納森）押韻，但只要你喜歡，也可以和「Titan」（泰坦）或「Python」（皮同）押韻。

費頓是神靈的兒子，卻是由繼父墨洛普斯（Merops）這個平凡至極的凡人撫養長大。每當墨洛普斯不在，費頓的母親克呂墨涅（Clymene）——她可能是不朽族，也可能不是[11]——就會說故事逗他開心，而且內容都是關於他的生父：明亮耀眼的太陽神菲碧斯阿波羅。[12]

到了就學年齡，費頓就和其他凡人男孩一起上學。那些男孩有些是單純的人類，有些則是像他一樣，父母當中有一人是神靈，而其中這麼一個男孩，就是厄帕福斯，他是宙斯與伊俄的兒子。厄帕福斯因為擁有如此著名的父母，因此認為自己的同學理當尊他為老大。不過，心高氣傲又脾性剛烈的費頓，卻相當厭惡厄帕福斯的頤指氣使，也對他那種自以為高人一等的傲慢姿態頗感惱火。

厄帕福斯成天炫耀自己出身的言行令人深感不耐。他經常說出像這樣的話：「是啊，我爸——哦，就是宙斯——找我下週末去奧林帕斯山上吃晚餐。他說他可能會讓我坐在他的王座上，也許還讓我喝一兩口神酒。當然，我以前就喝過了。我們只會有少數幾個人一起吃飯，包括阿瑞斯、我同父異母的姐姐雅典娜，可能再加上幾個寧芙，剛好坐滿一桌。應該會滿好玩的。」

費頓每次在學校聽他提出那些神祇的名號自抬身價之後，總是會懷著滿肚子火回到家裡，而對母親埋怨道：「為什麼厄帕福斯每個週末都可以和他爸見面，我卻根本連**見**都沒見過我爸？」

克呂墨涅則是會緊緊抱住兒子，努力向他解釋：「親愛的，阿波羅太忙了。他每天都必須駕著太陽馬車飛越天空。除了這件工作以外，他在提洛斯和德爾菲還有神廟，而且誰曉得他還得處理哪些事情。預言、音樂、射箭……他可以說是眾神裡面最忙的一位。不過，我相信他很快就會來探望我們。他在你出生的時候留下這個要送給你——我本來打算等到你再大一點才拿給你，可是現在先給你也好……」

克呂墨涅走到一個櫥櫃前面，拿出一支精美的金笛，交給他。費頓立刻舉到唇邊吹氣，發出一道一點都不悅耳的嘶嘶聲。

「這東西有什麼用處？」

「用處？親愛的，你指的是什麼？」

「宙斯給了厄帕福斯一根魔法皮鞭，可以讓狗遵守他的每個命令。我的這個東西有什麼用處？」

11 大洋神女克呂墨涅是歐開諾斯與特提斯的女兒，她也許可以被視為希臘神話裡影響最深遠的一位母親。她因為與泰坦伊阿珀托斯結合而產下四個孩子，其中兩個是阿特拉斯與墨諾提俄斯（這兩個泰坦在泰坦之戰當中極力對抗眾神，後來也因此受到懲罰），另外兩個則是艾比米修斯與普羅米修斯。單是這四個孩子，就確立克呂墨涅身為早期世界一大女性家長的重要地位。不過，有些人認為大洋神女克呂墨涅與費頓的母親克呂墨涅根本不是同一個人，而且阿特拉斯及其他那幾個泰坦的母親應該叫做亞細亞（Asia），以免和生下費頓的凡人克呂墨涅搞混。這些說法實在讓人看得眼花撩亂，所以最好還是留給學者和閒著沒事幹的人慢慢研究。

12 費頓的生父是誰也同樣備受爭辯。在有些版本的故事裡，他的父親是泰坦太陽神赫利俄斯。我根據奧維德的說法，認為費頓的父親是阿波羅。

「心肝寶貝，這是一支長笛呀。長笛可以吹奏出音樂，美麗迷人的音樂。」

「怎麼吹？」

「這個嘛，你要學會怎麼吹出音符，然後……那個，你就吹奏啊。」

「這樣有什麼神奇？」

「你沒聽過長笛音樂嗎？那是全世界最神奇的聲音了。不過，要吹得那麼好聽的確是需要很多的練習。」

費頓嫌惡不已地把長笛拋到一旁，衝進臥房裡用力把門甩上，然後在房間裡整整生了一日一夜的悶氣。

過了一個星期左右，在暑假開始前的學期最後一天，費頓看到厄帕福斯又以他那嘔死人的優越姿態走了過來。

「嗨，費頓，」他拉長嗓音打了個招呼：「你下禮拜想不想和我去我們在北非海岸上的家族別墅？我們要舉行一場小小的家族派對，只有我爸，可能還有荷米斯、狄蜜特和幾個法翁。我們明天就出海。大概會滿好玩的吧，你覺得呢？」

「啊，真是可惜，」費頓說：「我爸，你知道的，就是菲碧斯阿波羅，他找我下禮拜去……去駕駛太陽馬車飛越天空。我不能放他鴿子。」

「你說什麼？」

「哦，我沒提過嗎？他總是一直叫我要幫忙分擔他的工作，幫他開一下那輛太陽馬車。」

「你說你……**放屁**。大家趕快過來，你們一定要來聽聽看！」厄帕福斯喊了一聲，於是其他同學都聚集到他和費頓面對面站著的地方。「再說一次給他們聽。」他要求道。

這下子費頓可是吹破了牛皮。不過，內心的自尊、激憤和沮喪驅使他硬著頭皮繼續掰下去。他絕不肯在這時候屈服，任由自己遭到這個勢利眼的屁孩羞辱。

「真的沒什麼啦，」他說：「只是我爸阿波羅堅持一定要我學習駕馭太陽馬車而已，沒什麼大不了的。」

在面露譏嘲的厄帕福斯帶頭下，圍觀的眾人一同發出訕笑聲，還有一個人高喊道：「我們都知道你爸是那個老糊塗墨洛普斯！」

「他只是我的繼父！」費頓高聲反駁：「阿波羅才是我的生父。是真的！到時候你們就知道了。你們等著看吧。去他的宮殿要花一點時間，可是再過不久——你們別忘了抬頭仰望天空，我會對你們揮手的。那個帶著太陽橫越天空的人就是我，你們等著看吧！」

然後他就一路狂奔回家，耳朵裡迴盪著同學的譏笑與嘲諷聲。其中一個同學追了上來，那是他的朋友以及愛人庫克諾斯。[13]

「費頓，」庫克諾斯喊道：「你到底說了什麼？那不可能是真的。你已經向我抱怨過好多次，說你根本沒見過你的生父。回去對他們說你是在開玩笑吧。」

---

13 庫克諾斯的拼寫方式有兩種，一是「Cygnus」，二是「Cycnus」。

「庫克諾斯，別煩我，」費頓一面說，一面把他推開：「我要去太陽神殿。只有這樣才能讓厄帕福斯那個豬頭閉嘴。等你下次再看到我的時候，所有人就會懂得要尊敬我，也會知道我實際上是什麼人了。」

「可是我知道你是什麼人呀，」難過的庫克諾斯說：「你是我心愛的費頓。」

父與日

克呂墨涅也完全無法說服費頓改變心意。她滿懷憂慮的看著費頓打包他僅有的少數家當。「你只要抬頭往上看，就會看到我。」他說，然後親吻母親向她道別：「我經過家裡上空的時候，會向你揮手的。」

太陽神殿當然位在正東方，而且遠在印度。費頓是怎麼到那裡去的，並沒有定論。我看過一種版本，指稱神奇的太陽鷹向阿波羅告知這個男孩從希臘本土緩慢橫越美索不達米亞以及我們今天所稱的伊朗，於是阿波羅就命令這些光彩奪目的鳥兒載他飛過來。

不管費頓是怎麼去的，總之他是在夜裡抵達，然後立刻就被召見進神殿裡的大殿，只見阿波羅身穿紫衣，映照著大殿裡的金銀珠寶所發出的閃光。單是他端坐於其上的那個寶座，就鑲有一萬個以上的紅寶石與翡翠。費頓跪倒在地，目瞪口呆地望著這座宏偉華麗的宮殿、四周的璀璨珠寶，尤其是他那位明亮耀眼的父親。

「你就是克呂墨涅的兒子是嗎？站起來，讓我好好看看你。沒錯，我看得出來你有可能是我的種。你的容貌和膚色都帶有我的影子。我聽說你跋涉很長一段路來到這裡。為什麼？」

他問得很直接，以致費頓不禁有些緊張起來。他結結巴巴說了一些關於厄帕福斯以及「其他同學」的惡形惡狀，卻忍不住覺得自己的表現比較像是個被寵壞的毛頭小子，而沒有奧林帕斯神的兒子該有的孤傲模樣。

「的確，的確，真的很刻薄，很沒禮貌。所以這和我有什麼關係？」

「從小以來，」費頓回答道，內心湧上壓抑已久的自尊與怨恨：「我媽從小就一直對我說我的爸爸是輝煌偉大、金光閃耀的阿波羅。可——可——可是你從來沒來看過我們！你從來沒帶過我們出去玩，甚至也從來沒認過我這個兒子。」

「欸，的確是這樣，真抱歉，是我疏忽了。我實在不是個好爸爸，真希望我能夠彌補你。」

阿波羅口中說著不盡責的爸爸經常掛在嘴邊的那些話，但心裡惦記著的其實是馬匹、音樂、美酒……總之就是沒有心思理會這個瑣碎、一肚子悶氣又愛發牢騷的小子。

「希望你可以幫我實現一個願望，只要一個願望就好了。」

「當然，沒問題，說吧。」

「真的？你沒騙我？」

「當然是。」

「你**發誓**你會實現我的願望？」

「我發誓，」阿波羅不禁對這個孩子極度認真的態度感到莞爾：「我憑我的里拉琴發誓，憑斯提克斯本身的冰冷河水發誓。說出你的願望吧。」

「我想駕馭你的馬。」

「我的馬？」阿波羅問道，不太瞭解他這句話的意思。「駕馭我的馬？什麼意思？」

「我想駕駛太陽馬車飛越天空。明天就要。」

「唉呀，不行，」阿波羅答道，一面咧嘴笑了起來：「不行，不行，不行！別傻了，沒有人駕馭得了那輛馬車。」

「你答應的！」

「費頓，費頓，你有這樣的夢想是很勇敢也很了不起的事情。不過，拉車的那群馬兒除了我以外沒有人能夠駕馭。**什麼人**都沒辦法。」

「你剛剛憑著斯提克斯發過誓的！」

「就算是宙斯也控制不了牠們！牠們是有史以來最健壯、最狂野、最任性也最難駕馭的駿馬。牠們只接受我的操駕，就只有我而已。所以不行，你不能提出這樣的要求。」

「我**已經**要求了，而且你也**發誓**了！」

「費頓！」其他十一位神祇要是聽到阿波羅話中那股懇求絕望的語氣，一定會大吃一驚。

「我**求**你！你可以提出其他任何要求。黃金、美食、力量、知識、愛情……只要你說出來，就可以永久擁有那個東西。可是別要求這件事，絕對不要。」

「我已經要求了，你也發誓了。」那個頑固的少年堅不讓步。

阿波羅垂下他那顆金光閃耀的頭顱，在心裡咒罵一聲。

唉，這些神祇總是開口不經大腦。唉，這些凡人總愛懷抱愚蠢的夢想。他們到底會不會學乖呢？

「好吧，那我們就去看看那群馬吧。可是我要告訴你，」阿波羅一面帶著他走向馬廄，一面在馬兒的氣味愈來愈濃厚也愈刺鼻的空氣中對他說：「你隨時可以改變心意，我不會因此瞧不起你。老實說，你要是改變心意，我還會更看重你。」

一看到阿波羅走近，那四匹有著金黃色鬃毛的白色駿馬就在馬廄裡踏了踏步，搖頭擺尾了起來。

「嘿，皮洛伊斯（Pyrois）！佛勒工（Phlegon），小心點！厄俄烏斯（Aeos），噓！埃同（Aethon），別吵！」阿波羅依序叫了每一匹馬的名字：「好了，孩子，過來，讓牠們認識認識你。」

費頓從沒見過如此美麗的馬兒。牠們的眼睛閃著金光，馬蹄踏在地面的石板上就會噴出火花。他驚嘆不已，同時也突然感到一陣恐懼，但他在內心告訴自己，這只是因為期待而產生的興奮感受。

黎明的大門前停著一輛金黃色的雙輪馬車（quadriga），那四匹駿馬待會兒就會繫在這輛馬車前方。一個身穿暗黃色服裝的女性身影悄無聲息地匆匆走過。費頓從她身上聞到一股不知名的香氣，只覺欣喜得飄飄欲仙。

「那是厄俄斯，」阿波羅說：「她等一下就會把大門打開。」

費頓對於黎明女神厄俄斯非常瞭解。她又稱為「rhododaktylos」，意為「粉紅手指之神」，並且因為她的輕柔甜美而深受愛慕。

費頓幫忙父親帶著那四匹駿馬走到馬車前方就定位，卻突然被人粗暴地推到一旁。

「這個凡人在幹麼？」

一個身穿閃亮米色皮裝甲的巨大人物一把抓住四匹馬的勒馬繩，然後帶著牠們往前走。

「啊，赫利俄斯，你來了。」阿波羅說：「這是費頓，我的兒子費頓。」

「那又怎麼樣？」

費頓知道赫利俄斯是厄俄斯與月亮女神塞勒涅的哥哥，負責協助阿波羅每天駕駛馬車的工作。阿波羅在這位泰坦面前似乎顯得有點尷尬。

「呃，實際上，今天要由費頓駕駛馬車。」

「你說什麼？」

「呃，反正他遲早都要學嘛，現在開始也沒什麼不好，對不對？」

「你是在**開玩笑**吧？」

「我算是答應了他。」

「喔，那就**反悔**嘛。」

「赫利俄斯，我沒辦法，你知道我沒辦法反悔。」

赫利俄斯重重踏了一腳，同時大吼一聲，導致那四匹馬人立起來，發出嘶鳴。「阿波羅，你從來沒有一次讓**我**駕駛過！從來沒有。我求過你多少次？你是不是每次都說我還沒準備好？結果現在你竟然讓這個……這個瘦小得像蝦子一樣的傢伙駕車？」

「赫利俄斯，你必須依照指示去做。」阿波羅說：「我已經決定了，所以我就已經……那個，決定了。」

阿波羅從赫利俄斯手中抓過那四條皮韁繩，然後把費頓抱上馬車的駕駛座。赫利俄斯看到那個少年在座位上前後滑動，忍不住大笑起來。

「他像一顆豆子一樣在車子上滾來滾去耶！」他笑著說，笑聲竟是出人意料地又高又尖。

「他不會有問題的。費頓，這些轠繩——這是你和馬兒溝通的管道。牠們知道路，因為這是牠們每天的行程，可是你一定要讓牠們知道車上由你作主，知道嗎？」

費頓熱切地點著頭。

馬匹似乎察覺到他的緊張興奮與赫利俄斯的憤怒情緒，於是煩躁不安地踢著後腿，噴著鼻息。

「最重要的是，」阿波羅接著說：「不要飛得太高，也不要太低。要保持在天空和地面的中間，懂嗎？」

費頓再次點點頭。

「哦，我差點忘了。兩手伸出來……」阿波羅拿出一個罐子，把裡頭的油倒在費頓的手掌上。「把你的全身塗滿這個油，這樣可以保護你的身體，讓你不會受到馬兒在奔跑過程中產生的高熱和強光傷害。底下的大地會隨著你前進而獲得溫暖與光芒，所以要直直往西駛向赫斯珀里得斯的花園。跑完這段路程總共需要十二個小時。要抓穩韁繩。別忘了——馬兒會知道你有沒有信心。叫牠們的名字：厄俄烏斯和埃同，皮洛伊斯和佛勒工。」

隨著阿波羅說出牠們的名字，費頓看到牠們一一豎起耳朵。

「可是，孩子，現在還不會太遲。你已經看過牠們，也拉過韁繩了。我會把赫菲斯托斯為牠們鑄造的黃金雕像送給你帶回去。這樣應該就可以向你同學證明了。」

赫利俄斯又發出一陣尖銳的咯咯笑聲，使得費頓漲紅了臉。

「不要，」他固執地說：「你許下了承諾，我也一樣。」

破曉

費頓話才說完，厄俄斯就在一團珍珠白與玫瑰紅的明亮雲霧中走了過來。她微笑著向阿波羅與赫利俄斯鞠躬，又以疑問的目光投向馬車上那個滿面通紅的費頓，然後就在黎明的大門前就定位。

如果有個旅人仰望東邊的天空，看著太陽神殿隱匿於其中的那團雲朵，那麼厄俄斯上工的第一個徵象即是瀰漫於天空中的一抹淡粉紅色。隨著大門的開口愈來愈大，那柔和的粉紅色就會轉變為金黃色的光芒，同時亮度也不斷增強。

不過，對於身在神殿裡的費頓而言，他見到的景象卻是剛好相反：大門打開之後，顯露出來的是一個黑暗的世界，只有厄俄斯與赫利俄斯的妹妹——月亮女神塞勒涅——發出銀色的光芒，即將完成她一夜的行程。隨著厄俄斯持續把門推開，費頓看見粉紅色與金黃色的光線向外散射而出，消融了夜晚的黑暗。那四匹馬一看到這個景象，就彷彿見到某種信號一樣，立刻豎起耳朵，抖抖身子，並且立了起來。費頓只覺身體往後一仰，馬車開始向前滑動。

「孩子，記住，」阿波羅高喊道：「不要驚慌，保持平穩。韁繩不必抓得太緊，只要讓馬兒知道你掌控得住就行了。不會有問題的。」

就在馬車開始從地面上浮起的時候，赫利俄斯高聲叫道：「對嘛，還能出什麼問題呢？」他的尖笑聲聽在費頓的耳裡，就像鞭子打在身上一樣刺痛。

我們再度把觀點轉換到地面上的那個旅人：現在，金黃色的光芒已變成一顆難以逼視的大火球。短暫的黎明結束，白晝已然展開。

駕車

阿波羅的馬兒向上猛衝，馬蹄不斷踏在空氣上。一切都很順利。牠們很清楚自己的工作。

上升到一定的高度之後，牠們就逐漸轉為與地面平行而向前直奔。駕車的工作還滿容易的。

費頓挺起身子，小心翼翼地避免拉緊轠繩，然後環顧四周一眼。他可以看到分隔藍天與星空的弧線，也可以看到馬車發出的光芒所造成的效果。他受到某種魔法的隔離保護，不受馬車的高溫與強光傷害，但巨大的雲朵只要一接近馬車就立刻消散無蹤，瞬間化為蒸氣。他往下望，看見高山與樹木在地面上投下的陰影隨著馬車前進而逐漸縮短。他看見海面的波動映照出點點閃光，也在馬車接近非洲沿岸的時候看見閃爍的露水化成一片濃濃的霧氣。在尼羅斯以西的某個地方，厄帕福斯正在海灘上度假。哈，這真是大快人心的一大勝利！

隨著海岸線更清楚呈現在眼前，費頓拉了一下轠繩，指示他左側的領頭馬厄俄烏斯降低高度。厄俄烏斯的腦子裡可能正在想著其他事情，例如金黃的乾草或者漂亮的母馬，但絕對沒想到駕車人會拉動轠繩要求牠偏離軌道。吃了一驚的牠，隨即低頭向下俯衝，其他三匹馬也立刻跟進。馬車被往上一拋，然後直直衝向地面。費頓用力拉扯轠繩，但是毫無效果，因為轠繩不曉得怎麼在他手裡纏結成一團。綠色的大地轟然逼近，他已看得到自己的死期就在眼前。在絕望當中，他再度猛拉轠繩一下，結果就在最後一刻——也許是回應他的這下拉扯，也可能是馬兒為了自救的本能反應——那四匹駿馬急轉向上，盲目地朝著北方猛奔。不過，費頓就在這時瞥見一幅令他深感害怕又沮喪的景象：太陽馬車的極度高溫造成地面上燃起一片大火。

就在他們飛上高空的同時，熊熊大火也橫掃底下的大地，把地面上的一切東西和所有人都烤得酥脆焦黑。非洲北岸以南的一大片區域慘遭大火蹂躪，以致這個地方直到今天都還是一大片炎熱乾旱的沙漠，我們稱之為撒哈拉沙漠，但希臘人則是把這裡稱為「被費頓燒焦的土地」。

現在，他已徹底失去控制。馬兒已經確知牠們熟悉的阿波羅並沒有在馬車上引導著牠們。這四匹馬狂野奔馳的表現，到底是對自己擺脫拘束所感到的欣喜，還是對於失去控制感到驚慌？在剛剛俯衝得過於接近地面而導致大地著火之後，現在牠們又高高奔向分隔了天空與星星的那道紫色弧線，以致底下的世界變得陰暗而寒冷。大海逐漸凍結，地面上也結了冰。

在毫無控制也沒有方向的情況下，馬車在空中上衝下突，左甩右擺，時快時慢，有如狂風中的葉子一樣。在遙遠的下方，地面上的人類驚奇又害怕地仰望著天空。費頓對著那四匹馬兒高聲大叫，一會兒苦苦哀求，一會兒威脅恐嚇，同時也一再猛拉韁繩……但都毫無效果。

後果

在奧林帕斯山上，大地遭到摧殘的消息在眾神之間傳了開來，最後也終於傳到宙斯耳裡。

「看看地面上的情形，」焦慮不已的狄蜜特呼喊著：「作物不是被太陽烤焦，就是結霜凍傷。真是一場大災難。」

「世人都很害怕。」雅典娜說：「爸爸，求求你，你一定要想想辦法。」

宙斯嘆了一口氣，伸手拿起一道雷霆。他凝神一望，看見太陽馬車正往下俯衝向義大利。

宙斯擲出雷霆，一如往常正中目標。費頓在這一擊之下飛出馬車，燒成一團火球墜落地面，最後像燃料用盡的火箭一樣掉進厄里達諾斯河（Eridanos）裡，身上的火焰嘶的一聲熄滅於河水當中。

沒有那個驚慌失措的男孩在馬車上高聲尖叫、猛拉韁繩，太陽駿馬的情緒因此平緩下來，而終於回到應有的高度與路線上，憑著本能奔向赫斯珀里得斯位於西邊的領地。

菲碧斯阿波羅雖然不是個疼愛孩子的好爸爸，但這個兒子的死對他造成極大的打擊。他就此發誓再也不駕駛太陽馬車，而把這項工作交給滿懷感激又熱切不已的赫利俄斯。從此以後，赫利俄斯就成了太陽馬車唯一的駕駛人。[14]

深愛費頓的好友庫克諾斯，來到費頓落水處的厄里達諾斯河。他坐在河岸上哀悼自己的愛人，但由於發出的號哭聲太過悲傷，以致阿波羅忍不住把他變成了啞巴。不過，他後來對自己的舉動感到懊悔，又同情這個少年無可慰藉的哀傷，於是把他變成一隻美麗的天鵝。這種稱為啞天鵝的天鵝品種，從此成為阿波羅的聖物。為了懷念心愛的費頓，這種天鵝終生都不會出聲，只有到臨死之前才會發出奇特美妙而且充滿哀傷的道別之聲。此外，為了紀念庫克諾斯，所有的幼天鵝因此都稱為「cygnet」（由庫克諾斯的名字「Cygnus」演變而來）。

至於厄帕福斯，他有沒有抬頭看到費頓在高空中駕駛太陽馬車，還是正與朋友航向北非那處度假海灘，而忙著在船上吃棗子以及調戲寧芙？我喜歡想像他確實抬頭望向天空，結果被太陽馬車的強光刺瞎眼睛，藉此懲罰他的惡意嘲諷。實際上，厄帕福斯後來成為一個大族長。他娶了尼羅斯的女兒孟菲斯（Memphis），後來就以太太的名字為他在埃及創建的城市命名。他們生下一個女兒，名叫利比亞（Libya）。他的世系，包括他的曾孫埃及普圖斯（Aegyptus）在內，後來統治埃及長達好幾個世代。

費頓本身後來終於成為星宿，並且被安排在御夫座這個星座當中做為慰藉。[15] 法國人為了紀念他，而把一種危險性頗高的輕型比賽用馬車稱為「phaéton」。在十八世紀末與十九世紀初，這種馬車是深受血氣方剛的青年所喜愛的交通工具，而那些熱愛速度感的年輕人也經常無意間重演費頓的神話故事，因為速度太快而導致翻車，令他們的父親氣憤不已。

美國古典學者暨教師伊迪絲．漢彌爾頓為費頓寫下這段墓誌銘：

長眠於此的費頓，曾經駕馭太陽神的馬車馳騁天際。
他雖然慘遭失敗，但勇於冒險的膽識卻是無人可比。

---

14 的確是唯一（sole）的駕駛人，因為羅馬人把赫利俄斯稱為「Sol」（索爾）。你如果吸入以他為名的氦氣（赫利俄斯的名字是「Helios」，氦氣則是稱為「helium」），就會發出狀似歇斯底里的高音笑聲，正如當初赫利俄斯嘲笑費頓的那種笑聲。

15 化為星宿也許可以算是古典世界的封聖，而這種待遇也有個專有名詞，稱為「catasterism」。有一部講述星座神話起源但內容已大半佚失的古代散文著作，名為《卡塔斯忒里斯密》（*Catasterismi*），據說作者是亞歷山卓的偽艾拉托斯特尼（Pseudo-Eratosthenes of Alexandria）。

卡德摩斯

白牛

由於費頓的頑固莽撞，世界上因此出現荒蕪的沙漠與冰冷的極地區域，使得人類除了因為波瑟芬妮返回冥界居住而帶來的四季循環之外，又必須因應這些地方的極端溫度。不過，費頓留下的教訓並未遏止人類好高鶩遠的野心。不論再怎麼可怕的教訓，似乎都永遠嚇阻不了我們。在希臘各地，一個個的王國持續興亡盛衰。在那個時代，希臘世界涵蓋了小亞細亞，也就是希臘以東那塊突出的土地，我們現在稱之為土耳其，另外也包括敘利亞以及黎凡特（今天的黎巴嫩）。這個地區對希臘文化與神話造成的影響極大，帶來大量的貿易與拼音文字，並且促成史上第一座城邦的創建。這種組織後來隨著特洛伊、斯巴達與雅典的建立而臻於高峰。接下來的這則故事涉及宙斯、變形、一頭龍、許多的蛇、一座城市，還有一個婚姻。

黎凡特城邦泰爾的國王阿革諾耳（Agenor；波塞頓與利比亞的兒子）和他的王后忒勒法薩（Telephassa；尼羅斯和雲朵寧芙涅斐勒〔Nephele〕的女兒）生了五個孩子：其中一個是女兒，名叫歐羅巴，另外四個是兒子，分別為卡德摩斯（Cadmus；但另有「Kadmos」這種希臘色彩比較濃厚的拼寫方式）、奇里克斯（Cilix）、腓尼克斯（Phoenix）與薩索斯（Thasos）。

一天下午，阿革諾耳的子女在一片長滿花朵的草地上玩耍，結果歐羅巴不小心愈走愈遠，和她的兄弟走散。她的目光受到一頭在長草中吃草的美麗白牛所吸引。她走上前去，結果那頭牛也抬起頭來看著她，目光裡帶有某種令她深感著迷的特質，於是她又進一步走到牠身邊。那頭牛吐出的氣息香甜不已，而且鼻子很柔軟，也不怕她的撫摸。她摘下花朵做成花環，套在牛角上，然後輕撫著牠身上那厚實溫暖的毛皮。接著，在她自己也不太曉得為什麼的情況下，她竟然爬上牛背。她趴在牛背上，兩手各抓著一支角。

「哦，你這美麗的傢伙，」她在牛耳邊輕聲說：「這麼的強壯，而且又充滿智慧與仁慈。」牛隻甩了一下牠的那顆大頭，然後開始邁步前進。牠的步伐愈來愈快，才一會兒就幾乎變成疾速奔馳。歐羅巴笑了起來，敦促牠再跑快一點。

卡德摩斯和另外三個弟弟原本正在比賽誰能夠把石頭丟得最遠（卡德摩斯每次都贏，因為他在拋擲石頭、鐵餅和標槍方面特別有天分），結果他們玩到一半轉過頭來，剛好看見歐羅巴被一頭牛載著奔馳而去。他們跟在後面奮力追逐，但那頭牛的速度快得令人難以置信。儘管說來不太可能，但在他們四個兄弟的眼中看來，那頭牛的蹄似乎從地面上飄了起來。

他們在驚慌之中高喊歐羅巴的名字，叫她從牛背上跳下來，但她要不是沒聽到，就是沒有理會。那頭牛愈飛愈高，最後終於消失於視線之外。

卡德摩斯回家向父王阿革諾耳與母后忒勒法薩稟報這件事。他們因此嚎啕大哭，並且交相指責起來。

另一方面，那頭白牛載著歐羅巴往西飛行，距離她的故鄉泰爾王國愈來愈遠，朝著希臘群島的方向飛越地中海。歐羅巴開心不已，絲毫不覺得害怕，一面笑一面看著底下的陸地與海洋迅速飛掠而過。這樣凌空飛行令她深感著迷。這場旅程極為特別，於是她家鄉以西的大陸從此以後就為了紀念她而稱為歐洲。

他們一路飛行到克里特島才終於停下來，然後那頭牛就現出自己的真身。原來牠是……

……除了宙斯，還會是誰呢？

我們不知道他是不是因為看到赫拉把伊俄變成一頭小母牛而產生變身為公牛的靈感，但這個把戲顯然有效，因為歐羅巴餘生都欣然待在克里特島上。她為宙斯產下三個兒子：米諾斯、拉達曼迪斯與薩耳珀冬（Sarpedon）——你也許還記得，他們死後成了冥界的判官，負責評判亡靈生前的表現，再決定要給予什麼樣的懲罰或獎賞。

找尋歐羅巴

在歐羅巴的家鄉泰爾，她憂慮傷心的雙親派遣卡德摩斯四兄弟去把她找回來，而且明確下令要是沒有帶著她一起回家，他們就也不必回來了。

泰爾人原本就是著名的航海家與商人。卡德摩斯的弟弟腓尼克斯（他的名字「Phoenix」

雖與鳳凰是同一個詞，但與鳳凰無關）後來接替阿革諾耳成為王國統治者，並且依據自己的名字把國名改為腓尼基。腓尼基人的經商能力後來為他們帶來財富與聲譽。他們買賣來自遠東的絲綢與香料，但真正令他們在鄰國與對手面前占有優勢的條件，卻是**字母**的發明與推廣。這是人類歷史上首次能夠把任何語言依據其發音書寫下來，於是包括北非與中東在內的地中海沿岸地區終於首度能夠互相溝通，利用書寫在莎草紙、羊皮紙、蠟或陶器破片上而能夠念出來的符號。[16]你現在所閱讀的英文字母，就是從腓尼基字母演變而來。此外，卡德摩斯也在他找尋歐羅巴的漫長旅程上，把他那個民族的這項非凡發明帶到了希臘。

他們找尋多年，一直毫無所獲。不曉得為什麼，也許是受到神力的干預，只見他們什麼地方都找遍了，偏偏就是沒去過克里特島。他們待最久的一座島嶼是薩莫色雷斯，位於愛琴海北部的偏遠地區。

薩莫色雷斯島上住著一個普勒阿得，名叫厄勒克特拉（Electra）。[17]你如果還記得的話，

---

16 在腓尼基人想出這個了不起的點子之前，書寫原本都是採取視覺符號，例如象形文字或圖畫。如同我們使用的數字，這類符號也與發音無關。舉例而言，「24」這個書面數字完全沒有提供發音線索，每個人都會依照自己使用的語言而把這個數字念成不同的聲音。不過，像是「twenty-four」、「vingtquatre」或者「vierundzwanzig」這樣的字母（語音）符號，則是顯示這樣的詞語究竟該怎麼發音。這是一項關鍵性的突破。希臘人利用腓尼基字母修改而成的書寫系統，多多少少可以說是流傳到了今天。其近親西里爾字母在西元九世紀從保加利亞散播到巴爾幹半島、俄羅斯以及東歐與亞洲的其他許多地區，羅馬人則是把希臘的α與β轉變為我們現在熟知的這種拉丁字母。生在西元前五世紀的「歷史之父」希羅多德，在當時仍把這種書寫系統稱為「卡德摩斯文」。

稱為普勒阿得的七個姐妹是阿特拉斯與普勒俄涅的女兒。這個厄勒克特拉為宙斯生下達達諾斯（Dardanus）[18]與伊阿西翁（Iasion）這兩個兒子，還有哈耳摩尼亞（Harmonia）這個女兒。[19]卡德摩斯一見到哈耳摩尼亞，就迷上她的美貌與平和迷人的舉止，於是帶著她一同進行他的找尋之旅。我們不確定哈耳摩尼亞一開始是不是欣然自願與他同行，但他們確實離開薩莫色雷斯而前往希臘——表面上的理由是要去找尋歐羅巴，但卡德摩斯其實是要去追尋一項更重大的目標。

神諭的指示

卡德摩斯經常被稱為「第一位英雄」。你如果有興趣計算看看的話，就會發現他是第五代的個體，系族當中包含凡人與神靈。他的身世可以經由祖父波塞頓而追溯到生命最早的起源，因為波塞頓的父親是克羅諾斯，而克羅諾斯則是烏拉諾斯的兒子。從他的祖母利比亞來看，他還是伊納科斯的後代，因此他也帶有凡人的王室血統。他具有躁動不安而且熱愛雲遊四海的英雄特質，也擁有必要的勇氣、自信與對於自己的信任。自然而然，波塞頓相當喜歡自己的這個孫子，但是最疼愛他的卻是雅典娜，尤其是他現在又愛上極為虔誠信奉雅典娜的哈耳摩尼亞。

卡德摩斯的弟弟薩索斯定居於鄰近一座名為薩索斯島的小島上，腓尼克斯則是以自己的名字命名腓尼基王國，這時卡德摩斯的第三個弟弟奇里克斯也放棄找尋歐羅巴的任務，而返回小亞細亞成立自己的王國，名為奇里乞亞。[20]

在哈耳摩尼亞的陪伴以及一大群來自泰爾的忠心跟隨者護送下，卡德摩斯前往德爾菲請教神諭。如同所有的英雄，他也打從心底知道自己注定要成就偉大的功業，但他不太確定自己的未來究竟在於何處；在找尋失蹤的歐羅巴這一點上，他也還是需要指引。

現在你已經對神諭有了相當的理解，想必不會對皮媞亞的古怪答覆感到意外。

「卡德摩斯，波塞頓的兒子阿革諾耳之子，」她吟誦道：「別再找尋你的妹妹，轉而跟隨帶

---

17 不是悲劇裡那個父母分別為阿伽門農（Agamemnon）與克呂泰涅斯特拉（Clytemnestra）的厄勒克特拉，而是另一個早了許多的人物。這個名字很有趣，是希臘文的「琥珀」（electron）這個詞語的陰性形式。希臘人注意到，只要用一條布摩擦過琥珀，就會神奇地對於灰塵與毛屑產生吸力。他們把這種奇特的性質稱為「琥珀性」，後來英文當中的「電的」（electric）、「電力」（electricity）、「電子」（electron）、「電子的」（electronic）等詞語都是由此衍生而來。

18 第一次世界大戰期間發生加里波利登陸戰這場慘烈戰役的達達尼爾海峽，即是以他為名。

19 有些文獻指稱哈耳摩尼亞的父母是阿瑞斯與阿芙柔黛蒂。她後來升格為和諧女神（羅馬人稱她為孔科耳狄亞〔Concordia〕——她的希臘名與羅馬名皆有「和諧」之意），確實顯示她可能帶有神聖身世。鑒於阿瑞斯即將對她做的事情，你可能會認為他是個徹底違背自然的父親——對自己的水龍忠誠不已，對自己的人類女兒卻是殘酷至極。有些神話學家——其中最著名的是義大利作家卡拉索（Roberto Calasso），他對神話的創意詮釋非常值得一讀——提出巧妙的折衷論點，指稱哈耳摩尼亞的確是阿芙柔黛蒂與阿瑞斯的女兒，但是交給了薩莫色雷斯島上的厄勒克特拉哺乳以及撫養。

20 這塊土地介於土耳其與敘利亞之間，現在稱為丘庫羅瓦（Çukurova）。

有半月標記的小母牛吧。跟著那頭牛走，直到牠因疲累而倒下為止。在牠倒下的地方，就是你的建造之處。」

「建造什麼？」

「卡德摩斯，波塞頓的兒子阿革諾耳之子，再會了。」

「什麼牛？我沒看到牛啊。」

「那頭牛倒下的地方，就是波塞頓的兒子阿革諾耳之子卡德摩斯必須建造之處。」

「是，可是你說的牛……」

「帶有半月標記的小母牛將會幫助哈耳摩尼亞與她的英雄，也就是波塞頓的兒子阿革諾耳之子。」

「聽我說……」

「再會……」

卡德摩斯與哈耳摩尼亞面面相覷，然後聳了聳肩，就帶著他們那群忠心的泰爾隨從離開德爾菲。也許真的會有一頭牛在他們眼前幻化出來，或者說不定會有個天上的使者前來引導他們前往這麼一頭動物的所在處。在那之前，他們不如先到處走走看看。

德爾菲及其神廟、體育場和其他廟宇都位在希臘的福基斯（Phocis）這個地方。福基斯國王珀拉工（Pelagon）聽聞哈耳摩尼亞與卡德摩斯身在當地——這時卡德摩斯已因為把字母帶到希臘而廣為知名——隨即派出使者邀請他們到王宮來當他的座上嘉賓。對於奔波勞累的兩人以及他們那群挨餓的隨從而言，收到這項邀請實是喜出望外，因此他們也欣然接受。

福基斯運動會

經過三天向他們致敬的宴會與狂歡活動之後，卡德摩斯與哈耳摩尼亞在一天傍晚趁著餐宴之間的空檔到王宮的花園散步，結果遇到了珀拉工的父親安菲達瑪斯（Amphidamas）。

「我做了個夢。」安菲達瑪斯一面說，一面走向他們，口中呼出的氣息充滿蜂蜜酒的味道。「你呢，卡德摩斯，在夢中參加賽跑，還丟擲標槍和鐵餅，結果贏得世界上前所未有的大獎。明天，我兒子珀拉工就要舉行福基斯運動會了。這雖然只是地方上的一場小活動，但是夢就是夢，夢有其本身的目的。摩耳甫斯什麼時候說過謊呢？我建議你報名參加比賽。」他打了個嗝，然後就踉踉蹌蹌地走開。

「這個嘛。」卡德摩斯一手環著哈耳摩尼亞的腰，同時抬頭凝望著月亮。「有什麼不行呢？反正從古到今還沒有人擲鐵餅或標槍能夠比我更遠。而且，我相信我跑起步來應該也滿快的。」

「你真是我的英雄！」哈耳摩尼亞感嘆一聲，然後把頭靠在他的胸前。她這麼做不是出於崇拜仰慕，而是為了悶住自己的笑聲——男人在體能方面的虛榮心總是令她忍俊不禁。

卡德摩斯在第二天參加比賽，結果對手盡是當地的瘦弱青年和挺著大肚子的王宮守衛。他第一次拋擲鐵餅，就一把擲出王宮園區之外。觀眾高聲歡呼，一個僕人隨即奉命出外撿拾那個鐵餅。到了傍晚，卡德摩斯已在每一個項目當中都贏得冠軍。不分老少的許多女性觀眾紛紛對他獻上飛吻，並且把花朵丟在他的跟前，哈耳摩尼亞則在一旁怒目瞪視著她們。

珀拉工不是一位相當富有的君主，只好趕快派他的總管去找個適當的獎品，以便頒贈給這位傑出的競賽勝利者。

「福基斯的人民，」國王高聲說道，同時把一個以橄欖葉匆忙編成的頭冠戴在卡德摩斯的頭上：「這位是冠軍，也就是我們的貴賓，來自泰爾的卡德摩斯王子。現在，我們要頒贈他一件足以匹配他過人的速度、力量與優雅動作的獎品。」

眾人熱烈歡呼，但他們一看到王宮總管趕著一頭大牛穿越人群而來，歡呼聲就變成一片疑惑的靜默。接著，靜默又轉為此起彼落的竊笑，然後更爆發成哄堂大笑。那頭牛嚼著反芻的食物，舉起尾巴，隨即排出一坨爛泥狀的糞便。群眾紛紛高聲譏嘲訕笑。

珀拉工的臉漲成紫紅色。他的父親安菲達瑪斯對卡德摩斯眨了眨眼說：「唉，摩耳甫斯也不可能每次都對嘛，是不是？」

不過，哈耳摩尼亞卻興奮不已地用手肘推了推卡德摩斯。「你看，」她悄聲說：「卡德摩斯，**你看！**」

卡德摩斯隨即看到吸引她目光的東西。那頭牛的背上有個半月形的標記。那個標記的形狀完全沒有別的方法可以描述，就是一個清楚明白的半月形！

珀拉工在他的耳邊低聲說著那頭牛是純種的某某牛，而且牛奶產量有多高，但語氣卻毫無說服力。不過，卡德摩斯打斷他的話。

「世界上再也沒有比陛下這件獎品更好更迷人的東西了！我真是太高興，太感激了。」

「真的嗎？」珀拉工頗感訝異地問道。

這句話令那名總管大感震驚，把他用來把那頭牛趕向冠軍頒獎臺的柳條掉在地上。大概過了三十秒後，那頭小母牛才注意到屁股上那股催促著牠前進的刺痛感已不再出現，於是把頭一扭就開始往旁漫步而去。

「真的。」卡德摩斯一面說，一面從頒獎臺上跳下來，然後扶著哈耳摩尼亞一同下臺。「這獎品真的太完美了，就是我們想要的東西……」

那頭牛穿越群眾，卡德摩斯與哈耳摩尼亞緊緊跟在牠後面。卡德摩斯也不忘回頭斷斷續續地向國王道謝以及道別。

「請陛下不要見怪……我們在這裡待得很開心……非常感謝您的熱情款待……餐點很好吃，娛樂節目也很精彩……真是太貼心了……呃……再見……」

「真的很感激，」哈耳摩尼亞也跟著說：「我們絕對不會忘記，永遠都不會。這頭小母牛真是太美了！再見。」

「可——可是！什麼？我是說……？」珀拉工結結巴巴地回應著，對於他們的突然道別感到困惑不解：「我以為你們還要再待一個晚上呢？」

「沒時間了。大家集合，跟著我們走！」卡德摩斯高喊一聲，召集他那群泰爾僕人、戰士、追隨者與侍從。他們或者邊跑邊披上裝甲，或者拋下吃了一半的食物，或者對新交的朋友親吻道別，然後紛紛跟上卡德摩斯、哈耳摩尼亞與那頭牛。

「瘋了，」安菲達瑪斯說，眼睛看著卡德摩斯一行人身後揚起的沙塵：「真是瘋了，我一開始不就這麼說？」

水龍

整整三天三夜，卡德摩斯、哈耳摩尼亞與他們那群忠心的泰爾隨從跟著那頭有著半月形標記的小母牛翻過山丘、橫越草地、走過原野、涉過溪流。他們似乎朝著東南方前進，往維奧蒂亞州（Boeotia）而去。[21]

哈耳摩尼亞認為這頭小母牛有可能就是歐羅巴。畢竟，宙斯為了占有她而把自己變成一頭公牛，所以她為什麼不可能也變成牛的模樣？對於那頭牛規律擺盪的肥厚臀部深感著迷的卡德摩斯，則是傾向於認為這是上天故意捉弄他的一場殘忍惡作劇。

然後，在他們走下一道陡坡而來到一片寬廣平原的邊緣之際，那頭小母牛突然身體一歪倒下去，發出一陣疲憊的呻吟聲。

「老天。」卡德摩斯驚嘆一聲。

「和神諭的預言一模一樣！」哈耳摩尼亞興奮地高聲說道：「皮媞亞是怎麼說的？『那頭牛

倒下的地方，就是你必須建造之處。』看吧。」

「**看吧**？」卡德摩斯有些惱火地反問道：「你說『看吧』是什麼意思？建造？建造什麼？怎麼建造？」

「我告訴你怎麼做。」哈耳摩尼亞說：「我們把這頭牛獻祭給帕拉斯．雅典娜吧，反正這可憐的傢伙也快死了。雅典娜會指引我們的。」

卡德摩斯同意她的建議，於是決定就地搭起一個簡陋的帳篷。為了把祭品清洗潔淨，他派幾個手下到附近的一座湧泉去提水過來。

卡德摩斯割開那頭牛的喉嚨，把牠的血灑在一座以野花與燒焦的鼠尾草做為裝飾的簡易祭壇上，這時其中一個泰爾隨從卻狼狽不堪地跑回來，帶回一項可怕的消息。有一條相貌醜陋而像是巨大水蛇的惡龍固守著那座湧泉。那條龍已經殺死四個人，先把他們捲住，然後張開牠巨大的嘴巴咬掉他們的頭。該怎麼辦呢？

英雄不會搓著手擔憂煩惱，而是會採取行動。卡德摩斯急忙趕往那座湧泉，並且在途中撿起一塊沉重的大石頭。他躲在一棵樹後面，吹了一聲口哨吸引那條龍的注意，然後把石頭猛力丟向那條龍的頭，一擊就砸碎牠的頭骨，將牠當場擊斃。

21 維奧蒂亞州是希臘中部的一個區域，位於科林斯灣以北。在避免過度爆雷的情況下，值得一提的是這裡的地名曾經稱為「卡德米斯」（Cadmeis）……

「水蛇也不過如此而已。」卡德摩斯一面說，一面看著那隻怪物的鮮血與腦漿流入泉水當中。

這時候，突然響起一道清楚明亮的聲音：「阿革諾耳之子，你為什麼盯著你殺掉的那條蛇？你以後也會變成一條蛇，必須承受陌生人的目光。」

卡德摩斯轉頭環顧四周，但周圍一個人也沒有。那道聲音必定是來自他的腦子裡。他搖搖頭，就返回了營地。隨從的歡呼與哈耳摩尼亞的欽佩之吻都令他開心不已，但他沒有對哈耳摩尼亞提起他聽到的那道聲音。

在卡德摩斯的聽力範圍以外，他的一個手下正以一副如獲至寶的姿態向同伴低聲透露著他所知道的壞消息。這個人來自維奧蒂亞，他先擺出一副充滿智慧的模樣搖了搖頭，然後悄聲說卡德摩斯剛剛殺的那條伊斯墨尼恩龍，據說是戰神阿瑞斯的聖物。他接著指出，有些人甚至認為那條龍其實是阿瑞斯的**兒子！**

「這件事情絕對不會有好結果，」他嘖嘖有聲地說：「得罪戰神是不可能全身而退的，不可能。不管你的祖父是什麼人都一樣。」

在此處值得一提的是，對於那個時代的英雄與凡人而言，最沉重的挑戰就是他們與不同神祇之間的關係。要閃躲奧林帕斯眾神的妒忌與敵意，需要相當細膩的手腕。你一旦對某一位神祇太過虔誠忠心，就有可能會引起另一位神祇的怨恨。舉例而言，你如果像卡德摩斯與哈耳摩尼亞那樣獲得波塞頓與雅典娜的眷顧，那麼赫拉、阿提米絲、阿瑞斯或甚至宙斯自己就有可能會竭盡全力阻礙你。要是有人蠢得膽敢殺掉他們心愛的對象，那更是連上天都救不了你。神祇一旦遭到冒犯，一旦心懷仇恨，一旦在別的神祇面前丟了臉，那麼就算是用上全世界的祭品，也安撫不了他們的情緒。

卡德摩斯既然殺了阿瑞斯心愛的龍，自然不免就此與這位極度凶暴無情的神祇結下梁子。[22]不過，他完全不曉得這回事，因為他隨從之間的低語並未傳到他的耳裡。他懷著愉快的心情焚香完成對雅典娜的獻祭，只覺得一切事情都相當順利。雅典娜以和善的姿態立刻現身，又更進一步強化他的這種感覺。由於對他們獻祭的這頭小母牛頗為滿意，雅典娜因此從卡德摩斯焚燒揚起的那團芬芳煙霧當中滑下來，並以一抹嚴肅的微笑向她這群卑微的崇拜者表示恩寵。

龍牙

「起來吧，阿革諾耳之子。」雅典娜開口說，然後上前一步把祈願的卡德摩斯扶起來：「我對你的祭品很滿意。只要你仔細遵守我的指示，一切就都不會有問題。犁開這塊肥沃的平原，好好把土翻勻，然後把你殺掉的那條龍的牙齒當成種子播入犁溝裡。」

22 奧維德把伊斯墨尼恩龍稱為「Anguis Martius」——「瑪爾斯之蛇」。看起來「(ap)ophis」（蛇）與「drakon」（龍）這兩個詞在希臘神話當中並沒有什麼不同，就像「Wurm」（蟲）與「Drachen」（龍）在日耳曼傳說當中也是同義詞一樣。

說完之後，她就踏回煙霧裡消失無蹤。如果不是哈耳摩尼亞和其他人也都表示自己聽到雅典娜說的那段話，卡德摩斯恐怕會以為這是他夢到的情景。不過，神聖的指示不管多麼古怪，畢竟還是神聖的指示。實際上，卡德摩斯已經逐漸發現，愈是古怪的指示，反倒愈有可能是神聖的指示。

首先，他利用冬青櫟的木頭削出一片犁刃。接著，由於沒有役畜，他就從他忠心的隨從裡找一群人負責拉犁。他們本來就不惜為這位充滿魅力的泰爾王子犧牲性命，所以拉犁耕田根本算不上什麼。

當時正值晚春，平原上的土壤早已解凍，因此他們不必花費太大的力氣，即可犁出筆直而清楚的淺溝。

犁完土以後，卡德摩斯接著以長矛的鈍端在犁溝中挖出一兩吋深的小洞，然後在每個小洞裡丟進一顆龍牙。大家都知道人有三十二顆牙齒，而水龍則是像鯊魚一樣有好幾排的牙齒，每當前一排因為囓咬人骨而磨損之後，後一排就會遞補上去。卡德摩斯總共種下五百一十二顆牙。完成之後，他站起身來，環顧原野一眼。

一陣風從原野上吹過，犁溝頂端的土屑因此飛揚起來，形成旋繞不停的塵捲風。眾人都屏住氣息。

哈耳摩尼亞首先看到其中一條犁溝的土壤開始震動。她伸手一指，於是所有人的目光都轉過去，紛紛不禁倒抽一口氣或是掩嘴驚呼。一把長矛的尖端從土裡冒出，接著是一個頭盔，然後是肩膀、胸甲、套著皮脛甲的腿……原來是個全副武裝的士兵，凶猛狂暴地站著原地踏步。接著又是一個，然後又是一個，直到整片原野上滿是士兵，排排站在犁溝上原地踏步。他們身上的裝甲隨著踏步的動作不停發出撞擊聲，扣環、腰帶與靴子還有胸甲、脛甲與盾牌的金屬與皮革也同樣鏗鏘有聲，再加上他們規律的吐氣與戰吼，全部混雜成一片令人聞之喪膽的龐大聲響，使得旁觀的眾人都不禁深感害怕。

唯一的例外是卡德摩斯，他毫不畏懼地踏步上前，舉起一隻手。

「斯巴托伊人（Spartoi）！」他對著原野上的那些士兵高喊一聲，為他們賦予這個意為「播種而生之人」的名稱。「我的斯巴托伊人！我是卡德摩斯王子，你們的將軍。稍息。」

也許因為這群士兵是由戰神聖物的口中拔出的龍牙誕生而來，所以他們從一開始就極為凶猛。聽到卡德摩斯的命令之後，他們還是不停撞擊著手上的盾牌與長矛。

「安靜！」卡德摩斯大吼。

那些戰士毫不理會。他們從原地踏步轉為緩慢前進。卡德摩斯氣急敗壞，隨即撿起一塊石頭，以他慣有的技術與力量把石頭丟進他們的行伍當中，結果擊中一個士兵的肩膀。那個人轉頭看了身邊的士兵一眼，認定是他出手打人，於是大吼一聲拔劍撲上去。就這樣，原野上的士兵隨即炸鍋，全部扭打成一團。

「住手！住手！我命令你們住手！」卡德摩斯連聲大叫，就像是在美式足球場邊看到自己的兒子被一群爭球的球員壓在底下的父母一樣慌張不已。他深感挫折地跺著腳，然後轉向哈耳摩尼亞。「雅典娜費了那麼多功夫叫我創造出一個新的種族，難道就只是要讓他們自相殘殺嗎？你看他們有多麼暴力，多麼嗜血。這到底是什麼意思？」

但他話還沒說完，哈耳摩尼亞就伸手指向那團混亂的中央。卡德摩斯的斯巴托伊人只剩下五個生還者，站著圍成一圈，其他人則是屍橫遍野，流出的血滲回誕生出他們的那片土壤。那五個人劍指著地面走上前來。他們走到卡德摩斯面前，然後俯首跪下。

現場的泰爾人都大大鬆了一口氣，也都欣喜不已。這是非常古怪的一天，堪稱是人類史上最怪的一天。不過，某種秩序似乎逐漸浮現出來。

「這個地方叫什麼名字？」卡德摩斯問：「有人知道嗎？」

一個人高聲回答，就是警告說伊斯墨尼恩龍是阿瑞斯聖物的那個人。「我是這附近的人，」他說：「我們把這裡叫做『底比斯平原』。」

「那麼，我就要在這座平原上建造一座大城市。從現在開始，我們不再是泰爾人，而是底比斯人（Thebans）。」——眾人高聲歡呼——「而這五個斯巴托伊人就是我的底比斯長老。」

卡德摩斯與哈耳摩尼亞的婚禮

底比斯開國五長老被命名為厄喀翁（Echion）、烏代俄斯（Udaeus）、克托尼俄斯（Chthonius）、許珀瑞諾耳（Hyperenor）以及佩洛爾（Pelor）。[23]在卡德摩斯與他那群忠心的泰爾人的督導下，他們緩慢建造出一座堡壘（名為卡德米亞〔Cadmeia〕），然後周圍發展出一個繁榮的城鎮。經過一段時間之後，這個城鎮就壯大成為強大的底比斯城邦。[24]圍繞這座城邦的厚實城牆共有七道巨大的銅門，每一道都各自獻給一位奧林帕斯神。

這座城牆的建造者是安菲翁（Amphion）與仄托斯（Zethus），他們是宙斯與安提俄珀（Antiope）生下的雙胞胎，而安提俄珀則是當地河神阿索波斯（Asopos）的女兒。荷米斯曾是安菲翁的愛人，因此教導他彈奏里拉琴。為了建造卡德米亞周圍的巨大城牆，安菲翁一面彈奏里拉琴一面歌唱，結果仄托斯搬運的沉重石塊深受樂聲所迷，而自行飄到定位，於是城牆在轉眼間即建造完成。因此，安菲翁與仄托斯還有卡德摩斯一同被視為底比斯的共同創建者。

工作完成之後，卡德摩斯與哈耳摩尼亞就把注意力轉向他們的婚禮。身為泰坦與神祇的後代，一方面與奧林帕斯神具有結盟關係，同時又遭受奧林帕斯神的懲罰，但又是不折不扣的凡人，這對夫妻要是放在今天，也許可以稱為是「典型的權勢夫妻檔」。我猜當今的新聞與社群

23 克托尼俄斯的名字顯示他們全都是誕生自土裡（chthonic）。

24 城邦（polis）後來成了古希臘特有的治理單位。雅典是其中最知名的一個，但斯巴達、底比斯、羅德斯、薩摩斯及其他許多城邦也都興盛於希臘世界各地，不但彼此結盟、貿易，也不時互相征伐。希臘人雖然為我們帶來「民主」（democracy）一詞，但城邦也可以由國王統治（希臘文為「tyrannos」，所以英文「tyrant」不一定都是指「暴君」），或是採取「寡頭統治」，希臘文稱為「oligarchy」。城邦的希臘文後來衍生出「禮貌」（polite）、「政治」（politics）與「警察」（police）等英文詞語。

媒體恐怕抗拒不了將他們稱為「卡德摩尼亞」（Cadmonia）的誘惑。

由於他們是人間最早的一對情侶，因此他們的婚禮也就是凡人的結合當中從未有過的一項榮耀，出席的賓客都是地面與天上的顯要。他們收到的禮物令人嘆為觀止。阿芙柔黛蒂把自己的束帶借給哈耳摩尼亞，這件魔法衣物能夠引起令人神魂顛倒而且熱切至極的慾望。[25]據說哈耳摩尼亞對於床事深感害羞，尚未與卡德摩斯圓房。因此，由愛與美的女神（而且也可能是哈耳摩尼亞的生母）借給她於蜜月期間使用的這條束帶，也就是一件深具價值的禮物。

不過，沒有一件禮物比得上卡德摩斯送給她的項鍊。那是一件美得前所未見的珠寶，由最上選的玉髓、碧玉、翡翠、藍寶石、軟玉、青金石、紫水晶以及金銀製成。卡德摩斯把這條項鍊戴在他那個美麗妻子的脖子上，觀禮的賓客都忍不住發出驚嘆聲。[26]眾人交頭接耳，低聲說著那條項鍊也是阿芙柔黛蒂送的。

流傳於眾人之間的消息還說，那條項鍊是由赫菲斯托斯打造而成；還更進一步指出，赫菲斯托斯是在妻子阿芙柔黛蒂的催促下打造出這條項鍊，原因是阿芙柔黛蒂的愛人阿瑞斯要求她這麼做——如果你還記得的話，阿瑞斯因為卡德摩斯殺了伊斯墨尼恩龍而對他心懷怨恨。所以，令人震驚的殘酷真相就是那條項鍊受到詛咒，而且是深切又無可消除的詛咒。只要是戴上或擁有這條項鍊的人，就會遭遇悲慘的厄運和可怕的災難。

這一切都令人困惑難解，同時也深深引人入勝。如果阿瑞斯與阿芙柔黛蒂真是哈耳摩尼亞的生身父母，那麼他們為什麼會想要毀了自己的女兒？就只為了替一條死掉的水蛇報仇？況且，甜美的哈耳摩尼亞真的有可能是愛神與戰神的孩子嗎？如果是的話，那麼這兩股強大而可怕的力量所生下的這個溫柔女兒，又為什麼會遭到他們以如此違反自然的殘酷姿態下達詛咒？

如同厄洛斯與賽姬，卡德摩斯與哈耳摩尼亞的搭配似乎也代表我們身上兩種彼此衝突的主要面向之間的結合。卡德摩斯代表的征服、書寫與貿易等東方傳統——他的名字「Cadmus」源自古阿拉伯文與希伯來文字根「qdm」，意為「來自東方」——經由這項婚姻而與愛還有肉慾結合，從而創造出一個同時具備這兩種特質的新希臘。

但這個故事和其他許多故事一樣，我們在其中真正看到的也是希臘神話的一項核心元素，也就是由暴力、激情、詩文與象徵共同構成的謎，不但充滿誤導、模稜兩可又令人頭暈目眩，而且也拒絕受到解答。這是一種因為太不穩定而無法受到適當計算的代數，帶有人類與神祇的樣貌，不是純粹的數學算式。嘗試解讀這類象徵和敘事轉折雖然有趣，但代入的內容不太有效，產生的答案也通常不比晦澀難懂的神諭來得清楚明白。

回頭繼續講我們的故事。婚禮非常成功。那條束帶確實發揮催情效果，於是這對幸福的夫

---

25 此處的「束帶」（girdle）一詞，我完全找不到令人信服的定義。有些人認為那是一條腰帶，有些人認為應該比較像是緊身褡或束腹——還有些人則是將其描述為一種「神話神奇胸罩」。卡拉索稱之為「一條柔軟而具有矇騙效果的飾帶」。

26 卡拉索在《卡德摩斯與哈耳摩尼亞的婚姻》（*The Marriage of Cadmus and Harmony*）這本書裡描寫得極為生動，稱之為「一個金黃色的光環，幾乎垂至地面」。

妻生下他們自己的子女：兩個名叫波呂多洛斯（Polydorus）與伊利里俄斯（Illyrius）的兒子，還有四個名為阿高厄（Agave）、奧托諾厄（Autonoë）、伊諾（Ino）與塞墨勒（Semele）的女兒。

不過，卡德摩斯還沒償還他殺了那條龍的代價。阿瑞斯強迫他為自己從事一個奧林帕斯年的苦工，似乎相當於人間的八年。

在這之後，卡德摩斯就回來統治他創建的這座城市。不過，他擔任國王所獲得的任何快樂或滿足，都不免蒙上項鍊詛咒的陰影。

歸於沙土

在底比斯度過許多年的和平與繁榮之後，卡德摩斯與哈耳摩尼亞的女兒阿高厄嫁給了彭透斯（Pentheus）——他的父親是厄喀翁，也就是開國五長老的其中一人（相信你還記得，開國五長老就是最後存活下來的那五個斯巴托伊人）。厭倦當國王的卡德摩斯，和他之後的許多英雄一樣，也抑制不了內心想要雲遊四海的渴望，於是有一天對哈耳摩尼亞說：「我們出外去旅行，多看看這個世界的不同角落吧。彭透斯已經有能力接替王位了。」

他們走訪許多地方，許多的小鎮和許多的城市。他們以一對尋常中年夫妻的姿態旅行，不要求別人為他們舉行盛大的迎接典禮或宴會，身邊也只有一小群隨從陪同。不幸的是，哈耳摩尼亞也把那條受到詛咒的項鍊帶在她的行李當中。

走遍希臘各地之後，他們決定造訪他們的小兒子伊利里俄斯建立的王國，位於希臘以西的亞得里亞海畔，在巴爾幹半島以南，面對著義大利東岸。那個王國的名稱不出意料，就叫做「伊利里亞」（Illyria）。[27]

到了那裡之後，卡德摩斯突然深感疲累，而且內心充滿一股難以承受的恐懼。他於是大聲對著上天祈求。

「過去三十年來，我內心都一直知道自己殺了那條該死的水蛇，就是毀掉我和我太太一切幸福的指望。阿瑞斯殘忍無情，他一定要看到我像蛇一樣平平撲倒在地上才會甘心。如果這樣能夠撫平他的怒氣，並且讓我充滿煩憂的生活平和下來，那麼就讓我人生的最後時光在沙土上滑行度過吧。盼能如我所願。」[28]

話一說完，他這段充滿哀怨的祈禱就立刻幻化成令人難過的事實。他的身體開始變細拉長，皮膚冒出光滑的鱗片，頭顱也變扁形成鑽石狀。向上天說出那個可怕願望的舌頭，現在則是在兩顆尖牙之間不斷快速伸縮。原是泰爾王子暨底比斯國王的卡德摩斯，就這麼變成一條普

27 莎士比亞的《第十二夜》與沙特的《骯髒的手》（*Les Mains Sales*）都把場景設定在這裡。達爾馬提亞（Dalmatae；這個名稱源自一個早期阿爾巴尼亞文的詞語，意為「綿羊」）是這個區域西北方的一個伊利里亞部族，達爾馬提亞海岸（還有名為大麥町〔Dalmatian〕的狗）的名稱即是由他們而來。

28 由於卡德摩斯來自泰爾，因此他表達「盼能如我所願」可能是使用中東最常見的那個詞語：阿們（Amen）。

通的蛇，在地面上扭動爬行。

哈耳摩尼亞發出一聲絕望的哀號。

「眾神可憐我！」她高呼：「阿芙柔黛蒂，如果你是我的母親，那麼請你現在就展現對我的愛，讓我和我心愛的人一同在地上爬行吧。世間的果實對我而言就像是塵土一樣。阿瑞斯，如果你是我的父親，就請對我展現仁慈吧。宙斯，如果真如某些人所說，**你**才是我真正的父親，那麼以萬物之名，請可憐我吧，我求求你。」

不過，這三位神祇都沒有聽到她的祈禱，結果是仁慈的雅典娜把她變成了蛇。哈耳摩尼亞在沙土上滑行追上她變成蛇的丈夫，然後兩條蛇便充滿愛意地纏繞在一起。

這兩條蛇在一座供奉雅典娜的廟宇遮蔭下度過餘生，只有在中午才會現身讓高懸中天的太陽溫暖體內的血液。不過，宙斯終究還是在他們臨終之前把他們變回人形。他們的遺體被人運回底比斯舉行隆重的安葬儀式，然後宙斯又派遣兩條大蛇永久守衛著他們的墳墓。

卡德摩斯與哈耳摩尼亞的故事就此畫下句點。不過，他們去世之時並不曉得自己的小女兒塞墨勒在他們離家遠行的時候釋放出一股力量，而永久改變了這個世界。

兩度誕生

老鷹降落

卡德摩斯與哈耳摩尼亞展開他們的旅程之後，他們的女婿彭透斯即接掌底比斯的統治權。[29]他不是一位特別傑出的國王，但是為人老實，也善加利用自己有限的個性與精明。底比斯在他的統治下雖然頗為繁榮，但他卻總是必須提防卡德摩斯的子女，因為他們的貪婪與野心是個持續不斷的威脅來源。就連他的太太阿高厄也似乎對他心懷鄙夷，一心想要看他失敗。只有在他年紀最小的小姨子塞墨勒身邊，他才能夠感到自在，原因是她不像波呂多洛斯與伊利里俄斯這兩個哥哥那麼世故，也不像阿高厄、奧托諾厄以及伊諾這三個姐姐那麼對財富與地位深懷野心。塞墨勒是個美麗、善良又大方的女孩，對於自己在宙斯廟宇擔任女祭司的生活相當滿足。

29　卡德摩斯與哈耳摩尼亞的兒子波呂多洛斯與伊利里俄斯，在當時都還因為年紀太小而無法接任。後來，波呂多洛斯終究還是繼承底比斯的王位，而伊利里俄斯則是統治以他為名的伊利里亞王國，這點我們在先前已經提過。

一天，她向宙斯獻祭一頭特別大也特別有活力的公牛。儀式完成後，她到阿索波斯河去清洗身上的血跡。這時候，宙斯因為對這件祭品相當滿意，而且本來就打算到底比斯來看看這座城市的發展狀況，所以剛好以他最喜歡變成的老鷹樣貌飛翔在這條河上空。看見塞墨勒赤裸的身體在水中閃閃發亮令他深感興奮，於是他降落在地上，立刻變回原形。所謂的「原形」，是指神祇一旦決定現身於人類面前，就會把自己呈現為與人類同樣大小的樣貌，以免驚嚇對方。因此，站在河岸上對著塞墨勒微笑的那個人物看起來就像是凡人。雖然身形高大、俊美無比、體格強健，而且容光異常煥發，但畢竟看起來還是像凡人一樣。

塞墨勒雙手抱胸，高聲質問：「你是誰？竟敢跟蹤宙斯的女祭司？」

「哦？你是宙斯的女祭司？」

「沒錯，你要是敢傷害我，我就會對眾神之王呼救，然後他就會立刻來救我。」

「不會吧？」

「就是這樣，你趕快走吧。」

但那個陌生人卻反倒上前一步。「塞墨勒，我對你很滿意。」他說。

塞墨勒往後退開。「你知道我的名字？」

「我知道很多事情，忠心的女祭司，因為我就是你服侍的神。我就是天空之父，奧林帕斯之王，萬能的宙斯。」

仍有半身在河水裡的塞墨勒倒抽一口氣，腿軟跪了下去。

「來吧，」宙斯一面說，一面踏入水中走向她：「讓我望進你的雙眼。」

雖然過程瘋狂，而且河水又四處潑濺，但的確是真真切切的魚水之歡。事畢之後，塞墨勒先是面露微笑，接著羞紅臉，然後笑出聲來，跟著又流出眼淚，最後把頭靠在宙斯的胸前，啜泣不止。

「親愛的塞墨勒，不要哭，」宙斯一面說，一面輕撫著她的秀髮：「你讓我很滿意。」

「我的主啊，對不起，可是我深深愛你，也很清楚你絕對不可能會愛上凡人。」

宙斯低頭凝望著她。他剛剛感受到的那股激情慾望已經消退，但他卻訝異地察覺到內心深處還有一點微微的騷動，像餘燼一樣發出不易察覺的火光。向來只活在當下而從不考慮後果的宙斯，在這一刻突然對塞墨勒感到充盈全心的愛意，也開口這麼對她說。

「塞墨勒，我確實愛你！我真心愛你。相信我，我憑著這條河的河水發誓，我會永遠照顧你、關懷你、保護你、敬重你。」他以雙手捧著她的臉，俯身在她微張的柔軟嘴唇上印下輕輕的一吻。「心愛的，我現在先和你道別，以後我會在每個新月的時候來找你。」

塞墨勒穿上長袍，頭髮雖仍溼潤，全身卻因為心中充滿愛意而感到溫暖不已，同時也散發出幸福的光芒。她穿越田野走回神廟，在途中以手遮擋著陽光抬頭仰望天空，只見一隻老鷹在空中翱翔而上，彷彿直直朝著太陽飛去。強烈的陽光令她的眼睛不禁泛淚，最後更不得不移開目光。

老鷹的妻子

宙斯原是出於好意。

不過，他的好意卻經常對可憐的半神半人、寧芙或者凡人帶來災難。這位眾神之王確實心愛塞墨勒，也真心想要好好待她。在一時迷戀的激情之下，他就把當初伊俄被他那個睚眥必報的妻子派出的牛虻折磨得差點發瘋的悲慘遭遇給忘了。

唉，赫拉雖然不再有一百隻眼睛的阿爾戈斯幫她蒐集情報，在其他地方卻還是有幾千隻眼睛。我們不知道是誰向赫拉悄悄稟報河中的激情場面。也許是阿高厄、奧托諾厄與伊諾這三個善妒姐姐的其中一人，也可能是天空之后自己的其中一名女祭司；但不管如何，總之赫拉知道了。

於是，在一天下午，塞墨勒懷著思念來到她與宙斯定期幽會的地點，結果看到一個倚著拐杖的駝背老婦人。

「老天，真是個漂亮的女孩。」老婦人以嘶啞的聲音說，但那皺癟乾巴的嗓音感覺裝得有點過頭。

「呵，謝謝你。」塞墨勒不疑有他，露出一個友善的微笑。

「陪我走走，」老婦說，一面以她的拐杖把塞墨勒勾向她：「讓我扶著你走。」

塞墨勒天生禮貌又體貼，而且她生長於其中的文化又深深敬重長者，因此她就陪伴著那個老婦人，並且毫無怨言地忍受她粗魯的言行。

「我叫貝魯厄。」老婦說。

「我是塞墨勒。」

「這名字真好聽！這邊這個是阿索波斯。」貝魯厄指著清澈的河水說。

「是，」塞墨勒同意道：「那是這條河的名字。」

「我聽人家說，」老婦的聲音在此時降低為嚴厲的耳語聲：「有個宙斯的女祭司在這裡受到引誘，就在這些蘆葦叢裡。」

塞墨勒沒有答話，但她瞬間漲得通紅的雙頰卻比任何話語都還要清楚顯露她內心的尷尬。

「哎呀，老天啊！」老婦尖聲高呼：「原來就是你！等一下，我可以看到你的肚子，你已經懷孕了！」

「我……我……」塞墨勒結結巴巴地回應道，一方面羞怯不已，同時卻又感到得意：「可是……你可以保密嗎……？」

「哦，我這個老嘴巴從來不會亂講話。親愛的，你想告訴我什麼都沒問題。」

「呃，實際上，這個孩子的爸爸——不是別人，就是宙斯他自己。」

「不會吧！」貝魯厄說：「你是說真的嗎？」

塞墨勒非常肯定的點點頭。她不喜歡那個老婦人語氣裡的懷疑意味。「真的，就是眾神之王他自己。」

「宙斯？天神宙斯？唉呀，唉呀，不曉得……不行，我不能說。」

「婆婆，你不能說什麼？」

「你看起來這麼甜美天真，這麼容易相信別人。可是，親愛的，你怎麼可能**知道**那個人是宙斯？如果有個邪惡的男人想要引誘你，不就會講這種話騙你嗎？」

「不是這樣，他真的是宙斯，我知道他是宙斯。」

「孩子，你行行好，描述他的模樣給我這個老太婆聽，好嗎？」

「這個嘛，他很高，留著鬍鬚，很壯，又很和善……」

「唉呀，我真不想這麼說，可是你講的這些實在算不上是對一位**神**的描述。」

「可是**真的**是宙斯，是真的！他變成一隻老鷹，我親眼看到的。」

「那種把戲是可以學的，法翁和半神半人也都會，甚至有些凡人也做得到。」

「真的是宙斯，我**感覺**得出來。」

「嗯……」貝魯厄顯得一臉狐疑：「我和眾神一起生活過。我媽是特提斯，我爸是歐開諾斯；眾神從克羅諾斯的肚子裡重新誕生出來之後，也是由我撫養長大。我說的是真的。我很清楚他們的習性，所以我告訴你，小女孩，神祇如果呈現出自己真正的樣貌，看起來就像是一場大爆炸，是一幅由力量與火焰構成的美妙景象，讓人無法忘懷，而且一看就知道，絕對錯不了。」

「我感覺到的就是那樣！」

「你感覺到的只不過是凡人的激情而已，相信我。跟我說，你這個愛人還會再來找你嗎？」

「會，他在每個新月的時候都會定期來看我。」

「我要是你，」老婦說：「就會要求他向你顯露出自己**真實的樣貌**。他如果真的是宙斯，這樣你就會知道。要不然，我擔心你可能是被騙了，而你這麼可愛、天真又善良，實在是不該有這樣的遭遇。好了，讓我自己好好欣賞風景吧。去，去，走吧。」

於是，塞墨勒留下那個老婦自行離開，同時在內心覺得愈來愈氣憤。她沒辦法阻止自己受到那個滿臉皺紋的老太婆影響。老年人就是這樣，總是喜歡破壞年輕人的興致。她得意地向自己的姐姐奧托諾厄、伊諾與阿高厄訴說她有多麼愛宙斯，而且宙斯也有多麼愛她，她們一樣也是不相信。她們高聲訕笑，說她是個容易上當的笨蛋，結果現在這個貝魯厄也不相信她。

然而，她的三個姐姐和那個老巫婆所說的話，**也許**真的有點道理也說不定。畢竟，溫熱的身軀和碩大的肌肉雖然迷人，但神祇應該不只如此而已吧？「好吧，」塞墨勒在內心這麼對自己說：「再過兩個晚上，天上就會出現新月，到時候我就可以證明那個愛管閒事的臭老太婆是錯的。」

塞墨勒要是在這時候剛好回頭望向河流，可能就會看到那個愛管閒事的臭老太婆瞬間變成一個青春美麗又威嚴跋扈的女子，搭著一輛由十幾隻孔雀所拉的紫金色雙輪車飛上雲端。此外，塞墨勒要是有通天眼，也許能夠看到真正的貝魯厄（beroë），也就是哺餵眾神的那個單純的老乳母，正在好幾英里外的腓尼基海岸上過著舒適的退休生活。[30]

示現[31]

到了新月當天傍晚，塞墨勒有些焦急不耐地在阿索波斯河岸上來回踱步，等著她的愛人。過了一陣子之後，他終於來了，這次變身為一匹駿馬——毛色充滿光澤的高大黑色駿馬，身後襯著西方的落日在原野上奔馳而來，映著夕照的馬鬃彷彿著火一樣。噢，塞墨勒對他的愛真是充滿胸臆！

他讓她拍了拍他的側腹與發燙的鼻孔，然後才變回她熟悉並且深愛的形貌。塞墨勒緊緊抱住他，然後哭了起來。

「我的愛，」宙斯說，伸手輕撫著她懷了孩子而微微隆起的肚皮：「你不會又哭了吧？我到底做錯了什麼？」

「你真的是天神宙斯嗎？」

「當然是。」

「你能夠答應實現我的任何願望嗎？」

「唉喲，一定要這樣嗎？」宙斯嘆了一口氣。

「我的願望沒什麼——不是要求力量、智慧、珠寶，或者其他這類東西。我也不要你去毀掉任何人。我只有個小小的請求，真的很小。」

「那麼，」宙斯一面說，一面充滿愛意地逗弄著她的下巴：「我答應實現你的願望。」

「你發誓？」

「我發誓。我憑這條河發誓——不行，我已經憑它發過一個誓了。我憑斯提克斯這條大河發誓。」[32]他故作誇張地擺出一副嚴肅的模樣，舉起一隻手，低聲說道：「心愛的塞墨勒，我憑著神聖的斯提克斯發誓，我會實現你的下一個願望。」

「那麼，」塞墨勒深吸一口氣：「把你的原貌呈現給我看。」

「怎麼說？」

「我要看到你真正的面貌。不是人的模樣，而是神的模樣，展現出你真正的神聖樣貌。」

宙斯臉上的笑容瞬間僵住。「不行！」他大喊：「什麼都可以，就是別要求這一點！不要許這種願望，不要，不要，不要！」

每當眾神意識到自己被一時魯莽的承諾給逼入牆角，就會這樣高聲抗拒。相信你還記得，當初費頓要求阿波羅履行諾言的時候，阿波羅也是這樣驚慌大叫。看到宙斯的反應，塞墨勒心

30 真正的貝魯厄是大洋神女，確實曾為眾神哺乳，後來貝魯特這座城市即是以她為名。
31 神祇向凡人顯現真身稱為「示現」（manifestation），另一個說法是「顯靈」（theophany）。
32 眾神經常憑著這條黑暗可怕的河流發誓，例如阿波羅對費頓發誓也是如此。

裡疑竇頓生。

「你答應的，你憑著斯提克斯發了誓的！你發誓了，你親口發誓的！」

「可是我心愛的塞墨勒，你不曉得自己提出的是什麼樣的要求。」

「你**發了誓**！」塞墨勒氣得跺腳。

宙斯抬頭望著天空，呻吟著說：「沒錯，我已許下誓言，而我的誓言是神聖不可違逆的。」

宙斯一面說，已一面把自己幻化成一團巨大的雷雨雲。在這團烏雲當中，閃現無可想像的強光。塞墨勒看著，臉上露出欣喜若狂的笑容。只有神才有可能這樣變身，只有宙斯本身才能這樣不停變大，並且呈現出如此耀眼的火焰與金黃色的光芒。

不過，那道光已變得極為強烈，刺眼的程度令人害怕，以致她不得不舉起手臂遮擋眼睛。然而，那道光卻還是持續增強。一陣驚人的爆裂聲震得她的耳朵滿是鮮血，同時射出的閃電所發出的強光更是瞬間刺瞎她的眼睛。又聾又瞎的她踉蹌著退了幾步，接著一道雷霆劈射而出，巨大的力量把她的身體打成兩半，當場斃命。

宙斯聽到他太太得意的笑聲，在他的頭頂上，在他的周圍，還有在他的腦袋裡。當然，他早該知道。赫拉不曉得怎麼誘騙這個可憐的女孩強迫他許下這個該死的諾言。沒關係，至少她得不到他們的孩子。宙斯在一陣雷響之下變回人形，然後把胎兒從塞墨勒的肚子裡摘出來。那個胎兒還沒發育完成，無法呼吸空氣，於是宙斯拿一把刀劃開自己的大腿，把胎兒放進去，然後蹲下來縫合傷口，讓那個胎兒安然固定於他溫暖的血肉當中。[33]

最新的一位神

三個月後，宙斯與荷米斯一同前往非洲北岸的尼索斯，一般認為這個地方位於利比亞與埃及之間。在那裡，荷米斯剪開宙斯大腿上的縫線，而為他接生一個兒子，名叫狄奧尼索斯（Dionysus）。[34]這個嬰兒交由尼索斯的雨水寧芙哺乳，[35]斷奶之後再由大腹便便的西勒諾斯教導，而西勒諾斯後來就成了他最親近的夥伴以及跟隨者——有點像是法斯塔夫與哈爾王子的關係。西勒諾斯也有他自己的一群跟隨者，稱為西勒尼（sileni），是像薩特一樣的生物，後來永遠被人與玩鬧和狂歡聯想在一起。

狄奧尼索斯在少年時期發現了後來與他的形象永遠分不開的那個東西：他發現如何以葡萄釀酒。也許是人頭馬喀戎（Chiron）教他這項把戲，但另一則比較迷人的故事則是指稱釀酒和這個年輕的神祇對於一個名叫安普羅斯（Ampelos）的少年所懷有的熱烈愛意有關。[36]狄奧尼索斯深深迷戀安普羅斯，因此為他們兩人安排各式各樣的運動競賽，而且總是讓安普羅斯贏。

---

33 這是個令人震驚的故事。如同奧維德自己說的：「人如果能夠相信這個故事……」

34 狄奧尼索斯的名字也許是把「神」（Dio，意為宙斯）和他的出生地「尼索斯」（Nysus）結合而成。

35 心懷感激的宙斯對她們的獎賞是讓她們升上天空，成為畢宿星團（Hyades）。希臘人認為這個螺旋形星座的上升和下落預示了降雨。

這樣的做法似乎寵壞那名少年，或者至少導致他變得莽撞輕率。有一天，他騎著一頭野牛，而犯下一個自大過頭的錯誤，吹噓自己操控這頭雙角野獸的技巧勝過女神塞勒涅對於雙角月亮的操控。塞勒涅採取和赫拉一樣的惡毒手法，派出一隻牛虻把那頭牛叮得狂躁不已，以致那頭牛把安普羅斯甩下牛背，並且用角頂傷了他。

狄奧尼索斯趕到渾身鮮血淋漓的安普羅斯身邊，但那個少年已經回天乏術。[37]於是，狄奧尼索斯就把他破碎扭曲的屍體變成一株蜿蜒生長的攀緣植物，他身上的血滴則凝結成汁液豐富的果實，表皮閃耀著狄奧尼索斯熱愛的那種圓潤光澤。就這樣，狄奧尼索斯的愛人變成了葡萄藤（直到今天，希臘人仍把葡萄藤稱為「ampelos」）。狄奧尼索斯以這種果實製作出史上第一瓶佳釀，並且喝了第一口葡萄酒。把安普羅斯的血液變成葡萄酒的魔法，就此成為這位神祇送給世人的禮物。

由於狄奧尼索斯本身的發明所帶來的致醉效果，再加上赫拉的敵意——宙斯不管是和神還是凡人生下的私生子，都不免引來赫拉無可平撫的恨意——使得他有一段時間都過著瘋瘋癲癲的生活。為了逃避赫拉的詛咒，他在接下來的幾年裡雲遊四海，到處傳播栽培葡萄與釀酒的技術。[38]他在亞述遇到那裡的國王斯塔菲洛斯與王后梅瑟，還有他們的兒子博特里斯。他們為狄奧尼索斯舉行一場宴會之後，斯塔菲洛斯就因為史上第一次的致命宿醉而死。為了補償以及紀念他們，狄奧尼索斯於是把一串葡萄稱為「staphylos」（斯塔菲洛斯），把酒精飲料與酒醉稱為「methe」（梅瑟），並且把葡萄本身稱為「botrys」（博特里斯）。

科學沿用這些名稱，使其得以流傳後世，而充分展現希臘神話和我們的語言之間持續不斷的關係。十九世紀的生物學家透過顯微鏡看到一種帶有尾巴的細菌，而且那條尾巴上還冒出一簇簇像葡萄一樣的小瘤，就把這種細菌命名為「葡萄球菌」（Staphylococcus）。「甲基化酒精」（methylated spirits）與「甲烷」（methane）則是由梅瑟的名字衍生而來。還有「葡萄孢菌」（Botrytis）：這種對葡萄具有良性影響的「貴腐」細菌可為頂級甜點酒賦予無可比擬（而且貴得令人咋舌）的香氣，而其名稱即是來自博特里斯的名字。

在狄奧尼索斯的所有冒險當中，伴隨在他身邊的都不只有西勒諾斯和他的薩特隨從，還有

36　希臘詩人潘諾波里斯的農諾斯（Nonnus of Panopolis）在西元五世紀寫下《狄奧尼索斯譚》（*Dionysiaca*）這部長達四十八卷的史詩，其中第十、十一與十二卷詳述這段關係及其造成的影響。

37　農諾斯在此處打斷劇情進展（他經常這麼做：他的這部詩雖然擁有絕佳的主題，內容卻枯燥至極），而描寫厄洛斯前來安慰狄奧尼索斯，對他講述其他著名男性情侶的故事。厄洛斯提及卡拉墨斯（Kalamos）與卡爾波斯（Karpos）（後者是西風之神澤費羅斯與克羅麗絲〔Chloris〕的兒子——克羅麗絲是掌管翠綠和新芽的寧芙，她的名字後來衍生出「葉綠素」〔chlorophyl〕與「氯」〔chlorine〕等詞語）這兩個熱烈相愛的俊美少年。他們有一次比賽游泳（在俊美少年遭遇悲慘下場的故事裡，運動與狩獵似乎是個很常見的主題，包括海辛瑟斯〔Hyacinthus〕、阿克泰翁〔Actaeon〕、克羅柯斯〔Crocus〕與阿多尼斯〔Adonis〕等人的故事都是如此），結果卡爾波斯不幸死亡，而悲痛至極的卡拉墨斯也因此自殺。後來，卡拉墨斯變成蘆葦，卡爾波斯則變成水果：直到今天，希臘文的「蘆葦」與「水果」仍然是他們的名字。

38　據說他把葡萄藤的祕密帶到每個已知的國度，唯二的例外只有英國與衣索比亞。說來可嘆，這兩個國家確實都不以釀製葡萄酒聞名。不過，這種情形已經出現改變，英國的葡萄酒現在已逐漸打出名號，衣索比亞說不定也是如此。

一群狂野的女性追隨者，稱為邁納德（Maenads）。[39]

不久之後，狄奧尼索斯就確立成為飲酒、興奮迷醉、放浪形骸以及「極樂未來」之神。羅馬人稱他為巴克斯（Bacchus），崇拜他的虔誠度不下於希臘人。他與阿波羅分別為兩個相反極端的代表——一個代表理性的金色光芒、和諧的音樂、抒情詩與數學，另一個則是代表失序、解放、狂野的音樂、嗜血、狂熱與非理性。

當然，眾神還是有活生生的人格與經歷，因此他們經常不免偏離於這類僵固不變的象徵。我們等一下很快就會看到，阿波羅也有血腥、瘋狂而殘忍的一面，而狄奧尼索斯也不是只有酩酊大醉與墮落敗德的一面。他有時又被稱為「解放者」（Liberator），是一種植物性的生命力，能夠以他仁慈的力量讓世界獲得紓解與重生。[40]

十三位神祇

葡萄葉、酒神杖（一根頂端有著一顆松果的權杖）、一輛由豹或者其他異國野獸拉動的雙輪車、頂著硬挺陽具的放蕩隨從，還有溢流著葡萄酒的罈子——狄奧尼索斯的概念為世界添加許多色彩。鑒於這位新神祇的重要性，奧林帕斯山因此不能不迎接他的加入。不過，奧林帕斯山上的十二位神祇早就已經構成一個圓滿的數字，而十三也在那時候就已被視為一個不吉利的數字。眾神摩挲著下巴，納悶著該怎麼辦。他們希望狄奧尼索斯加入——事實是，他們很喜歡他，也喜歡他為每一場聚會帶來的歡樂氣氛。更重要的是，他們喜歡在神酒當中添加葡萄酒，而不是只添加發酵蜂蜜與單純的果汁。

「這個時機很剛好。」赫斯提亞一面說，一面站起來：「我愈來愈覺得我需要到人間去幫助人類還有他們的家庭，也必須常駐於頌揚家庭美德的廟宇當中。讓年輕的巴克斯接替我的位子吧。」

赫斯提亞退下她的座位之時，眾神之間響起一陣假意敷衍的反對聲，但她態度堅定，而且這樣的替換其實令其他的神祇深感開心——除了赫拉以外。赫拉把狄奧尼索斯視為宙斯對她最大的侮辱。十二主神當中有阿波羅、阿提米絲與雅典娜這幾個私生子，本來就已經是夠可恥的事情，現在竟然還要納入一個宙斯在外面偷生的**半人類**神祇，更是令她無可忍受。她發誓自己永遠不沾一口狄奧尼索斯那有毒的飲料，也絕不加入他那些破壞天界安寧與體統的喧鬧狂歡。

後來阿芙柔黛蒂為狄奧尼索斯生下一個兒子，赫拉就詛咒這個名叫普里阿普斯（Priapus）

39　在創作於西元前五世紀的《酒神的女信徒》（*Bacchae*）劇中，雅典劇作家歐里庇得斯呈現了這群極端崇拜者充滿暴力的奧秘，充分描寫出她們令人震驚的野蠻行為。在這部血腥的悲劇裡，狄奧尼索斯回到底比斯向他母親的姐姐復仇，原因是她們拒絕相信塞墨勒聲稱自己懷有宙斯的孩子這項說法。狄奧尼索斯令國王彭透斯陷入瘋狂，並且施咒讓阿高厄、伊諾與奧托諾厄徒手肢解彭透斯。

40　奧維德在他重述狄奧尼索斯神話的著作裡，經常以「Liber」這個名字稱呼他。這個字眼帶有「自由」與「放蕩」的意思——另外還有一個不相關的意思，則是「書」。

的孩子相貌醜陋並且性無能，接著更把他丟下奧林帕斯山。不過，普里阿普斯卻成了男性生殖器與陰莖之神；羅馬人尤其重視他，認為他是代表巨大勃起的次級神明。不過，臨陣不舉和敗興而歸卻是他的命運。他隨時都處於興奮的狀態，但由於赫拉的詛咒，每逢提槍上陣之際，原本勃起的陰莖就會變得垂頭喪氣。這個令人尷尬的長期問題，使得他自然而然被人永久和酒聯想在一起，因為他父親送給世人的這項禮物總是「引發慾望，卻又剝奪滿足慾望的能力」。

儘管如此，不論赫拉喜不喜歡，兩度誕生的狄奧尼索斯，這個唯一擁有凡人母親的神祇，終究還是成了奧林帕斯十二神的正式成員，而十二主神的構成也就此確立。

美麗的女神與遭殃的凡人

阿克泰翁

卡德摩斯家族是希臘世界最重要的朝代之一。首先是卡德摩斯帶來字母並且創立底比斯，接著他的家人也都在希臘的建立過程中具有中心地位。不過，如同許多權高勢大的家族，他們也有一項擺脫不了的詛咒。殺死水龍雖然讓底比斯得以建立，卻也導致這座城市籠罩於阿瑞斯的詛咒當中。命運女神極少會讓人享有光榮與勝利而不必付出痛苦與哀傷的代價。

卡德摩斯的女兒奧托諾厄生下一個兒子，名叫阿克泰翁，其父親是阿里斯泰俄斯（Aristaeus）這個在維奧蒂亞備受崇敬的次級神明（有些人稱他為「原野的阿波羅」）。如同許多後來的英雄，阿克泰翁也受到偉大又富有智慧的人頭馬喀戎的教導以及訓練。他長大之後成為一位備受景仰的獵人與領袖，聞名之處包括在獵捕行動中表現出來的勇敢無畏，以及指揮他心愛的獵犬所展現的技巧與溫和堅定的力量。

一天，由於追丟一頭特別高大俊偉的公鹿，阿克泰翁於是和他的獵人同伴分頭找尋那頭公鹿的蹤跡。阿克泰翁穿越一片樹叢，無意間看到阿提米絲在一座水池裡沐浴。鑒於她是狩獵女神，代表阿克泰翁最熱愛的這種活動，他理該知道不能呆呆凝望著她的裸體。阿提米絲也是強悍的獨身、貞潔與童貞女王。不過，由於她極為美麗，遠比阿克泰翁見過的任何人都還要迷人，以致他整個人愣在當場，看得目瞪口呆，貪婪的眼球彷彿凸了出來——而且他身上凸出來的還不只是眼球而已。

也許是他腳下的一根樹枝突然斷裂，也可能是阿克泰翁的口水滴落地面的聲音，總之有什麼東西引起阿提米絲的警覺，而使她轉過頭來。她看見一個年輕男子站在那兒色迷迷地盯著她看，全身的血液不禁沸騰起來。想到這個人可能會到處吹噓自己看過她的裸體，實在令她深惡痛絕，於是她立刻高聲警告對方。

「你，你這個凡人！你盯著我看是褻瀆神明的行為。你從此以後不准再說話。你的嘴巴只要再發出一點聲音，就會遭受可怕的懲罰。讓我知道你聽懂我的話。」

那個可憐的少年點了點頭。阿提米絲瞬間消失，只留下他思考著自己的命運。

他身後冒出一陣高呼聲，是他的獵人同伴宣告著他們又發現了那頭公鹿的蹤跡。阿克泰翁想也沒想就大喊回應，結果阿提米絲的詛咒立刻生效，把他變成一頭公鹿。

阿克泰翁抬起他現在頂著一對沉重鹿角的頭，然後奔馳穿越樹林，直到他來到一個水潭邊。他低頭看向水面，一看見水中的倒影即忍不住痛苦呻吟，但實際上發出來的卻是一道低沉的鹿鳴。這聲鹿鳴隨即引來一陣吠叫。短短幾秒後，他自己的那群獵犬就衝進這片林間空地。牠們經過阿克泰翁的嚴格訓練，一看到公鹿就知道要立刻撲上去咬斷對方的喉嚨，然後盡情舔舐流出的鮮血做為獎賞。[41]就在那些凶暴狂吠的獵犬張牙舞爪地撲上來之際，阿克泰翁朝著奧林帕斯山的方向舉起前腿，彷彿乞求著眾神的憐憫。不過，他們要不是沒有聽到，就是懶得理會。不到幾秒鐘，牠就被撕咬成碎片。原本的獵人，竟成了遭到獵殺的對象！

厄律西克同

女神狄蜜特雖然掌管肥沃富足與自然的豐饒贈禮，但如果被逼到超過忍耐極限，也有可能像阿提米絲一樣凶狠。以下這個描寫她如何以殘暴手段懲罰塞薩利國王厄律西克同（Erysichthon）的故事，就明白顯示出這一點。

大膽無畏又缺乏耐心的厄律西克同，因為需要木材為他的宮殿建造新房間，於是有一天帶著一群伐木工前往樹林裡，並看到一叢生長得相當高大的橡樹。

---

41 你如果想要讓朋友對你刮目相看，可以把奧維德在這則神話故事裡列出的以下這些公獵犬和母獵犬的名字背起來。背這些名字就算沒有別的用處，至少也可以拿來當做網路密碼使用。公狗：Melampus、Ichnobates、Pamphagos、Dorceus、Oribasos、Nebrophonos、Lailaps、Theron、Pterelas、Hylaeus、Ladon、Dromas、Tigris、Leucon、Asbolos、Lacon、Aello、Thoos、Harpalos、Melaneus、Labros、Arcas、Argiodus、Hylactor。母狗：Agre、Nape、Poemenis、Harpyia、Canache、Sticte、Alce、Lycisce、Lachne、Melanchaetes、Therodamas、Oresitrophos。

「太棒了，」他喊道：「各位，盡情地砍吧。」

不過，他這些手下卻喃喃低語，搖著頭後退幾步。

厄律西克同轉向這群工人的領班。「他們怎麼了？」

「稟報陛下，這些樹是狄蜜特的聖物。」

「胡說八道，她擁有的樹木根本多得連她自己都不曉得該怎麼辦。把這些樹砍了。」

更多的喃喃低語。

厄律西克同把領班那條一向都只是揮來做做樣子的鞭子一把搶過來，而在那群工人的頭上甩了個充滿威脅性的響鞭。

「把這些樹砍倒，不然就吃我的鞭子！」他怒吼。

在國王甩著鞭子逼迫的情況下，他們只好勉強舉起斧頭砍倒那些樹。不過，他們來到這叢樹木尾端一棵獨自矗立的巨大橡樹之前，又再度停下腳步。

「哎呀，這是這裡頭長得最高最粗大的一棵呢！」厄律西克同讚嘆道：「光是這棵樹，就足夠為王宮大殿的椽子和柱子提供所需的木材，而且剩下的還夠讓我做一張大床。」

領班抖著手指向那棵橡樹的樹枝，上面掛著許多花環。

國王面無表情。「怎麼樣？」

「稟報陛下，」領班低聲說：「那些花環每一個都代表一項獲得狄蜜特實現的祈禱。」

「既然那些祈禱已經實現，那她就不需要這些花卉裝飾了。把樹砍倒。」

不過，厄律西克同看到領班及其手下的工人都怕得不敢動手，性情急躁的他於是抓過一把斧頭，親自動手砍了起來。

他非常強壯，而且就像大多數的統治者一樣，也熱愛炫耀自己的意志力、技能與力氣。砍沒幾下，樹幹就開始嘎吱作響，高大的橡樹也開始搖動。厄律西克同有沒有聽到一個哈瑪德律亞得在枝條上發出的哀號？如果有，那麼他也根本不予理會，只是不斷將斧頭舉起再落下，舉起再落下，直到那棵樹轟然倒下——樹枝、還願花圈、花環、哈瑪德律亞得以及其他的一切，全部無一倖免。

隨著那棵橡樹死亡，其哈瑪德律亞得也跟著死亡。她在吐出最後一口氣之前，詛咒犯下這項罪行的厄律西克同。

狄蜜特聽聞厄律西克同的褻瀆之舉，於是傳話給利墨斯。利墨斯是從潘朵拉的罐子裡飛出來的其中一隻可怕生物。她是饑荒惡魔，也許可以視為與狄蜜特相反，是那位女神在凡間必要的反面極端。狄蜜特為世人帶來豐饒的收成，利墨斯則是帶來殘酷無情的饑餓與毀滅。由於這兩者就像物質與反物質一樣處於無可調和的關係當中，所以絕不可能會面。因此，狄蜜特派遣一個高山寧芙擔任她的使者，敦促利墨斯實現那個哈瑪德律亞得對厄律西克同的詛咒，而這麼一項工作正是那個凶猛的惡魔求之不得的機會。

根據奧維德的敘述，利墨斯對於自己的外貌毫不重視。她有一雙萎縮下垂的乳房，胃就只是一個洞，腐爛的腸子全部暴露在外，而且眼窩凹陷、嘴唇乾癟，有著一身皺巴巴的皮膚和一頭滿是油垢的稀疏長髮，以及一雙腫大化膿的腳踝。這個饑荒惡魔的身形與面容是一幅令人難以忘懷的可怕景象。她在那天晚上潛入厄律西克同的臥房，把這位睡夢中的國王抱在懷裡，然後把她惡臭的氣息吹進他的體內。那股毒氣滲入他的嘴巴、喉嚨與肺部，於是可怕而永不饜足的饑餓之蟲就鑽入他身上的每一條血管與每一個細胞。

厄律西克同從怪異的夢境當中醒來，只覺得肚子非常、**非常**地餓。他點了一頓分量龐大得令他的廚工意外不已的早餐。他吃得乾乾淨淨，肚子卻還是沒飽。那一整天，他發現自己吃得愈多，肚子反倒愈餓。隨著一天天乃至一個個星期過去，他只覺得饑餓感愈來愈難以忍受。不管他吃下多少東西，都絲毫沒有飽足感，體重也毫無增加。他吞進體內的食物彷彿是火上加油一樣，反倒導致饑餓的火燃燒得愈來愈激烈。由於這個原因，他的人民開始在背後稱他為「埃同」（Aethon），意為「燃燒」。

他大概是人類史上第一個吃光自己家當的人。他的一切珍寶、財產，乃至宮殿，都為了購買食物而陸續賣掉，但即使這樣也還是不夠，因為不管什麼都沒有辦法滿足他那深不見底的胃口。最後，他在那無可滿足的胃口永無休止的逼迫下，更不得不賣掉女兒邁斯特（Mestra）。

這個舉動其實沒有表面上聽起來的那麼野蠻，而比較是一項狡猾的詭計：美麗的邁斯特曾是波塞頓的愛人，而獲得他賜予任意改變自己形體的能力——由於波塞頓負責掌管永遠變動不停的海洋，因此特別擁有這項能力。每個星期，厄律西克同都會把女兒許配給一個富有的追求者，向對方收取聘金。邁斯特跟著未婚夫回家之後，就會變成動物逃回厄律西克同身邊，以便再度賣給下一個呆呆上當的追求者。

不過，就算是採取這樣的做法，也還是不足以遏止厄律西克同肚裡那把可怕的饑餓之火。有一天，他終於在無可忍耐的迫切饑餓之下吃掉自己的左手，接著是手臂，然後是肩膀、雙腳和雙腿。不久之後，塞薩利國王厄律西克同就把自己吃得精光。狄蜜特與那個哈瑪德律亞得總算大仇得報。

醫生與烏鴉

醫藥的誕生

從前，塞薩利的佛勒癸安提斯王國（Phlegyantis）有個極為迷人的年輕公主，名叫科羅尼斯（Coronis）。她的相貌美麗至極，甚至吸引到阿波羅的目光，而把她納為愛人。你也許以為能夠成為眾神當中最俊美的阿波羅陪伴疼愛的對象，就足以讓任何人感到心滿意足，但是已經為阿波羅懷了孩子的科羅尼斯，卻迷戀上一個名叫伊斯庫斯（Ischys）的凡人，並且和他上了床。

阿波羅的一隻白鴉目睹這項背叛之舉，於是飛回去向主人稟報這件有辱他名譽的事情。阿波羅一聽之下火冒三丈，立刻請他的姐姐阿提米絲替他報仇。阿提米絲欣然同意，於是以瘟疫之箭射入佛勒癸安提斯的宮殿——這種有毒的箭導致一項可怕的疾病散播於宮殿當中。許多人都遭到感染，包括科羅尼斯在內。白鴉看見這一切，而回去向阿波羅提出詳細的報告。

「報告主人，她已經命在旦夕，快要死了！」

「她有沒有說什麼？有沒有承認自己的罪行？」

「有，有。『這是我應得的下場，』她說：『請告訴偉大的阿波羅，說我不求他的原諒，也不求他的憐憫。我不求憐憫，只求他救我們的孩子一命。救我們的孩子一命。』哈！哈！哈！」

白鴉的笑聲充滿幸災樂禍的惡毒意味，阿波羅一氣之下於是把牠變成黑色。從此以後，所有的烏鴉、渡鴉與禿鼻鴉都是這個顏色。[42]

深感懊悔的阿波羅趕到遭受瘟疫摧殘的佛勒癸安提斯，只見科羅尼斯的遺體被人放在火葬堆上，周圍都已燃起火焰。他悲痛地大喊一聲，跳進火裡，從科羅尼斯的子宮中挖出他們仍然活著的孩子。後來，阿波羅把科羅尼斯變為烏鴉座（Corvus）這個星座。[43]

阿波羅把自己救出來的這個男嬰取名為阿斯克勒庇俄斯（Asclepius），並且將他交給喀戎撫養。也許因為他是以外科手術的方式接生（儘管是一項很暴力的手術），也許因為他在子宮內發展的時候正值瘟疫猖獗，也可能因為他的父親是醫藥與數學之神阿波羅——或是由於全部這些原因——阿斯克勒庇俄斯從小就在醫藥方面展現出異常的天分。

隨著這個男孩漸漸長大，喀戎開始明白看出他不僅頭腦敏銳、邏輯清楚、充滿好奇心，而且懷有與生俱來的治療天賦。喀戎自己在博物學、草藥學與邏輯推理方面的造詣原本就不差，

---

42 不過，在BBC電視改編《歌門鬼城》（*Gormenghast*）系列著作的電視影集當中，我曾經和一隻名叫吉米．懷特（Jimmy White）的白子烏鴉一同演出。

43 希臘文的「koronis」（亦即科羅尼斯的名字）意為「烏鴉」或「禿鼻鴉」，其原意是「彎曲」，但我不曉得是指公主的身材曲線還是烏鴉嘴喙的曲線。

因此也非常樂於為這個男孩教導醫藥方面的知識。除了在動物與人類的解剖學上為他打下紮實的根基以外，喀戎也教他知識必須藉由觀察與詳細記錄獲得，而不是任意編造理論。喀戎教他怎麼採集藥用植物，並且加以研磨、混合、加熱，然後製作成藥粉、藥水與藥劑，以供服食、飲用或者拌入食物當中；也教他怎麼遏止出血、製作熱敷藥膏、包紮傷口，以及重新接上斷裂的骨頭。阿斯克勒庇俄斯到十四歲的時候，已經挽救一名士兵的腿逃過截肢的命運、把一名發燒的年輕女孩從死亡邊緣救回來、把一頭熊從陷阱裡救出、拯救一個村莊的居民免於痢疾傳染，並且藉著自己調製的一種藥膏為一條受傷的蛇緩解疼痛。最後這項善舉尤其帶來寶貴收穫，因為那條蛇出於感恩而舔了阿斯克勒庇俄斯的耳朵，同時悄聲告訴他許多連喀戎都不知道的醫療祕密。

以蛇為聖物的雅典娜，也送給阿斯克勒庇俄斯一罐戈爾貢的血以表達謝意。你也許會覺得這個禮物未免過於寒酸，實際上卻絕非如此。在有些事情上，相反律是成立的。銀金色的神液使得神祇永生不老，但是凡人只要觸碰或品嘗到一滴就必然致命。另一方面，像蛇髮戈爾貢這麼致命又危險的怪物，其血液卻有起死回生的功效。

阿斯克勒庇俄斯到了二十歲，已然精通外科與醫藥的一切技藝。他與自己的老師喀戎擁抱道別，然後自行開業，成為世界上的第一位醫師、藥劑師暨治療師。他的名聲迅速傳遍地中海。病患、殘障者與心情低落的人都紛紛湧到他的診所。他的診所外面掛了一塊招牌，上面畫著一條蛇纏繞在一根木杖上——這個標誌在今天仍可見於許多的救護車、診所，以及醫藥網站上（但通常是聲譽不佳的網站）。[44]

他的妻子是厄庇俄涅（Epione），這個名字意為「撫慰」或者「紓解疼痛」。他們育有三個兒子和四個女兒。阿斯克勒庇俄斯對這四個女兒的教育，就像當初喀戎教育他一樣嚴謹。

大女兒名叫許癸厄亞（Hygieia），阿斯克勒庇俄斯教導她保持清潔、適當飲食和身體運動的做法，於是當今的英文就以她的名字而把這些行為稱為「衛生保健」（hygiene）。

二女兒名叫帕那刻亞（Panacea），阿斯克勒庇俄斯教她維持健康的通用技藝、藥劑調製，還有能夠治療任何傷病的各種療法——所以她的名字在今天也就演變為「萬靈丹」的意思。

三女兒名叫阿刻索（Aceso），阿斯克勒庇俄斯教導她探究身體的癒合過程本身，包括我們今天所謂的免疫學。

小女兒名叫伊阿索（Iaso），專精於康復與療養。

年紀比較大的兩個兒子，馬卡翁（Machaon）與波達利里俄斯（Podalirius），成了軍醫的原型。他們後來在特洛伊戰爭當中的服務，受到荷馬的記載。

小兒子忒勒斯福羅斯（Telesphorus）通常被描繪為戴著帽兜而且身形矮小。他專精於復健

---

44 有些標誌畫的是阿斯克勒庇俄斯之杖（又稱為希波克拉底之杖）——一根粗糙的木杖，上面纏繞著一條蛇。另外有些標誌畫的是荷米斯的手杖——一根比較細也比較精緻的木杖，有兩條蛇纏繞於其上，蛇頭在頂端相接，而且上方還有一對翅膀。這兩種標誌似乎沒有什麼職業或臨床意義上的差別，只是純粹依據個人偏好選用的結果。

與休養，也就是讓病患恢復完全的健康。

阿斯克勒庇俄斯要是把雅典娜送他的那個罐子緊緊封好，不要打開，也許一切就都不會有問題。我們不曉得他是覬覦被人頌讚為聖人與救星的榮譽，還是純粹想要以自己的醫術打敗死神，總之他利用戈爾貢的血讓一名死亡的病患復活，接著又這麼救了另一個病患，然後漸漸習以為常，而把這罐珍貴的神物當成有如蓖麻油一樣的尋常保健用品使用。

這樣的做法引起黑帝斯的埋怨與怒火。他後來氣憤難耐，甚至因此離開冥界，怒氣沖沖地前來晉見哥哥宙斯。

「這個人剝奪我的亡靈。那些亡靈本來都已經準備要渡河來到我的國度，他卻硬生生把他們從塔納托斯的手中搶回去。這個問題不能放任不管。」

「我同意，」赫拉說：「他顛覆了事物應有的秩序。一個人的死期既然已經確定，就不能受到凡人干預。你的女兒送他戈爾貢的血實在是個愚蠢的行為。」

宙斯皺起眉頭。他們說的確實沒錯。他對雅典娜很失望。她沒有像普羅米修斯那樣明目張膽而且無可原諒地違抗他，但其中還是有些讓他感到懊惱的相似之處。凡人就是凡人，沒什麼好說的。給他們這種藥劑，而讓他們凌駕於死神之上，實在是錯誤的行為。

擊中阿斯克勒庇俄斯的雷霆完全出乎眾人意料之外。畢竟，晴天出現的霹靂總是如此。他被雷霆一擊斃命之後，全希臘都因為失去這位他們珍愛而且極度重視的醫師暨治療師而悲痛不已，但阿波羅對於自己兒子的死不僅是哀悼，而是怒不可遏。他一聽到這個消息，就立刻前往赫菲斯托斯的工作坊，連射三箭殺了布戎忒斯、史特羅佩斯與阿爾戈斯，也就是專為天空之父製作雷霆的那三個獨眼巨人。

這麼一項令人震驚的反叛行為自然不得容忍。宙斯無法忍受自己的權威受到任何威脅，只要看到些微的造反徵象，就會立刻出手壓制。阿波羅因此被趕出奧林帕斯山，而且必須在塞薩利國王阿德墨托斯（Admetus）手下擔任一項卑微的職務整整一年。阿德墨托斯因為接待陌生人極為熱情友善而贏得宙斯的讚賞——這種表現向來都是最能直接討得宙斯歡心的方法。

相信你還記得，阿波羅年輕的時候就曾經因為殺了皮同這條蛇而遭到懲罰。在他俊美、輝煌而且金光閃耀的迷人外貌底下，隱藏著頑固的意志與暴躁的脾氣。不過，他倒是心甘情願地接受這項懲罰，因為阿德墨托斯實在讓人沒有辦法不喜歡他。阿波羅在他手下擔任牧牛人，因此確保所有的牛都產下雙胞胎。[45]牛和雙胞胎對阿波羅都帶有特殊意義。

另一方面，阿斯克勒庇俄斯則是被升上天空，成為蛇夫座這個星座。

後來的傳說指稱宙斯讓阿斯克勒庇俄斯復活，並且把他升格為神祇。在地中海世界當中，

45 生在西元前三世紀的詩人暨學者卡利馬科斯（Callimachus），指稱阿波羅在服這項勞役的期間與阿德墨托斯成了一對熱戀的愛侶。

他和他的四個女兒確實都被當成神明祭拜。奉祀他的醫神廟在四處紛紛出現，看起來和現代的水療中心以及健身俱樂部很像。這些廟宇的祭司身穿白衣，為付費求助的祭拜者沐浴、按摩，並且為他們塗上各種誇大功效的精油、乳霜與專利藥劑，和今天的做法沒什麼兩樣。由於蛇是阿斯克勒庇俄斯的聖物，因此這些治療室與診間當中都可以看到滿地爬行的蛇（當然是無毒的蛇）——在我們當今的那些健康聖殿裡大概看不到這樣的景象。心靈健康在當時受到的重視也不亞於現在。畢竟，全面健康當中的「全面」（holistic）一詞即是由希臘文衍生而來。那些祭拜者在廟宇中住宿一夜之後，會向祭司述說自己做的夢（這種做法稱為「夢療」），而且阿斯克勒庇俄斯自己也經常會向病患示現。我相信祭拜者付的錢愈多，就愈有機會見到他。

現在的埃皮達魯斯（Epidaurus）以其著名的劇場吸引許多遊客；但在當初那個時候，埃皮達魯斯醫神廟的熱門程度也不遑多讓。直到今天，遊客在這裡都還可以看到當初蜂擁至此的病患所留下的紀錄，包括他們罹患的疾病、接受的療法，還有採用的飲食與藥物。

罪與罰

眾神經常出現在人類社會當中，也經常干預人類事務並與人類互動，這樣的情形如果發生在今天，必定會令我們深感驚奇、興奮以及不安，但白銀時代那些比較愚蠢又自以為是的凡人，有時候卻不當一回事。有些國王自負太過，以致對於眾神最基本的戒律也不予理會，甚至公然蔑視。這類大不敬的褻瀆行為極少不受到懲罰。如同父母以可怕的道德寓言告誡子女，或是像但丁和畫家波希（Hieronymus Bosch）以筆下的地獄場景規勸世人，古希臘人也似乎特別喜歡詳細描述奧林帕斯與黑帝斯怎麼以各種繁複而殘酷的手段懲罰那些深深激怒眾神的男男女女，並且對那些懲罰方法的適切性大呼痛快。

伊克西翁

在宙斯眼中，最嚴重的罪行就是違背「xenia」：亦即主人對賓客以及賓客對主人所負有的神聖義務。在凡人當中，最鄙視賓主之道的莫過於伊克西翁（Ixion），他是塞薩利的古老部族拉庇泰人（Lapiths）的國王。

他的第一項罪行是單純的貪婪。我們都很熟悉嫁妝的概念，也就是家庭付出物質代價以求把女兒嫁出去。在極早期的那個時代，人類採取的卻是相反的做法：男人必須付錢給新娘的家庭，請求對方准許他迎娶他們的女兒。伊克西翁娶了美麗的狄亞（Dia），卻拒絕向她父親——福基斯國王狄奧尼斯（Deioneus）——支付事先約定好的聘金。受辱的狄奧尼斯為了報仇，於是派遣一支突擊隊奪走伊克西翁一群最精良的馬。伊克西翁內心惱火，卻裝出笑臉邀請狄奧尼斯到他位於拉里薩（Larissa）的宮殿享用晚宴。狄奧尼斯抵達之後，伊克西翁卻把他推進一個火坑裡。伊克西翁此舉不僅公然違反賓主之道，也犯下殺害親屬這項更嚴重的罪。殺害親屬是最令人髮指的禁忌，而伊克西翁正是犯下人類最早的殺害親屬罪行；除非他得以滌清這項罪行，否則憤怒女神就會不斷追逐他，直到他發瘋為止。

塞薩利的王公貴族與地主都不喜歡伊克西翁，因此沒有人願意幫他舉行淨化儀式以補救他的罪行。然而，眾神之王這時的心情卻剛好特別寬宏大量。塞薩利的人民迅速展現他們對於伊克西翁違反賓主之道與殺害親屬的雙重罪行所感到的厭惡，宙斯也因此表現出慈悲的一面。他不僅讓伊克西翁擺脫折磨，甚至還邀請他上奧林帕斯山參加一場宴會。

極少有凡人能夠享有這樣的榮譽。奧林帕斯宴會的富麗堂皇是伊克西翁從沒見過的。他尤其對赫拉的莊嚴美貌驚豔不已。沒有人知道他是迷醉於那場盛會，還是因為喝多了酒——也可能只是因為他天性粗野愚蠢——總之他不但沒有因為獲邀參與不朽族的餐宴而表現出謙卑感恩的態度，反而還犯下調戲天空之后的災難性錯誤。他對赫拉獻上飛吻、輕佻地朝著她眨眼，還想對她咬耳朵，並且在她耳邊低語猥褻言語，同時對她的胸部伸出狼爪。他不僅侮辱了奧林帕斯眾神當中最端莊自持的一位，也再度違反賓主之道。沒有盡到賓客的義務，就和沒有盡到主人的義務一樣罪孽深重。

伊克西翁向眾神搭肩拍背，邊打嗝邊向他們道謝，然後搖搖晃晃地走下奧林帕斯山。他一離開，深為惱怒的赫拉就立刻向宙斯投訴自己遭到的羞辱。宙斯因此火冒三丈，而決定對伊克西翁設下一個陷阱。這位聚雲神把一朵雲雕刻成和赫拉一模一樣的形體，然後吹一口氣，為其賦予生命，再送至拉里薩城外的一片草地，因為他看到酒足飯飽的伊克西翁正躺在那裡的青草上呼呼大睡。

伊克西翁醒來之後，看見赫拉就在他身邊，於是翻過身直接和她翻雲覆雨起來。一看見這項可憎至極的褻瀆之舉，宙斯立刻擲下一道雷霆和一個火輪。那道雷霆把伊克西翁炸上空中，然後他就被釘在那個輪子上。接著，宙斯又讓那個火輪旋轉著飛越天空。過了一段時間之後，宙斯認為在空中飛翔太便宜他了，於是把他連人帶輪貶下塔爾塔羅斯。直到今天，他都還是張著四肢被釘在那個火輪上，遭受被火焚燒的痛苦煎熬。

那個赫拉雲朵被取名為涅斐勒（Nephele）。她與伊克西翁交合之後生下一個兒子，名叫肯陶洛斯（Centauros）。他是個醜陋畸形的男孩，長大之後寂寞憂鬱，不和人類往來，而是在他經常出沒的皮立翁山（Pelion）和野生的母馬交往。這樣的人馬雜交所產下的結果，是一種無可馴服的野蠻混種生物，依據他的名字而命名為「人頭馬」（centaur）。[46]

後果

希臘神話當中的許多故事都造成一連串的後果。如同我們先前已經見過的，一則故事裡的主要角色會結婚以及建立朝代，因此生下更多的傳奇英雄。伊克西翁之輪也是如此，產生了許許多多的附屬故事。

舉例而言，既然提到皮立翁山，就值得順道說一說伊菲墨狄亞（Iphimedia）的故事。她因為深愛波塞頓，所以經常坐在海岸邊，舀起海水潑在自己的胸部，再流到大腿上。她的這種仰慕之舉感動了波塞頓，於是波塞頓化身成一道波浪，沖上岸環抱住她而與她結合。伊菲墨狄亞因此生下一對雙胞胎，名叫俄托斯（Otus）與厄菲阿爾忒斯（Ephialtes）。以現代的眼光來看，這兩個男孩實是不折不扣的巨人：他們每個月都會長大一個手掌的身高。明白可見，等到他們長大成人以後，必然會成為全世界最大的生物。

相信你還記得，嫉妒心重又滿懷野心的波塞頓向來認定自己的弟弟宙斯可能有一天會搞砸而受到推翻。於是，這位海神就為他這兩個成長神速的兒子灌輸一個念頭，促使他們一心想要挑戰天空，打造出一座他們自己的高山而藉此統治世界。他們的計畫是要拔起奧薩山（Ossa），疊在奧林帕斯山上，然後再把皮立翁山疊在奧薩山上。不過，這對雙胞胎還來不及長到達成這項任務所需的身高和力氣，他們有可能造反的消息就傳到宙斯耳中，因此宙斯立刻派阿波羅用箭射殺了他們兩人。他們在冥界遭到的懲罰，就是和蠕動不停的蛇一同被綁在柱子上。

伊克西翁之輪的故事還有另一個後果（由此又可進一步證明一個故事能夠怎麼造成其他更重要而且影響也更深遠的故事），就是涅斐勒這個赫拉樣貌的雲朵，後來嫁給一個名叫阿塔瑪斯（Athamas）的維奧蒂亞國王，[47]而生下了兩個兒子：弗里克索斯（Phrixus）與赫勒（Helle）。有一天，阿塔瑪斯把弗里克索斯綁在地上，準備將他獻祭——就像聖經裡的亞伯拉罕與以撒一樣——於是涅斐勒為了救兒子一命而立刻採取行動。聖經裡的耶和華讓亞伯拉罕看見灌木叢裡有一頭公羊，而救了以撒一命，涅斐勒則是派出一頭金色公羊去救她的兒子弗里克索斯。那頭羊的金羊毛，後來促成傑森與他手下的阿爾戈英雄所從事的那場著名冒險。這一切都是因為一個喝醉酒的敗德國王膽敢調戲赫拉。

伊克西翁之輪成了一個深受藝術家與雕塑家喜愛的主題，而「火輪」一詞也偶爾被人用來

46 在這之前，大地上只有過一個這類人馬混種的生物：也就是偉大的喀戎。阿斯克勒庇俄斯、阿基里斯以及其他許多人都是他的學生。喀戎出生的時代可以追溯到克羅諾斯，亦即烏拉諾斯與蓋婭的兒子、宙斯與赫拉的父親。在泰坦之戰當中一段戰事較為平歇的時期，克羅諾斯愛上了菲呂拉（Phylira）這個絕美的大洋神女。她一再回絕克羅諾斯的求愛，於是克羅諾斯因為不耐而變身為一匹高大的黑色駿馬，對她霸王硬上弓。喀戎即是這項交合的產物，而他雖然比肯陶洛斯早生好幾百年，傳統上卻也還是被稱為人頭馬。

47 阿塔瑪斯是薛西弗斯的弟弟，我們待會兒就會看到薛西弗斯為何會如此惡名昭彰。

描述痛苦的負擔、懲罰或者義務。[48]「把皮立翁山疊在奧薩山上」這句話也被人用來表示難上加難的意思。

坦塔洛斯

眾神採用過最為人所知的折磨，也許就是施加在坦塔洛斯（Tantalus）這名邪惡國王身上的懲罰。他的罪行所造成的後果，對後世造成了長遠的影響。他的家族所遭受的詛咒，直到神話時代的尾聲才終於獲得解除。

在後來稱為土耳其安納托利亞省（Anatolia）的小亞細亞，其西部地區有個小國叫做呂底亞（Lydia），就是坦塔洛斯統治的王國。鄰近的斯比勒山（Sipylus）蘊含的礦藏，為坦塔洛斯帶來巨大財富，於是他利用這些財富建立一座繁盛的城市，並且毫不客氣地命名為坦塔利斯。他的妻子是狄俄涅（Dione；她是雨水寧芙許阿得斯的一員，曾經為嬰兒時期的狄奧尼索斯哺乳），他們生下一子一女，兒子是伯羅普斯（Pelops），女兒是尼俄柏（Niobe）。[49]

不曉得是坦塔洛斯的人格有些缺陷，還是他受到自己的權力與財富所蒙蔽，總之他自以為可以和眾神平起平坐。他和先前的伊克西翁犯下同樣的錯誤，也濫用了宙斯的熱情招待。他參加奧林帕斯山上的一場宴會之後，卻偷偷把仙饌與神酒裝在口袋裡帶回家。此外，他還犯下另一項不可原諒的失禮行為，也就是向別人講述眾神的私生活與癖性，並以無禮的模仿與八卦娛樂他的朝臣與朋友。

不過，他後來又進一步犯下謀害親屬之罪，而且比伊克西翁把岳父推入火坑的罪行更嚴重。他聽聞奧林帕斯眾神對於他嘲笑他們以及竊取仙饌神酒的行為深感憤怒，隨即表現出一副懊悔不已的模樣，並且乞求他們接受他的招待，藉此彌補自己不當的行為。

這些事情發生的時候，狄蜜特正忙著找尋她遭到綁架的女兒波瑟芬妮。她因為悲痛而任由一切植物枯萎死亡，以致世界陷入荒蕪貧瘠之中，而且沒有人知道這樣的情形會持續多久。舉行宴會的消息因此令人大感振奮。眾神都知道坦塔洛斯國王奢華鋪張的生活型態，因此也深深期待他將會提供的傳奇享樂。[50]然而，迎接他們的卻是一項駭人聽聞的罪行。

如同在他之前的佩拉斯吉人國王萊卡翁（Lycaon），坦塔洛斯也把自己的兒子當成招待眾神的菜餚。年輕的伯羅普斯遭到殺害、分切、燒烤、抹上一層厚厚的醬汁，然後裝盤端上桌。

---

48 莎士比亞筆下的李爾王哭喊道：

> 你是個幸福的神靈，但我卻被綁在
> 一個火輪上，而且我自己的眼淚
> 就像熔化的鉛一樣炙燙著我。

49 他們還有另外一個兒子，名叫布洛忒阿斯（Broteas）。他喜歡打獵，而且他的人生和兩個兄姐相較起來似乎顯得平淡無奇。據說他在斯比勒山的岩石上刻了安納托利亞大地母神庫柏勒（Cybele）的形象。當今的遊客仍可見到這個圖像的部分殘跡。

50 奧林帕斯眾神雖然以仙饌與神酒為食，卻也非常喜愛凡人飲食所帶來的不同變化。

眾神立刻感覺到事有蹊蹺，而婉拒進食。不過，狄蜜特因為滿腦子想著她失蹤的女兒，於是心不在焉地叉起一塊肉，而把伯羅普斯的左肩吞了下去。

宙斯得知事情的真相之後，隨即召來命運女神當中的紡紗者克羅托。她把伯羅普斯的屍塊收集起來，放進一個大鍋裡攪一攪，然後把他重組成原來的模樣。狄蜜特知道自己一時失察而吞下人肉，於是委託赫菲斯托斯以象牙雕刻出一塊肩膀，用於替代被她吃掉的那塊肩膀肉。克羅托把這塊義肢裝上去，發現完全密合。宙斯對屍體吹一口氣，於是伯羅普斯又活了過來。

伯羅普斯的俊美相貌吸引了波塞頓，因此他們有一段時間成了愛人。然而，這個青年遭到黑暗力量的影響，後來的人生與作為更為自己與自己的家族惹來詛咒。[51]這項詛咒加上坦塔洛斯喪盡天良的罪行所帶來的詛咒，從此不斷糾纏著他的後代，直到此一世系的最後一名子孫：俄瑞斯忒斯（Orestes）。

坦塔洛斯本身直接被拋下塔爾塔羅斯。他不但殺害自己的血親，還膽敢誘騙眾神吃下受害者的肉，因此遭受的懲罰也與他的罪行相當匹配。他被放在一個水深及腰的水池裡，頭上的樹枝懸垂著香甜多汁的水果。他又餓又渴，但是只要舉手去摘水果，樹枝就會抬高到他伸手可及的範圍之外；他只要彎下腰去喝水，水也會立刻退去。他無法離開，因為他的上方懸浮著一塊巨大岩石，只要他敢逃跑就會把他砸成肉醬。那塊岩石由堅硬的藍綠色元素構成，那種元素後來被人稱為「鉭」（tantalum）。[52]

坦塔洛斯直到今天仍然站在那裡，只能眼睜睜看著能夠滿足他饑渴的物品就在身邊，卻又永遠得不到。這種令人深感痛苦的挫折，即以他的名字而稱為「吊胃口」（tantalized）。[53]

---

51 他的家族在歷史上依據他其中一個兒子的名字而稱為阿特柔斯家族（Atreus）。伯羅普斯與阿特柔斯家族的衰微涉及許多英雄與戰士的命運，一路延續到特洛伊戰爭之後。阿伽門農、克呂泰涅斯特拉與俄瑞斯忒斯都是伯羅普斯的後代，據說也承繼他與坦塔洛斯的詛咒。位於希臘本土西南側的伯羅奔尼撒半島（Peloponnese），其名稱即是取自伯羅普斯。

52 鉭是一種耐高溫的金屬，在今天是製造許多電子裝置的必要材料。

53 在英文當中，「tantalus」指的是一種小櫃子，可以放置兩、三個酒瓶，通常是白蘭地、威士忌或蘭姆酒。這種展示櫃可以將門鎖上，所以在家裡的小孩眼中，那些酒就這麼在櫃裡吊著他們的胃口。

薛西弗斯

兄弟情

薛西弗斯（Sisyphus）在黑帝斯承受的永恆懲罰，也成了日常語言和傳說中的元素，但他的故事遠遠不僅限於他必須永久不斷徒勞無功地推上山的那顆著名巨石。薛西弗斯是個邪惡、貪婪、表裡不一又經常頗為殘酷的人，但他那無可滿足的狂熱與激烈反抗權威的行為，實在不免令人感到些許迷人，甚至頗具英雄氣概（而且這樣的行為在他的生命**結束**之後還不停持續下去）。極少有凡人膽敢像他那麼輕率地做出令眾神忍無可忍的行為。他蔑視眾神的莽撞個性以及拒絕道歉或者從眾的態度，有如希臘版的唐．喬凡尼。

在大洪水當中倖存下來的杜卡利翁與皮拉，生了一個名叫赫楞（Hellen）的兒子——希臘人自稱為「Hellenes」，即是從他的名字而來。赫楞的兒子埃俄羅斯（Aeolus）有四個兒子，分別為薛西弗斯、薩爾摩紐斯（Salmoneus）、阿塔瑪斯與克瑞透斯（Cretheus）。薛西弗斯與薩爾摩紐斯彼此厭惡，而且那種發自內心的強烈痛恨是人間前所未見的。他們競逐父母的關愛，在其他一切事物上也都互相競爭，從小就無法忍受看到對方成功。這兩個王子長大之後，離開他們父親的埃俄利亞王國（Aeolia）——這是塞薩利在那個時候的名稱——而分別到南方與西方建立自己的王國。薩爾摩紐斯的王國叫厄利斯（Elis），薛西弗斯則是創立艾菲拉（Ephyra），後來稱為科林斯（Corinth）。他們在這兩座堡壘隔著伯羅奔尼撒怒目而視，兩人之間的深切敵意隨著一年年過去而愈來愈強烈。

薛西弗斯深深痛恨薩爾摩紐斯，以致因此睡不著覺。他滿心想要把自己這個弟弟置於死地。這項渴望強烈得令他難以忍受，他甚至必須用刀反覆刺自己的大腿以稍稍紓解內心的恨意。不過，他卻無能為力。他要是膽敢謀害自己的弟弟，憤怒女神必定會對他施以極為可怕的懲罰，因為殺害兄弟是殺害親屬的罪行當中數一數二嚴重的一種。最後，他決定到德爾菲請教神諭。

「薛西弗斯與堤洛的兒子長大以後，將會殺死薩爾摩紐斯。」皮媞亞緩慢莊重地說。

這句話聽在薛西弗斯耳裡實在是受用不已。堤洛（Tyro）是他的姪女，也就是他痛恨的弟弟薩爾摩紐斯的女兒。薛西弗斯只要娶她為妻，生下幾個兒子就行了。他們的兒子「長大以後，將會殺死薩爾摩紐斯」。在那個時代，伯叔和姪女結婚絲毫不足為奇，因此他也就開始著手引誘堤洛，為她送上馬匹、珠寶與情詩，並且在堤洛面前展現無比的個人魅力，因為薛西弗斯只要願意，即可呈現出極度迷人的一面。經過一段時間之後，他的追求終於贏得她的芳心，於是他們結了婚，生下兩個活潑的男孩。

幾年後的某一天，薛西弗斯與好友梅羅普斯（Melops）出外釣魚。他們在西薩斯河岸上一面曬太陽，一面聊了起來。就在這時候，堤洛與一名女傭還有現在分別為五歲和三歲的兩個兒子走出宮殿，帶著一籃食物和酒，打算給薛西弗斯一個驚喜，舉行一場家庭野餐。

在河岸上，梅羅普斯與薛西弗斯懶洋洋地聊著馬匹、女人、體育和戰爭；堤洛一行人穿越了原野。

「陛下，我想問您一個問題。」梅羅普斯說：「我一直都不懂，您和薩爾摩紐斯國王不是深懷宿怨嗎？為什麼會選擇娶他的女兒為妻呢？而且，在我看來，您現在還是一樣不喜歡他啊。」

「不喜歡他？錯，我是厭惡、痛恨、鄙視他，我是恨之欲其死。」薛西弗斯大笑一聲說。這個笑聲使得堤洛得以確知他的所在位置。隨著他們一行人走近，她這時已能夠清楚聽到她先生說的每一個字。

「我會娶堤洛那個賤女人，純粹就是因為我太痛恨薩爾摩紐斯了。」他說：「我告訴你，德爾菲的神諭對我說，只要我和她生了兒子，他們長大以後就會殺掉薩爾摩紐斯。所以，等到他死在自己的孫子手上，我就可以擺脫我那個混蛋弟弟，又不必擔心遭到厄里倪厄斯的迫害。」

「這真是……」梅羅普斯一時想不到適當的形容詞。

「太聰明了？太狡猾了？太天才了？」

堤洛的兩個兒子正要循聲跑向爸爸的所在處，但她拉住了他們，把他們往後轉，然後迅速將他們推往河流的轉彎處。女傭跟在他們身後。

堤洛雖然深受薛西弗斯的魅力所吸引，但她對父親薩爾摩紐斯的愛與忠心卻是淩駕於其他一切考量之上。她絕對不可能讓她的兩個兒子長大而殺害他們的外祖父。她知道要怎麼對抗神諭的預言。

「孩子，過來。」她對大兒子說：「你看水裡，有沒有看到小魚？」

那個小男孩在河岸上趴跪下來，看著水裡。堤洛伸手抓住他的脖子，把他的頭壓進水裡。等到孩子停止掙扎之後，她又以同樣的方法殺了小兒子。

「好了，」她語氣平靜地對著嚇壞的女傭說：「現在你要這麼做……」

薛西弗斯與梅羅普斯在那天下午抓到很多魚。看著天色漸晚，他們於是開始打包準備回家。這時候，堤洛的女傭來到他們面前，神色緊張地行了個禮。

「陛下，抱歉打擾了。王后請您和兩位王子打聲招呼，他們在河岸邊等待陛下，就在柳樹後面。」

薛西弗斯走到她說的地方，發現他的兩個兒子仰躺在草地上，渾身蒼白，已經沒了氣息。

那個女傭立刻拔腿狂奔逃命，從此沒有人知道她的下落。等到薛西弗斯回到宮殿，拔劍在手，堤洛早已出發返回她父親的厄利斯王國。她一回到家，薩爾摩紐斯就把她嫁給自己的弟弟克瑞透斯，但她在這段婚姻中過得很不快樂。

薩爾摩紐斯的驕傲和虛榮並不下於他所痛恨的那個哥哥，在厄利斯王國裡更是把自己塑造成一個神明般的人物。他宣稱自己和宙斯一樣擁有召喚風暴的能力，並且下令建造一座銅橋，而喜歡駕駛他的馬車拖著茶壺、大鼎和鐵鍋在橋上飛速奔馳，藉此模擬打雷的聲響。另外，他的手下也會同時將火把拋上空中，藉此模擬閃電。這種無禮的褻瀆行為引起宙斯的注意，於是他就以一道真正的雷霆終結了這樣的胡鬧。薩爾摩紐斯、他的馬車、那座銅橋、馬車後方的廚具，還有其他的一切，全都在瞬間被擊得粉碎，薩爾摩紐斯的魂魄更是被拋進塔爾塔羅斯最黑暗的深處，永久不得脫身。

薛西弗斯的苦勞

得知他那個狂妄而且愛好製造雷聲的弟弟死了以後，薛西弗斯舉辦一場盛宴大肆慶祝。宴會之後的第二天早上，他被手下喚醒，指稱有一個由貴族、地主與佃農組成的代表團前來提出申訴。他揉了揉眼睛，再灌下一杯沒有摻水的酒醒腦之後，就召見那個代表團，詢問是怎麼一回事。

「報告陛下，有人偷走我們的牛！我們每個人都遭遇損失，您自己的王室牛群也被偷了不少。陛下天縱英明，必定可以找出這是什麼人幹的好事。」

薛西弗斯答應展開調查，然後就屏退他們。他很清楚偷牛賊是他的鄰居奧托呂科斯（Autolycus），但是要怎麼證明呢？薛西弗斯雖然狡詐精明，但奧托呂科斯是荷米斯的兒子——那位強盜與無賴之神，在嬰兒時期就偷過阿波羅的牛隻。奧托呂科斯不但遺傳了竊取牛隻的癖性，也承繼了荷米斯的魔法能力，以致很難在他犯案的時候當場逮到他。[54]此外，薛西弗斯和其他地主被偷的牛是褐白相間，頭上長有大角，但奧托呂科斯的牛卻是黑白相間，而且完全沒有角。這樣的情形實在令人困惑不解，但薛西弗斯認定奧托呂科斯必定是以荷米斯教他的咒語偷偷改變了牛的毛色。

「好吧，」他自言自語道：「我們就來看看是哪個東西比較厲害，是欺騙之神的私生子所使用的廉價魔法，還是科林斯創始人薛西弗斯這位全世界頭腦最好的國王與生俱來的聰明才智。」

他下令自己還有鄰居的所有牛隻，都必須在蹄上刻著「奧托呂科斯偷了我」的細小文字。在接下來的七個夜晚，當地的牛隻仍然一如預期不斷減少。到了第八天，薛西弗斯偕同幾個首要地主拜訪了奧托呂科斯。

「朋友們，你們好！」他們的這個鄰居一臉欣喜地揮手高喊：「是什麼風把你們吹來的呢？」

「我們來看你的牛。」薛西弗斯說。

「沒問題，你也想養出黑白相間的牛嗎？他們說我的純種牛在這個區域是獨一無二的。」

---

54 在莎士比亞的《冬天的故事》裡，那個富有無賴魅力的賣藝人、扒手、修補匠，「專偷沒人注意的小東西」，名字也叫做奧托呂科斯。

「哦，的確是獨一無二沒錯，」薛西弗斯立刻回嘴：「誰看過這樣的牛蹄呢？」他提起一頭牛的前腿。

奧托呂科斯俯身看了刻在牛蹄上的字，然後絲毫不以為然地聳了聳肩。「哎呀，」他說：「至少沒被抓到之前還滿好玩的。」

「把這些牛全部帶走。」薛西弗斯下令。就在地主把牛牽走的同時，薛西弗斯把目光轉向奧托呂科斯的房子。「我要帶走你**所有**的牛，」他說：「每一隻小母牛都不放過。」他指的是安菲忒亞（Amphithea），奧托呂科斯的妻子。

薛西弗斯不是個好人。[55]

老鷹

智勝欺騙之神的兒子這項成就，令薛西弗斯志得意滿。他開始認定自己真的是全世界最聰明也最有計謀的人。他自命為一種王室問題解決者，為各式各樣的問題提出判決，並且為此收取高昂的費用。不過，狡猾機靈不等於判斷力，聰明也不等於智慧。

還記得阿索波斯河嗎？當初，底比斯的女祭司塞墨勒就是在這條維奧蒂亞的河流裡沐浴的時候吸引了宙斯的注意，而因此生下狄奧尼索斯。不幸的是，這條河的河神有個女兒，名叫愛琴娜（Aegina），她的美貌也吸引了宙斯的目光。宙斯以老鷹的型態從空中俯衝而下，一把抓走這個女孩，把她帶到阿提卡外海的一座島嶼上。心急如焚的阿索波斯四處找她，不管遇到什麼人都會詢問對方有沒有見到他心愛的女兒。

「你說是一個身穿羊皮的年輕女孩？」薛西弗斯被他問到的時候這麼說：「有，我在不久之前看到這麼一個少女被一隻老鷹抓走。她當時在河裡洗澡，結果那隻老鷹就從天上衝了下來……那真是最——」

「那隻老鷹把她帶去了哪裡？你有看到嗎？」

「你那些手環是真金的嗎？看起來真的很精美。」

「拿去吧，都是你的了，只求求你告訴我愛琴娜到底發生了什麼事。」

「我那時候剛好在一座山丘上，所以看到整個過程。那隻老鷹把她帶去——你那個戒指，是翡翠，對不對？哎呀，謝謝你。我想想……對，他們飛越海面，降落在那裡，在那座島上。到窗戶這邊來，就在海平線那裡，看到了嗎？那座島應該是叫做俄諾涅（Oenone）。你在那裡就可以找到他們了。啊，你要走了嗎？」

阿索波斯包下一艘船，航向那座島嶼。他還沒航行一半的距離，宙斯就看到他，於是對著

---

55 他侵奪安菲忒亞的行為造成一項傳言，指稱薛西弗斯其實是奧托呂科斯的女兒安提克勒亞（Anticlea）的生父。安提克勒亞後來生下拉厄爾忒斯（Laertes），拉厄爾忒斯則是生下了奧德修斯（Odysseus），又名尤利西斯（Ulysses），也就是那位以足智多謀聞名的偉大英雄。

他的船頭射出一道雷霆。強大的撞擊力造成一股湧潮，把阿索波斯連人帶船一起沖入他的河口，而回到他的河裡。[56]

但薛西弗斯！宙斯注意這個惡棍已經有一段時間了。薛西弗斯對於行經他王國的旅人敲詐打劫的行為，並沒有逃過宙斯這位好客之神的法眼。薛西弗斯對那些旅人課稅、劫掠他們的財寶、恣意占他們的女人便宜，肆無忌憚地違反賓主之道的每一項神聖律法。現在，他更是擅自插手和自己完全無關的閒事，干預神祇的生活，甚至亂告眾神之王的狀。該是採取措施的時候了。必須對他施行懲罰，以儆效尤才行。打入地獄受罰，就是他的命運。

薛西弗斯雖然出身王室，但宙斯認定他的人生太過邪惡無恥，因此沒有資格受到荷米斯的帶領前往冥界。於是，宙斯派遣死神塔納托斯為薛西弗斯套上腳鐐手銬，押往冥界。

欺騙死神

雖然很難想像陰鬱的塔納托斯也會有自得其樂的感受，但他總是頗為享受自己示現於注定將死之人面前的那一刻。

他現身的時候，只有即將被他帶走的人才看得到他。他枯瘦的身形套著黑斗篷，身上不斷飄散出惡臭的氣體，而且對受害者伸出手還會刻意放慢速度，拉長對方遭受煎熬折磨的時間。他有如枯骨般的手指一碰觸到對方的皮肉，他們體內的魂魄就會發出一股可憐的嗚咽聲。塔納托斯很喜歡看著被他碰觸的人因為生命熄滅而導致膚色化為蒼白，眼皮抖動一番之後闔上。他尤其最愛聆聽魂魄逸出軀殼之時發出的最後一陣顫抖的嘆息，乖乖接受他套上鐐銬，準備讓他帶走。

如同大多數詭計多端而又富有野心的陰謀者，薛西弗斯也相當淺眠。他的腦筋總是轉個不停，只要些微的噪音就可能驚醒他。因此，即便是死神滑入他的寢室，也足以讓他坐起身來。

「你是什麼鬼東西？」

「鬼東西？說得好！我的確是個**鬼東西**，哇哈哈哈！」塔納托斯發出他那猙獰可怕的笑聲。這樣的笑聲經常會把臨死的凡人嚇得尖叫發狂。

「別再鬼叫了，你是有什麼毛病？牙痛嗎？還是消化不良？還有，講話不要講得不清不楚的。你叫什麼名字？」

「我的名字……」塔納托斯刻意稍微停頓，營造氣氛。「我的名字……」

「我可沒有閒功夫和你耗一整夜。」

「我的名字叫……」

「你到底有沒有名字啊？」

「塔納托斯。」

---

56 阿索波斯主掌至少兩條河，一條在維奧蒂亞，灌溉底比斯；另一條就是他現在被沖進去的這條河，流經科林斯。

「哦，所以你就是死神，對不對？嗯。」薛西弗斯的反應顯得很冷淡。「我還以為你很高呢。」

「薛西弗斯，埃俄羅斯之子，」塔納托斯以威嚇的語氣嚴肅說道：「科林斯國王，埃俄利……」

「夠了，夠了，我知道**我**自己是誰。你才是那個記不起自己名字的人。坐吧，歇歇腳。」

「我不需要歇腳，我是用飄浮的。」

薛西弗斯低頭看了地板一眼。「咦，真的耶。你是來找我的，對不對？」

塔納托斯不再確定自己說的話是不是會受到應有的尊重與敬畏，於是拿出鐐銬，並且頗具威嚇意味地在薛西弗斯面前甩動。

「原來你帶了鐐銬過來。是鐵的嗎？」

「是鋼的，不會斷裂的鋼。這些鐐銬由獨眼巨人史特羅佩斯在赫菲斯托斯的火爐裡鍛造而成，再由我的主人黑帝斯施以魔法。任何人一旦上了這副鐐銬，就只有黑帝斯才能夠解得開。」

「了不起。」薛西弗斯承認道：「可是在我的經驗裡，沒有什麼東西是不可能斷裂的。況且，這副鐐銬連個鎖或者扣環都沒有。」

「其中的鎖扣和彈簧太過精巧，凡人的肉眼是看不到的。」

「你當然這麼說，可是我一點都不相信這副鐐銬有用。我敢說這東西連你這瘦巴巴的手臂也銬不住。不服氣嗎？那你試試看啊。」

如此公然嘲笑他引以為傲的鐐銬，實在令他忍無可忍。「你這愚蠢的人！」塔納托斯斥道：「如此精密複雜的裝置，是凡人沒辦法理解的。你看！繞過我的背後，拉到前面，就這麼容易。幫我按一下這裡，把扣環扣起來，這裡有個隱形的擋板……看吧！」

「有，我看到了，」薛西弗斯沉吟著說：「我**確實**看到了。我錯了，我真是大錯特錯。這作工實在太精巧了。」

「噢。」

塔納托斯想要甩動鐐銬，卻發現自己的整個上半身已被束縛住而動彈不得。「呃……可以幫幫我嗎？」

薛西弗斯從床上跳起來，打開房間角落一個大衣櫃的門。把飄浮在地面上而慘遭綁縛的塔納托斯推往房間角落實在是容易至極。只輕輕一推，他就一路滑入衣櫃，而且鼻子還撞上衣櫃背板。

薛西弗斯把衣櫃門鎖上，然後興高采烈地高呼：「這個衣櫃的鎖雖然很便宜，而且又是人造的，但我可以保證效果絕對不輸給在赫菲斯托斯的火爐裡鍛造出來的鐐銬。」

衣櫃裡隱隱傳出塔納托斯絕望的叫聲，哀求著薛西弗斯把他放出來。不過，薛西弗斯「哇哈哈哈」地大笑一聲，就蹦蹦跳跳地離開了，對於死神的懇求聽而不聞。

沒有死神的世界

塔納托斯受困之後的頭幾天過得平靜無波。不管是宙斯、荷米斯或甚至是黑帝斯，都沒有想到要確認薛西弗斯是不是依照安排到了地獄報到。不過，隨著整整一個星期過去而沒有任何新的亡靈抵達，冥界的精靈與惡魔因此開始竊竊私語。又過了一個星期，同樣沒有任何一個亡靈前來報到，唯一的例外是阿提米絲一名可敬的女祭司，她因為一生過得純淨無瑕，而得享由別稱普緒科蓬（Psychopomp）的荷米斯親自護送至冥界的禮遇。亡靈供給突然斷流的情形令黑帝斯的居民頗感困惑，接著才有人提及已經好幾天沒看到塔納托斯了。搜索隊隨即出動，但是卻遍尋不著死神。以前從來不曾發生過這樣的情形。沒有塔納托斯，這整套體系就隨之停擺。

奧林帕斯呈現意見分歧的情形。狄奧尼索斯覺得這樣的狀況極為好笑，於是乾了一杯酒，慶祝致命的肝硬化從此不再對人造成威脅。阿波羅、阿提米絲與波塞頓對於這一點大致上抱持中立的態度，狄蜜特則是擔心波瑟芬妮身為冥界王后的權威恐將遭到藐視。這對母女掌管的四季需要生命持續不斷的終結與重生，而這樣的循環只有在死神存在的情況下才有可能發生。這麼一項不得體的醜聞令赫拉大感震怒，宙斯也因此焦躁不安。通常歡樂活潑的荷米斯也焦慮不已，因為冥界的正常運作有一部分是他的責任。

不過，對於這個狀況覺得最無法忍受的卻是阿瑞斯。他氣憤不已。他往下望，看見人間仍然持續發生著猛烈的戰爭，但是卻**沒有人死**。戰士被長矛刺穿、遭到馬蹄踐踏、被馬車的車輪碾得開腸破肚、被人用劍砍掉頭，但還是不會死。這樣的情形使得戰爭淪為鬧劇。士兵和平民如果都不會死，那麼戰爭還有什麼意義？這樣的戰爭解決不了任何問題，也達不到任何成果。這樣的戰爭永遠沒有任何一方會贏。

位階較低的神靈對於這個問題的看法也和奧林帕斯眾神一樣分歧。凱瑞斯持續吸食在戰鬥中遭到砍殺者的鮮血，而絲毫不理會他們的魂魄到底有沒有被收走。荷賴當中的狄刻與歐諾彌亞認同狄蜜特的觀點，認為死神失蹤會打亂萬物的自然秩序。她們的妹妹和平女神厄瑞涅則是欣喜不已。如果死神失蹤表示戰爭將從此銷聲匿跡，那麼她的時代豈不是來臨了嗎？

阿瑞斯在爸媽宙斯與赫拉面前抱怨嘮叨不停，最後他們終於再也忍受不了。他們宣告必須要趕快把塔納托斯找出來。赫拉質問他最後一次被人看到是在什麼時候。

「荷米斯，」宙斯說：「你不是不久之前才派他去押送那個黑心惡棍薛西弗斯的魂魄嗎？」

「該死！」荷米斯懊惱地一拍大腿。「當然了！**薛西弗斯**。我們派塔納托斯去把他押送到黑帝斯。你們在這裡等我。」

荷米斯腳跟的翅膀拍動起來，嗡的一聲，他就立刻消失無蹤。

才一眨眼，他又回來了。「薛西弗斯沒有到冥界報到。塔納托斯在半個月前奉命去抓他，也是在那之後就行蹤不明。」

「科林斯！」阿瑞斯大吼：「我們還等什麼？」

薛西弗斯寢室裡那個上鎖的衣櫃很快就被發現，門也隨即受到撬開，只見蒙羞的塔納托斯滿臉淚痕，坐在角落，身上蓋著幾件斗篷。荷米斯把他帶到地獄去，由黑帝斯揮手解開魔法鐐銬。

「塔納托斯，這件事我們後續再談，」他說：「現在有一大堆的魂魄等著你處理。」

「陛下，先讓我去逮薛西弗斯那個惡棍吧。」塔納托斯懇求道：「他絕對騙不了我第二次。」

荷米斯揚起一側的眉毛，但黑帝斯則是把目光轉向與自己並排而坐的波瑟芬妮。她點了點頭。在冥界所有的僕從當中，塔納托斯是她最喜歡的一個。

「這次可別再搞砸了。」黑帝斯哼了一聲，然後就揮手屏退他。

葬禮

我們已經知道薛西弗斯不是笨蛋。他絲毫沒有幻想過塔納托斯會永遠被鎖在他的衣櫃裡。死神遲早會被人放出來，而再度前來追捕他。

在暫住的城鎮別墅裡，薛西弗斯正在對他的太太說話。經過姪女提洛淹死他的兩個兒子並且拋下他的悲劇之後，他又另娶了一個妻子。他再娶的這個年輕王后一點都不像提洛那樣任性執拗，而是溫和又聽話。

「親愛的，」他一面說一面把妻子拉進懷裡：「我覺得我很快就會死了。等到我嚥下最後一口氣，魂魄飛離軀殼之後，你要怎麼辦？」

「我的大王，我會做我該做的事。我會為你沐浴塗油，在你的舌頭上放一個歐帛勒斯，好讓你付船夫的渡資。我們會為你守靈七天七夜，也會焚燒祭品討好冥界的國王與王后。這麼一來，你前往水仙平原的旅途就會平順舒適。」

「你的用意很好，不過這正是你**不能**做的事情。」薛西弗斯說：「我死了以後，我要你把我全身剝得精光，丟到街上。」

「大王！」

「我很認真，**非常**認真。這是我的希望，我的懇求，也是我的命令。不管別人怎麼說，你絕對**不能**祈禱，**不能**獻祭，**不能**舉行葬禮。把我的遺體當成死狗一樣處理。你一定要答應我。」

「可是——」

薛西弗斯握住她的肩膀，直視著她的雙眼，藉此讓她知道自己的命令有多麼認真。「如果你愛我，如果你的的確確是我的妻子，如果你希望自己永遠不會遭到我憤怒的魂魄糾纏，就答應我你會**完全**按照我剛剛的指示去做。以你的靈魂發誓。」

「我——我發誓。」

「很好。我們來喝酒吧，敬——『敬生命！』」

他對時機的掌握一樣無可挑剔，因為當天晚上他就被死神在床邊的低語吵醒了。

「科林斯的薛西弗斯，你的時間到了。」

「啊，塔納托斯，我早就在等你了。」

「別想再欺騙我。」

「我？欺騙你？」薛西弗斯站起來，謙卑地低頭行禮，同時伸出雙手準備接受上銬。「我絕對沒有這樣的念頭。」

套上鐐銬之後，他們兩個就一同飄到冥界的入口。塔納托斯把薛西弗斯留在斯提克斯河岸上，然後隨即離開，急著去處理那一大堆等著他押送的魂魄。

擺渡人卡戎把船搖了過來，薛西弗斯一步跨上去。卡戎撐篙把船從岸邊推開，同時伸出手掌。

「沒辦法。」薛西弗斯說，拍了拍自己的口袋。

卡戎一句話也沒說，就把他推下船去，落入斯提克斯黑暗的河水當中。河水極為冰冷，冰冷得難以忍受，但薛西弗斯還是游到了對岸。河水對他的皮膚造成的刺痛感幾乎令人無法忍受，但他爬上河岸之後，就知道自己如願達成一副極盡悲慘狼狽的模樣。

飄過他身邊的魂魄都紛紛別過臉。

「請問王宮大殿往哪邊走？」他問一個魂魄，然後依照對方的指示來到波瑟芬妮面前。

「令人敬畏的王后。」薛西弗斯低下頭。「我請求晉見黑帝斯。」

「我丈夫今天在塔爾塔羅斯，由我代理他。你是什麼人，竟敢以這副德性站在我面前？」

薛西弗斯全身赤裸，一隻耳朵已被咬掉，還有一顆眼球垂落在眼窩外。他的靈體滿是咬痕、腫塊、瘀青、傷口和潰瘍，反映他的肉身在科林斯的街頭上遭到的蹂躪。他的妻子確實遵循他的指示。

「王后陛下，」他在波瑟芬妮面前趴跪在地：「沒有人比我更深切感受到這樣的狼狽模樣有多麼不得體。我的太太，我那個刻毒、邪惡、凶狠、不知敬神的太太——就是她害我淪落到這麼悲慘的狀況。我在臨死之前，就聽到她對手下的婢女說：『我們不要浪費黃金舉行葬禮，冥界的神祇對我們來說根本不值一顧。把他的屍體丟到外面去給狗吃吧。把他為了葬禮存下來的錢拿去舉行一場盛宴，他要獻祭給黑帝斯還有波瑟芬妮的小母牛就烤來我們自己吃吧。』然後她就笑著拍起手來。敬畏的王后，這就是我在人世間的最後一刻所聽到的聲音。」

波瑟芬妮憤慨不已。「她竟然有這種**膽子**？竟然有這種**膽子**？她一定要受到懲罰。」

「是，陛下，可是要怎麼懲罰呢？」

「活活剝皮……」

「是，這樣很不錯。可是請容我提供一個建議，要是——」薛西弗斯露出一道靈光乍現的微笑：「——要是您把我放回人世，讓我起死回生呢？想想看她會有多麼震驚！」

「嗯……」

「而且我會確保她每一天都必須為自己的傲慢無禮付出代價。沒有黃金可以舉行宴會，每天都只能遭受我嚴酷的對待、辱罵以及奴役。我實在**等不及**要看她臉上的表情了。要是她見到我出現在她面前，活生生的，健康完好……而且……說不定甚至比以前還要年輕，還要有活力，又還要俊美？她才二十六歲，可是想想看我要是活得比她更久，對她會是多大的折磨！我會把她當成我的奴隸，每一天都讓她**生不如死**。」

波瑟芬妮想著那個情景，不禁面露微笑，拍起手來。「就這樣吧。」在冥界待了多年以後，波瑟芬妮已培養出一種統治者的高傲，也對地獄王國的適切運作方式懷有僵固的觀念。

於是，薛西弗斯就被帶回人間，而和他那個喜出望外的王后過著幸福快樂的生活。

等到他的死亡真正到來的時候，那又是另一回事了。

推石頭

宙斯、阿瑞斯、荷米斯與黑帝斯得知薛西弗斯第二度逃過死亡之後，都深感不悅。不過，波瑟芬妮已經做出決定，而不朽族也無法取消其他不朽族的決定。

薛西弗斯又過了將近五十年平靜富裕的生活之後，他太太的壽命終於到了盡頭，所以波瑟芬妮與薛西弗斯的契約也就隨著她的去世而失效。塔納托斯於是第三度也是最後一次來到他的面前。

這一次，薛西弗斯向卡戎奉上渡資，乖乖搭船橫越斯提克斯河。荷米斯在對岸等待著他。

「哎呀，哎呀，哎呀，科林斯的薛西弗斯國王。說謊、詐騙、無惡不作又詭計多端的男人，真是深得我心啊。從來沒有一個凡人能夠欺騙死神，結果你竟然成功了兩次。你這聰明的傢伙。」

薛西弗斯鞠了個躬。

「這樣的成就應當獲得永垂不朽的機會。跟我來。」

荷米斯帶著薛西弗斯穿越一條接一條的走廊與通道，最後來到一座巨大的地底大廳。一道大斜坡從地板往上通到天花板，斜坡底部有一塊被一道光線照亮的巨石。

「光線是從人間來的。」荷米斯說。

薛西弗斯看見斜坡通到天花板上的一個正方形開口，陽光就是從那道開口射了進來。荷米斯伸手一指，那個開口就關了起來，光線也隨之消失。

「你唯一需要做的事情，就是把那顆石頭推上斜坡。等你推到頂端，那個洞口就會打開，然後你就可以爬上人間，成為永生不死的薛西弗斯國王，塔納托斯永遠不會再去煩你。」

「就這樣？」

「就這樣。」荷米斯說：「當然，你如果不喜歡這個安排，我也可以把你帶去極樂淨土，讓你和其他道德高尚的亡靈一同過著永久的幸福生活。不過，你要是選擇推這塊石頭，就必須不斷嘗試，直到你成功贏得自由與永生為止。你自己選吧。在冥界過著愜意的死後生活，還是追求在人間永生不死的機會。」

薛西弗斯檢視那塊巨石。那塊石頭雖然大，卻不是大得嚇人。斜坡雖然陡，卻也不是陡得爬不上去。頂多四十五度角吧。要在極樂淨土和那些言行端正而且乏味至極的傢伙永遠待在一起，還是要在上頭那個充滿樂趣又骯髒不已，熱鬧滾滾又亂七八糟的真實世界過著永生不死的生活？

「這東西沒什麼機關吧？」

「沒機關，沒壓力。」荷米斯伸手搭著薛西弗斯的肩膀說道，同時露出他最迷人的微笑：「你可以自由選擇。」

接下來的發展你早就知道了。薛西弗斯用肩膀頂著巨石，開始往上推。推到斜坡的一半，他已確信自己必定能夠獲得永生。到了四分之三的高度，他雖然已經感到疲累，但還不至於筋疲力竭。到了五分之四的高度……媽的，還真是辛苦。六分之五，全身筋骨酸痛。七分之六，**快撐不下去了**。八分之七……他這時距離天花板只剩幾公分，大概只有一個指甲的距離。只要鼓起最後一道力氣，就可以……**啊**！！！石頭突然一滑，從薛西弗斯身上彈跳而過，滾到斜坡底部。「好吧，第一次嘗試就有這樣的表現還算不錯。」薛西弗斯心想：「只要我慢慢來，多儲備一些體力，一定到得了頂端。我知道我可以。我一定會找出比較有效的方法。說不定我可以倒著走，用背部頂起石頭。我一定行的……」

直到今天，薛西弗斯還是在塔爾塔羅斯的那座大廳裡，努力把那顆巨石推上斜坡，然後石頭每次都會在幾乎達到頂端的時候滾下去，於是他就必須再重來一遍。他將永遠不斷在那裡推著那塊石頭。他仍然認定自己一定做得到。只要鼓起最後一道力氣，他就自由了。

畫家、詩人與哲學家都在薛西弗斯的神話故事當中看到許多寓意。他們從中見到人生的荒謬、努力的徒勞無益、命運的殘酷無情、地心引力無可克服的強大力量。但另一方面，他們也看到人類的勇氣、韌性、堅毅、耐力與自信。在我們拒絕屈服的表現當中，他們看到了某種英勇的特質。

狂妄自大

在希臘人眼中，狂妄自大（hubris）是一種特殊的驕傲。這種心態經常導致凡人違抗神祇，而終究為自己招來無可避免的懲罰。這是希臘悲劇的主角以及希臘神話當中的其他許多重要角色的一項普遍缺陷，甚至可以說是必要缺陷。有時候，問題不是出在我們身上，而是出在眾神身上，因為他們太易妒、太小心眼，也太過虛榮，以致無法接受凡人能夠有和他們相等或甚至更高一等的表現。

淚流滿面

你可能還記得伯羅普斯不是坦塔洛斯和狄俄涅唯一的孩子。他們還生了一個女兒，名叫尼俄柏。儘管有她父親的悲慘下場與她哥哥的可怕遭遇，尼俄柏卻是個驕傲又富有自信的女人。她認識宙斯與安提俄珀的兒子安菲翁，然後嫁給了他。你也許還記得安菲翁曾是荷米斯的愛人，而且和自己的雙胞胎兄弟建造了底比斯的城牆，藉著歌唱與彈奏里拉琴而對石塊施以魔法。[57]尼俄柏與安菲翁生了七子七女，稱為尼俄貝（Niobids）。

尼俄柏懷有程度高得危險的自負與自尊，總是喜歡對別人說自己有多麼重要，而且她的血統又是多麼尊貴神聖。

「我媽媽是特提斯和歐開諾斯的後代——你應該知道，他們是第一代的泰坦族。我爸爸那一邊的祖先則有特摩羅斯（Tmolus），他是呂底亞山神當中地位最高的一位。我親愛的丈夫安菲翁是宙斯和安提俄珀的兒子，安提俄珀的父親則是國王倪克透斯（Nycteus），他是底比斯那群從龍牙誕生出來的斯巴托伊人當中的一個。所以，我心愛的兒子和女兒真的可以說是擁有全世界所有家族當中最尊貴的身世。當然，我絕對不准他們自吹自擂。出身良好的人絕對不會自以為了不起。」

這樣的愚蠢行為，原本頂多只是讓人覺得有點可憐而已，但她竟然還大言不慚地自比為眾神之母的女泰坦勒托。每年，底比斯的民眾都有一天會聚集起來共同歌唱頌讚勒托，並且講述阿提米絲與阿波羅在提洛斯誕生的奇蹟故事。結果就在這個對勒托及其尊嚴帶有神聖意義的日子，尼俄柏竟然發表了她最高傲的言論。

「我是說，我絕對承認勒托生下的阿提米絲和阿波羅這對雙胞胎非常迷人而且帶有完全的神聖血統，本來就是這樣。可是只有**兩個**孩子？一個女孩和一個男孩？老天，我實在不懂她怎

57 安菲翁娶了尼俄柏，並且把她帶到自己協助建造的底比斯之後，就在里拉琴原本的四條弦之外又加上三條，藉此紀念尼俄柏位於小亞細亞的出生地，因為這樣他就可以彈奏出所謂的呂底亞調式。

麼敢說自己是個母親。而且，誰說我那七個兒子和七個女兒不會晉升為神聖的不朽族呢？就算不是**全部**，也一定有幾個能夠獲得這樣的待遇。[58]從他們的出身來看，我覺得應該是有很大的機會啦，你不覺得嗎？我覺得，頌揚勒托這麼一個懶惰、粗俗又生產力低落的母親，實在是很沒品味的事情。明年我一定會取消這場慶典。」

勒托聽聞了這個自命不凡的底比斯女人竟然如此侮辱她，還膽敢把自己擺在她之上，不禁在她的雙胞胎兒女面前哭了出來。

「那個可惡，愛吹牛，自以為了不起的女人，」勒托哽咽著說：「她居然說我只生了兩個孩子是懶惰……她說我生產力低落……還說我粗俗。她說她會禁止底比斯的人民慶祝我的ㄐ一ㄐ一節日……」

阿提米絲伸手環著她的肩，阿波羅則是來回踱步，不停以拳擊掌。

「她有十四個孩子，」勒托號哭道：「所以和她比起來，我想我真的是……」

「好了！」阿提米絲說：「哥哥，她害我們媽媽哭成這樣，我們應該要讓這個女人知道淚水的意義。」

阿提米絲與阿波羅直接前往底比斯，獵殺了安菲翁與尼俄柏的十四個子女。阿提米絲以她的銀箭射殺那七個女兒，阿波羅則是以金箭射殺那七個兒子。安菲翁收到這場屠殺的消息之後，隨即拔劍自殺。尼俄柏也哀痛得無法自已。她逃到她兒時的家，棲身於斯比勒山的山坡上。不管她以前有多麼勢利、冒失、驕傲、荒唐，現在她這種無可撫慰的悲慘樣貌也實在令人不忍卒睹。眾神對她不停的哀哭也聽不下去，於是把她變成石頭。不過，就算是堅硬的石頭也阻擋不了她的眼淚。尼俄柏的淚水從石頭裡不斷流出，而在山坡上形成一座奔瀉而下的瀑布。

直到今天，遊客來到斯比勒山，還是可以在岩石的輪廓當中看出一個女人的側臉。這塊石頭的土耳其語名稱為「Ağlayan Kaya」，意為「哭泣岩」。[59]這塊岩石俯瞰著馬尼薩（Manisa）——這是坦塔利斯的現代名稱。從這塊岩石湧出的水，將會永久帶著哀傷奔流而下。

阿波羅與瑪耳緒阿斯：自命不凡

不是只有凡人才會展現出過度的驕傲。雅典娜女神受傷的自尊就間接導致一個名叫瑪耳緒阿斯（Marsyas）的自負生物淪入悲慘的下場。

事情的開端，是雅典娜傲然發明了一種新樂器，並且將其命名為「奧羅斯」（aulos）。這是一種雙簧片的木管樂器，有點像是現代的雙簧管或英國管。[60]這個美妙的樂器只有一個問

---

58 這時候，如同在後續的英雄時代，凡人仍有晉升為不朽族的可能。赫拉克勒斯（Herakles）就獲得這樣的待遇。在後世文明當中，羅馬皇帝可以被奉為神，羅馬天主教徒可以獲得封聖，電影演員也能夠在好萊塢星光大道上永久留名。

59 這塊岩石是石灰岩，而鈮（niobium）這種化學元素——其結構與性質都非常近似於鉭——則是以這位流淚女王為名。

題：每當雅典娜一拿起來吹奏，雖然發出的樂聲極為優美，卻總是引得奧林帕斯眾神哄笑不已，因為雅典娜如果要吹出好聽的聲音，就必須鼓起腮幫用力吹。看到這位體現尊嚴二字的女神漲紅臉，而且腮幫鼓得像隻牛蛙一樣，實在令她那群沒禮貌的家族成員忍不住捧腹大笑。雅典娜雖然富有智慧，又不受情感與自負的影響（大體上如此），卻不是**全然**沒有虛榮心，所以也無法忍受遭到別人嘲笑。她試圖以這件新樂器的悅耳聲音贏得眾神的欣賞，但嘗試三次都不成功之後，就詛咒一聲，把它丟下奧林帕斯山。

奧羅斯掉在小亞細亞的佛里幾亞王國（Phrygia），接近於馬伊安得河（Maeander）的源頭（這條河的河道蜿蜒曲折，因此其名稱就衍生為英語當中的「蜿蜒」〔meander〕一詞），而被一個名叫瑪耳緒阿斯的薩特撿了起來。身為狄奧尼索斯的跟隨者，瑪耳緒阿斯除了具有許多不正經的特質之外，也深富好奇心。他撥掉奧羅斯上面的沙土，對著這個管子吹一口氣，結果只發出「嗶」的小小一聲。他笑了起來，然後搔了搔因為震動而發癢的嘴唇。他深吸一口氣，用力吹進管子裡，直到管子發出一個又長又響亮的音符。真是好玩。他一面走一面吹，結果才過不多久，就已能夠吹出一段像樣的旋律。

過了一兩個月之後，他的名聲已經傳遍小亞細亞與希臘。他成了著名的「樂師瑪耳緒阿斯」，吹奏奧羅斯的技藝能夠讓樹木隨之舞動，石頭也跟著唱歌。

他深深迷醉於自己的音樂技藝所帶來的名氣與恭維。如同所有的薩特，他也只愛酒、女人和音樂，而他在音樂方面的造詣，即確保另外兩種享受源源不絕而來。

一天晚上，在劈啪作響的火堆前，腳邊的邁納德以充滿愛慕的眼神仰望著他，喝醉酒的瑪耳緒阿斯突然抬起頭對著天空大喊。

「喂，阿波羅！你這個里拉琴之神！你以為自己音樂造詣很高，可是我敢說要是有人辦一場俊塞……俊醬……健在……那個叫什麼？」

「競賽嗎？」一個邁納德懶洋洋的說。

「對，沒錯。要是有一場……她說的那個……我一定會贏。絕對會贏，沒有問題。里拉琴什麼人都會彈，沒什麼了不起。可是我的笛子，我的笛子隨隨便便都可以贏過你的琴弦。就是這樣。」

他身邊的邁納德紛紛笑了起來，瑪耳緒阿斯也大笑一陣，打個嗝，然後就心滿意足的睡著了。

競賽

第二天，瑪耳緒阿斯帶著他的許多跟隨者出發前往奧羅克雷涅湖（Aulocrene）。他們約了其他薩特在那裡舉行一場盛大的宴會，而瑪耳緒阿斯將在宴會上吹奏他自己創作的幾首狂

60　一項有趣的巧合是，以帕拉斯．雅典娜為名的化學元素鈀（palladium），其中一項主要用途就是製作木管樂器。話說回來，這**真的**是巧合嗎？嗯……？

野奔放的舞曲。他會在湖岸上採幾株蘆葦（這座湖泊的名稱就見證此處的蘆葦有多麼繁多——「aulos」意為「蘆葦」，「krene」意為「水泉」），為他的奧羅斯製作幾片新的吹嘴。他一面吹奏一面跳舞，帶著跟隨者歡歡樂樂地前進，但他轉過一個轉角之後，卻被一幅光芒耀眼而且令人不安的奇景擋住去路。

草地上架設一個舞臺，九位繆思坐在臺上，圍成一個大大的半圓形。舞臺中央站著一人，是手持里拉琴的阿波羅，他俊美的嘴唇形成一抹陰沉的微笑。

瑪耳緒阿斯突然停下腳步，他身後的薩特、法翁與邁納德反應不及，全部撞成一團。

「來吧，瑪耳緒阿斯，」阿波羅說：「準備驗證你的大話了嗎？」

「大話？什麼大話？」瑪耳緒阿斯已經忘了他前一夜酒醉之後的胡言亂語。

「你說：『要是有一場我和阿波羅之間的競賽，我一定會贏。』現在我就給你一個機會，讓你看看實際上是不是這樣。九位繆思親從帕納索斯山來到這裡擔任評審，聆聽我們的演奏。她們會判定我們誰輸誰贏。」

「可—可—可是……我……」瑪耳緒阿斯突然覺得喉嚨乾澀，雙腿也幾乎要癱軟下去。

「你在音樂方面的造詣是不是比我高？」

瑪耳緒阿斯聽到他身後的跟隨者傳出一陣充滿懷疑的竊竊私語，於是內心的傲氣又湧了上來。

「只要是公平的競賽，」他逞著一時上衝的膽氣說：「我的演奏一定會贏過你。」

阿波羅的嘴角更加上揚。「太好了，到舞臺上面來吧。我先開始。我彈奏一段短短的旋律，看你能不能回應。」

瑪耳緒阿斯在阿波羅身邊站定，然後阿波羅便低頭調音。調音完成之後，他輕輕刷弦並且細膩地撥奏起來。一段優美至極的旋律飄揚而出——細緻、甜美而誘人。這段旋律總共有四個樂句。最後一個樂句結束後，瑪耳緒阿斯的跟隨者隨即爆出掌聲。

瑪耳緒阿斯立刻把奧羅斯舉到唇邊，重複吹出那四個樂句。不過，他稍微做了一些變化與轉調——在這裡添加一段花音，在那裡改變一串音符的音高。在他的跟隨者所發出的讚嘆聲乃至卡莉歐碧本身的點頭肯定之下，他以一段華麗的裝飾奏收尾。

阿波羅馬上以兩倍的速度對那些樂句做出變奏。他的撥弄刷奏聽起來極為悅耳，但瑪耳緒阿斯卻以更快的速度回應，音符如連珠砲般從他的樂器裡發出，帶有一種美妙的魔力，又引來聽眾更多的鼓掌聲。

接下來，阿波羅做了一件出人意料的事情。他把里拉琴倒著拿，並且將樂句反過來演奏——音符反向排列仍然成其為旋律，但這下則是帶有種神秘陌生的色彩，令人聽了著迷不已。阿波羅彈奏完畢之後，對著瑪耳緒阿斯點了點頭。

瑪耳緒阿斯的聽力非常敏銳，隨即吹奏出一樣的反向旋律，但阿波羅卻哼一聲打斷他。「不對，不對，你這個薩特！你要像我剛剛那樣把樂器倒過來。」

「可是這樣……這樣不公平！」瑪耳緒阿斯抗議道。

「不然這樣如何？」阿波羅一面彈奏里拉琴，一面唱起歌來：「瑪耳緒阿斯吹那根討人厭的管子吹得有模有樣；可是他吹的時候，是不是也能同時歌唱？」

瑪耳緒阿斯氣憤不已，而竭盡全力吹奏起來。他紫漲著臉，雙頰也鼓得彷彿即將爆裂開來一樣。數以百計的四分音符、八分音符與十六分音符傾瀉而出，飄揚而成世人從沒聽過的美妙音樂。可是阿波羅的神聖嗓音，還有里拉琴的金弦所發出的和聲與琶音——瑪耳緒阿斯這件管樂器怎麼可能和那樣的聲音競爭呢？

累得氣喘吁吁又因為沮喪而忍不住啜泣起來的瑪耳緒阿斯怒聲大叫：「不公平！我的嗓音和氣息透過我的奧羅斯而歌唱，就像你的嗓音透過空氣傳播一樣。我當然沒辦法把我的樂器倒過來吹，可是任何一個公正的評審都看得出我的音樂技藝比較高明。」

評判結果

阿波羅奏出一段帶有勝利意味的**滑音**，而轉向擔任評審的繆思。「甜美的姐姐們，誰贏誰輸不是我說了算，當然要由你們決定。你們認為勝利誰屬呢？」

這時候，瑪耳緒阿斯的情緒已然失控。遭到羞辱以及深覺不公的感受驅使他敵視起評審。「她們不可能公正評判，她們都是你的姑姑或者姐姐還是什麼亂倫關係的親戚。她們和你是一家人，她們絕對不敢……」

「瑪耳緒阿斯，閉嘴！」一個邁納德喊道。

「偉大的阿波羅，不要聽他胡說八道！」另一人懇求道。

「他歇斯底里了。」

「他人其實很好也很正直。」

「他沒有惡意。」

繆思沒有討論太久，就宣布結果。

「我們一致宣告，」尤特琵說：「這場競賽由阿波羅獲勝。」

阿波羅鞠了個躬，露出一個迷人的微笑。不過，他接下來做的事情，可能會讓你永遠無法再那麼欣賞這位金光閃耀的俊美神祇，這位集理性、魅力與和諧於一身的阿波羅。

他抓住瑪耳緒阿斯，剝掉他身上的皮。沒有什麼言詞可以委婉描述他的行為。為了懲罰瑪耳緒阿斯向奧林帕斯神提出挑戰的狂妄自大，阿波羅在這個薩特的尖叫聲中活生生剝掉他的皮，然後掛在一棵松樹上做為警惕。[61]

「瑪耳緒阿斯遭到剝皮」成了深受畫家、詩人與雕塑家喜愛的一項主題。有些人認為他的

---

61 你如果真的無法接受這位深深令人仰慕的神祇竟然會做出如此殘忍的事情，也許可以對這個故事採取另一種解讀觀點。匈牙利語文學家暨神話學家克雷尼（Károly Kerényi）是希臘神話研究的一位傑出先驅，他指出薩特習於把獸皮穿在身上。他堅稱阿波羅只是沒收瑪耳緒阿斯身上的獸皮，令他裸體示眾。就是這樣而已，阿波羅對他的懲罰就只有這樣。這是一項頗為溫馨也富有說服力的解讀，卻不受世世代代的藝術家所採信。

故事呼應了普羅米修斯的命運：象徵藝術創作者致力於媲美眾神的努力，或是眾神拒絕接受凡人藝術家的成就能夠超越神明。[62]

阿剌克涅

織匠

在呂底亞王國[63]一座名叫許派派（Hypaepae）的小鎮外圍，有個名叫伊德蒙（Idmon）的商人暨工匠住在一棟小屋子裡。他在鄰近的科洛豐（Colophon）這座愛奧尼亞城市交易染料為生，尤其是福西亞紫這種價值極高的顏色。他的妻子在生下女兒阿剌克涅（Arachne）的過程中難產而死。伊德蒙深以阿剌克涅為傲，因為她從小就在編織方面展現出非凡的天賦。

當然，紡紗與編織在那個時代具有極高的重要性。除了種植糧食以外，對於人類福祉而言最重要的活動，大概就是穩定生產布料以供服裝與家飾使用，而那時的布料皆是以手工製造而成。羊毛或亞麻先紡成線，再掛上織布機編織成羊毛布或亞麻布。這種工作專由技巧精良的女

---

62 這個神話故事的其中一種版本，指稱是個性陰晴不定的阿波羅主動向才華出眾的瑪耳緒阿斯挑戰。但如此一來，這則寓言故事就會比較是關於神的嫉妒心，而不是凡人的狂妄自大。

63 呂底亞是許多神話故事的發生地。希臘人殖民他們稱為愛奧尼亞（Ionia）的地區，其中包括呂底亞，而這個地區就是當今土耳其的安納托利亞區域。

性從事，因此有些文化和語言對於女性的稱呼就反映了這種活動。在英語裡，我們至今還是把家族當中的母系稱為「distaff side」（捲線桿的那一方）。捲線桿是在紡紗之前用來纏繞羊毛或亞麻的紡錘。此外，紡紗者稱為「spinster」，這個詞語現在雖指「老處女」，以前卻沒有這樣的負面意味，而是單純用來指稱任何未婚女子。

不過，如同幾乎所有的人類活動，有些人就是擁有神秘的能力，能夠把這種平凡無奇的日常活動提升到藝術的境界。

從一開始，阿剌克涅的織布技藝就是愛奧尼亞各地眾人談論的話題，也令愛奧尼亞人引以為傲。她織布的速度與精確度令人訝異；她挑選不同顏色的線更是動作靈巧又充滿自信，眼睛幾乎連看也不看，總是讓那些湧到伊德蒙的小屋來觀看她織布的仰慕者驚嘆不已。此外，在她速度飛快的梭子之下編織而出的圖樣、花色與精密圖形，更是令觀者不由自主地鼓掌叫好，並且宣稱她無與倫比。她在布面上織出的森林、宮殿、海洋與高山都栩栩如生，讓人覺得彷彿可以跳入其中。前來觀賞她織布的不只有科洛豐和許派派的凡人居民：當地的帕克托羅斯河（Pactolus）當中的水澤仙女以及特摩羅斯山（Tmolus）上的山精，也都紛紛湧入這棟小屋，對她的織布技藝驚奇地搖頭不已。

所有人都一致認為阿剌克涅是五百年一見的奇才。本來有這樣的織布技巧就已經夠令人讚嘆了，但她超群的品味——例如她從來不會過度使用紫色或是其他高價眩目的染料——才是真正的奇蹟所在。

她每天得到的這些稱讚，絕對足以把人給沖昏頭。不過，阿剌克涅不是個被人寵壞或者高傲自負的孩子——實際上，不在織布機前的時候，她的個性比較偏向務實平淡，而不是輕狂任性。她明白自己的才華是上天賜予的，所以也不把功勞攬在自己身上。不過，她確實相當珍視自己的天賦，並且認為適切評估自己的技藝只是誠實的表現而已。

「沒錯，」她在一個宿命的下午低頭看著自己的作品而喃喃自語道：「我真心認為帕拉斯‧雅典娜要是坐下來和我一起織布，一定會發現她技不如我。畢竟，這是我每天的工作，而她只是當成娛樂偶一為之。難怪我會超越她這麼多。」

由於伊德蒙家中的前廳擠滿許多寧芙，因此阿剌克涅這段不當的言語很快就傳到雅典娜的耳中。

紡織競賽

過了一個星期左右之後，有一天，阿剌克涅在尋常的群眾圍觀下坐在織布機前織著一張掛毯，上頭的圖案描繪了底比斯的創建。眾人看到她織出龍牙戰士從地上冒出的景象，都不禁為之驚呼。不過，她的這些仰慕者所發出的讚嘆聲，卻突然被一陣敲門聲給打斷。

門打開之後，只見外面站著一個滿臉皺紋的駝背老婦。「希望我沒有走錯地方，」她氣喘吁吁的說，身後拖著一個大袋子：「我聽說這裡住著一個很厲害的織匠，名字叫做阿莉阿德涅，對不對？」

她受邀進到屋裡。「她的名字叫做阿刺克涅。」他們對她說，並且伸手指向坐在織布機前的那個女孩。

「原來是叫做阿刺克涅。我可以看嗎？親愛的，這些是你織出來的？真是了不起。」

阿刺克涅自滿地點點頭。

那名老婦摳著布面。「真難相信凡人能夠織出這樣的作品。雅典娜一定有幫忙吧？」

「老實說，」阿刺克涅略帶不耐的說：「我覺得雅典娜織出來的東西恐怕沒有我的一半好。拜託你，不要把它摳壞了。」

「哦，你認為雅典娜還不如你？」

「就紡織來說，這應該是事實吧。」

「我很好奇，要是她現在就在這裡，你會對她說什麼？」

「我會要求她承認我的紡織技藝勝過她。」

「那就要求看看吧，你這愚蠢的凡人！」

話一說完，那張老邁臉龐上的皺紋隨即消失，呆滯渾濁的眼睛也變為清澈銳利的灰色眼珠，只見那個駝背的老婦人挺直身軀，幻化成美麗奪目的雅典娜本身。眾人全都震驚地後退幾步，寧芙尤其縮進牆角，對於自己浪費時間欣賞一名凡人的作品而感到羞恥又害怕。

阿刺克涅的臉色變得一片蒼白，心臟也撲通撲通跳個不停，但表面上還是盡力保持平靜。

被雅典娜的灰色眼珠盯著看實在令人深感不安，但儘管她的目光堅定又充滿智慧，事實畢竟還是不變。

「好吧，」阿剌克涅極力以鎮定的語氣說：「我無意冒犯，但是我認為這點是毋庸置疑的：我在織布機的技藝上確實沒有對手，不管是在人世間**還是**在奧林帕斯山上。」

「真的嗎？」雅典娜揚起一側的眉毛。「那我們就來試試看吧。你想先開始嗎？」

「不用……」阿剌克涅站起身來退開一步，然後指著織布機。「您請先。」

雅典娜看了看織布機的支架。「好，這樣可以。」她說：「你用的是福西亞紫，還不錯，可是我比較喜歡泰爾紫。」她一面說著，一面從她的大袋子裡拿出各種彩色羊毛。「來吧……」

幾秒鐘後，她就動手織了起來。黃楊木製成的梭子飛快來回移動，然後美妙的圖案就像變魔法一樣開始出現。眾人都擠上前觀看。他們看見雅典娜織出眾神本身的故事。在烏拉諾斯遭到閹割的畫面裡，所有的血腥細節絲毫沒少，噴出的鮮血看來黏膩不已。另外還有阿芙柔黛蒂的誕生，其中的浪花顯得清新涼爽。一格圖案描繪克羅諾斯吞下瑞亞的孩子，另一格描繪嬰兒時期的宙斯受到母山羊阿瑪爾忒亞哺乳。雅典娜甚至也在這張掛毯上織出自己從宙斯的頭顱裡誕生出來的場景。接下來是一幅耀眼奪目的圖案，顯示十二位神祇坐在奧林帕斯山上的寶座上。不過，她還沒織完。

彷彿是為了阿剌克涅的大言不慚而刻意要公開羞辱她，雅典娜接著織出凡人因為自認為能夠與神祇平起平坐或甚至比神祇更勝一籌而付出的慘痛代價。在第一格畫面裡，她織出了色雷斯的洛多珀（Rhodope）王后與海摩斯（Haemus）國王，他們因為膽敢自比為赫拉與宙斯而被變成兩座山。在另一格畫面裡，雅典娜織出了矮人族王后葛拉娜（Gerana），她宣稱自己的美貌與重要性遠超過天空之后，結果遭到氣憤不已的赫拉變成一隻鶴。在同一個角落裡，雅典娜又織出安提戈涅（Antigone）的圖案，她因為類似的無禮行為而導致滿頭的頭髮都被變成了蛇。[64]最後，雅典娜在掛毯邊緣點綴了自己的聖樹橄欖樹的圖案，結束之後才站起來迎接她當之無愧的喝采。

阿剌克涅很有風度，也跟著眾人一起鼓掌。她的頭腦動得和雅典娜的梭子一樣快，馬上就知道自己要創作什麼圖案。她內心充滿一股狂熱。在無意之間獲得與一位奧林帕斯神比賽的機會，她因此不只想要讓世人看到自己的織工勝過雅典娜，還要證明凡人在各個面向上都勝過眾神。看到雅典娜織出奧林帕斯眾神的誕生與即位這樣的浮誇主題，接著再呈現凡人因為**狂妄自大**而遭到懲罰的拙劣寓言，實在令她深感氣憤。既然要玩寓言的遊戲，那就來吧。她決定要給雅典娜好看！

阿剌克涅坐下來，壓一壓指節，然後開始織了起來。在她飛快移動的手指下浮現而出的第一個形象是一頭公牛，而且有個年輕女孩騎在背上。另一格圖案顯示那頭公牛飛上天空，橫越海洋。那個女孩在海浪上方回頭望著幾個驚慌衝向懸崖邊的青年。有可能嗎？阿剌克涅描繪的是歐羅巴遭劫的情景，而那些青年就是卡德摩斯和他的幾個弟弟嗎？

圍在四周的眾人紛紛擠上前細看，同時發出喃喃低語的聲響。接下來一連串的圖案，更是明白顯示阿刺克涅的用意。先是菲碧與科俄斯這兩位泰坦的女兒阿斯忒瑞亞（Asteria），她在急迫的狀況下變身成一隻鵪鶉，以免遭到化身為老鷹的宙斯侵犯。在這格圖案旁邊，阿刺克涅織出宙斯化身為天鵝，環繞在廷達瑞俄斯（Tyndareus）的妻子麗達（Leda）身邊引誘她。接著，宙斯又變身為一個跳著舞的薩特，追逐著美麗的安提俄珀；然後這位好色的神祇又極其古怪地化身為一陣黃金雨，並且可以明顯看到他以這種意想不到的形象對阿果斯國王阿克里西俄斯（Acrisius）遭到監禁的女兒達那厄（Danaë）播種。這些強奪與引誘的事件，有許多都是凡人茶餘飯後的話題，但阿刺克涅以彩色絲線把這些事件鮮活呈現出來，則是無可饒恕的行為。接著又是宙斯更多的敗德劣行——倒楣的寧芙愛琴娜與美麗的波瑟芬妮都遭到變身為斑點蛇的他所騷擾。宙斯以這種方式占有他自己與狄蜜特生下的女兒波瑟芬妮，雖然以前就有人私下流傳過，但阿刺克涅現在這樣公然描繪出來，則是褻瀆的行為。

然而，她以絲線呈現的不只有宙斯的墮落事蹟。接下來出現了波塞頓，這位海神先是化身為一頭公牛，狂奔追逐著阿耳涅（Arne）這名害怕不已的塞薩利女子，然後又偽裝成凡人厄尼佩烏斯（Enipeus），藉此追求甜美的堤洛，最後則是變身為海豚，追逐迷人的墨蘭托（Melantho），也就是杜卡利翁的女兒。

---

64 眾神後來對她心生憐憫，而把她變成一隻鸛鳥。從此以後，鸛鳥顯然就專門以蛇為食。這個安提戈涅不是底比斯那位伊底帕斯（Oedipus）的女兒，而是個與她同名的特洛伊女子。

接著出現的是阿波羅的劣行：阿波羅變身為鷹隼、獅子以及牧羊人，強奪少女而沒有任何憐憫與羞恥之心。狄奧尼索斯也沒有逃過阿剌克涅的巧手，只見他把自己偽裝成一大串葡萄誘騙美麗的厄里戈涅（Erigone），又在盛怒之下把阿卡托厄與彌倪阿斯姐妹[65]變成蝙蝠，只因為她們偏好沉思的生活，而排拒狂歡縱樂。

阿剌克涅的精湛技藝把這些事件全都栩栩如生地呈現出來。其中一貫的主題，就是眾神以欺騙甚至野蠻的手段強占凡人女子的便宜。阿剌克涅最後在自己的作品邊緣織上一圈花朵與常春藤葉交織的裝飾圖案。她完成以後，若無其事地把梭子推到一旁，然後站起來伸了伸懶腰。

獎賞

圍觀的眾人全都往後退開，心裡又是驚駭，又是著迷，又是不安。這個女孩的大膽令人捏一把冷汗，但這件狂妄褻瀆的作品所呈現出來的高超技巧與藝術性卻又無可否認。

雅典娜上前仔細檢視整塊布，完全看不出有任何瑕疵或缺陷。這是一件完美的作品。完美，但是因為褻瀆神明而不容存在。她一語不發地把布撕開，扯破每一格圖案。最後，她更在遏抑不了的怒火之下抓起梭子，朝著阿剌克涅的頭用力一擲。

梭子擊中額頭的痛楚似乎把阿剌克涅從恍神狀態中驚醒過來。她做了什麼好事？是什麼樣的瘋狂蒙蔽她的理智？她將再也不能夠織布了。她必定得為自己的無禮舉動付出慘痛的代價。

她在這張掛毯上織出的那些女孩所遭遇的命運，和她自己即將面對的命運比起來將是微不足道。她從地上撿起一段粗麻繩。「我要是不能織布，那我也不要活了！」她哭喊一聲，然後就在別人都還來不及阻止她的情況下衝出小屋。

眾人湧到窗前與門邊，驚恐地看著阿剌克涅奔過草地，把那條麻繩拋上一棵蘋果樹的樹枝，隨即上吊自殺。他們一同回過頭看著雅典娜。

一滴眼淚滾下雅典娜的臉頰。「傻女孩，真是個傻女孩。」她說。

眾人驚駭之餘，全都靜靜跟著雅典娜走出小屋，而來到那棵蘋果樹。阿剌克涅的屍體在半空中晃盪著，毫無生氣的眼球突出於眼窩外。

「像你這樣的天賦，是永遠不會死的。」雅典娜說：「你將會永遠不斷紡線而編織、紡線而編織、紡線而編織……」

她一面說，阿剌克涅就逐漸縮小。吊著她的那條繩子拉長成為一條閃亮的細絲，而她則開始拉著那條細絲往上攀升——不過，這時候的她已不再是個女孩，而是變成一個注定永遠不斷忙著紡線編織的生物。

---

65 維奧蒂亞國王彌倪阿斯（Minyas）的女兒，三姐妹的名字分別為琉喀珀（Leucippe）、阿爾西珀（Arsippe）與阿卡托厄（Alcathoe）。近期發現的一種歐洲蝙蝠，就依據阿卡托厄的名字而將其學名取為「*Myotis alcathoe*」。這三個姐妹的命運經常被拿來警告那些不受狄奧尼索斯式縱樂所吸引的人——當今的我們則是比較可能會因為相反的狀況而受到警告。

世界上第一隻蜘蛛——第一隻蛛形綱動物（*avachnid*）——就是這麼出現的。有些人說這是她遭到的懲罰，但其實不是。這是她在一項大賽當中獲勝而贏得的獎賞，是一位偉大的藝術家得到的獎勵：能夠永久不斷創作編織出一件件的傑作。

更多的變形

我們已經見過眾神出於憐憫、懲罰或嫉妒等原因而把凡人男女轉變為動物。不過，眾神除了有和凡人一樣驕傲而小心眼的一面，也同樣可能受到慾望所驅使。如同我們先前看過的，在眾神眼中，凡人的肉體就像不朽族的肉體一樣吸引人。神祇的衝動有時候只不過是原始的肉慾，但他們也有可能真的墜入愛河。有許多故事都講述神祇如何追逐美麗迷人的青年男女，而把他們變為動物、植物與花朵，甚至是岩石與溪流。[66]

66 有時候，這些神話故事對於事物的現況提供了解釋，例如阿剌克涅的故事解釋蜘蛛為什麼會織網，梅莉莎的故事告訴我們蜜蜂為什麼會製造蜂蜜等等，就像是「大象為什麼會有長鼻子」這樣的寓言。和許多這類神話故事有關的花朵及動物的名稱，無疑都是藉由拉丁學名流傳至今，例如桂葉芫花以達芙妮（Daphne）的名字而命名為「*Daphne Laureola*」；或者像水仙花與風信子的一般英文名稱，則分別來自納西瑟斯（Narcissus）與海辛瑟斯（Hyacinth）。

尼索斯與斯庫拉

尼索斯（Nisus）是墨伽拉（Megara）這座阿提卡沿岸城市的國王。[67]他頭上一綹紫色的頭髮為他賦予無敵的能力，完全不會遭受任何凡人的傷害。不曉得什麼原因，他的王國遭到克里特的米諾斯國王（Minos）攻擊。有一天，尼索斯的女兒斯庫拉（Scylla）公主看見米諾斯搭乘戰艦從墨伽拉的城牆邊航行而過，就因此愛上了他。[68]她深受愛慾所惑，決定偷走她父親的那綹紫色頭髮拿去送給身在船上的米諾斯，認定自己將可藉此博得他的愛。不過，她偷走那綹頭髮之後，尼索斯就變得和一般人一樣脆弱，結果在她偷偷去找米諾斯的途中，她父親就在一場宮廷叛亂當中被殺了。

米諾斯對於斯庫拉背叛父親的行為不但不感到欣悅，反倒還深覺反感，因此不願和她有任何瓜葛。他把斯庫拉趕下船，然後就揚帆離開墨伽拉，發誓永遠不再回來。

斯庫拉對米諾斯的熱情極度強烈，就算在這樣的情況下也還是放不下自己心愛的這個男人。她在米諾斯的船隻後方奮力游泳，可悲地呼喚著他。她不停哀叫哭喊，而被變成一隻海鷗。眾神發揮他們獨特的幽默感，同時把她的父親尼索斯變成一隻海鵰。

為了報復，尼索斯從此以後就不斷在海上追獵著他的女兒。

卡利斯托

你可能還記得，在佩拉斯吉人的早期時代，在阿卡迪亞的萊卡翁國王[69]還沒被變成狼之前，他有個名叫卡利斯托（Callisto）的美麗女兒，被養育成一名專門侍奉處女獵人阿提米絲的寧芙。

長久以來，宙斯一直對自己得不到的這個美麗女孩垂涎不已，於是有一天把自己化身成阿提米絲的模樣誘騙她。她全心全意倒入自己跟隨的這位女神的懷裡，結果卻遭到宙斯的蹂躪。

經過一段時間之後，她有一次在河裡洗浴，被阿提米絲看到她懷有胎兒的肚子，於是阿提米絲一氣之下就把可憐的卡利斯托趕出她的徒眾之外。孤獨又傷心的卡利斯托因此在世上遊蕩，後來生下一個名叫阿卡斯（Arcas）的兒子。赫拉對她丈夫的愛人從來不會展現出任何寬

---

67 阿提卡（Attica）是希臘的一個區域，其範圍包括雅典在內。「阿提卡希臘語」這種古典語言，因為受到西元前五世紀與四世紀初期的那些偉大雅典作家用於書寫各種留存至今的詩文、戲劇、演說與哲學作品，而流傳到了今天。在許多生長於阿提卡以外的希臘人眼中，這個地區大概就像是英格蘭在大英帝國其他地區人民眼中的模樣：也就是國家裡一個高傲自大的主要區域，而外人提到「希臘」的時候，通常也都是不加思索地想到這個地區。

68 有一頭殘酷的海怪也叫斯庫拉，牠和一個名叫卡律布狄斯（Charybdis）的漩渦共同在西西里島與義大利本土之間的美西納海峽（Straits of Messina）對航海者形成無可穿越的障礙。

69 你可能還記得，他在佩拉斯吉人的早期時代被宙斯變成一頭狼。

容，不管對方有多麼天真無邪都不例外，於是又進一步懲罰卡利斯托，把她變成一頭熊。

幾年後，已經長大成為青年的阿卡斯在森林裡打獵，看到一頭巨大的母熊。他正準備用矛射殺那頭熊，所幸宙斯立刻出手干預，阻止了一場無意間的弒母悲劇，並且把他們兩人升上天空，成為大熊座與小熊座這兩個星座。赫拉的怒火仍未平息，於是詛咒這兩個星座永遠不得喝同一窪水，而這就是為什麼（我是這麼聽說的）它們永遠都面對著相反的方向。70

普洛克涅與菲羅墨拉

雅典國王潘狄翁（Pandion）有兩個美麗的女兒，名字分別叫做普洛克涅（Procne）與菲羅墨拉（Philomela）。年紀比較大的普洛克涅離開了雅典，嫁給色雷斯國王忒琉斯（Tereus），而生下一個兒子，名叫伊克提斯（Ictys）。

有一年，她的妹妹菲羅墨拉到色雷斯與她的家人同住一整個夏天。心肝之黑無與倫比的忒琉斯，深深傾倒於他這個年輕小姨子的美貌，於是在一天晚上把她拉到自己的臥房強逞獸慾。由於他深怕自己這項天怒人怨的罪行遭到太太以及世人發現，因此割掉菲羅墨拉的舌頭。他知道菲羅墨拉不識字，不管是讀還是寫都不會，所以安心認定她絕對無法向別人訴說自己的悲慘遭遇。

但在接下來的一個星期左右，菲羅墨拉卻織出一張掛毯，藉著詳細描繪的圖案向她姐姐普洛克涅描述自己遭到侵犯的過程。這對姐妹對於自己遭受的委屈憤怒不已，於是策劃了和那場罪行的駭人程度不相上下的報復手段。她們知道怎麼樣可以造成讓忒琉斯痛不欲生的傷害。他是個凶暴可憎的人，不但脾氣暴躁，也能夠做出言語難以描述的敗德行為，但他有一項弱點——他深愛自己的兒子伊克提斯。普洛克涅與菲羅墨拉非常清楚他對兒子無盡的深切感情。伊克提斯雖然也是普洛克涅的兒子，但她的母愛在這時卻已受到內心的仇恨與無可遏抑的復仇渴望所淹沒。這對姐妹把一切的憐憫之心拋在腦後，前往那個孩子的臥房，而在睡夢中奪取他的性命。

「菲羅墨拉很快就要回雅典了。」普洛克涅在第二天上午對她丈夫說：「我們要不要在今天晚上為她舉行一場送別宴會，也藉此表彰你對她的熱情款待？」

菲羅墨拉發出一聲嗚咽，同時用力點頭。

「看起來她也覺得這是個好主意。」

忒琉斯哼了一聲，表示同意。

在那晚的宴會上，國王貪婪享用一道美味的燉肉，用一塊塊的麵包沾起所有的湯汁吃得一乾二淨，但吃完之後發現肚子還有空間。他看見桌上有個蓋著銀蓋的盤子，就放在他伸手可及的範圍之外。

---

70 實際上，卡利斯托在天上扮演雙重角色，因為她也是木星的衛星：木衛四又名卡利斯托。

「那盤是什麼？」

菲羅墨拉微微笑著把盤子推向他。

忒琉斯掀開蓋子，隨即發出驚恐的尖叫，只見盤上盛著他兒子的頭顱，臉上還殘留著痛苦的表情。普洛克涅姐妹高聲大笑。忒琉斯意識到那對姐妹做了什麼事，並且體悟到那道燉肉為什麼那麼柔嫩美味之後，立刻大吼一聲，從牆上扯下一把長矛。兩個姐妹馬上衝出門外，高喊著請求眾神的救助。忒琉斯國王緊追在她們身後，一路追到宮外的街道上，卻突然感到自己飄上空中。他變成一隻戴勝鳥，原本痛苦憤怒的吼聲也轉變為淒涼的啼鳴。在此同時，普洛克涅也變成一隻燕子，菲羅墨拉則是變成夜鶯。

夜鶯雖以優美的啼聲著名，卻只有雄鳥才會鳴唱，雌鳥就像沒有舌頭的菲羅墨拉一樣從不出聲。[71]燕子的許多物種都以普洛克涅的名字為名，而戴勝鳥則是至今仍然戴著王冠。

蓋尼米德與老鷹

小亞細亞的西北角有一座王國，為了紀念其統治者特洛斯（Tros）國王而將國名取為特洛阿德（Troad）或特洛伊（Troy）。特洛伊的西側隔著愛琴海與希臘相望；其後方是當今的土耳其以及古代的東方國度；北方是達達尼爾海峽（Dardanelles）與加里波利（Gallipoli）；南方則是萊斯博斯（Lesbos）這座巨大島嶼。特洛斯娶了當地河神斯卡曼德（Scamander）的女兒卡利羅厄（Callirrhoë），生下兒子伊洛斯（Ilos），而王國裡的主要城市即以他的名字命名為伊利翁（Ilium；後來單純被人稱為特洛伊城）。他們的第二個兒子阿薩剌科斯（Assaracus）沒有留下多少記載，但第三個兒子蓋尼米德（Ganymede）則是令所有人一見就難以移開目光，也忍不住為之屏息。

人世間從來沒有出現過比蓋尼米德王子更俊美的少年。他有一頭金黃色的頭髮，膚色有如溫熱的蜂蜜，嘴唇更像是一道柔軟甜美的邀請，吸引著人忘情於瘋狂美妙的香吻之中。

不分老少的女性，都曾經因為他的目光落在自己身上而不禁興奮尖叫或甚至激動昏厥。一輩子從來不曾對同性產生過興趣的男性，看到他也忍不住心臟怦怦亂跳，渾身血液沸騰，耳中嗡嗡作響。他們會因此口乾舌燥，並且為了討好他或者吸引他的注意而胡言亂語。他們回家之後，就開始寫起情詩，以各種詞語搭配出一個個韻腳，包括「腿肚」（thighs）與「眼珠」（eyes）、「美臀」（hips）與「嘴唇」（lips）、「青春」（youth）與「純真」（truth）、「男孩」（boy）與「歡快」（joy）、「慾念」（desire）與「火焰」（fire），寫完之後再立刻撕成碎片。

不同於許多先天擁有美貌優勢的人，蓋尼米德不會個性陰沉、脾氣暴躁，也沒有被寵壞的

---

71 希臘人認為戴勝鳥發出的叫聲是「pou? pou?」，意為「哪裡？哪裡？」——也許代表心痛如狂的忒琉斯呼喚著他的兒子。莎士比亞在第一百零二首十四行詩當中把夜鶯稱為「菲羅墨爾」——「如同菲羅墨爾在初夏歌唱」——但令人不解的是，菲羅墨拉的名字卻最常見於歐歌鶇的學名裡：「*Turdus philomelos*」。

任性。他的舉止迷人而不做作，微笑充滿和善，琥珀色的眼珠也帶有溫暖的光芒。熟識他的人都說他內心的美德不亞於外在的美貌，甚至猶有過之。

他如果不是王子，那麼他令人驚豔的相貌恐怕會引來更多騷動，以致他根本無法正常生活。不過，由於他是一位偉大統治者最疼愛的兒子，因此沒有人膽敢引誘他，而他的人生也過得無可非議，愛好的事物只有馬匹、音樂、運動和朋友。眾人都認為特洛斯國王有一天會為他配對一位希臘公主，然後他會成長為一名英俊陽剛的男人。畢竟，青春稍縱即逝。

不過，他們沒有料到眾神之王這項因素。我們不知道宙斯是聽聞這名俊美少年的傳言，還是無意間瞥見了他，只知道宙斯對他充滿無可遏抑的慾火。儘管這名凡人是王室血脈，儘管染指這名少年必然會釀成醜聞，也一定會引來赫拉的盛怒與妒恨，宙斯卻還是化身成一隻老鷹，俯衝而下，用爪子抓起那個少年，而把他帶到奧林帕斯山上。

這是一項駭人的舉動，但出人意料的是，此舉竟然不只是純粹受到肉慾驅使的結果，而是似乎涉及真心的愛。宙斯深深愛慕這個男孩，而想要和他永久廝守在一起。他們的肉體之愛更是進一步加深他的愛慕之心。宙斯賦予他永生不死與永保青春的贈禮，並且將他指定為自己的斟酒人。從今以後，他將永遠都會是這個外貌與心靈深深迷倒宙斯的蓋尼米德。除了赫拉以外，其他的眾神都欣然歡迎這名少年來到天上。他實在讓人沒有辦法不喜歡上他：他的來到使得奧林帕斯增色不少。

宙斯派遣荷米斯帶了一群聖馬送給特洛斯國王，藉此彌補他們家族的損失。

「你的兒子在奧林帕斯山上深受歡迎與喜愛，」荷米斯對他說：「他永遠不會死，而且和其他凡人不一樣的是，他外表的美貌永遠都會與內心的美德相符，所以他永遠都會滿足快樂。天空之父全心鍾愛他。」

好吧，反正特洛伊的國王與王后還有另外兩個兒子，而且只要不雞蛋裡挑骨頭，荷米斯帶來的這群馬也的確是全世界最精良的馬兒。既然他們的蓋尼米德有幸成為不朽的奧林帕斯眾神當中的一員，而且宙斯又真心愛他，那麼……

可是蓋尼米德是不是也愛慕宙斯呢？這點難以確認。古人認為答案是肯定的。他通常都被描繪成臉上帶著開心的微笑。他成為在希臘生活中占有中心地位的那種同性之愛的象徵。他的名字似乎也是一種刻意的文字遊戲，其來源包括「ganumai」（令人開心）與「medon」（王子）或者「medeon」（生殖器）。這個令人開心的王子擁有令人開心的生殖器，而他的名字又經過長時間的演變而成了「孌童」（catamite）一詞。

宙斯與蓋尼米德幸福廝守了很長一段時間。當然，宙斯對蓋尼米德並不忠貞，就像他對自己的妻子一樣；但儘管如此，他們還是幾乎成了一對固定伴侶。

在眾神的統治接近尾聲之時，宙斯獎賞這名美少年，這名對他忠心耿耿的僕從、愛人暨朋友，而把他變成一個星座，並且放置在黃道帶這個天空中最重要的部位。直到今天，他仍然在天上閃閃發光，就是我們所見到的水瓶座——宙斯的斟酒人。

黎明的愛侶

接下來要談談一對不朽族的姐妹。我們先前見過厄俄斯，也就是羅馬人所稱的奧羅拉（Aurora）。我們知道她的工作是在每一天開始的時候打開大門，讓太陽神（原本是阿波羅，後來則是赫利俄斯）駕著太陽馬車通過。他們的妹妹塞勒涅（羅馬人稱她為盧娜〔Luna〕）則是負責駕駛月亮馬車橫越夜空。宙斯與塞勒涅生下了兩個女兒：潘狄亞（Pandia；雅典人每逢滿月就會紀念她）與厄耳薩（Ersa；有時又稱為赫耳塞〔Herse〕），也就是露水的擬人化神明。

厄俄斯曾經數度墜入愛河。有個名叫克法羅斯（Cephalus）的青年，因為俊美英勇而吸引了她的目光，於是她就將他劫走。厄俄斯絲毫不理會克法羅斯早已死會的事實——實際上，他已經娶了普洛克莉絲（Procris）為妻，也就是雅典第一任國王厄瑞克忒斯（赫菲斯托斯噴灑而出的精液所造成的結果）與王后普剌克西忒亞（Praxithea）生下的女兒。厄俄斯雖然擁有令人眩目的美貌，而且又讓克法羅斯住在豪華的太陽宮殿裡，但被綁架的克法羅斯卻深深想念妻子普洛克莉絲。這位黎明女神不管怎麼挑逗撩撥，都燃不起他的慾火。厄俄斯既失望又難堪，於是同意把他送回妻子身邊。在這整個過程裡，厄俄斯都深感嫉妒以及自尊心受創。他哪來的膽子，竟然寧要凡人而不要女神？想到一個平凡的女人能夠激起他的熱情，而神聖的厄俄斯卻令他冰冷無感，實在是……

於是，她裝出一副若無其事的模樣，開始挑撥克法羅斯對妻子的情感。

「唉。」就在他們接近克法羅斯家鄉的時候，厄俄斯嘆了一口氣，哀傷地搖了搖頭。「想到那麼純潔的普洛克莉絲在你離開的時候過著什麼樣的生活，就讓我覺得難過。」

「怎麼說？」

「哦，想想看她取悅了多少男人。實在是讓人不敢多想。」

「你根本不瞭解她！」克法羅斯激動地駁斥道：「她不只美麗，也非常忠實。」

「哈！」厄俄斯說：「只要有嘴皮子和銀子就行了。」

「什麼意思？」

「只要奉上甜言蜜語和銀幣，就算是最正直的人也有可能背棄道德。」

「你太憤世嫉俗了吧。」

「我每天都在天亮之前起床，所以都會看到人在黑暗中所做的事。我說的話不是憤世嫉俗，只是事實而已。」

「可是你不認識普洛克莉絲。」克法羅斯堅稱道：「她和別人不一樣，她忠實又堅貞。」

「算了吧！只要你一轉過身，她就會跳上別人的床。我跟你說……」厄俄斯停下來，彷彿突然想到一個點子。「你要是**喬裝**成別人去和她認識呢？表現出主動積極的態度，不斷讚美她，對她說你愛她，送她一些小飾品——我敢說她一定立刻就會撲到你身上。」

「不可能！」

「隨你怎麼說，不過……」厄俄斯聳聳肩，然後指向路邊：「你看——那裡有一堆衣服和一個頭盔。想像看看，要是你再長出一把鬍鬚……」

厄俄斯突然消失無蹤，而克法羅斯也在同時發現自己臉上冒出一大把鬍鬚。無緣無故出現在路邊的那堆衣物似乎召喚著他。

克法羅斯雖然一再反駁，但厄俄斯的話卻在他的心裡播下懷疑的種子。他一面穿上那套荒謬的服裝，一面告訴自己說這麼做不是屈服於內心的懷疑，而是要向厄俄斯證明她那種憤世嫉俗的觀點並不正確。他和普洛克莉絲將在明天的黎明對著天空大喊：「黎明女神，你看你錯得多麼離譜！」他們會對她說：「你看你有多麼不瞭解充滿愛意的凡人之心。」類似這樣的話。這麼一來，她就不得不承認自己的錯誤。

過了一會兒之後，普洛克莉絲打開門，看見一個長了一大把鬍鬚而且戴著頭盔又身穿長袍的陌生人。她顯得有些枯槁憔悴。她丈夫突然間無緣無故地消失，對她造成很大的打擊。不過，她還來不及詢問這位訪客的來意，克法羅斯就老實不客氣地走進屋裡，屏退僕人。

「你是個很美麗的女人。」他以一口濃重的色雷斯口音說道。

普洛克莉絲羞紅了臉。「先生，我必須……」

「來吧，跟我一起坐在這張沙發上。」

「真的，我不能……」

「來吧，又沒有人在看。」

普洛克莉絲知道這樣實在是超出賓主之道的常態，但還是順從對方的要求。這個陌生人的強勢令她難以拒絕。

「像你這樣的美人兒，怎麼會獨自住在這麼大的房子裡呢？」克法羅斯從一個銅碗上拿起一顆無花果，以頗具暗示性的姿態大咬一口，然後把汁液淋漓的半顆果子拿在普洛克莉絲面前微微搖晃。[72]

「先生！」

她才開口打算抗議，克法羅斯就把柔軟的無花果塞進她的嘴裡。

「你的美貌就算是眾神看了也會慾火焚身。」克法羅斯說：「當我的女人吧！」

「我已經**結婚**了！」她在滿口果肉和種子的情況下勉強說道。

「結婚？那是什麼東西？我是個富豪，只要你肯順我的意，那麼你要什麼珠寶或者飾品，我都可以給你。你是這麼的美。我愛你。」

普洛克莉絲遲疑不語。她可能是想要把口中的無花果吞下去，也可能是受到對方承諾的財

72 在希臘語當中，「展示無花果的人」稱為「sycophant」（拍馬屁者）——可能是因為在街頭上兜售這種水果的小販總是以諂媚巴結的言語吸引顧客，不然就是展示無花果的舉動相當於展露陰莖（畢竟，無花果向來都被視為是一種帶有情慾色彩的水果），再不然就是和無花果的採集方式有關。不管什麼原因，總之在雅典的法律情境裡，「展示無花果」的「sycophancy」一詞變成了指涉那些任意或惡意誣告別人的人。那種人的諂媚姿態使得「sycophancy」產生今天這種「拍馬屁」的意思。

物所引誘，也可能是被對方突然提出的熱烈表白所感動。無論如何，她這麼稍一遲疑就深深激怒克法羅斯，只見他倏然站起，扯下身上的偽裝，呈現出自己的真面目。

「原來如此！」他怒聲大吼：「原來你獨自一個人的時候就是這個樣子！你這個不知自愛，滿口謊言的女人！」

普洛克莉絲不敢置信地瞪大眼睛。「克法羅斯？是你嗎？」

「沒錯！我就是你那個可憐的丈夫！原來我不在的時候，你就是**這副德性**！滾吧！別再讓我看到你了，不知忠貞為何物的普洛克莉絲。給我滾得遠遠的！」

他揮舞著拳頭向前一撲，害怕不已的普洛克莉絲隨即奪門而出。她不停奔跑，衝進樹林當中，最後才因疲累不堪而癱倒在阿提米絲的一處神聖樹叢邊緣。

第二天早上，阿提米絲發現了躺在地上的普洛克莉絲。經過一番哄慰之後，她才說出事情的經過。

她跟在這位狩獵女神身邊，和她那群凶猛的少女隨從同住一年，但最後終究還是再也忍受不了。

「阿提米絲，你照顧我，教我追獵的技藝，也向我證明避開男人的好處。但是我沒辦法騙你：在我心中，我還是和以前一樣深愛著我的丈夫克法羅斯。他雖然誤會了我，可是他會產生那樣的誤會也是因為他深愛著我，所以我滿心渴望原諒他，想要躺在他的懷裡，再度成為他的妻子。」

阿提米絲雖然不希望她離開，卻正好處於寬厚的情緒當中，因此不但讓她安然回到丈夫身邊，而沒有挖出她的眼睛或是把她丟去餵豬（這樣的舉動對於阿提米絲而言絕不陌生），並且還給了她兩件非凡的禮物，讓她送給克法羅斯以平撫對方的怒氣。

萊拉普斯與透墨索斯惡狐

普洛克莉絲得到的第一件禮物是一條不尋常的狗兒，名叫萊拉普斯（Lailaps）。牠不管追逐什麼對象，都一定能夠得手。只要命令牠展開追獵，那麼不論目標是一頭鹿，還是野豬、熊、獅子或甚至人，牠都必然能夠撂倒獵物。第二件禮物也同樣珍貴，是一枝百發百中的長矛。任何人只要同時擁有這條狗和這枝長矛，就絕對有資格自稱為全世界最厲害的獵人。看到這些禮物，也難怪克法羅斯會那麼欣然把他的妻子迎回家中，迎回他的懷裡。

從此以後，克法羅斯開始聲名遠播——他的狩獵技藝傳遍各個王國，最後更傳入底比斯攝政王克瑞翁（Creon）的耳裡。[73]這個國家在其黑暗的歷史當中經常遭受災難所苦，這個時候也

73　克瑞翁極為務實，也非常善於治理國家。索福克里斯的《伊底帕斯王》、《伊底帕斯在科隆納斯》與《安提戈涅》這幾部底比斯系列劇作，就是以他充滿悲劇的家族史為主題。我十六歲的時候扮演過克瑞翁，還受到了評論。其他的我就不透露了。

不例外。這時危害底比斯的是一隻凶猛的狐狸，當地人稱之為卡德摩斯雌狐，在整個希臘世界則是以透墨索斯惡狐（Alopex Teumesios）之名令人聞之喪膽。這隻猛獸的特殊天賦，就是獲得永遠不會被抓的神聖敕命——不管有多少獵犬、馬匹或人員致力於追獵圍困牠，都不免會被牠脫逃。一般認為這場可怕的狐災是狄奧尼索斯施放的結果，因為他對這座曾經迴避並且嘲笑他母親塞墨勒的城市仍然懷抱著復仇之心。

愈來愈感絕望的克瑞翁聽聞克法羅斯近乎超自然的天賦，還有他的神犬萊拉普斯，就立刻派人到雅典向他商借這條狗兒。克法羅斯欣然出借這條神犬，於是克瑞翁隨即派牠去追獵那隻狐狸。

接下來的發展，揭露了希臘人的頭腦所帶有的一項美妙特質：也就是他們對於矛盾的著迷。一隻不可能被抓到的狐狸一旦遭到一條絕不可能失手的獵犬追捕，會有什麼結果？這就像是那個常見的問題：無可抵擋的力量遇到不可移動的物品會怎麼樣？

卡德摩斯雌狐繞著圈圈不停奔逃，從來不會讓獵物溜走的萊拉普斯則是緊追在後。要不是宙斯插手干預，我猜想牠們直到今天還是會陷在這個無盡的邏輯迴圈裡。

眾神之王低頭看見這幅景象，於是思索這個自我矛盾的古怪問題。這個問題不但違反一切常理，也令人懊惱地顛覆了「nous」（智性）這個希臘詞語所代表的概念。宙斯的權威立基於一項根深柢固的律法，也就是任何神祇都沒有能力取消其他神祇的神咒。所以，這兩隻一追一逃的獵犬和狐狸注定將永遠置身在這種無可化解的狀況當中，從而對萬物的秩序構成公然的嘲諷。宙斯解決此一難題的方法，就是把這隻狐狸和追逐牠的獵犬變成石頭。這麼一來，牠們就凍結於時間當中，彼此的必然性都永遠無法達成，兩者的命運衝突也永遠無解。經過一段時間之後，他覺得即便是這種凍結的狀態也似乎有違常理，於是將牠們升上天空，化為大犬座與小犬座這兩個星座。

令人難過的是，克法羅斯與普洛克莉絲的幸福生活並沒有持續太久。少了萊拉普斯，克法羅斯還是擁有那枝百發百中的長矛，因此他最喜歡做的事情，就是在雅典周圍的山丘與谷地遊蕩，遇到什麼獵物就以長矛射殺。在一個燠熱的下午，經過三個小時的追獵與擲矛之後，疲累不已又滿身大汗的他於是躺下來小睡一會兒。他雖然躺在自己最喜歡的大橡樹的樹蔭底下，卻還是熱得渾身不舒服。

「澤費羅斯（Zephyrus），來吧。」他懶洋洋地對著西風高喊：「讓我的肌膚感覺到你。擁抱我，安撫我，舒緩我，慰藉我，在我身上玩耍……」

極不湊巧的是，普洛克莉絲就在此時帶著一盤橄欖和一些酒來到克法羅斯的所在處，想要給他一個驚喜。她走近之時，剛好聽到她丈夫的這段話：「讓我的肌膚感覺到你。擁抱我，安撫我，舒緩我，慰藉我，在我身上玩耍……」經過他先前那充滿占有慾的憤怒表現之後，現在他竟然背叛了她？普洛克莉絲實在不敢相信自己的耳朵！盤子和酒囊從她麻木的手指上滑落地面，她也因此不由自主地倒抽一口氣。

克法羅斯立刻坐起身來。是什麼東西在灌木叢裡亂動？還有那吸氣聲！以天為證，一定是一頭豬！他抓起長矛，擲向那道聲音的來源處。他不需要仔細瞄準，那枝魔法長矛自然會命中獵物。

實際上也的確如此。普洛克莉絲就這麼死在他悲痛不已的懷抱當中。

這是個迷人、怪異又充滿悲傷的故事。[74]我們應該提醒自己，這一切都純粹只是因為厄俄斯決定綁架一個俊美的凡人。

恩底彌翁

克法羅斯不是唯一吸引這兩位女神目光的青年。一天晚上，厄俄斯的妹妹塞勒涅駕著她的銀色馬車奔馳在小亞細亞西部的上空，而遠遠看見有個人躺在山坡上——那是個相貌俊帥非常的年輕牧羊人，名叫恩底彌翁（Endymion），全身一絲不掛地睡在拉特摩斯山（Latmos）上的一個洞穴外面。看見自己發出的銀色月光照耀在他那迷人的四肢上，而且他的臉上還因為做夢而掛著一抹誘人的微笑，使得塞勒涅慾火焚身，而忍不住呼求恩底彌翁的父親宙斯確保他永遠不會改變。她想要每個晚上都看見他呈現出一模一樣的姿態。宙斯答應了她的這項願望。恩底彌翁從此永久沉睡在那個地方。在每個新月，也就是一個月當中塞勒涅不會駕駛馬車橫越夜空的那一天，她就會來到凡界與這個睡夢中的男孩作愛。這種交合方式雖然不同尋常，但她還是因此生下五十個女兒。至於實務上要達到此一結果的生理機制、姿勢和體位，我就留給讀者自行想像了。

這樣的關係儘管奇特，效果卻是相當好，而且塞勒涅也樂於其中。[75]

---

74 在莎士比亞的《仲夏夜之夢》裡，波頓與他那群迷迷糊糊的朋友們在表演「皮拉莫斯與提斯柏」的時候提到這對不幸的愛人，結果把他們的名字都說錯了：

皮拉莫斯（波頓）：就算是沙法羅斯（Shafalus）對普洛克露絲（Procrus），也比不上我對你的真心。

提斯柏（弗魯特）：我對你就像是沙法羅斯對普洛克露絲一樣。

75 英國詩人濟慈的長詩《恩底彌翁》即是以這個故事為主題。

厄俄斯與提通諾斯

塞勒涅的姐姐厄俄斯在情感生活方面還是充滿波折。許久之前，這位黎明女神與戰神結束了一段慘痛的感情。阿瑞斯那個嫉妒心極重的愛人阿芙柔黛蒂發現這段地下情以後，即詛咒厄俄斯永遠不得在阿芙柔黛蒂掌管的領域當中——也就是愛情——尋得快樂。

厄俄斯是血統純正的女泰坦，也擁有那個種族強烈的肉慾。此外，身為黎明女神，她也深信每個新的一天所帶來的希望、前景與機會。因此，厄俄斯就懷著悲劇性的樂觀心態跌跌撞撞於一段接一段的感情當中，每一段感情都因為阿芙柔黛蒂的詛咒而注定沒有好的結果，但她對此卻一無所知。

如狼似虎的厄俄斯尤其深受年輕凡人男子吸引：正如她當初綁架克法羅斯，現在她又企圖對一個名叫克利托斯（Cleitus）的青年這麼做。這項舉動以心碎收場，因為克利托斯是凡人，所以對她而言等於是一眨眼間就壽終正寢了。

在那個時代，特洛伊的空氣必定有某種特殊之處。拉俄墨冬（Laomedon）是宙斯心愛的斟酒人蓋尼米德的姪子，[76]生了一個名叫提通諾斯（Tithonus）的兒子。提通諾斯長大以後，相貌之美也不下於其叔祖。提通諾斯也許比蓋尼米德稍微瘦弱矮小一些，但迷人的程度絲毫不滅。他獨特的甜美笑容使得他令人難以抗拒，讓人只想伸出手臂環抱他，將他永遠占為己有。

一天下午，厄俄斯看見這名俊美的年輕人在伊利翁城牆外的海灘上漫步。霎時之間，她意識到自己先前那些無數的調情、劫持、單戀與短暫情愛，甚至是與阿瑞斯的偷情……那一切都只是幼稚的衝動，只是無意義的迷戀。她現在眼前所見的才是她的真愛，這才是她**命中注定**的男人。

一見鍾情

厄俄斯沿著沙灘走上前去，提通諾斯在此時抬起頭來，結果也一眼就立刻愛上了她。他們連話都沒說，就牽起彼此的手，而像情侶一樣來回漫步於沙灘上。

「你叫什麼名字？」

「提通諾斯。」

「我是黎明女神厄俄斯。和我一起到太陽宮殿吧。和我住在一起，當我的愛人，我的丈夫，和我平起平坐，統治我，臣服於我，當我的一切。」

「厄俄斯，我願意，我永遠都是你的。」

76 拉俄墨冬的父親是蓋尼米德的哥哥，特洛伊國王伊洛斯。

他們笑了起來，然後在四處噴濺的浪花當中肉體交纏。厄俄斯紅潤的手指把提通諾斯挑逗得欲仙欲死。她認定**這一次**絕對能夠成功。

她在太陽宮殿裡那些裝飾著珊瑚、珍珠、瑪瑙、大理石和碧玉的房間成了他們的家。世界上少有比他們更幸福的愛侶。他們的人生達到了完整。他們共同分享一切。他們互相讀詩給對方聽、一同出外散步、聽音樂、跳舞、騎馬，也在靜默中互相陪伴、共同歡笑、盡情作愛。每天早上，他都充滿自豪地看著厄俄斯打開大門，讓赫利俄斯駕著馬車轟隆駛出。

請求恩惠

不過，有個問題一直縈繞在厄俄斯的心頭上。她知道自己心愛的這名美少年總有一天會離開她，就像當初的克利托斯一樣。一想到提通諾斯不免一死，她就難以掩飾自己內心的絕望。

「我的愛，你怎麼了？」提通諾斯在一天晚上問道，對於她美麗的面容流露出愁苦的表情而感到意外。

「親愛的孩子，你信任我，對不對？」

「我永遠都全心信任你。」

「我明天下午要出門，我會盡快回來。不要問我是去什麼地方，也不要問我為什麼去。」

她的目的地是奧林帕斯，為的是去晉見宙斯。

「不朽的天空之父，奧林帕斯之主，聚雲神，風暴召喚者，萬物之王……」

「好，好，好，你要幹麼？」

「偉大的宙斯，我渴求您的恩惠。」

「你當然渴求我的恩惠。我的家人從來不會為了別的原因來見我。每個人開口就是恩惠、恩惠、恩惠，說來說去都是恩惠。這次是什麼？是不是和那個特洛伊男孩有關係？」

厄俄斯聽了宙斯的話不禁有些慌張，但還是繼續說了下去。「是，我敬畏的大王。您也知道，我們如果和凡人青年相好……」她刻意瞥了蓋尼米德一眼。蓋尼米德站在宙斯的寶座後方，隨時準備為他的杯子斟上神酒。他看見厄俄斯射過來的目光，於是微微一笑，垂下眼瞼，雙頰浮上兩朵紅雲。

「是……**然後呢**？」宙斯的手指已開始輪流輕敲著寶座的扶手。這絕不是個好徵象。

「有一天，塔納托斯一定會來帶走我的提通諾斯王子，這是我沒有辦法忍受的事情。我懇求您賦予他不朽的生命。」

「哦，這樣嗎？不朽的生命是不是？就這樣？不朽。嗯，可以，我不覺得有什麼不行。永生不死。你為他求的東西就只有這樣？」

「是，大王，就只有這樣。」

還能夠有什麼呢？她是不是剛好遇到宙斯心情大好？她忍不住興奮得心跳加速。

「准了。」宙斯兩手一拍說道：「從這一刻開始，你的提通諾斯就擁有不朽的生命。」

趴跪在地上的厄俄斯歡呼一聲，跳起身來，然後衝上前去親吻宙斯的手。他看起來也很滿意，笑容可掬地接受著厄俄斯的道謝。

「不客氣，不客氣，這是我的快樂。我敢說你很快就會再回來謝我了。」

「當然沒問題，您希望我這麼做嗎？」這項要求聽起來有點奇怪。

「哦，我敢說你一定會在我們還沒意識到之前就回來的。」宙斯說，仍然止不住自己的嘴角上揚。他不知道是什麼東西挑起他惡作劇的心，但我們知道是阿芙柔黛蒂的詛咒所產生的效果。

厄俄斯匆匆趕回太陽宮殿，回到在那裡耐心等待著她的那位伴侶。她對他說了這項消息之後，提通諾斯隨即緊緊抱住她，然後他們就在宮殿裡跳起舞來，歡欣鼓譟，吵得赫利俄斯用力捶打牆壁，喃喃抱怨著說有些人可是黎明前就得起床。

許願要小心

厄俄斯為提通諾斯生下了兩個兒子：伊瑪西翁（Emathion）與門農（Memnon），前者後來統治阿拉伯，後者長大之後則成為古代世界最偉大也最令人害怕的一位戰士。

一天晚上，提通諾斯躺著，把頭枕在厄俄斯的大腿上，她則是用手指捲著他的金髮。她柔聲哼著歌，卻突然倒抽一口氣而停了下來。

「我的愛，你怎麼了？」提通諾斯輕聲問。

「親愛的，你信任我，對不對？」

「我永遠都全心信任你。」

「我明天下午要出門，我會盡快回來。不要問我是去什麼地方，也不要問我為什麼去。」

「這些話我們不是以前講過了嗎？」

她的目的地是奧林帕斯，為的是再次去晉見宙斯。

「哈！我就說你會回來的，對不對？蓋尼米德，我是不是有這麼說？厄俄斯，我當初是怎麼對你說的？」

「您說：『我敢說你很快就會再回來謝我了。』」

「就是這樣。你手上拿的是什麼東西？」

厄俄斯一手伸向宙斯。她紅潤的食指和拇指微微顫抖，兩指之間夾著一個東西。那是一根銀色的細絲。

「您看！」她嗓音發顫。

宙斯低頭瞥了一眼。「看起來像是頭髮。」

「**的確**是頭髮沒錯。這是從我的提通諾斯頭上拔下來的頭髮，他的頭髮變**白**了。」

「所以呢？」

「大王！您**答應**我的。您宣告說您會賜予提通諾斯不朽的生命。」

「我確實這麼做了呀。」

「那您怎麼解釋這個？」

「你向我要求的恩惠是不朽的生命，所以我賜給你的恩惠就是不朽的生命。你又沒有提到**老化**的問題。你從頭到尾都沒有要求永遠的青春啊。」

「我……您……可是……」厄俄斯驚恐不已地往後退了幾步。不會吧！

「『不朽的生命』，你是這麼說的。對不對，蓋尼米德？」

「的確是這樣，我的大王。」

「可是我以為……我是說，我的意思不是很明顯嗎？」

「對不起，厄俄斯。」宙斯一面站起身來一面說：「我不可能去猜每個人的要求實際上是什麼意思。他不會死，重點在這裡。你們可以永遠在一起。」

話一說完，宙斯就自顧自離開，只剩下厄俄斯在那兒低頭啜泣，頭髮垂落在地面上。

蚱蜢

忠實的提通諾斯和他們那兩個活潑的孩子熱情迎接厄俄斯回家。她竭盡全力掩飾自己的悲傷，但提通諾斯察覺到她的煩憂。到了晚上，他們把兩個孩子送上床之後，提通諾斯拉著厄俄斯走到陽臺上，為她斟了一杯酒。他們坐下來仰望著星空看了一會兒，然後他才開口。

「厄俄斯，我的愛，我的生命。我知道你不告訴我的是什麼事情。我自己看得出來，鏡子每天早上都會告訴我。」

「噢，提通諾斯！」她把頭埋在他的胸前，痛哭出聲。

時間不斷流過。每天早上，厄俄斯都善盡職責打開大門，展開新的一天。她看著兩個兒子長大離家，看著一年隨著一年不斷過去，看著那無情的必然，連眾神也無法改變。

提通諾斯頭上僅存的稀疏頭髮已徹底轉白。他因為極度老邁而皺縮衰弱不已，但就是不會死。他一度輕柔甜美的嗓音，現在已變得乾癟刺耳。他的皮膚與身形都嚴重萎縮，導致他幾乎無法走路。

他仍然跟隨在永遠年輕美麗的厄俄斯身邊，對她的忠實與愛絲毫不減。「求求你，可憐我。」他以有氣無力的嘶啞嗓音說：「殺了我，把我壓扁，結束這一切吧。拜託你。」

可是她已聽不懂他說的話了。她聽到的只有粗啞的唧唧沙沙聲而已。但儘管如此，她也猜得到他想說的是什麼。

厄俄斯也許不能夠為人賦予不朽的生命或者永久的青春，但她還是有足夠的神力可以設法為自己心愛的提通諾斯終結這樣的痛苦。一天傍晚，她覺得他們兩人都再也忍受不了，就閉上眼睛，集中精神，然後淚如雨下地看著提通諾斯早已皺縮至極的身體稍微一變，就從一個枯萎乾癟的老人變成一隻蚱蜢。[77]

變為這樣的型態之後，提通諾斯從冰冷的大理石地板跳上陽臺的欄杆，然後就跳進夜色裡。厄俄斯在她妹妹塞勒涅的冰冷月光下看見提通諾斯攀附在一根長長的草葉上，隨著夜裡的微風輕輕擺動。他的後腿摩擦發出一陣聲音，可能是一道充滿愛意的感恩與道別。她的眼淚流了下來，但在某個地方，阿芙柔黛蒂卻得意的笑了。[78]

青春之華

厄俄斯與提通諾斯的故事可以視為一種家庭悲劇。希臘神話為我們提供許多神祇與凡人之間的愛情故事，而這些故事大部分都屬於「悲劇愛情故事」，有時還帶有一些浪漫喜

---

77 有些版本說是蟬。我從小所知的版本都是蚱蜢，也許是因為蚱蜢在英國很常見。出版商大概認為英國的兒童比較難以想像蟬這種昆蟲。奇怪的是，提通諾斯的名字在生物學裡用來命名的生物卻不是蟬，也不是蚱蜢，而是一種鳥翼或燕尾鳳蝶，學名為「*Ornithoptera tithonus*」。

78 一項適得其所的靈感促使地質學家奧佩爾（Albert Oppel）將侏儸紀晚期的一個時代命名為提通期，藉此向厄俄斯致敬，因為這個時代開啟了白堊紀的**黎明**。英國詩人丁尼生的〈提通諾斯〉是他最受喜愛也最常受到各種選集收錄的詩作之一。這首詩以戲劇獨白的形式寫成，表現出提通諾斯懇求厄俄斯幫他解脫老邁的狀態：

……經過許多個夏天之後，天鵝終究會死去。
我只能遭受殘忍的不朽不斷耗竭：
我在你的懷裡緩慢枯萎，
一條白髮的幽魂，如夢一般
遊蕩於這個世界的寂靜邊緣……

這首詩裡有一個著名的句子，也許可以視為是希臘神話的其中一項重要主題：

眾神本身也無法收回他們的贈禮。

劇、鬧劇或恐怖故事的元素。在這些戀情當中，神祇似乎總是以花表達愛意。花的希臘文是「anthos」——所以接下來的這些故事即可說是一部愛情「選集」（anthology）。

海辛瑟斯

海辛瑟斯（Hyacinthus）是個俊美的斯巴達王子，卻不幸遭到兩個神靈所愛：西風之神澤費羅斯與金光閃耀的阿波羅。海辛瑟斯自己比較偏愛俊美的阿波羅，因此一再拒絕西風帶著嬉戲意味但愈來愈強硬的求愛。

一天下午，阿波羅和海辛瑟斯正在較量運動技藝，結果澤費羅斯因為一時嫉憤而將阿波羅的鐵餅吹偏了方向，致使其直直飛向海辛瑟斯。那片鐵餅擊中海辛瑟斯的額頭，導致他當場喪命。

阿波羅哀傷不已，拒絕讓荷米斯把這名少年的魂魄帶往黑帝斯，而把他眉間流出的凡人血液和自己芬芳的神聖淚水混合在一起。此一濃烈的汁液滴在土壤上，結果就開出了一種優雅香甜的花朵，從此被人以海辛瑟斯的名字命名為「風信子」（hyacinth）。

克羅柯斯與斯米拉克斯

克羅柯斯（Crocus）是個凡人少年，他苦戀寧芙斯米拉克斯（Smilax），但這份愛意卻一直得不到對方的回報。眾神（我們不確定是誰）因為可憐他，而把他變成番紅花，其學名即以他的名字命名。至於斯米拉克斯，則是變成一種多刺藤蔓，其中的許多物種都歸為菝葜屬，其學名即是她的名字。

這則神話故事還有另一個版本，指稱克羅柯斯是荷米斯的愛人與同伴，但荷米斯無意間以鐵餅砸死了他，於是在哀傷之餘把他變成番紅花。這個故事和阿波羅與海辛瑟斯的故事幾乎一模一樣，不禁讓人懷疑是不是某個吟遊詩人因為喝醉酒而把這兩個故事搞混了。

阿芙柔黛蒂與阿多尼斯

早期有一位賽普勒斯國王名叫忒伊阿斯（Theias），因為過人的美貌而遠近馳名。他和妻子肯刻瑞伊斯（Cenchreis）生了個女兒，名叫斯密耳娜（Smyrna），又叫密耳勒（Myrrhe）或密耳拉（Myrrha）。斯密耳娜從小就對自己俊美的父親暗中懷有亂倫之愛。

賽普勒斯是阿芙柔黛蒂的聖地，因為她從海上的白沫中誕生之後，踏上的第一塊陸地就是這座島嶼，而斯密耳娜之所以會對自己的父親懷有這種違反自然的渴望，即是心懷惡意的阿芙柔黛蒂刻意造成的結果，原因是這位女神對於忒伊阿斯國王近來沒有對她獻上足夠的祈禱與祭品似乎頗感氣憤。忒伊阿斯竟敢建立一座神殿供奉狄奧尼索斯，迎合這項在島上日益盛行的信仰。阿芙柔黛蒂認為對她的廟宇疏於照料是最嚴重的罪行，比亂倫還要嚴重。不過，在凡人的心目中，亂倫才是最嚴重的禁忌，即便是以自由放任與頹廢聞名的賽普勒斯居民也不例外。深感痛苦的斯密耳娜努力壓抑內心那股令自己深感愧疚的情感，但看來已決心掀亂的阿芙柔黛蒂卻對斯密耳娜的女僕希波利特（Hippolyte）施了魔咒，而造成一場令人不安的危機。

忒伊阿斯自從發現狄奧尼索斯的葡萄酒所帶來的樂趣之後，就很喜歡找機會大醉一場。一天晚上，他又喝醉酒之後，希波利特在阿芙柔黛蒂的魔咒蠱惑下帶著斯密耳娜進入他的寢殿，並且上了他的床。國王當場饑渴不已地和自己的女兒翻雲覆雨起來，醉得絲毫沒想到自己為什麼會有這樣的好運。在夜幕與酒精的影響下，他完全沒有認出自己的女兒，只知道有個年輕、美麗又熱切迎合他的女孩，就像是天上掉下來的淫蕩女神一樣極力取悅著他。

經過一個星期每天都和這個淫蕩女神享有極致的歡愉之後，忒伊阿斯在一天早上醒來，決定要對她有更多的瞭解。於是，他放出消息，指稱只要有人能夠找出近來每夜為他帶來無比快感的這個陌生人的身分，就能夠獲得他贈與成堆的金子。

斯密耳娜在一種近乎幻夢的情況下任由自己沉溺於禁忌的激情當中，但她聽聞現在全賽普勒斯的居民都想要找出她每夜造訪忒伊阿斯的祕密之後，就跑出宮殿躲進樹林裡。她想死，卻又捨棄不了她感受得到已經在自己體內生長的孩子。她痛責人類的律法導致她的愛淪為犯罪，同時也乞求上天可憐她。[79]眾神回應她的祈禱，於是把她變成樹脂豐富如淚水的沒藥樹。

過了十個月後，這棵樹的樹幹爆開，從中冒出一個凡人男嬰。水澤仙女把沒藥樹流出的柔軟淚水塗在這個孩子身上——這種油脂直到今天仍然用於製作最重要的新生兒與加冕用油膏——並且將他取名為阿多尼斯（Adonis）。

斯密耳娜的孩子長大以後，成為一個外貌無比迷人的青年。老天，這種話我已經寫過太多次，恐怕不再具有說服力了。不過，見過他的人確實都終生深深為他所傾倒，而且他的名字也確實流傳下來，成為男性美貌的代名詞。至少我們必須知道的是，阿多尼斯的美貌達到其他凡人從沒有過的成就，吸引了那個促成他誕生的女神：也就是代表愛與美的阿芙柔黛蒂本身。

他們成了一對愛人。這樣的結合，是一段狂亂而曲折的過程所造成的結果：這位女神懷著惡意報復的心態，促使一名父親與自己的女兒犯下禁忌的罪行，結果因此產生的孩子，卻成了阿芙柔黛蒂深愛的對象，而且可能是阿芙柔黛蒂唯一真正全心全意愛過的人。就算是接受一輩子的心理治療，想必也化解不了這麼亂七八糟的精神創傷。

阿多尼斯與阿芙柔黛蒂不管做什麼事情都在一起。她知道其他神祇都痛恨這個男孩——狄

---

79 根據奧維德在《變形記》裡所述，她是這麼說的：「人類文明訂定充滿惡意的法律，自然允許的事物，卻遭到那些充滿妒忌的法律所禁止。」

蜜特與阿提米絲忍受不了看到那麼多的女孩如此苦苦迷戀他，赫拉是因為他誕生自一項公然違反婚姻與家庭這種神聖體制的可恥罪行而堅決無法接受他，阿瑞斯則是看到自己的愛人對他如此愛昏了頭而深感嫉妒。阿芙柔黛蒂察覺到這一切，而決心保護阿多尼斯的安全，不讓自己那些充滿憎惡的家人傷害他。

由於她鍾愛的這個凡人就像大多數的希臘男子一樣，也對打獵懷有強烈的熱情，因此懷有強烈保護心態的阿芙柔黛蒂對他說，他可以自由獵捕體型大小和凶猛程度在一定範圍以內的動物——諸如野兔與小兔、鴿子與斑鳩——但絕對不可追獵獅、熊、野豬以及大公鹿。不過，男孩就是男孩，一旦女孩不在身邊看管，他們就忍不住回歸愛玩愛炫耀的本性。於是，阿多尼斯就在一天下午獨自追蹤著一頭大野豬的蹤跡（有些人說那頭野豬其實是阿瑞斯變身而成的）。阿多尼斯把那頭野獸逼入角落，正準備以手上的長矛一舉刺殺之時，那頭野豬卻狂吼一聲，張著大嘴撲了上來。阿多尼斯嚇得往後一跳，長矛也因此掉在地上。不過，他是個勇敢的年輕人，所以立刻就穩住身體，雙腳緊緊踏在地上，等著迎接野豬的攻擊。野豬往前一衝，阿多尼斯隨即像舞者一樣把身體優雅的往旁一轉，閃過撞擊，並且伸手抓住野豬的脖子。不過，這頭野豬很狡猾，先是低頭趴在地上，讓阿多尼斯以為自己已經制伏牠。阿多尼斯蹲跪下來，一手壓著野豬的頭，另一手摸索著掛在腰帶上的刀。野豬察覺到反擊的機會，於是大吼一聲抬起頭來往旁一轉，結果大獠牙就劃破了阿多尼斯的腹部。身受此一致命重傷，阿多尼斯因此癱倒在地。

阿芙柔黛蒂趕來的時候，正好看到自己的愛人失血致死，而那頭野豬——或者其實是阿瑞斯？——則是得意地低吼著奔進森林深處。淚流滿面的阿芙柔黛蒂完全無能為力，只能抱著阿多尼斯，看著他在自己懷裡嚥下最後一口氣。從他的鮮血與她的淚水當中，長出鮮紅色的銀蓮花。這種花的英文名稱「anemone」衍生自希臘文的「風」（anemoi），原因是這種精緻美麗的花朵只要被風一吹，花瓣就會隨風飄落，壽命有如青春一樣短暫，也像美貌一樣脆弱。[80]

---

80 莎士比亞的長詩《維納斯與阿多尼斯》以奧維德在《變形記》裡的描寫為基礎，而重述這則神話故事。在莎士比亞的版本當中，阿多尼斯的死促使維納斯詛咒愛情，宣告愛情從此以後都必須伴隨悲劇。如同她在悲痛中所預言的：

> 自此以後，愛情必然伴隨著哀傷……
> 愛情將肇致戰爭與嚴重的危機
> 並且造成父子之間的爭執……
> 最深深相愛的人，將不得享有他們的愛情。

這樣的預言，顯然早已實現在這個世界上。

愛可與納西瑟斯

提瑞西阿斯

在少年變為花朵的故事當中，最廣為人知的一則起於一名滿懷擔憂的母親帶著兒子去見一位先知。除了占卜家與代表神諭發言的希貝兒之外，另外還有一些特別的凡人也獲得眾神賦予預言未來的能力。向這些人物尋求諮詢，就像是預約看醫生一樣。

希臘神話裡最著名的兩位預言家是卡珊德拉（Cassandra）與提瑞西阿斯（Tiresias）。卡珊德拉是特洛伊的女預言家，她遭受的詛咒是能夠做出完全正確的預言，卻永遠沒有人相信她。底比斯的提瑞西阿斯也同樣過著充滿壓力的人生。他雖然生為男性，卻因為用樹枝擊打兩條交配中的蛇而令赫拉深感氣惱——至於為什麼，大概只有赫拉自己才知道——於是為了懲罰他而將他變成女性。提瑞西阿斯擔任赫拉的女祭司七年之後，才終於變回男兒身，但是卻又因為看到雅典娜裸身在河裡沐浴而被打成瞎子。[81]這是他之所以失明的其中一種說法，但我比較偏好的版本是說他被帶到奧林帕斯山上為宙斯與赫拉的一項打賭做出判決。他們爭辯的問題是哪個性別在性行為中能夠享受到比較多的樂趣。由於提瑞西阿斯這兩種性別都經歷過，因此特別有資格回答這個問題，所以他們也就一致同意以他的判決為準。

提瑞西阿斯宣稱在他自己的經驗裡，女性在性行為當中獲得的樂趣比男性多出九倍。赫拉因此憤怒不已，因為她向宙斯打賭說男性在性行為裡得到的樂趣一定比較多。她之所以這麼認為，也許是基於她丈夫那永不饜足的性慾以及她自己比較溫和的性衝動。結果，赫拉給提瑞西阿斯的獎賞就是打瞎他的雙眼。神祇無法反轉另一位神祇做出的行為，因此宙斯唯一能夠彌補提瑞西阿斯的方式，就是賦予他第三隻眼，亦即預知未來的能力。[82]

---

81 這項犯行和阿克泰翁偷看阿提米絲洗澡的罪行極為相似。眾神在沐浴的時候總是端莊至極。英國詩人艾略特（T. S. Eliot）在《荒原》當中的〈火誡〉（The Fire Sermon）這個段落裡，對提瑞西阿斯提出了這段令人難忘的描述：

我，提瑞西阿斯，雖然雙目失明，擺盪於兩種人生之間，
雖是個老翁，卻有一對皺癟的女性乳房；我可以看到……
我，提瑞西阿斯，有著皺癟乳房的老翁，
看見了那幅場景，並且預言了後續的發展……
而且我，提瑞西阿斯，也預先經歷了一切的遭遇……

82 獲邀在神祇之間擔任裁判，對於凡人而言看起來也許是一大榮譽，但如同這個故事所示，還有特洛伊的帕里斯（Paris）王子後來所發現的，擔任這樣的角色可能會帶來災難性的後果。

納西瑟斯

有個水澤仙女名叫利里俄珀（Liriope），她與河神刻菲索斯（Cephissus）生下一個兒子，名叫納西瑟斯（Narcissus）。由於納西瑟斯的相貌俊美非凡，以致利里俄珀對他的未來滿懷憂心。利里俄珀已經見過許多例子，知道極度的美貌有可能是一種有害的特權，一種危險的特質，恐怕導致極糟而且甚至是致命的後果。納西瑟斯長到十五歲而開始吸引不請自來的注意之後，她就決定採取行動。

「我們要去底比斯，」她對兒子說：「去找提瑞西阿斯預測你的命運。」

於是，母子兩人行走了兩個星期，一路來到底比斯，然後加入每天早上在赫拉的廟宇門前排隊要見這位先知的人龍當中。

終於輪到他們的時候，利里俄珀對提瑞西阿斯說：「你雖然雙眼失明，看不見我的兒子，但我絕對沒有騙你，任何人只要看到他就會因他的美貌而眩目。世間從來沒有出現過比他更俊美的凡人。」

納西瑟斯羞紅臉，尷尬得站立不定。

「我對眾神略知一二，」利里俄珀繼續說：「所以害怕這樣的美貌可能是禍不是福。世人都知道蓋尼米德、阿多尼斯、提通諾斯、海辛瑟斯以及其他那些相貌遠遠比不上我兒子的男孩遭遇了什麼樣的下場。所以，偉大的先知啊，我想請你告訴我納西瑟斯是不是能夠享有一個長壽又幸福的人生？他的摩伊拉（moira）是不是能夠達到快樂的老年？[83]你眼睛雖盲，卻可看見我們其他人看不見的東西。求求你把我這個寶貝兒子的命運告訴我。」

提瑞西阿斯伸出手，摸索納西瑟斯的臉龐輪廓。

「別擔心，」他說：「只要納西瑟斯不認得自己，就能夠享有長壽又幸福的人生。」

利里俄珀笑了出來。「只要他不認得自己！」這麼怪的一句話絕對不可能有任何實際上的意義。怎麼可能有人會不認得自己呢？

愛可

利里俄珀在底比思的赫拉廟宇歡天喜地地向提瑞西阿斯道謝的同時，我們先把目光轉到不遠處的赫利孔山（Helicon）。在那座山的山腳下，忒斯庇亞城（Thespiae）外的溪流與草地充滿了全希臘最秀麗的寧芙。她們因為長得極為秀麗，因此經常受到宙斯本身的造訪，因為我們先前就已提過他對漂亮的寧芙有多麼無力抗拒。

---

83 相信你還記得，摩伊拉是命運女神。希臘人認為每個人都有自己專屬的摩伊拉，其中包含必然性、死亡、正義和際遇，是一種介於好運和天命（kismet）之間的東西。

山精愛可（Echo）不是這些寧芙當中最不秀麗的一個，但她的一項人格特質卻使得宙斯和其他可能的追求者對她避之唯恐不及——她的**話非常多**。愛可堪稱是集村莊八婆、愛管閒事的鄰居和過度殷勤的好友於一身，嘴巴從來沒有辦法閉上。她的喋喋不休沒有任何惡意，實際上她還經常特地為朋友發聲、替他們掩飾、讚美他們，以及向別人呈現出他們最好的一面。她這種表現其實帶有些微的虛榮心，因為她的嗓音很甜美，不管說話還是唱歌都很好聽。如同許多嗓音悅耳的人，她也非常喜愛運用自己的這項天賦。她頗受阿芙柔黛蒂的保護，原因是阿芙柔黛蒂喜歡她的歌聲，尤其她唱的又總是頌讚愛情的歌曲。簡言之，愛可極為浪漫。詆毀她的人也許會說她是多愁善感，甚至矯揉造作，但就算是如此，他們也無法否認她的善意與好心。

宙斯喜歡暗中造訪愛可的姐妹山精與表姐妹水澤仙女，而愛可則樂於扮演她們所有人的傾訴對象與好友。想到她的朋友和同伴全都和聚雲神暨眾神之王宙斯有一腿，實在令她頗感興奮。這是她珍愛有加的一個祕密。

赫拉向來都對宙斯外出的行蹤充滿懷疑，但他近來外出的時間又變得比以往更長。一隻對她忠心耿耿的蒼頭燕雀對她說，她丈夫近來出沒的地方是赫利孔山的山腳地帶，於是赫拉在一個金黃色的午後決定到那裡走一趟，看看能不能當場逮到宙斯背叛她的行為。她才剛踏下自己的馬車，就立刻有個山寧芙一面喋喋不休一面蹦蹦跳跳地跑了過來。那就是嘴巴嘰喳不停的愛可。

「赫拉王后！」

赫拉抬眼望向她。「我認識你嗎？」

「噢，王后陛下！」愛可大呼一聲跪下去。「我們真是幸運，竟然能夠見到您大駕光臨！您賦予我們多大的**光榮**！而且您還是搭乘自己的雙輪車！我可以餵食您的孔雀嗎？竟然有一位奧林帕斯山上的神祇來到**這裡**！我已經記不得我們上次得到奧林帕斯神的注意是什麼時候了。這真是——」

「我丈夫宙斯應該是這裡這些樹林和溪流的常客吧？」

愛可深知宙斯就在不遠處的河岸上和一個漂亮的河流寧芙做著不得體的事情。她對於機謀巧詐、戲劇情節與浪漫愛情的愛好，驅使她設法保護那對偷情男女。她一面口中不斷吐出毫無重點的閒聊瞎扯，一面引導著赫拉遠離那條河流。

「王后陛下，這片林間空地當中有一棵很美的冬青樹，我才想著要奉獻給您，如果您允許的話……您說什麼——**宙斯**？沒有耶，我從來沒看過他到這裡來。」

「真的嗎？」赫拉以嚴厲的眼神盯著愛可。「我聽到傳言說他剛剛才在這裡，就是今天。」

「沒有，沒有，我的女王！沒有，沒有，**沒有**！實際上……半個小時前才剛有個繆思的僕人從赫利孔山上來到這裡從我們的溪流打水，他還特別提到偉大的宙斯今天在忒斯庇亞城裡，為那裡一座供奉他的廟宇增光。」

「原來這樣，好吧，我感謝你。」赫拉頗不自在地冷冷點了個頭，然後就回到自己的雙輪車，隨即飛上雲端。被人看見自己想要逮到丈夫做壞事，實在是令人尷尬至極。

愛可蹦蹦跳跳地離開，對於自己幫了一個寧芙同胞還有宙斯的忙而深感得意。平心而論，如果那是一對凡人情侶，她也一樣會欣然幫助對方。她自己從來不曾真正愛過，只是喜愛幫助別人相愛，而她認為這才是最崇高的愛。她極為無私，甚至也不曾向宙斯或是自己的姐妹提過自己幫助他們的行為，絲毫不懷邀功之心。她一面採花一面唱著歌，覺得身為寧芙的生活真是快樂無比。

重複別人的話語

第二天，回到奧林帕斯山上的赫拉召來先前向她透露宙斯不忠行為的那隻蒼頭燕雀。

「你騙我，」她尖叫道：「你害我出了洋相！」

赫拉一把攫住那隻鳥兒的嘴喙，以致牠幾乎無法呼吸，並且正準備對牠施以某種奇怪又可怕的懲罰，足以永久改變我們對蒼頭燕雀的認知，但牠的伴侶卻在此時趕緊飛到赫拉的耳邊，鼓起勇氣高呼道：「敬畏的王后，牠說的是真話！我自己也親眼看到宙斯大王在那裡。就在您和那個名叫愛可的寧芙說話的時候，宙斯大王正在不到半英里外的距離和一個水澤仙女上床。您如果不相信我，可以問蝴蝶和蒼鷺，或者問忒斯庇亞那座廟宇的女祭司上次見到宙斯是什麼時候。他已經有三個月沒去過那裡了！」

赫拉放鬆抓握的力道，只見那隻差點變成紫色的鳥兒又恢復了呼吸。不過，蒼頭燕雀的雄鳥至今都有著粉紅色的胸膛。

愛可正在一條溪流裡划槳玩耍，結果見到赫拉又搭著她的孔雀雙輪車從天而降。愛可涉水上岸，蹦蹦跳跳地跑去迎接這位女神，臉上掛著一個大大的笑容與一對美麗的酒窩。不過，她一看到赫拉臉上盛怒的神情，微笑就立刻轉為恐懼。

「哼，」赫拉以冷冰冰的語氣說道：「你說我丈夫沒來過這裡。你說他昨天不在這裡，而是在忒斯庇亞為一座廟宇賜福。」

「就——就我所知是這樣沒錯。」害怕不已的愛可結結巴巴地說。

「你這個愚蠢、長舌、多嘴又狡猾的**騙子**！你竟敢欺騙天空之后？你以為你是什麼東西？」

「我——……」愛可生平第一次說不出話來。

「你儘管口吃結巴吧。你愛聽自己的聲音，是不是？那你就聽我說吧……」

赫拉挺直身軀，高舉雙臂，雙眼彷彿發出紫色的光芒。愛可怕得縮起身子，只希望地面能夠打開一個洞把她吞進去。

「我下令凍結你那恣意妄為而充滿謊言的語言能力。從這一刻開始，除非有人對你說話，否則你就是個啞子。你也不會有能力回應對方的話語，只能重複對方所說的最後一句話。除了我以外，沒有人能夠解除這項詛咒，懂嗎？」

「……懂嗎！」愛可高喊。

「你敢違背神祇的命令，下場就是這樣。」

「……就是這樣！」

「我從不寬貸，絕不留情。」

「……絕不留情！」

赫拉鄙夷地哼笑一聲，然後就駕車離開，只剩下那個可憐的寧芙懷著恐懼和沮喪而瑟瑟發抖。不管她怎麼努力想要開口，都說不出話來。她每一嘗試，喉嚨就會緊縮起來。她的一個姐妹恰好在這時撞見她張口乾嘔的模樣。「哈囉，愛可——你在做什麼？」

「你在做什麼？」愛可說。

「我先問你的。」

「我先問你的。」

「不是，是**我**。」

「不是，是**我**！」

「好吧，如果你要這樣的話，那就去死好了。」

「去死好了！」愛可跟著她大喊，心中悲苦不已。

一個接一個，她的朋友和家人都紛紛不再與她往來。愛可向來都以說長道短為樂，最珍視的事情就是開心閒聊，最大的消遣就是和別人瞎扯淡，所以這項詛咒對她而言實在是極度殘忍，以致她現在最大的希望就是不要有人來吵她，任她沉溺在自己靜默的痛苦當中。

愛可與納西瑟斯

有一天，愛可在她那如同地獄般的寂寞痛苦當中，突然聽到一支狩獵隊伍的大笑、呼喊與喧鬧聲。一群忒斯庇亞的青年一路追逐一頭野豬來到樹林裡，結果其中一個獵人和別人走散了。這名青年俊美非凡，從來不曾體驗過愛的愛可一看到他就立刻對他一見鍾情。

這名青年即是納西瑟斯。年齡又增長一些的他，現在更是比以往更加耀眼。他也一樣不曾墜入過愛河。他身邊不管是凡人男女、法翁與薩特、寧芙與德律亞得、山精與人頭馬，還是各種有意識與無意識的生物，都總是一見到他就忍不住尖叫嘆息，甚至因此昏厥，所以他對這樣的情形早已習以為常，而認為愛情根本是一件荒謬的事情。愛會把原本明智的人變成笨蛋。納西瑟斯厭惡別人對他迷戀得神魂顛倒。只要看見別人眼中冒出那明顯可見的愛意，就會令他氣憤不已。那種眼神帶有一種威脅性與醜陋的樣貌，帶有一種饑渴、迷惘與絕望的神態，看起來是那麼的憂鬱、焦慮又不快樂。

在納西瑟斯眼中，愛和慾望就像是疾病。他在一年前透過一項痛苦的經驗學到這一點，當時一個名叫阿彌尼俄斯（Ameinias）的男孩向他告白。納西瑟斯以盡可能和善的態度回應說自己對他沒有那樣的感覺。但是阿彌尼俄斯不肯作罷，而開始如影隨形的跟著納西瑟斯。他每天早上尾隨著他走路到學校，就像一條迷路的狗兒在對他撒嬌一樣，隨時跟在他身邊，睜著大眼睛凝望著他，直到納西瑟斯再也無法忍受，終於大吼要求對方離開，永遠別再接近自己。

那天晚上，納西瑟斯被臥房外的一股怪聲吵醒。他望出窗外，在月光下看見阿彌尼俄斯在一棵梨樹上掛著一條繩子上吊自殺，而且還在死前吐出一句詛咒。

「俊美的納西瑟斯，但願你在愛情方面和我一樣不幸！」[84]

自此以後，納西瑟斯就習於低著頭，盡量把身體都遮掩起來，面對陌生人總是擺出一副粗聲粗氣的不耐煩模樣，從來不會與對方目光相接。

但現在這個時候，他環顧四周，發現狩獵隊伍的其他人都已離開，只剩下他自己一個人自由自在，於是決定好好享受涼爽的溪水以及那長滿青苔的誘人水岸。他脫下衣服，跳進水裡。

他那優雅而耀眼的身形，映照著從枝葉間灑下的陽光，濡濕的肌膚因此閃閃發光，令愛可看得不禁為之屏息。又透過枝葉間的縫隙看見納西瑟斯那張俊美無比的臉龐之後，愛可就再也控制不了自己的感受。要不是遭到赫拉的詛咒，她一定會當場尖叫出聲。不過，這時的她只能默默凝望著這名裸身的青年把衣服與弓箭放在草地上，然後仰躺下來睡覺。

晚來的愛情總是像龍捲風一樣強烈。可憐的愛可只覺得自己的身心都徹底為這名俊美得令人難以置信的青年所傾倒。從來不曾有任何東西能夠讓她的心臟跳動得這麼激烈，就連赫拉可怕的詛咒也沒有過。她覺得自己全身的血液都沸騰起來，彷彿自己被捲入一個巨大的龍捲風不停旋轉。她一**定**要再靠近一點，仔細看看這個迷人的青年。既然她一見到**他**就立刻產生如此翻騰不已的熾烈情感，那麼說不定他見到**她**也會有這樣的感覺？應該就是這樣沒錯吧？她躡手躡腳走上前去，幾乎不敢呼吸。她每踏出一步，就覺得內心的激動又更增一分，到後來更是整個人都因為興奮而顫抖得無法自已。她先前聽過的所有那些一見鍾情的故事果然是真的！這個俊美的男孩對於她的愛一定不可能無動於衷，否則宇宙間的萬物還有什麼道理可言呢？

當然，你我都知道宇宙間的萬物本來就沒什麼道理，而且向來都是如此。可憐的愛可即將發現這項事實。

不曉得是因為她劇烈的心跳聲還是一隻鳥兒的啼鳴，總之本來已經睡著的納西瑟斯在愛可走近的時候突然睜開了眼睛。

他們目光相接。

愛可是個漂亮的寧芙，實際上也相當迷人。不過，納西瑟斯看到的只有她的眼睛。又是那種眼神！那種憔悴、饑渴又焦慮的眼神。那種渴望而懇求的眼神。該死！

「你是誰？」他一面問，一面別開臉。

「你是誰？」

「你不用管我是誰，這是我自己的事情。」

「這是我自己的事情！」

「才怪，是你吵醒我的。」

---

84 有些說法指稱阿彌尼俄斯後來變成一種氣味甜美的香草，可能是蒔蘿，也可能是孜然，或者茴香。

「是你吵醒我的！」

「看來你和其他人一樣，也愛上了我。」

「愛上了我！」

「愛！我已經受夠了愛這種東西。」

「愛這種東西！」

「別想在我身上得到愛，想都不用想，走開吧！」

「不用想走開吧！」

「你再怎麼叫都改變不了我的心意，我連看都不想看你。」

「想看你！」

「夠了，好嗎？可以請你走開嗎？」納西瑟斯大吼：「我求你！」

「我求你！」

「你快把我逼瘋了。」

「把我逼瘋了！」

「趕快走開，免得我忍不住……」

「我忍不住！」

「你敢再惹我就給我試試看。」

「試試看！」

納西瑟斯拿起他的彈弓，裝上一顆石頭。「給我滾開，不然我就給你好看。」

「你好看。」

第一顆石頭沒有擊中愛可，但她在納西瑟斯裝上第二顆石頭之前就趕緊轉身逃跑。納西瑟斯對著她的背影大喊。

「快跑吧，別再回來了！」

「別再回來了！」她喊道。

她不停奔跑，過了好一陣子之後才哭著癱倒在地面上，心中滿是哀傷與羞愧。

水中的男孩

納西瑟斯看著她跑開之後，氣憤地搖了搖頭。他難道永遠擺脫不了這些鬼吼鬼叫的蠢蛋，永遠擺脫不了他們那種叨念糾纏不休的瘋狂行為嗎？愛與美！就只是空洞的詞語，空洞的詞語而已。

經過這番折騰之後，又熱又渴的他俯身想喝溪流裡的水，卻突然震驚不已地屏住呼吸，因為他在水中看見一張迷人至極的臉龐，是個俊美無比的年輕人，精緻的五官上掛著一副驚訝的神情。他有一頭金髮和一雙柔軟的紅唇。納西瑟斯興奮地發現，在這個青年醉人又充滿愛意的眼睛裡，也有那饑渴乞求的神色，只是這種神色在其他人眼中總是令他深覺反感，但在這個神秘的陌生人極其動人的臉上，卻是令他覺得胸中充溢一股熱情，心臟也因喜悅而猛烈跳動。這樣的眼神一定表示河裡這個絕美的青年也和他有一樣的感覺！納西瑟斯低下頭去吻那雙迷人的唇，那雙唇也湊上來迎合他。不過，納西瑟斯才剛吻上去，那個陌生人的臉就瞬間散成千百個波動不停的碎片，以致他再也看不見對方的面容，同時也發現自己親吻的只不過是冰涼的溪水。

「可愛的，靜靜待著別動。」他輕聲說。那個男孩也似乎對他輕聲說著相同的話。

納西瑟斯舉起一隻手，對方也舉手回應。納西瑟斯想要伸手撫摸那個男孩美麗的臉頰，對方也想做一樣的事。不過，納西瑟斯只要一接近他，那個人的臉就會碎裂消失。

一次又一次，他們兩人一再試著要接近對方。

這時候，在他們身後的樹叢裡，受到滿心愛意所驅使的愛可，又再次回來打算碰碰運氣。納西瑟斯在這時說出一句話，愛可一聽之下只覺得自己的心跳彷彿漏了一拍：

「我愛你！」

「我愛你！」她跟著喊出聲來。

「待在我身邊！」

「待在我身邊！」

「永遠不要離開我！」

「永遠不要離開我！」

可是她一走上前去，納西瑟斯就隨即齜牙咧嘴地轉過頭來，對她厲聲喝道——

「滾開！不要打擾我們。別再回來！永遠，永遠，永遠都不要再回來了！」

「永遠，永遠，永遠！」愛可哭喊道。

納西瑟斯狂吼一聲，撿起一塊石頭對她猛擲過去。愛可倉皇跑開，卻不慎絆倒。納西瑟斯隨即抓起他的弓，滿心打算一箭射死她，所幸她馬上爬起身來，逃進樹林裡。

納西瑟斯焦急不已的回頭望向溪流裡，只怕那個迷人的男孩會消失不見。但他仍然在那裡，雖然臉上帶著擔憂急切的神情，卻還是一樣俊美而且充滿愛意，深邃的藍色眼珠裡更是閃現著一股美妙的光芒。納西瑟斯再度側躺下來，讓自己的臉靠近溪水……

眾神心生憐憫

愛可奮力跑上山坡，哀傷而淒涼地啜泣不已。她躲進一座山洞裡，高高位於納西瑟斯所在的那條溪流上方。

愛可在腦中對著她最喜愛的女神阿芙柔黛蒂祈禱。她在無法出聲的絕望情況下乞求阿芙柔黛蒂幫她解脫愛的痛苦，以及她遭受詛咒之後這種令人難以忍受的生命。

阿芙柔黛蒂盡力回應這個寧芙的祈禱。她讓愛可擺脫自己的肉身，但由於她無法解除赫拉的詛咒，所以愛可的聲音還是繼續存留了下來——那個為她惹上這一切麻煩，並且注定永遠不停重複別人話語的聲音。原本那個美麗的寧芙已消失無蹤，只剩下她的聲音。直到今天，你只要在洞穴、峽谷、峭壁、丘陵、街道、廣場、廟宇、高山、廢墟以及空房間附近大聲喊叫，就還是可以聽到愛可呼應著你說出的最後幾個字。

至於納西瑟斯呢？日復一日，他就這麼躺在河邊，無可救藥地深深愛上自己的倒影，不斷凝望著自己，心中充滿對自己的愛與渴求，眼中只有自己一人，心中所思所想也只有自己。他低頭在水面上，不斷渴望著自己，後來眾神終於把他變成嬌嫩美麗的水仙花，不但其學名就是納西瑟斯的名字，而且其美麗的花朵也總是低頭望著自己在水面上的倒影。

這些不幸的年輕人為我們還有我們的語言所留下的這些特質，你可以視之為普遍的人性或是特殊的病態。「自戀型人格疾患」（narcissistic personality disorder）與「仿說」（echolalia）都在《精神疾病診斷與統計手冊》裡被歸類為醫學與法律上的精神疾病。現在經常受到談論的自戀型人格疾患，其特徵是虛榮，自尊自大，深切渴望別人的仰慕、稱讚與掌聲，而且對於自我形象執迷不已。這種人絲毫不顧慮別人的感受，對於坦率、誠實或正直等考量更是毫不在乎。吹噓、誇耀以及妄自尊大都是這種人常見的徵象。他們無法忍受別人的批評或貶抑，可能會因此出現攻擊性以及極度怪異的行為。[85]

自戀最貼切的定義，也許就是一種在別人身上看到鏡面的需求：只有在別人映照出我們美好的一面，我們才會感到滿意。換句話說，我們直視別人的眼睛不是為了看清**他們**是什麼人，而是為了要看到自己在**他們眼中**映照出來的形象。按照這項定義，有誰能夠真心說自己完全沒有自戀的問題呢？

85 當然，我們都不認識這樣的人……

愛侶

崔斯坦與伊索德、羅密歐與茱麗葉、《咆哮山莊》裡的希斯克里夫與凱瑟琳，還有《朱門恩怨》裡的蘇愛倫與小傑——我們熟知的所有那些不幸的愛侶，全都深受早於他們的希臘悲劇傳統所影響。

皮拉莫斯與提斯柏

我們只要聽到「巴比倫」這個名字，都不免想到一個以粗俗奢侈著稱的中東文明。其空中花園是最早的世界七大奇景之一，而且巴比倫也一度是全世界最大的城市。[86]巴比倫帝國曾經統治小亞細亞大部分地區，有些人甚至認為這個故事的發生地其實是在奇里乞亞（Cilicia），也就是奇里克斯在跟著卡德摩斯以及阿革諾耳的其他兒子一同出外找尋歐羅巴之前所建立的王國。不過，在奧維德的版本當中，他則是毫不猶豫地把這個故事的背景擺在巴比倫的中心，所以我也依循他的做法。

巴比倫住著兩個結仇好幾個世代的家族，但已經沒人記得是什麼原因。這兩個家族的宮殿在這座城市的主要大街上比鄰而立，但兩家的兒童都從小就被教導把對方當成敵人，不管是互相交談、寫信或者比手勢傳訊都不准。

其中一個家族有個兒子名叫皮拉莫斯（Pyramus），另一個家族有個女兒名叫提斯柏（Thisbe）。儘管兩家的嫌隙如此深重，他們兩人卻還是愛上了對方。他們在隔開兩家的那道牆上發現一個小洞，於是透過這個小洞悄聲交談，分享彼此的人生觀還有詩文與音樂，結果因此深深墜入愛河之中。牆上的洞雖然太小，無法讓他們觸碰彼此，但在青春熱情的驅使下，他們還是可以藉著這個小洞感受彼此口中呼出的氣息，而這段感情的禁忌以及兩人之間近在咫尺卻無法跨越的距離，又使他們內心的愛火燃燒得更加熾烈。

他們那青春而溫熱的氣息深深撩撥彼此的情慾。一天晚上，他們覺得再也無法忍受，於是約定在夜裡逃出彼此的宮殿，前往一座陵墓會面。那座陵墓葬的是皮拉莫斯的祖先，也就是創建大城尼尼微的亞述王尼努斯（Ninus）。

因此，敏捷又機智的提斯柏在第二天晚上就溜出家門，不管是她臥房的守衛還是她父親宮殿外的衛兵都沒有發現。不久之後，她就跑出多年前由她的祖先賽密拉米斯（Semiramis）女王所建造的城牆。不過，提斯柏抵達約定的地點之後，遇見的卻不是她的愛人皮拉莫斯，而是一頭野蠻的獅子，口中的利牙因為剛剛獵殺一頭公牛而仍然滴著鮮血。提斯柏被那頭獅子的怒

86 巴比倫的遺跡位於伊拉克，在巴格達以南約五十英里處，現在大半都已淹沒在沙子底下。

吼聲嚇得拔腿就跑，在恐慌中不慎遺落她的面紗。獅子走到那條面紗前，嗅了嗅，張口咬起來甩了甩，以致口中的牛血染上面紗，接著又任由面紗掉在地上。牠最後又吼叫一聲，才邁開步伐，徐徐消失在夜色裡。

一會兒之後，皮拉莫斯跟著抵達，在一棵長滿夏季雪白果實的桑樹下等待他心愛的對象。一道月光透過桑樹的枝葉，正好照亮提斯柏掉在地上的那條沾滿血汙的面紗。皮拉莫斯把面紗撿了起來，驚恐地看見布面上繡著提斯柏的家族紋章，而且也發現面紗上散發出的氣味，正是與他多次互通愛之氣息的那個女孩身上的氣味。地上的爪印則是證明曾有獅子出現在這裡。

血汙、爪印、家族紋章，還有提斯柏身上那確切無誤的氣味：皮拉莫斯突然意會到這一切代表什麼樣的悲劇。他絕望地哀號一聲，然後拔出佩劍，用力刺進自己的腹部，並且左右切割，以求能夠快點追隨他的愛人前往死後世界。鮮血從他身上如湧泉般噴出，把白桑葚染成紫紅色。

「我們還來不及在這短暫的人生中結合，你就奪走我心愛的提斯柏。」皮拉莫斯對著天空大吼：「那就讓我們在永恆的死亡黑夜中合而為一吧！」話說完之後，他就嚥下最後一口氣。[87]

提斯柏在此時回來。她看見皮拉莫斯冰冷的手中緊緊握著她自己的面紗，而且面紗上沾滿血汙。她看到地上的獅子爪印，隨即就明瞭這是怎麼一回事。

「神啊，你們難道就那麼嫉妒我們的愛，連片刻的快樂都不肯賜給我們嗎？」她哭喊道。

她看見皮拉莫斯的劍，劍身沾滿他仍然溫熱的鮮血。她撲上去，讓劍深深刺入自己的肚子裡，而在同時發出一道充滿勝利與狂喜的叫聲——堪稱是史上最具佛洛伊德色彩的一項自殺舉動。

這兩個家族的成員被帶到悲劇現場，因而相擁哭泣，懇求彼此的原諒。兩家的歷代仇怨就此畫下句點。他們將這對情侶的遺體火化之後，把兩人的骨灰共同裝在一個骨灰罈裡。

至於他們的魂魄——皮拉莫斯變成一條以他為名的河流，提斯柏則是變成一道湧泉，泉水注入這條河流裡。皮拉莫斯河（Pyramus；現在稱為傑伊漢河〔Ceyhan〕）的河水後來被水壩攔住，用於進行水力發電，所以這對情侶的力量就此點亮土耳其家戶當中的燈光。

此外，為了紀念這對情侶的愛與犧牲，眾神於是宣告桑葚從此以後永遠都是深紫紅色：代表這對情侶的熱情與鮮血。

---

87 在《仲夏夜之夢》當中那場荒唐可笑的戲劇表演裡，波頓飾演的皮拉莫斯在劍刺自己的同時高喊：

我就這樣死了，就這樣，就這樣，就這樣。
　我已經死了，
　我已經離開了；
我的魂魄飄浮在天上。
　舌頭啊，你的光芒不再；
　月亮啊，你也儘管離開；
我這下死了，死了，死了，死了，死了。

名叫加拉提亞的女孩

艾西斯與加拉提亞

在大洋神女多麗斯與海神涅柔斯產下的許多女兒當中，有一個海精名叫加拉提亞（Galatea）。以其雪白的膚色而受到命名的加拉提亞，深為獨眼巨人波呂斐摩斯（Polyphemus）所仰慕。波呂斐摩斯不是第一代的獨眼巨人，而是波塞頓與大洋神女托俄薩（Thoosa）生下的一個野蠻又醜陋的孩子。

加拉提亞本身所愛的對象是艾西斯（Acis），一名相貌俊美並且帶有簡樸魅力的西西里牧羊少年。艾西斯雖是河流寧芙素邁提斯（Symaethis）與神明潘恩的兒子，卻只是凡人。一天，善妒的波呂斐摩斯看見艾西斯與加拉提亞擁抱著對方，於是朝著那個少年拋下一塊巨石，當場將他壓死。哀痛的加拉提亞號召足夠的力量與資源，或者也許是因為她在奧林帕斯山上擁有夠多的朋友，而得以將艾西斯變成一個不朽的河流精靈，與她永遠廝守。韓德爾的田園歌劇《艾西斯與加拉提亞》即是以他們的故事為主題。

加拉提亞二號

既然談到了名叫加拉提亞的女孩，另外還有兩人也值得一提。

克里特島菲斯托斯的潘狄翁（Pandion）有個兒子名叫蘭普洛斯（Lampros），娶了一個名為加拉提亞的女子為妻。蘭普洛斯對於養育女兒毫無興趣，因此對太太說，她要是生下女兒，就必須把孩子殺了，而且他會一直讓她受孕，直到她生下他所渴望的兒子為止。他們的第一個孩子是個美麗的女孩。加拉提亞狠不下心殺了她——有哪個母親狠得下心呢？——因此騙她丈夫說自己生下的是個健康的男嬰，而且她想將他取名為呂奇波斯（Leucippos；意為「白馬」）。

蘭普洛斯聽信太太的話，沒有多加檢查，因此被當成男孩撫養的呂奇波斯也就長成一個傑出、聰穎而且人見人愛的孩子。不過，隨著青春期逐漸逼近，加拉提亞愈來愈擔心自己心愛的孩子前凸後翹的身材以及光滑無毛的下巴，終究會令蘭普洛斯得知真相，而他絕對不可能會放過這樣的欺騙行為。

為了安全起見，加拉提亞於是帶著呂奇波斯到一座祭祀勒托的廟宇尋求庇護（勒托就是阿波羅與阿提米絲的泰坦族母親），並且祈求勒托改變她女兒的性別。勒托回應她的祈求，於是呂奇波斯當場變成一個雄糾糾的少年。他的身上長出男性該有的毛髮，該隆起的地方隆起，不該隆起的地方也平坦下去。蘭普洛斯絲毫不覺有異，於是他們全都過著幸福快樂的日子。

過了幾個世代之後，菲斯托斯城舉行一項稱為「艾克杜夏」（Ekdusia）的慶典。[88]在這項慶典當中，菲斯托斯的所有男孩都必須和女性生活在一起，穿上女性服裝，並且宣讀公民誓言，然後才能夠脫離少年團（agela），獲得完整的男性服裝與地位。[89]

呂奇波斯二號、達芙妮與阿波羅

有趣的是，還有一則神話故事也提及另一個改變性別的呂奇波斯。這個呂奇波斯是俄諾瑪斯（Oenomaus）的兒子，愛上了水澤仙女達芙妮（Daphne）。阿波羅也同樣愛上達芙妮，但尚未能夠討得她的歡心，也未能引誘得手。

為了接近達芙妮，這個呂奇波斯假扮成女孩，而混入她的那群寧芙同伴當中。善妒的阿波羅看見他這樣的做法，於是讓蘆葦對達芙妮耳語，說她和她的同伴都應該到河裡沐浴。於是，她們全都脫下衣服，裸身踏進河裡。呂奇波斯自然拒絕脫衣，結果那些寧芙就笑鬧著剝光他，因此發現他那令人難堪又確切無疑的祕密。於是，她們就在盛怒之下持矛刺死他。

這時候，阿波羅自己的慾火升騰起來。他突然出現，而開始追逐達芙妮。達芙妮驚駭不已，立刻從河裡跳上岸，然後拔腿狂奔。不過，阿波羅很快就追了上來。就在他即將追上她的時候，達芙妮向母親蓋婭與父親河神拉冬（Ladon）發出一項祈求。於是，阿波羅才剛伸出手碰到她，就感覺到達芙妮的肌膚在他的手指下出現變化。她的胸部出現薄薄的樹皮，頭髮伸展開而形成閃閃發亮的黃色和綠色樹葉，雙手變成樹枝，雙腳底下緩慢長出樹根，鑽入她母親蓋婭柔軟的泥土當中。驚訝得目瞪口呆的阿波羅發現自己的手所抓著的不是一個水澤仙女，而是一棵月桂樹。

阿波羅終於有一次受到了教訓。月桂從此成為他的聖樹，而在他舉行於德爾菲的皮提亞運動會裡，如我先前提過的，獲勝的運動員都會戴上月桂花環。直到今天，我們都還是習於把贏得大獎稱為贏得桂冠。[90]

88 這個詞語的意思涵蓋了換羽、蛻皮、脫殼與重新評價；也就是脫除一個東西，再套上另一個。

89 如果想要對這項引人入勝的主題獲得更進一步的瞭解，見雷塔歐（David D. Leitao），〈呂奇波斯的危難：菲斯托斯的艾克杜夏當中的啟蒙性變裝行為與男性意識形態〉（The Perils of Leukippos: Initiatory Transvestism and Male Gender Ideology in the Ekdusia at Phaistos），收錄於《古典時代》（*Classical Antiquity*），vol.14，no.1（1995）。

90 可別把達芙妮和達夫尼斯（Daphnis）搞混了。達夫尼斯是個西西里的俊美少年，他還是嬰兒的時候被人發現於月桂樹叢裡而被取了這個名字。荷米斯與潘恩都愛上他，而且潘恩還教他吹排笛。他的排笛吹得極好，因此後代將他視為田園詩的發明人。在西元二世紀，朗格斯（Longus）這名出身萊斯博斯的作者寫了《達夫尼斯與克洛伊》（*Daphnis and Chloë*）這部傳奇故事（和《金驢記》一樣，可以競逐史上第一部小說的頭銜），講述兩名田園情侶經歷各式各樣考驗其愛情的苦難與冒險。奧芬巴哈根據這個故事創作一齣輕歌劇。另一部更著名的作品是一九一二年的革命性芭蕾舞劇，由拉威爾譜曲、福金（Michael Fokine）編舞，並且由尼金斯基（Vatslav Nijinsky）演出。

加拉提亞三號與畢馬龍

賽普勒斯島由於是誕生於海沫中的阿芙柔黛蒂最早登陸的地點，因此長久以來都特別熱切崇拜這位愛與美的女神，而賽普勒斯人也以放蕩縱慾的生活著稱。希臘本土居民都認為賽普勒斯是個墮落之地，是一座自由之愛的島嶼。

在阿馬薩斯（Amathus）這座南部海港城鎮，一群被人稱為普羅珀艾提德（Propoetides；意為「普羅珀艾忒斯的女兒」）的女子對於賽普勒斯島上的性自由程度憤慨不已，竟然斗膽建議阿芙柔黛蒂不該繼續擔任那座島嶼的守護神。為了懲罰如此褻瀆無禮的行為，怒火衝冠的阿芙柔黛蒂於是對這群道貌岸然的姐妹注入永不饜足的肉慾，同時也消除她們一切的端莊或羞恥心。在這樣的詛咒之下，這群姐妹因此喪失臉紅的能力，並且開始在賽普勒斯島上恣意出賣自己的肉體。

當時有個名叫畢馬龍（Pygmalion）的年輕雕塑家目睹了普羅珀艾提德這種駭人聽聞的無恥行為，生性敏感而且相貌極度迷人的他對此深覺作嘔，於是決定從此永遠不和愛與性扯上關係。

「女人！」他在一天早上一面這麼喃喃自語，一面根據顧客的委託，著手製作阿曼薩斯一位將軍的大理石雕像。「我絕對不會把時間浪費在女人身上，永遠都不會。藝術就夠了，藝術就是一切。愛情什麼也不是，藝術卻是所有的一切。藝術是……咦，怪了……」

畢馬龍後退一步觀看自己的作品，不禁訝異地皺起眉頭。他的將軍雕像成形得頗為古怪。他明明記得自己為這尊雕像雕了一把鬍鬚，而這位老戰士雖然身材可能比較圓潤，但畢馬龍相當確定他沒有一對隆起的乳房。況且，他的脖子與喉嚨應該也沒有這麼纖細、平滑而誘人……

畢馬龍走到庭院裡，把頭浸入噴泉裡的冷水。經過這番提神之後，他回到工作室，再度檢視自己進行到一半的作品，卻只能搖頭驚嘆。當初畢馬龍獲准到這位將軍的別墅去詳看他的外貌，曾經覺得他與其說是人，反倒還比較像是疣豬。然而，現在畢馬龍以大理石雕出的這個人物卻有著優雅絕美的相貌，而且明顯可見是個美麗的**女子**。

畢馬龍拿起鑿子，以藝術家的眼光打量這件作品一眼，心知只要對準幾個地方狠心鑿個幾下，即可輕易回復正軌，而不必浪費掉這塊他花了一個月收入買來的珍貴大理石。

喀喇，喀喇，喀喇！

這下比較像樣了。

篤，篤，篤！

剛剛一定是某種奇怪的潛意識衝動造成的錯覺。

叩，叩，叩！

或者也許是消化不良造成的影響。

好了，再後退一步來看看……

不會吧！！！

他不但沒有把作品導回正軌，把將軍充滿男子氣概和軍人威嚴的凌厲目光帶回這尊雕像的臉上，反倒又更進一步強化其中柔和的女性體態、優雅曲線、豐滿肉感，還有——該死的——性感魅力。

他這時已陷入一陣狂熱。在內心深處，他知道自己已不再有心把這件作品導回正軌，而是一意想要看看自己這一時的瘋狂究竟會帶來什麼樣的結果。

他這一時的瘋狂，當然是阿芙柔黛蒂的傑作。她得知自己這座島嶼上一個最英俊而且條件最好的年輕男子竟然選擇背棄愛情，因此頗感不悅。況且，這個年輕人的海濱住處還正位於阿芙柔黛蒂從海上誕生之後首度踏上陸地的地點。所以，她認為這個地方激發愛情的力量應該特別強烈才對。如同我們大多數人在人生中都會發現的，愛與美其實冷酷凶狠，毫不留情。

連續幾天幾夜，畢馬龍都在狂熱的創作衝動驅使下奮力雕琢，充滿被神附身的熱忱（enthusiasm）。後代利用各種媒介創作的藝術家，可能都體驗過他這時身陷其中的那種靈感充溢得喘不過氣來的痛苦狂喜。他茶不思飯不想，甚至根本沒有任何有意識的思緒，只是不停地又敲又鑿又雕。

最後，隨著厄俄斯的粉紅彩霞以及東方的一道虹彩光芒昭告他連續不斷的工作邁入第五天，只見他從自己的作品前方退開，內心懷著只有真正的藝術家才懂的那種神奇體悟：終於，作品完成了。

他幾乎不敢抬起自己的眼睛。他在此之前一直都是在近距離雕琢細節——整體的輪廓只存在他腦子裡某個深邃的角落。現在是他第一次能夠看到作品的整體樣貌。他深吸一口氣，抬起頭。

他驚訝地大呼一聲，手指一鬆，把鑿子掉在地上。

從精緻秀麗的腳趾乃至頭上那頂完美無缺的花環，這尊雕像毫無疑問是他創作過最傑出的作品。不僅如此，這也絕對是全世界古往今來最美麗的一件藝術品。對於像畢馬龍這種真正的藝術家而言，這就表示這件作品比大地上的任何一個**人**都還要美麗，因為他知道藝術總是能夠超越自然的造物。

然而，他發現自己狂熱的想像力實現在這塊大理石上的結果，甚至也不只是世界上最美的東西。最重要的是，她是**真的**。在畢馬龍眼中，她比自己頭上的天花板以及腳下的地板都還要真實。

他心跳加速，瞳孔放大，呼吸急促，內心深處也出現極度強烈而且令人不安的騷動，同時摻雜著喜悅與痛苦。這就是愛。

畢馬龍知道這個女孩的名字應該叫做加拉提亞，因為以大理石雕成的她就像牛奶一樣白。而且，她的神情與姿勢也停滯在一個神妙的猶豫片刻，介於清醒與迷惑之間。她顯得有點驚訝，彷彿即將驚呼出聲。然而是為了什麼而驚訝呢？因為這個世界的美麗嗎？因為這個饑渴注目著她的年輕藝術家的俊美相貌嗎？她的五官端正而完美，但許多女孩也都是如此。她擁有的不僅是一般的魅力。她散發出一種內在的靈魂之美。她的身體曲線滑順、柔軟又性感得令人深深為之傾倒。她的乳房看起來彷彿柔軟地往前突出，而她的手以一種甜美訝異的姿態輕撫著頸部的動作，又使她的裸體更顯誘人。

畢馬龍繞著她轉一圈，欣賞她臀部的豐美曲線以及緊致的大腿。他敢伸手觸摸這女孩的肌膚嗎？他伸出手——極為輕柔，以免碰傷她。不過，他的手指碰到的卻是冰冷的大理石。堅硬無比的大理石。在眼中看來，加拉提亞整個人顯得栩栩如生，但在畢馬龍的手指底下，以及他貼在她側臉的臉頰上，她卻是冰冷得毫無生氣。

他一方面深感懊惱，同時又覺得充滿活力。他上下跳躍，高聲呼喊，哀聲嘆息，放聲大笑，引吭高歌，怒聲咒罵。他展現出種種野蠻、瘋癲、狂暴、亢奮與絕望的行為，就像是一個激烈而且駭人地深陷於愛情當中的年輕人。

最後，他撲向他的加拉提亞，以手腳環抱著她，用臉摩挲著她，親吻、愛撫、搓揉著她，只覺得自己整個人彷彿就要爆炸開來一樣。

經過這一波的狂暴示愛之後，徹底籠罩在他靈魂之上的那股瘋狂並沒有就此消退。他現在更是以真正的愛人所特有的那種熾愛與柔情疼惜著加拉提亞。他以親暱的小名呼喚她，到市場上為她購買長袍、花環與飾品。他為她的手腕戴上手鐲與手環，在她的頸部戴上項鍊以及碧玉和珍珠墜飾。他買了一張沙發，鋪上泰爾紫的絲綢，然後讓她躺在沙發上，對她吟唱情歌。如同大多數傑出的視覺藝術家，他在音樂方面的造詣也是令人搖頭，寫起詩來更是讓人不敢恭維。

他的愛雖然熱烈又豐沛，但除了在他最樂觀的情緒下所產生的想像之外，這樣的愛卻是完全沒有獲得回饋。這只是單向的愛，而在他熾熱的心靈深處，他也知道這一點。

阿芙柔黛蒂慶典的日子到了。畢馬龍向冰冷但美麗的加拉提亞吻別，然後走出家門。賽普勒斯島上所有的居民還有數以千計來自希臘本土的遊客，都聚集在阿曼薩斯歡慶這個一年一度的節日。廟宇前方的大廣場上滿是朝聖者，他們全都前來向這位愛與美的女神祈求感情方面的順利。戴著花環的小母牛受到獻祭，空氣中充滿濃郁的乳香味，而且廟宇的每一根柱子也都妝點著花朵。眾人的祈禱聲此起彼落，不絕於耳。

「賜給我一個太太吧。」

「賜給我一個丈夫。」

「請讓我在床上能夠表現得更好。」

「請不要讓我陷得那麼快。」

「消除我內心的這些情感吧。」

「請讓梅南德愛上我。」

「別再讓贊西佩背叛我了。」

懇求的呼聲與號叫聲充斥於空氣中。

畢馬龍在小販與祈求的群眾之間盲目地推擠前進。他抵達廟宇的階梯，賄賂了守衛，並且說服了女祭司，而終於被帶進通常只有錢多勢大的市民能夠進入的內部聖殿，得以在巨大的阿芙柔黛蒂雕像前直接對她祈禱。他在雕像面前跪下。

「偉大的愛之女神，」他低聲說：「聽說您會在這個屬於您的節日實現熱戀情侶的願望。請您實現這個可憐的藝術家所提出的願望……」

許多重要人物在祭壇的欄杆前對著阿芙柔黛蒂低聲祈求，而畢馬龍的禱告被別人聽到的可能性雖然很低，他卻還是因為某種顧忌或羞恥心而沒有說出自己真正的渴望。

「……這個可憐的藝術家懇求您賜給他一個活生生的真人女孩，就和他以大理石雕成的那個雕像一模一樣。令人敬畏的女神，只要您實現這項願望，就可以得到一個忠心的奴隸，他會永遠把自己的人生與藝術投注於為愛情服務以及頌揚愛情。」

心感莞爾的阿芙柔黛蒂看穿他的祈禱。她心知肚明畢馬龍真正想要的是什麼。在他面前，祭壇上的燭火突然高高騰起，而且連續九次。

畢馬龍飛奔回家。他完全不知道自己是怎麼跑的，或者花了多長的時間才到家。他闖過人群的時候，也許撞倒了一個人，也可能一路撞倒了四十個人。

那個沒有生命的雕像躺在那張妝點華麗的沙發上，就和他離家的時候一樣。這尊雕像從來不曾顯得如此淡漠而且冷酷。不過，被愛情沖昏頭的畢馬龍懷著滿腔的信心與瘋狂的熱情，還是跪下來親吻這尊雕像冰冷的眉毛。他親吻了一次、兩次……二十次。接著，他又親吻雕像的脖子、臉頰……然後，**等一下！**是他的吻溫熱了大理石，還是他饑渴的嘴唇真的感覺到一股愈來愈高的溫度？**他可以！**在他的嘴唇下，堅硬的石頭逐漸轉變成為肉體，轉變成活生生的、溫暖香甜的肉體！

他繼續不斷親吻，於是這塊大理石就像蜂蠟在太陽底下逐漸融化一樣，只要是他的嘴和手輕撫過的地方，就開始變軟。

畢馬龍訝異不已，完全不敢置信。他伸出手指摸著加拉提亞手臂上的一條血管，而感受到溫熱的人血流過所造成的脈搏跳動！他站了起來。這有可能是真的嗎？有可能是真的嗎？他把加拉提亞抱在懷裡，感覺到她的胸口因為吸氣而鼓脹起來。**是真的！**她真的變成了活人！

「阿芙柔黛蒂，我祝福你！眾神當中最偉大的阿芙柔黛蒂，我感謝你，也發誓永遠為你服務！」

他俯下身親吻那雙熱切回應他的櫻唇。這對情侶於是擁抱著對方，開懷歡笑，喜極而泣，輕聲嘆息，心中懷著滿滿的濃情蜜意。

過了九個月後，這對快樂的情侶生下一個孩子，一個他們取名為帕福斯（Paphos）的男孩。後來，畢馬龍與加拉提亞度過餘生的那座城鎮也同樣被人命名為帕福斯。

希臘神話裡的凡人情侶只有一次或兩次得以享有美滿的結局。也許就是因為有這樣的希望，我們才一直堅信自己對於幸福的追尋不會終究是一場空。[91]

---

91 由帕福斯衍生而來的「paphian」一詞，後來被人用來描述阿芙柔黛蒂以及性技巧。蕭伯納創作一部劇本，描寫一名男子試圖將一個勞工階級的女孩轉變成上層階級的仕女，他就把劇名取為《畢馬龍》（*Pygmalion*）。

赫羅與利安德

希臘海（Hellespont）在我們當今這個時代稱為達達尼爾海峽，並且因為在第一次世界大戰期間是加里波利半島周圍某些最激烈戰事的發生地而著名。做為分隔歐洲與亞洲的天然屏障，這座海峽向來都在戰爭與貿易方面具有重要的戰略地位。不過，儘管分隔歐亞兩洲而使得這座海峽顯得極為巨大，實際上其寬度卻沒有超過人力可以泳渡的距離。

利安德（Leander）[92]的家鄉位於阿比多斯（Abydos），在希臘海的亞洲沿岸，但他卻愛上了阿芙柔黛蒂的一個女祭司，名叫赫羅（Hero），住在歐洲岸的塞司陀斯（Sestos）當中的一座高塔裡。他們結識於一年一度的阿芙柔黛蒂節慶上。許多少年都深深傾倒於她「手臂上的玫瑰花叢」[93]以及她那和塞勒涅一樣純潔的臉龐。不過，只有英俊的利安德在她的內心引起同樣的熱情。他們在慶典上雖只相處了短短的時間，卻共同想出一個計畫，可讓他們各自回到位於海峽兩岸的家中之後仍可見到對方。每天晚上，赫羅會在高塔的窗戶前放一盞油燈，然後利安德就會朝著這個光點的方向游過海峽，爬上高塔與她相聚。

赫羅雖然因為身為女祭司而立下守貞之誓，但利安德對她說，因愛而從事的肉體結合是神聖的事情，是阿芙柔黛蒂一定會贊同的奉獻行為。他說，赫羅要是獻身於這位愛的女神，卻又保有處女之身，對她必然是一種侮辱，就像是崇拜阿瑞斯卻又拒絕戰鬥一樣。這項精湛的推論說服了赫羅，於是每天晚上她都會在窗前點亮油燈，然後利安德就會游過海峽，與她共享魚水之歡。他們是全世界最快樂的情侶。

這樣的幸福狀態持續一整個夏天，但夏天很快就轉為秋天，接著就吹起秋分的強風。一天晚上，波瑞阿斯（Boreas）、澤費羅斯與諾托斯（Notus）——亦即北風、西風與南風——共同呼嘯而起，造成強大的狂風，吹熄了赫羅窗前的油燈。在希臘海上頓時失去指引，強風又掀起有如高牆般的大浪，利安德因此迷失方向，而不幸溺死在海水當中。

赫羅等待她的愛人等待一整夜。第二天早上，厄俄斯才剛打開黎明的大門，天空露出的微光足以讓眼睛看得見東西，赫羅就立刻從窗戶探頭往下看，結果看見利安德扭曲的屍體擱在塔下的岩岸上。痛苦絕望之餘，她就從窗口跳下去，在同樣的那些岩石上了結自己的性命。[94]

在利安德之後，許多人也都泳渡過希臘海。其中最著名的莫過於詩人拜倫，他在一八一〇年五月三日完成這項壯舉——第二次嘗試才成功。他在日誌裡傲然記錄自己的泳渡時間是一個小時又十分鐘。「輕輕鬆鬆就完成了。」他寫道：「我深以這項成就自豪，比起其他任何種類

92 我們對利安德所知極少。馬羅（Christopher Marlowe）的詩只提到他是個愛上了赫羅的少年。亨特（Leigh Hunt）也寫了一首詩，但同樣沒有提供什麼資訊。

93 在馬羅的詩裡，她戴著一個面紗，繡在其上的花朵圖案極為真實，以致她必須一再揮開被她吸引而來的蜜蜂……

94 後來英國一個地位崇高而且是會員專屬的划船俱樂部，就以利安德為名。在皇家亨利賽艇日（Henley Regatta），總是可以看到這個俱樂部那令人驚駭的亮粉紅色襪子、領結與槳葉。

的榮譽都更有過之，不論是政治、詩文還是口才方面的榮譽。」

拜倫與英國皇家海軍陸戰隊一位名叫威廉・艾肯海德（William Ekenhead）的中尉共同泳渡希臘海，結果這名中尉也因為被拜倫納入其諷刺史詩巨作《唐璜》而得以永垂不朽。拜倫讚揚唐璜橫渡塞維亞的瓜達幾維河（Guadalquivir）所展現出來的游泳能力，而這麼寫道：

他說不定也能泳渡希臘海，
正如利安德、艾肯海德先生與我一樣
（我們自己對這項壯舉深感自豪）。[95]

---

95 對於這位內翻足卻又極度擅長運動的詩人而言，這項成就顯然深具意義。他在寫給好友亨利・德魯伊（Henry Drury）的信裡表示：「今天早上，我從塞司陀斯**游泳**到了阿比多斯。兩地之間的直線距離不超過一英里，但是海流導致這片水域帶有相當高的危險性——我甚至因此不禁猜想，利安德在游向人間極樂的過程中，他的熱情是不是也會稍微遭到這片水域的危險所冷卻。」

在完成這項壯舉的六天後，拜倫甚至還以這個主題寫了一首諷刺英雄詩，題為〈寫於自塞司陀斯游至阿比多斯之後〉（Written after Swimming from Sestos to Abydos）：

假如，在十二月的陰冷天氣裡，
利安德確實每夜出外，

（這個傳說有哪個少女可能忘記？）
橫渡你的水流，寬廣的希臘海！

假如，在冬季暴風的呼嘯之中，
他確實趕向赫羅，毫無畏懼之心，
而你的海流也如常奔湧，
美麗的維納斯！我對他們兩人都深感同情！

看看我這個一無是處的現代廢人，
即便在五月這宜人的氣候裡，
也只能在水中將肢體勉力前伸，
而自以為在今天完成一項壯舉。

不過，既然他奮泳於湍急的海潮之上，
如同那則不知真假的傳說所言，
是為了討得情人的歡心——天曉得還幹了哪些勾當，
他是為愛而游，我則是以博取榮耀為念；

那麼也就很難說是誰的下場比較好：
可憐的凡人！至今仍然深受眾神的折磨！
他的努力化為烏有，我則是臉上失去了笑：
因為他溺水而死，我則是冷得打哆嗦。

拜倫後來的另一部作品《阿比多斯的新娘》（*The Bride of Abydos*，一八一三），也提及利安德的家鄉，但內容與這個神話故事無關。

莎士比亞似乎特別喜歡這對古代情侶的故事，不但把《無事生非》這部劇本裡的一個角色取名為赫羅，還在《皆大歡喜》當中為羅莎琳德寫下這段憤世嫉俗又充滿反浪漫情懷的精彩對白：

> 就算赫羅成了修女，利安德也還是能夠活上許多年，只是他在那個炎熱的仲夏夜，偏偏要跳進希臘海裡，導致一時抽筋，而溺水送了命；結果那個時代那些愚蠢的記錄者，卻認定他是因塞司陀斯的赫羅而死。不過，這一切都是謊言。丟掉性命而淪為蛆蟲食物的男人所在多有，但都不是為了愛。

阿里翁與海豚

如同所有的偉大文明，希臘人也非常重視音樂（music）——在希臘人的心目中，音樂在各種藝術當中居於極高的地位，因此其名稱即來自於記憶女神的那九個女兒，也就是繆思（Muse）。在我們當今的文化生活中普遍可見的音樂節與音樂獎，在希臘世界裡也具有差不多一樣的重要性。

提到名聲響亮的歌唱家、吟遊歌手、詩人暨演奏家，大概沒什麼人比得上來自萊斯博斯島麥提姆納城（Methymna）的阿里翁（Arion）。[96]他是波塞頓與寧芙翁凱亞（Oncaea）的兒子，但儘管如此，他卻選擇把自己的音樂天賦用於宣揚頌讚狄奧尼索斯。他專精的樂器是**琪塔拉琴**，算是里拉琴的一種變體。[97]世人公認他是酒神頌歌這種詩文型態的發明人——這是一種狂野的合唱讚美詩，專門頌揚葡萄酒、狂歡、極樂與欣悅。

阿里翁有著一雙迷濛的褐色眼珠、甜美的嗓音，以及引人手舞足蹈並且扭腰擺臀的魔力，

---

96 只有英雄時代晚期的奧菲斯（Orpheus），才得以在技藝與名氣上超越阿里翁。

97 「吉他」（guitar）一詞即是衍生自「琪塔拉」（kithara）。

因此很快就在地中海世界成了一名偶像人物。他的資助人以及最熱情的支持者，是科林斯的專制君王佩里安德（Periander）。[98]他得知塔蘭托（Tarentum）這座位於義大利半島足跟的繁榮港口城市正在舉行一場盛大的音樂節，於是提供阿里翁一筆錢，讓他渡海前去參加節慶當中的競賽活動，條件是回來之後必須和佩里安德平分獎金。

去程相當順利。阿里翁抵達塔蘭托，參與了競賽，在每個類別都輕易贏得頭獎。評審與聽眾都從沒聽過如此扣人心弦又具有原創性的音樂。他獲得的獎品是一整箱的金銀珠寶、象牙以及精美樂器。為了答謝如此豐富的獎品，阿里翁於是在次日為當地居民舉行一場免費音樂會。

塔蘭托地區以其周圍鄉下常見的巨大狼蛛聞名，當地人以他們的城市為之命名，而把這種蜘蛛稱為塔蘭托毒蛛（tarantula）。阿里翁聽說塔蘭托毒蛛的毒液能夠引發歇斯底里般的瘋狂狀態，於是依據他自己那狂野的酒神頌歌，為聽眾即興演出一種變奏版本，他稱之為「塔蘭泰拉」（tarantella）。[99]這種民俗舞曲令易於亢奮的塔蘭托居民徹底忘形於其中，但在曲子的結尾，他又以極度輕柔浪漫的曲調平撫他們的情緒。到了凌晨時分，南義大利的所有男女老少都已拜倒於他的腳下，而據說他也就像成功的音樂家那樣，睡了好幾個他看上眼的樂迷。

第二天上午，一大批群眾前來為阿里翁送別，許多人紛紛為他送上飛吻，還有不少人更是哭得撕心裂肺。一條接駁船載著他與他的行李，包括那箱珠寶在內，划向停泊在外海的一艘雙桅帆船。那艘帆船上除了一名船長，還有九個平民船員。阿里翁很快就上船安頓完畢，於是船員揚起帆，船長隨即下令朝科林斯出發。

落水

他們一航行到看不見陸地的公海上，阿里翁就立刻察覺到情況不太對勁。他早已習於別人注視的目光——畢竟，他不只天賦過人，相貌也是俊美至極。不過，這時船員投向他的目光卻是全然不同的類型。日子就在這種陰沉又充滿威脅性的氣氛下一天天過去，阿里翁也覺得愈來愈不自在。那些水手的眼神裡帶有某種類似於肉慾的渴望，但他們的渴求似乎黑暗得多。到底出了什麼問題呢？終於，在一個炎熱的下午，船員當中面貌最凶惡醜陋的一個走到阿里翁的面前。

「小子，你屁股下的那個箱子裡裝了什麼東西？」

當然。阿里翁的心一沉。原來如此，船員聽說他得到珠寶。他猜他們是想分一杯羹，但除了佩里安德以外，他打死也不肯和別人分享自己辛苦贏得的獎品。他先前原本打算在抵達目的地之後以豐厚的小費犒賞船員，這下卻是硬起心腸。

98 專制君王的英文「tyrant」雖然經常意指暴君，但在希臘文裡就只是指專制的統治者，有時也指自封為王的統治者。佩里安德是歷史上真實存在的人物，是所謂的「古希臘七賢」的其中一人。蘇格拉底指稱這七賢展現高深智慧的一切特質，是所有人都應當追求的榜樣。

99 塔蘭泰拉舞曲至今在歐洲各地仍然深受喜愛。

「我的樂器。」他答道：「我是琪塔拉琴演奏家。」

「你是**什麼**？」

阿里翁沮喪地搖搖頭，然後又緩慢說了一次，彷彿對著兒童說話一樣。「我—彈—奏—琪—塔—拉—琴。」

這麼說真是大錯特錯。

「哦—是—這—樣—嗎？那—彈—一—首—曲—子—來—聽—聽—看—吧。」

「不好意思，我不想彈。」

「這裡是怎麼回事？」船長走了過來。

「這個乳臭未乾的小子說他是演奏家，可是又不肯彈曲子給我們聽。他說他那個箱子裡有一把琪塔拉琴。」

「哎呀，年輕人，我相信你一定不會介意讓我們看看你的琴，對不對？」

這時候，整條船上的人員已把他團團圍住。

「我——我現在身體不太舒服，沒辦法彈。也許我到晚上就會好一點。」

「你怎麼不去甲板下的陰涼處休息呢？」

「不——不用了，我比較喜歡呼吸新鮮空氣。」

「大夥們，抓住他！」

好幾隻粗大的手輕而易舉地抓起阿里翁，彷彿他是一隻剛出生的小狗。「放開我！別動我的箱子，那不是你們的東西！」

「鑰匙在哪裡？」

「我……我掉了。」

「大夥們，把鑰匙找出來。」

「不要，不要！拜託，我求求你……」

他們很快就找到鑰匙，而從阿里翁的脖子上扯下來。隨著船長打開鎖頭而掀開蓋子，口哨和低語聲也跟著在眾人之間響起。黃金與寶石發出的耀眼光芒閃爍在那些船員貪婪的臉上。阿里翁知道自己完蛋了。

「我其實很——很願意和你們分——分享我的珠寶……」

船員似乎對這項提議深感莞爾，而紛紛大笑出聲。

「殺了他。」船長一面說，一面拉起一長串的珍珠，映著陽光細細欣賞。

最醜陋的那個船員抽出一把刀，臉上掛著一抹邪惡的微笑，緩步逼近阿里翁。

「拜託，拜託……可——可不可以至少讓我唱最後一首歌？我的哀歌，我自己的送葬曲。這是應該的吧，對不對？你們要是敢把我在沒有任何宣洩儀式的情況下殺了，眾神一定會懲罰你們的……」

「我現在就讓你閉上你的那張臭嘴。」那個醜陋的船員齜牙咧嘴地說，同時又踏上一步。

「不要，不要，」船長說：「他講的有道理。就讓這個庫克諾斯唱一首他告別人生的天鵝之歌吧。我猜你會需要這把里拉琴。」他拿出箱子裡的琪塔拉琴，遞給阿里翁。阿里翁調音之後，閉上眼睛，然後開始即興演唱。他把這首歌獻給他的父親波塞頓。

「海洋霸主，」他唱道：「潮汐之王，撼地之神，親愛的父親。我在我的祈禱和獻祭當中經常忽略你，但是你——噢，偉大的海神——你絕對不會丟下你的兒子不管。海洋霸主，潮汐之王，撼地之神，親愛的——」

在毫無預警的情況下，阿里翁突然緊緊抱住琪塔拉琴而縱身跳出船舷外，落入海浪當中。他最後聽到的聲音，就是船員的笑聲，還有船長以嘲諷的語氣說道：「這樣省事多了！我們來瓜分戰利品吧。」

他們之中要是有任何一個人花點時間探頭往下看一眼，必定會看見一幅奇景。阿里翁一頭栽進水裡，滿心打算張開嘴巴，讓自己快點溺死。以前有人告訴過他，溺水是一種甜美而愉快的死亡方式，就像緩緩睡著一樣，只要你不抗拒即可。**窒息**是一種令人驚慌的可怕噩夢，但真正的**溺水**卻是安詳而沒有痛苦的解脫。他是這麼聽說的。不過，儘管聽過這種令人安心的說法，阿里翁卻還是緊閉著嘴，腮幫子高高鼓起，一面用力踢水，一面緊抱著他的琪塔拉琴。

然後，就在他覺得肺部快要炸開來的時候，卻發生一件驚人的事情。他感到自己被往上推，推得又急又快。他在水裡迅速往上衝，然後衝出水面！他又可以呼吸了！這是怎麼一回事？他一定是在做夢。奔流的水、氣泡和浪花、傾斜搖晃的海平線、耳中的嗡嗡聲，還有潮溼的表面、呼嘯的風聲、刺眼的光線——這一切都令他搞不懂究竟發生什麼事，直到他終於鼓起勇氣往下看，才透過刺痛的眼睛看見了……他……他竟然騎在一條海豚的背上！一條**海豚**！他騎著海豚飛騰在海面上！可是海豚的表皮很滑，他覺得自己逐漸滑下去。那條海豚奮力一躍，扭動一下身體，然後阿里翁就又在海豚的背上恢復了平衡。這條海豚竟然刻意保護著他的安全！他要是伸出一隻手抓住海豚的背鰭，就像馬匹騎士抓著鞍角那樣，不曉得牠會不會介意呢？那條海豚並不介意，甚至還跳躍一下，彷彿表達贊同，接著又加快了速度。阿里翁慢慢伸手拉住琪塔拉琴的背帶，然後把琴甩到身後，以便能夠用雙手抓住背鰭，好好享受這趟海上飛馳之旅。

那艘雙桅帆船已經消失在視線之外。太陽高高掛在天上，海豚載著他在海面上騰躍前進，不斷濺起色彩斑斕的水花。他們要去哪裡？這條海豚知道嗎？

「嘿，海豚，你朝著科林斯灣游，到了那裡我再跟你說要往哪邊走。」

海豚發出一連串的尖嘯與喀嗒聲，似乎表示牠聽得懂人話，阿里翁於是笑了。他們持續不斷前進，追逐著那永遠懸在天邊的海平線。阿里翁這時已能穩穩騎在海豚背上，於是把琪塔拉琴繞回身前，而唱起阿里翁與海豚之歌。這首歌現在早已失傳，但據說是古往今來最優美的歌曲。

最後，他們終於抵達科林斯灣。在這條繁忙的海上航道，那條海豚以優雅而敏捷的動作穿梭於來來去去的船隻之間。不論是三桅帆船、駁船還是小艇上的水手，都不禁轉過頭來注視這幅年輕人騎在海豚上的奇景。阿里翁輕輕地左右拉扯背鰭指引方向，直到他們抵達王室碼頭為止。

「趕快去稟報國王佩里安德，」他一面說，一面從海豚的背上踏上碼頭：「他的樂師回來了。還有，餵我的海豚吃些東西。」

紀念碑

看到自己最喜愛的樂師歸來，佩里安德實在喜出望外。他獲救的故事令全宮殿的人都驚異不已。他們歡宴一整夜，一路持續到天明。直到傍晚時分，他們才終於有空出宮去看那條英勇的海豚，打算讚揚牠並且拍一拍牠。然而，他們見到的卻是一幅令人哀傷的景象。無知的碼頭工人把那條海豚帶上岸去餵食，牠因此整夜都沒有水能夠保持表皮溼潤，接下來的一整個上午和下午又都躺在碼頭邊緣，被一群好奇的小孩圍繞著，同時也在炎熱的陽光照耀下不斷喪失體內的水分。阿里翁在牠身邊跪下來，對著牠的耳朵低語幾句話。海豚熱情地仰頭回應，然後就顫巍巍地呼出一口氣死了。

阿里翁深感自責，即使佩里安德下令建造一座高塔紀念那條海豚，也無助於提振他的情緒。接下來的一整個月，他演唱的全都是悲歌，整個宮殿也跟著他一起哀悼。

接著傳來一項消息，指稱那艘由九個船員與一名惡船長操駕的雙桅帆船被一場風暴吹到了科林斯。佩里安德派遣使者把他們帶到他面前，並且吩咐阿里翁在他審問他們的時候不要現身。

「你們負責把我的詩人阿里翁從塔蘭托帶回來。」他說：「他人在哪裡？」

「唉呀，敬畏的大王，」船長說：「說起來實在太讓人難過了。那個可憐的孩子在風暴中跌進海裡。我們後來找到他的屍體，為他舉行一場莊嚴的海上葬禮。真是不幸。那孩子很可愛，所有的船員都喜歡他。」

「真的是這樣，很好相處的一個小子。真是可惜……」船員紛紛喃喃附和。

「就算這樣，」佩里安德說：「我聽到的消息說他贏得了歌唱比賽，帶著一個珠寶箱上了你們的船。那些珠寶有一半是屬於我的。」

「這個嘛……」船長攤開雙手：「那個箱子也在風暴中掉下船。我們看到它的蓋子彈開，然後就從甲板上滑進海裡。我們有撿回一些小東西，一把銀的里拉琴、一根奧羅斯——還有一兩件小珠寶。陛下，我實在希望我們能夠找回更多東西，我真心這麼希望。」

「原來如此……」佩里安德皺起眉頭。「明天早上到王室碼頭那座新建的紀念碑旁邊集合。你們一定找得到的，那座紀念碑頂端有一條海豚的雕像。把剩下的珠寶帶過去，既然可憐的阿里翁已經死了，也許我會讓你們留下屬於他的那一份。你們可以走了。」

「別擔心，」佩里安德向阿里翁描述這段過程之後說：「正義一定會受到伸張的。」

第二天上午，那名船長帶著九個船員提早抵達紀念碑。他們輕鬆地說說笑笑，心裡樂不可支，因為他們只需歸還阿里翁一小部分的珍寶，而且那個呆子國王甚至還可能會把這一小部分再分一些給他們。

佩里安德在約定的時間準時帶著宮殿守衛抵達。「船長，早安。啊，你們帶來的珠寶。你們撿回的就只有這些？好，我懂你的意思了，果然很少。對了，你說阿里翁怎麼了？」

船長口齒流暢地重複一遍他的說詞，和前一天說的內容完全一模一樣。

「所以他真的死了？你們真的找到他的屍體，為他舉行了海上葬禮？」

「真的是這樣。」

「然後他的比賽獎品就只剩下這些？」

「陛下，我實在很不願意這麼說，但事實就是這樣。」

「那麼，」佩里安德問：「你們怎麼解釋我們在船殼裡找到的**這些**東西？」

他一揮手，就有幾名守衛抬著一個墊子上前，那些珠寶就堆在墊子上方。

「啊，沒錯。唉……」船長露出一道諂媚的笑容。「敬畏的大王，我們實在太愚蠢了，竟然想要欺騙您。那個可憐的小子死了，就像我說的，而這些就是他的珠寶。陛下，我們只是貧窮的水手，您的精明智慧拆穿了我們的謊言。」

「你還真豁達。」佩里安德說：「可是我還是想不通。我賜給阿里翁一把用金、銀和象牙製成的琪塔拉琴，他不管到哪裡都會帶在身邊。那把琴為什麼沒有在這堆東西裡面？」

「這個嘛，」船長說：「我跟您說過我們有多麼喜歡小阿里翁。他就像是我們的小弟弟一樣。大夥們，是不是這樣？」

「是，是……」船員喃喃附和。

「我們知道他有多麼重視那把琪塔拉琴，所以就把琴和他的屍體裹在一起送進海裡。我們怎麼有可能不為他這麼做呢？」

佩里安德面露微笑，船長也跟著微笑。不過，他的微笑突然消失了。紀念碑頂端那條金海豚的口中竟然傳來琪塔拉琴的聲音。船長和他的手下都訝異地抬頭瞪視。阿里翁的歌聲隨著琴聲飄揚而起，在海豚雕像的口中唱著：

「大夥們，殺了他，」船長這麼說：

「現在立刻殺了他，奪走他的金銀財寶。」

「我們現在就動手殺了他，」船員大吼：

「把他丟進海裡去餵魚。」

「等一下，」那名歌手說：「且讓我唱一首

向人生道別的最後歌曲。」

其中一個船員害怕得尖叫起來，其他人則是顫抖著跪了下去。只有船長雖然臉色發白，卻還是挺身站著。

紀念碑底座的一道門在這時打開，只見阿里翁從門內走出來，一面彈奏著他的琪塔拉琴，一面唱著：

可是一條海豚救起了他。
他騎著海豚飛騰在翻湧的海浪上。
他們橫越大海來到科林斯，
那條海豚和牠背上的歌手。

那些船員開始哇哇大哭起來，乞求原諒。他們互相怪罪，尤其把責任都推到船長頭上。「太遲了，」佩里安德一面說，一面轉身走開：「把他們全殺了。阿里翁，跟我來吧，為我唱一首愛與酒的歌。」

阿里翁長壽而成功的人生結束之後，海豚與音樂的守護神阿波羅把他與當初救了他的那條海豚升上天空，置於射手座與水瓶座之間。

阿里翁與救了他的那條海豚在天空中的位置，能夠協助海上的領航員辨別方向，並且為我們所有人提醒存在於人與海豚之間的那種古怪而美妙的親近關係。

費萊蒙與鮑西絲，熱情好客獲得回報的故事

在小亞細亞的佛里幾亞東部的山丘上，一棵橡樹和一棵椴樹比鄰生長，樹枝互相碰觸。那是一片純樸的鄉下環境，遠離於任何金光閃耀的宮殿或者高聳的城堡。農民在這裡過著勉強餬口的生活，完全仰賴狄蜜特的仁慈賜給他們作物的收成與肥胖的豬隻。這裡的土壤並不肥沃，居民總是難以在穀倉裡填滿足夠的糧食度過冬天，也就是狄蜜特因為她那聰明的女兒波瑟芬妮前往冥界而陷入哀傷沮喪情緒的時期。那棵橡樹與椴樹，比起種植在連接雅典與底比斯的公路兩旁那些高大的白楊與優雅的柏樹，雖然顯得頗不起眼，卻是地中海世界數一數二的聖樹。智慧有德的人都會到這兩棵樹來朝聖，並且將還願祭品掛在樹枝上。

許多年前，這兩棵樹下方的山谷裡出現一座聚落，其大小介於城鎮與村莊之間。如同許多失敗的聚落，這裡的居民也是在絕望中勉強鼓起希望，而將自己的聚落命名為尤摩尼亞（Eumeneia），意為「美好月分之地」——期盼著狄蜜特也許會為這裡的貧瘠土壤賜福，讓他們獲得豐盛的收成。不過，這樣的盼望極少獲得實現。

主要廣場的中央矗立著一座巨大的狄蜜特神廟，面對著另一座幾乎同樣巨大的赫菲斯托斯神廟（因為居民的熔鐵爐與工作坊也需要賜福）。至於城鎮的其他地方，則可見到許多供奉赫

斯提亞與狄奧尼索斯的祭壇。少數幾座葡萄園散布於山坡上，受到不亞於橄欖樹或玉米田的細心照顧。生活雖然困苦，但這裡的男男女女都從當地生產的酸酒獲得許多慰藉。

在通往城外的一條蜿蜒小路的起點處，有一間小石屋裡住著一對老夫婦，名叫費萊蒙（Philemon）與鮑西絲（Baucis）。他們很年輕就已經結婚，現在到了老年還是極為恩愛。他們對彼此堅定而強烈的愛意令鄰居頗感莞爾。他們比大多數人都還要窮，田地也比別人都還要貧瘠，但從來沒有人聽過他們出言抱怨。每一天，鮑西絲都會為他們唯一擁有的一頭羊擠奶，還有鋤地，並且縫製、清洗以及修補衣物。費萊蒙則是在屋後的土壤播種、栽種、挖掘、耙地。到了下午，他們就去摘採野菇、撿拾木柴，或是單純在山坡上散步，手牽著手，天南地北地聊或是靜靜享受彼此的陪伴。如果有足夠的食物，他們就會吃晚餐，不然就餓著肚子上床，在彼此的懷裡睡著。他們的三個子女早就離家自立，在遠方成立自己的家庭。他們從來不曾回來探望父母，也沒什麼人會來找這對夫婦，直到一個命定的下午。

費萊蒙剛從田地回家，正坐下來準備接受一個月一次的剪髮。現在，他這顆老禿頭已經剩沒幾根頭髮，但他們兩人都對這項每個月一次的例行公事樂在其中。突然響起的敲門聲讓鮑西絲吃了一驚，差點掉了她正在磨利的剃刀。他們訝異地互看一眼，兩人都已想不起來上次有人來拜訪是什麼時候的事情了。

兩個陌生人站在門前，一人蓄著一把大鬍鬚，另一人比較年輕，臉上光滑無毛，也許是他的兒子。

「你們好，」費萊蒙說：「請問有什麼我們可以幫忙的嗎？」

那個年輕人微微一笑，脫下帽子——那是一頂奇怪的寬邊圓頂帽。「先生，午安，」他說：「我們是一對旅人，初到貴寶地，因為肚子餓了，不曉得能不能麻煩你……」

「請進，請進！」鮑西絲熱情的從丈夫身後冒出來說：「這個季節在外面旅行太冷了。我們這裡比鎮上其他地方都還要高，所以也更冷一點。費萊蒙，你把火燒旺一點，讓客人暖暖身子。」

「當然，親愛的，當然。我的禮貌跑到哪裡去了呢？」費萊蒙彎下身吹了吹壁爐，讓餘燼再度冒出火來。

「你們的斗篷給我，」鮑西絲說：「先生，這裡火邊請坐。還有你也是。」

「你們人真是太好了，」年紀比較大的旅人說：「我叫阿斯特拉波斯（Astrapos），這是我兒子阿古洛斯（Arguros）。」

年輕的旅人聽到自己的名字，隨即以誇張的動作鞠了個躬，然後在火旁坐下來。「我們口很渴。」他說，同時打了個大呵欠。

「你們一定要喝點東西。」鮑西絲說：「老公，你去拿酒壺，我去準備無花果乾和松子。希望你們兩位會願意和我們一起用餐。我們沒有什麼豐盛的菜餚，但很歡迎你們留下來接受我們的招待。」

「我們很樂意留下來。」阿古洛斯說。

「你的帽子和手杖給我……」

「不用，不用，這些東西我從不離身的。」年輕人把手杖抓在身前。那根手杖的設計真是特別。上頭雕刻的圖案是葡萄藤嗎？鮑西絲心想。他旋轉著手杖的動作極為靈巧，使得那根手杖看起來彷彿是個有生命的東西一樣。

費萊蒙拿著酒壺走過來，口中說著：「你們恐怕會覺得我們這裡產的酒味道有點淡，而且可能也會有點……**澀**。這附近地區的人都笑我們的酒不好，可是我敢向你們保證，只要習慣味道，這個酒其實還滿好喝的。至少我們是這麼認為。」

「不錯嘛，」阿古洛斯啜飲一口之後說：「你們是怎麼讓貓願意尿在酒壺裡的？」

「別理他，」阿斯特拉波斯說：「他總是自以為幽默。」

「欸，我必須承認還滿好笑的。」鮑西絲一面說，一面端著盛有果乾和堅果的木盤過來：「年輕的先生，只怕你對我這些乾癟的果子看起來的模樣更沒什麼好話可以說。」

「你穿著上衣，所以我看不見你那兩個乾癟的果子，不過盤子上的這些果乾看起來還滿可口的。」

「**先生！**」鮑西絲開玩笑地拍了他一下，臉不禁紅起來。這年輕人真是奇怪。

初識階段的尷尬氣氛，很快就化解於阿古洛斯沒大沒小的插科打諢以及主人的笑聲當中。阿斯特拉波斯的性情似乎比較陰鬱。在他們走向餐桌的時候，費萊蒙伸手搭上他的肩。

「先生，希望你不會介意我這個老頭子的多管閒事。」他說：「不過你看起來好像有點心不在焉。有沒有什麼我們可以幫得上忙的地方呢？」

「哎呀，別理他。他總是一副愁眉苦臉的模樣，」阿古洛斯說：「誰叫他不愛吃甜呢，哈哈！可是老實說，不管他有什麼問題，絕對沒有飽餐一頓解決不了的事。」

鮑西絲與費萊蒙互瞥一眼。他們的櫥櫃裡剩下的食物少之又少，只有一塊準備要留著在仲冬大餐吃的醃培根、一些果乾和黑麥麵包，還有半顆甘藍菜。他們知道自己只要讓這兩個身強體壯的男人吃個半飽，自己就得挨餓一個星期。然而，賓主之道神聖不可違反，客人的需求總是必須擺在第一位。

「再來一杯那個酒也沒什麼不好。」阿古洛斯說。

「唉呀，」費萊蒙看著酒壺說：「酒只怕已經沒了……」

「亂講，」阿古洛斯說，把酒壺搶了過來：「還多得很。」他斟滿自己的杯子，然後也斟滿阿斯特拉波斯的杯子。

「奇怪，」費萊蒙說：「我明明記得我們只有不到半壺的酒。」

「你們的杯子呢？」阿古洛斯問。

「哦，不用，我們不需要……」

「亂講，」阿古洛斯在椅子上往後一仰，伸手從他身後的一個邊几上拿了兩個木杯：「好了……我們來乾杯。」

費萊蒙與鮑西絲深感驚奇，不只因為酒壺裡的酒竟然足夠斟滿那兩只木杯，而且喝起來也遠勝於他們記憶中的口味。實際上，除非他們是在做夢，不然這絕對是他們喝過最美味的酒。

在有些恍惚的情況下，鮑西絲用薄荷葉擦了桌子。

「親愛的，」費萊蒙在她耳邊低語道：「我們本來下個月要獻祭給赫斯提亞的那隻鵝。讓我們的客人吃飽應該是比較重要的事情，赫斯提亞會瞭解的。」

鮑西絲同意道：「我現在就去把牠宰了。你再去添點柴火，準備烤鵝肉。」

不過，那隻鵝卻怎麼也抓不到。不管鮑西絲多麼耐心等待再突然撲上去，那隻鵝每次都咯咯叫著逃出她的掌握。她最後只好焦躁而失望地回到屋裡。

「兩位先生，實在非常不好意思。」她說，眼中還噙著淚水：「你們今天晚上吃到的恐怕會是很簡陋的一餐。」

「這位太太，你胡說。」阿古洛斯又為所有人斟了酒。「我從沒吃過這麼豐盛的大餐。」

「先生！」

「是真的啊。爸爸，你告訴他們。」

阿斯特拉波斯露出一道陰鬱的微笑。「我們在尤摩尼亞到處碰壁，沒有一戶人家願意招待我們。有些鎮民咒罵我們，有些對我們吐口水，有些對我們丟石頭，有些甚至還放狗追我們。你們家是我們嘗試的最後一戶人家，結果你們對待我們是這麼的體貼友善。我本來還以為這樣的好客精神已經消失在這個世界上了。」

「先生，」鮑西絲一面說，一面在桌子底下伸手緊緊握住費萊蒙的手：「我們只能為我們鄰居的行為道歉。這裡的生活很苦，很多人在長大的過程中都沒有被教導要尊崇賓主之道。」

「沒有必要為他們辯解，我肚子餓了。」阿斯特拉波斯說。在他說話的時候，可以聽到天上傳來隆隆的雷聲。

鮑西絲望著阿斯特拉波斯的雙眼，而不禁感到一陣恐懼。

阿古洛斯笑了起來。「別怕，」他說：「我爸爸沒有生你們的氣，他對你們很滿意。」

「走出屋外，沿著山坡往上爬。」阿斯特拉波斯一面說，一面起身：「不要回頭看，不管發生什麼事都不要回頭看。你們贏得你們的獎賞，你們的鄰居也會得到他們應得的懲罰。」

費萊蒙與鮑西絲手拉著手站起身來。現在，他們已經知道自己的訪客不是尋常的旅人。

「不必行禮。」阿古洛斯說。

他的父親指向門口。「到山頂上去。」

「記住，」阿古洛斯在他們身後喊道：「不要回頭看。」

費萊蒙與鮑西絲手拉著手走上山坡。

「你知道那個年輕人是誰嗎？」費萊蒙說。

「荷米斯。」鮑西絲說：「他打開門讓我們出來的時候，我看到他手杖上的那兩條蛇。那兩條蛇是**活的！**」

「那麼他說是他爸爸的那個人就是……一定是……」

「宙斯！」

「老天！」費萊蒙在山坡上停下腳步喘息。「親愛的，天色變得好黑，雷聲又愈來愈近了，不曉得……」

「親愛的，不行，我們不能回頭看，絕對不行。」

宙斯對於尤摩尼亞的鎮民對他展現的敵意以及肆無忌憚地違反賓主之道的行為深感憤恨，於是決定像他當初在杜卡利翁的時代那樣，以洪水懲罰這座聚落。天上的烏雲在他的命令下聚集成厚厚的一層，閃電閃爍不停，雷聲轟隆作響，雨水也應聲而落。

等到那對老邁的夫妻勉力爬到山頂上，他們的腳已經踩在雨水形成的逕流裡。

「我們不能就這樣背對著城鎮站在雨中。」鮑西絲說。

「你如果要看，我就跟你一起看。」

「費萊蒙，我的丈夫，我愛你。」

「鮑西絲，我的太太，我也愛你。」

他們轉過身往下看。他們看見洪水淹沒尤摩尼亞，然後費萊蒙就變成一棵橡樹，鮑西絲則變成了椴樹。

在長達數百年的時間裡，這兩棵樹就這麼比鄰而立，成為永恆之愛與謙遜和善的象徵，他們互相交纏的樹枝上掛滿朝聖者留下的祭品。100

佛里幾亞與戈爾迪之結

希臘人熱愛把城鎮的創立者編入神話裡。雅典娜將橄欖賜給雅典人民，並且把厄瑞克忒斯（如果你還記得的話，厄瑞克忒斯是那條沾滿赫菲斯托斯精液的布條所產生出來的後代）撫養長大，成為雅典城的創立者，似乎促成了雅典人的自我意識。卡德摩斯與龍牙的故事，則是對底比斯人發揮了同樣的效果。有時候，如同戈爾迪烏姆（Gordium）這座城市的創建過程，故事當中的部分元素則可能從神話轉變為傳說，再轉變為眾所周知的真實歷史。

在馬其頓，有個貧窮但滿懷抱負的農民叫做戈爾迪亞斯（Gordias）。有一天，他在自己滿布石礫的田地裡忙活的時候，一隻老鷹飛下來站在他牛車的桿子上，以銳利的眼神盯著他。

「我就知道！」戈爾迪亞斯心想：「我向來都覺得自己注定要成就偉大的事業。這隻老鷹就

100 這項神祇考驗人類賓主之道的行為「theoxenia」，和《創世紀》第十九章講述的故事相當類似。天使造訪所多瑪（Sodom）與蛾摩拉（Gomorrah），結果只有羅得和他的妻子以得體而和善的態度招待他們。當然，所多瑪的放蕩居民不是放狗追天使，而是想要「和他們睡覺」——於是「肛交」（sodomy）即是衍生自所多瑪的名稱。羅得與他的妻子就像費萊蒙與鮑西絲一樣，也受到吩咐出城逃命，而且在平原諸城受到神的懲罰之時不得回頭看。羅得的妻子忍不住回頭，結果不是變成椴樹，而是變成一根鹽柱。

是證明，我必須實現我的命運。」

他把犁從土壤中拔起，然後駕著牛車行駛數百英里前往宙斯．薩巴茲烏斯的神廟。[101]在戈爾迪亞斯駕著牛車緩緩前行的同時，那隻老鷹以其鷹爪緊緊抓著桿子，不管牛車輾過坑洞與石頭的時候搖晃得多麼劇烈都毫不畏縮。

戈爾迪亞斯在途中邂逅了一名泰爾彌薩斯少女，不但擁有強大的預言能力，迷人的美貌更是令他心動。那名少女似乎是特地在那裡等他，而催促他趕緊帶她前往泰爾彌薩斯（Telmissus），在那裡把他的牛獻祭給宙斯．薩巴茲烏斯。看到自己的願望即將實現，戈爾迪亞斯因此深感興奮，而對那名少女說，只要她願意嫁給他，他就會遵從她的建議。少女低下頭表示同意，於是他們就朝著泰爾彌薩斯出發。

結果，就在這個時刻，佛里幾亞國王剛病逝於自己的床上。由於他沒有留下繼承人，也沒有明白可見的接替者，首都的人民因此趕往宙斯．薩巴茲烏斯的神廟詢問該怎麼辦。神諭指示他們為第一個搭乘牛車進城的男人行塗油禮立為國王。於是，鎮民剛好就在戈爾迪亞斯與那名女預言家抵達的時候興奮地聚集於城門周圍。他的牛車一越過門檻，那隻老鷹就尖嘯一聲飛了起來。眾人紛紛把帽子拋上空中，熱烈歡呼，直到嗓子都啞了。

只這麼一段短短的時間，戈爾迪亞斯就從獨自在馬其頓的貧瘠土地上過著勉強餬口的生活，搖身一變成為佛里幾亞國王，還娶了一名美麗的泰爾彌薩斯女預言家為妻。他規劃藍圖重建了這座城市（而且毫不客氣地改名為戈爾迪烏姆向自己致敬），然後專心致志統治佛里幾亞，過著幸福快樂的一生。即便是在希臘神話的世界裡，偶爾也有結局圓滿的故事。

那輛牛車成了一件聖物，象徵戈爾迪亞斯的神聖統治權利。有一根雕刻拋光的山茱萸木柱立在廣場上，牛車的牛軛即以一條繩子和那根柱子繫在一起，綁了個有史以來最複雜的結。戈爾迪亞斯堅決要確保這輛牛車永遠無法被人從廣場上偷走。結果，一項傳說因此出現，而且就像所有的傳說一樣，以神秘而且不知來自何處的方式散播開來，指稱只要有人能夠解開這個繁複的結，就終有一天會成為亞洲的統治者。許多人都前來嘗試，包括船長、數學家、玩具製造匠、藝術家、工匠、魔術師、哲學家以及胸懷抱負的兒童，但完全沒有人拆解得開這個密密麻麻交纏相扣的繩結。

著名的戈爾迪之結在長達一千多年的時間裡一直無人能夠解開，直到後來有個莽撞而聰明的馬其頓國王率領軍隊開進這座城鎮。這名年輕的征服者名叫亞歷山大，他聽聞那項傳說之後，看了一眼那一大團繩結，然後就舉劍一削，劈開戈爾迪之結，從而贏得當代與後代人欣喜不已的盛讚。[102]

---

101 薩巴茲烏斯（Sabazios）是色雷斯人與佛里幾亞人崇拜的一種宙斯騎著馬的形象。

102 我第一次聽到這個故事的時候，對亞歷山大的景仰沒有增加，反而是減少。「他作弊！」我說。假設我「破解」一顆轉亂的魔術方塊，是用一根起子把所有的角塊撬下來，再以正確的順序拼回去，誰會因此稱讚我？不過，亞歷山大在歷史上卻以「能夠跳出框架思考」而被尊稱為「亞歷山大大帝」。在這世界上，天才戰士國王和我們其他人顯然各有不同的評價標準。

回到先前那個時代，戈爾迪亞斯的兒子邁達斯（Midas）王子長大成了一個性情開朗又和善的青年，所有認識他的人都深深喜愛以及仰慕他。

邁達斯

醜陋的陌生人

戈爾迪亞斯去世之後，他的兒子邁達斯繼位成為國王。邁達斯的生活單純而優雅，受到所有人的共同養育和仰慕，長大成為一名性情開朗又友善的青年。佛里幾亞不是特別富裕的王國，但邁達斯把自己大部分的時間和金錢都投注於王宮園區裡一座絕美的玫瑰園。這座玫瑰園成了當時的一大奇景。邁達斯最愛做的事情，就是漫步於這片多彩芬芳的人間樂園裡，照顧他的植物——每一株玫瑰都開了六十朵美麗奪目的花。

一天上午，他信步走在花園裡，懷著一如往常的喜悅心情，欣賞著露珠在他那些心愛的玫瑰的精緻花瓣上閃閃發光。就在這時候，他卻突然絆到一個東西，原來是個挺著大肚子的醜陋老人蜷縮著身體躺在地上睡覺，而且打鼾打得像豬一樣。

「唉喲，」邁達斯驚呼一聲：「真對不起，我沒有看到你。」

那個老人打了個嗝，然後站起身來深深一鞠躬。「求您原諒。」他說：「我昨天晚上忍不住受到您這些玫瑰的香味吸引過來，結果在這裡睡著了。」

「沒關係。」邁達斯親切有禮地說。他從小受到的教導就是隨時都要以尊重的態度對待長輩。「你要不要進來宮殿裡吃點早餐呢？」

「好啊，您真是大方。」

邁達斯完全不曉得這個大肚子的醜陋老人，其實是酒神狄奧尼索斯的好夥伴西勒諾斯（Silenus）。

「你會不會想要洗個澡？」他在他們走進室內的時候提議道。

「為什麼？」

「沒什麼，只是想到而已。」

西勒諾斯待了十天十夜，恣意享用邁達斯酒窖裡為數貧乏的藏酒，但也以狂放的歌曲、舞蹈和故事回報他。

在第十天的晚上，西勒諾斯宣稱自己將在第二天離開。

「我的主人會想我，」他說：「不曉得您的手下能不能帶我回到他身邊呢？」

「他們會很樂意的。」邁達斯說。

第二天，邁達斯與他的隨從帶領西勒諾斯踏上前往南部葡萄園的漫漫長路——因為那裡是狄奧尼索斯在一年當中的那個季節常去的地方。在炎熱的天氣中跋涉好幾個小時，穿越長滿草木的步道、爬上陡峭的山丘，再走過狹窄的偏僻小徑，終於遇到酒神及其隨從在一片原野上野餐。看到自己的老朋友，狄奧尼索斯大喜過望。

「你不在，酒喝起來都是酸的，」狄奧尼索斯說：「跳舞也跳不好，音樂聽起來更是索然無味。你跑到哪裡去了？」

「我迷路了。」西勒諾斯說：「這個親切的傢伙——」他把羞澀的邁達斯推上前來面對酒神：「——帶我到他的宮殿，熱情款待我。我把他大部分的酒和食物都橫掃一空，還在他的水壺裡撒尿，吐在他的絲綢坐墊上。他連一句抱怨都沒有，真是個徹頭徹尾的善良小子。」西勒諾斯拍了拍邁達斯的背。邁達斯盡力在臉上擠出笑容。他不曉得水壺和絲綢坐墊的事情。

如同許多愛喝酒的人，狄奧尼索斯也很容易突然變得多愁善感起來。他充滿感激地輕撫著邁達斯。「你們看到了嗎？」他彷彿對著全世界般的宣告道：「你們**看到**了嗎？就在你們對人類喪失信心的時候，他們就會這樣展現出自己的價值。這就是我爸爸所謂的**賓主之道**。真是太讓我感動了。你儘管說吧。」

「什麼？」邁達斯一心想要趕快離開。和西勒諾斯相處十天十夜實在是受夠了。現在，他滿心只想和他心愛的花朵獨處。醉醺醺的狄奧尼索斯和他那一大群的邁納德與薩特，恐怕連邁達斯的耐性也受不了。

「說你想要什麼獎賞。什麼都可以。不管你——呃！——想要什麼，我都會你給賜。我是說，」狄奧尼索斯莊重地更正自己的話：「我都會賜給你。就這樣。」他凶巴巴地加了一句，彷彿要反駁質疑他的人那般突然轉過身去，但他面前根本沒有人。

「大人，你是說我可以向你提出任何請求？」

什麼人不曾幻想過獲得精靈或仙女為自己實現願望呢？說來令人難過，但在狄奧尼索斯的大方提議之下，邁達斯有點被興奮沖昏頭。

我提過佛里幾亞是一座不太富裕的王國，而邁達斯在朋友眼中雖然不是個貪婪的人，卻也和其他的統治者一樣，總是渴望能有更多錢能夠挹注在他的軍隊、宮殿、臣民與城市的基本設施上。王室的開銷日漸增長，仁慈的邁達斯又不忍心對人民課徵重稅，所以這時就脫口說出他內心最天馬行空的一個願望。

「那我的請求是，」他說：「我希望我摸到的所有東西都會變成黃金。」

狄奧尼索斯露出一道頗為惡毒的微笑。「真的嗎？你想要這樣？」

「我想要這樣。」

「回家吧，」酒神說：「把你自己浸泡在葡萄酒當中，然後上床睡覺。等到天亮醒來，你的願望就會成真。」

金手指

也許邁達斯並不認為這段對話會帶來任何結果。眾神在這方面早就惡名昭彰，總是不惜以各種方式閃躲、扭曲以及逃避自身的義務。

儘管如此，為了以防萬一，邁達斯還是從他所剩無多的藏酒當中倒了幾桶在浴缸裡——畢竟，這麼做也沒什麼壞處。誰能肯定酒神說的話一定不會實現呢？至少，浴缸中蒸騰而上的酒氣確保他上床之後得以享有一夜深沉無夢的睡眠。

邁達斯在明亮的晨光中醒來，已經忘卻了瘋狂的願望與喝醉酒的神祇，只是一心想著自己的花朵。他從床上一躍而起，立刻趕到心愛的花園去。

那些玫瑰從來不曾顯得如此美麗過。他彎下腰，嗅聞一朵粉紅色的混種玫瑰，正處於最完美的半開狀態。那朵花散發出的優雅香氣令他開心得飄飄欲仙。他愛惜不已地輕輕拉開花瓣，結果就在那一瞬間，莖梗與花朵就變成了黃金。完全的純金。

邁達斯不敢置信地盯著眼前的景象。

他觸摸另一朵玫瑰，接著又是一朵。那些玫瑰只要一被他的手指碰到，就會立刻轉變成黃金。他如痴如狂地在花園裡跑來跑去，手在身邊的花叢上輕輕滑過，直到每一株玫瑰都凍結成為堅硬閃亮、珍貴無比的黃金。

邁達斯興奮不已地又跳又叫。這座曾經種滿各種珍稀玫瑰的花園，現在變成全世界最有價值的寶藏。他這下子富有了！而且是不可想像的富有！世界上從來沒有人這麼富有過。

他興高采烈的叫聲引起太太的好奇，於是走出宮門，站在花園外看著他，懷中抱著他們剛出生不久的女兒。

「親愛的，你為什麼在大叫？」

邁達斯跑到她面前，激動地緊緊抱住她們母女。「你一定不會相信的！」他說：「我摸到的東西都會變成黃金！你看！我只要——**啊！**」

他後退一步，才看見自己的太太與幼女已融合成一尊黃金雕像，在早晨的陽光底下閃閃發光。這麼一尊維妙維肖的母女雕像，絕對足以讓任何一名雕塑家感到自豪。

「我待會兒再來處理這個問題，」邁達斯心想：「一定有辦法可以把她們變回原形……狄奧尼索斯不可能會這麼……現在的重點呢——**喝！哈！呀！**」

一名衛兵、宮殿的一道側門，還有他最喜歡的王座，這下都變成了黃金。

「**嘿！嘩！呼！**」

茶几、他的酒杯、他的餐具——全都變成純金！

可是，這是怎麼回事？**喀喇！**他的牙齒因為咬到一顆金桃子而差點斷了。**鏗！**他的嘴唇碰到的酒竟然也變成了黃金。**鏘！**他拿來擦嘴的絲綢餐巾也變成金塊，以致砸傷他的嘴唇。

隨著邁達斯體認到自己這項贈禮的完整意涵，原本的欣喜之情於是逐漸褪去。

你想像得到接下來的故事。一瞬之間，對於擁有這麼多黃金的興奮與歡樂完全轉變成擔憂與恐懼。邁達斯觸碰到的一切東西都變成黃金，但他的心卻有如鉛一樣沉重。不論他說什麼，不論他怎麼尖聲大叫、詛咒上天，都無法讓他固化的冰冷妻女重新活過來。看見他心愛的玫瑰垂下沉重的花朵，使得他也不禁沮喪地低下了頭。他身周的一切物品都閃亮耀眼，發出俗豔的金黃光澤，但他的心卻像花崗岩一樣灰暗冰冷。

還有難以忍受的饑餓與口渴！經過三天一再看著食物與飲料在他手下變成無法食用的黃

金，邁達斯已覺得生不如死。

躺在黃金床上，又硬又重的床單完全無法為他帶來任何溫暖與舒適的感受，於是他就這麼陷入狂亂的夢鄉裡。他夢到自己的花朵恢復生命，變回柔軟嬌嫩的模樣——而且不只是他的玫瑰，更包括他現在才理解到對他而言最重要的花朵，也就是他的太太和女兒。在那個狂亂扭曲的夢境裡，他看見她們的臉頰恢復柔和的色彩，眼中也再度發出光芒。隨著這些迷人的影像在他的腦中閃爍舞動，狄奧尼索斯的聲音也突然響了起來。

「愚蠢的人！幸好西勒諾斯那麼喜歡你。我純粹是因為他才對你特別開恩。你明天早上醒來以後，到帕克托羅斯河（Pactolus）去。把你的雙手浸入河水裡，你身上的魔咒就會解除。任何東西只要放進那湍急的河水裡浸泡，就會恢復原本的模樣。」

第二天早上，邁達斯遵循夢中那道聲音的指示。如同夢中所言，他一碰觸到河水，就擺脫了觸摸成金的力量。喜出望外的他，花了許多時間來來回回把他的太太、女兒、衛兵、僕人、玫瑰以及他所擁有的一切物品都搬到河邊浸入水中，然後歡欣不已地拍著手，看著他們恢復成毫不值錢但卻是珍貴無價的原貌。

自此之後，流淌於特摩羅斯山腳下的帕克托羅斯河，就成了銀金礦這種金與銀的天然合金在整個愛琴海世界當中最大的來源。

邁達斯國王的耳朵

你大概認為邁達斯應該學到了教訓——那項在人類歷史上一再不斷重複的教訓。不要招惹眾神，不要信任他們，不要激怒他們，不要與他們交易，不要與他們競爭，對他們敬而遠之，並且要把一切的賜福視為詛咒，也把一切的承諾視為陷阱。更重要的是，絕對不要侮辱神祇，永遠不要。

就一方面而言，邁達斯確實改變了。現在的他不僅視黃金如糞土，對於一切的金錢與財物也都是如此。在狄奧尼索斯取消詛咒之後不久，邁達斯就成了潘恩的忠實追隨者——那個羊腳神祇，負責守護自然、法翁、草地以及世界上一切的野生生物。

頭上插花、腳穿涼鞋、身上只穿著足夠遮掩重點部位的衣物，邁達斯把佛里幾亞交給妻女統治，自己則是如嬉皮般投身於純樸快樂的田園生活。

事情原本應該會一切順利，偏偏潘恩不曉得怎麼產生了與阿波羅較勁的念頭，想要透過比賽決定里拉琴和排笛孰優孰劣。

一天下午，在特摩羅斯山坡的一片草地上，潘恩在一群聽眾面前吹起排笛。那群聽眾包括法翁、薩特、德律亞得、寧芙、各種半神半人，以及普通的凡人。他吹出一首粗野但悅耳的呂底亞調式曲子，而似乎召來吠叫的鹿、滾動的水流、跳躍的兔子、發情的雄鹿，以及奔馳的馬兒。那粗糙質樸的曲調令聽眾欣喜不已，尤其是邁達斯。他深深崇拜潘恩，還有這位羊腳神所代表的一切玩鬧嬉戲與瘋狂。

輪到阿波羅的時候，他站了起來，在里拉琴上奏出第一串音符，現場就隨即靜默下來。他的琴弦所發出的樂聲喚起普世之愛、和諧與幸福、深刻恆久的生命喜悅，以及天堂的感受。

他演奏完畢以後，聽眾一致起立鼓掌。山神特摩羅斯高喊出聲：「大神阿波羅的里拉琴獲勝，大家都同意嗎？」

「同意，同意！」薩特與法翁紛紛附和。

「阿波羅，阿波羅！」寧芙和德律亞得也一致大喊。

只有一個聲音提出了異議。

「不同意！」

「不同意？」數十顆頭轉了過去，想要知道是誰膽敢持不同意見。

邁達斯站起身來。「我不同意。我覺得潘恩的笛子發出的聲音比較好聽。」

就連潘恩也震驚不已。阿波羅默默放下手上的里拉琴，走向邁達斯。

「你再說一次。」

我們至少可以說邁達斯勇於堅持自己的看法。他嚥了兩口唾沫，才又重複一遍：「我——我說笛子的聲音比較好聽。笛子吹出的音樂比較……讓人興奮。比較有藝術性。」

那天阿波羅想必心情還不錯，因為他沒有當場屠戮邁達斯，也沒有像當初對瑪耳緒阿斯那樣一層層剝掉他身上的皮。他甚至也沒有對邁達斯造成任何痛苦，只是柔聲問道：「你真心認為潘恩的演奏比我還好？」

「沒錯。」

「既然這樣的話，」阿波羅笑了一聲說：「那你一定是有一雙驢耳朵。」

阿波羅的話一說完，邁達斯就感到自己的頭皮發生一項古怪、溫暖而又粗糙的變化。他疑惑地伸手去摸自己的頭，一旁的眾人卻開始發出充滿譏嘲意味的尖聲怪笑。他們看見邁達斯自己看不到的東西。兩隻灰色的驢子耳朵從他的頭髮底下長了出來，在他的頭上抽動不停。

「看來我說得沒錯，」阿波羅說：「你確實有一雙驢耳朵。」

邁達斯尷尬羞愧得滿臉通紅，隨即轉身逃出草地，只是他那雙毛茸茸的大耳朵還是可以清楚聽到眾人的譏笑與嘲諷。

他身為潘恩追隨者的日子顯然無以為繼。他圍上一條頭巾遮掩自己的驢耳朵，回到妻女身邊——他無憂無慮的鄉間生活實驗就此結束，只能在戈爾迪烏姆的宮殿裡重拾國王的職務。

在佛里幾亞，只有一個人看過他的驢耳朵，就是每個月為他理髮的僕人。除此之外，全國沒有其他人知道這項可怕的祕密，而邁達斯也決心要讓這樣的狀況保持下去。

「我們來打個交易。」邁達斯對那名理髮師說：「我為你提供比宮殿其他員工都還要多的薪水和退休金，你不准對別人透露自己看到的東西。不過，你要是對**任何人**透露一個字，我就會在你面前宰了你的家人，割掉你的舌頭，再把你放逐國外，讓你過著貧窮喑啞的流浪生活。明白嗎？」

害怕不已的理髮師點了點頭。

在接下來的三年裡，雙方都遵守這項約定。理髮師的太太與家人都因為他獲得加薪而吃得白白胖胖，也沒有人知道國王長了一對驢耳朵的事情。邁達斯風格的頭巾在佛里幾亞、呂底亞、色雷斯以及其他地區紛紛蔚為流行。各方就這麼相安無事。

不過，保守祕密是很痛苦的事情，尤其是這名王室理髮師所知道的祕密又是如此聳動。他每天醒來，都不禁覺得這項祕密在自己體內不停扭動膨脹。這名理髮師深愛妻子與家人，也對國王相當忠心，完全無意造成對方的羞辱或難堪。不過，他還是必須設法宣洩壓力，否則他恐怕自己就要爆炸了。不管是乳房腫脹而沒有受到擠奶的乳牛，還是懷了雙胞胎而晚產的孕婦，抑或是吃撐肚子蹲在茅坑上用盡全力卻排泄不出的饕客，都比不上這個可憐的理髮師這麼迫切需要紓解壓力。

最後，他終於想出一個方法，認定這麼做不但可讓自己卸下內心的重擔，又不至於對家人造成危害。一天晚上，他做了一個惡夢，夢到自己在主要廣場的一個陽臺上對著全戈爾迪烏姆目瞪口呆的居民揭露這項祕密。從夢中驚醒之後，他在曙光初露就立刻出門前往偏遠的鄉下地區。在一條杳無人跡的溪流旁，他在地上挖了一個很深的坑洞。他環顧四周，確認附近完全沒人，所以自己說的話絕對不會被人聽到之後，就跪在地上，以雙手環住嘴巴，然後對著那個坑洞喊出這句話：

「邁達斯有一對驢耳朵！」

他趕在話聲反射出洞外之前趕緊把洞填起來，卻沒有注意到一顆小小的種子飄了進去，落在坑洞底部……

把土填回坑洞之後，理髮師又在地面上用力踏了好幾腳，把那個驚人的祕密緊緊封存在洞裡。他一路蹦蹦跳跳地回到戈爾迪烏姆，直接前往他最喜歡的酒館，點了一大壺酒館裡最好的酒。現在，他終於可以安心喝酒，不必擔心自己會因為喝醉而洩漏祕密。他覺得自己彷彿是終於不必再扛著天空的阿特拉斯。

然而，在接下來的幾個星期裡，在溪畔的那個偏遠地點，那顆小小的種子卻在蓋婭輕柔的氣息溫熱下開始發芽。不久之後，一株嬌嫩的小蘆葦就從表土上冒了出來，並且逐漸長高。在微風的輕拂下，這株蘆葦發出一道細微的聲音：「邁達斯有一對驢耳朵。」

這句微弱的話語飄到生長在溪岸上的燈心草與莎草。「邁達斯有一對驢耳朵……」

燈心草與莎草發出的聲響由青草與樹葉傳遞，然後柏樹與柳樹也跟著颯颯作響起來，把這句話隨著微風飄散出去。

「邁達斯有一對驢耳朵。」樹枝輕聲說。

「邁達斯有一對驢耳朵。」鳥兒啼鳴道。

最後，這道聲音終於傳到了城市裡。

「**邁達斯有一對驢耳朵！**」

邁達斯國王驚醒過來。王宮外的街道傳來笑聲與呼喊聲。他躡著腳走到窗邊，蹲下來悄悄聆聽。

這樣的羞辱令他難以忍受。他還來不及想到要對理髮師及其家人施行報復，就以牛血混合一杯毒藥，抬頭對著天空發出一陣苦澀的笑，然後聳聳肩，喝下毒藥終結自己的性命。

可憐的邁達斯。他的名字永遠都會代表一個幸運又富有的人，但他實際上卻過了不幸又匱乏的一生。要是他只專注於自己的玫瑰就好了。養花蒔草無疑比點石成金好得多。

附錄

一對兄弟的補充介紹

最後再補談一下艾比米修斯與普羅米修斯這對兄弟。他們是大洋神女克呂墨涅（又稱亞細亞）與泰坦伊阿珀托斯的兒子，也是扛著天空的阿特拉斯還有遭到雷霆擊斃的墨諾提俄斯這兩人的弟弟。一般認為普羅米修斯的名字意為「先見之明」，艾比米修斯的名字則意為「後見之明」，所以一般的推測都是艾比米修斯行事莽撞而不考慮後果，他的哥哥普羅米修斯則比較會懷著洞察力審慎思考。不過，我們也許可以主張普羅米修斯把火帶給人類的舉動其實也沒有什麼特別謹慎、前瞻或者先見之明的地方。那是一項衝動、慷慨……甚至充滿愛心的舉動，但不是特別明智。艾比米修斯同樣也是仁慈和善，唯一的缺陷只是……我本來要說他就只是個凡人，但是這樣不合理，因為他是泰坦。他的缺陷所造成的後果無疑極為巨大。這對兄弟在一般人眼中的差異，直到今天都一再被哲學家用來代表人類某種根本的特質。

在柏拉圖的對話錄《普羅達哥拉斯》（*Protagoras*）裡，與書名同名的主角人物提出一項與傳統上不太相同的創世神話。

普羅達哥拉斯對蘇格拉底說，當初世界上只有不朽族，於是眾神決定在自然界當中添加新類型的凡俗生物。他們利用神聖之火與神聖氣息從土壤和水中創造出動物與人類，然後指派普羅米修斯與艾比米修斯為這些生物配置一切必要的屬性和特質，好讓他們在世間的生活能夠過得圓滿而成功。艾比米修斯自告奮勇從事這項分配工作，而對普羅米修斯說他可以事後再過來檢查成果。普羅米修斯接受他的提議。

艾比米修斯充滿幹勁地立刻開始工作。他為部分動物賦予了裝甲，例如犀牛、穿山甲和犰狳。對於其他動物，他則是以看似隨機的方式分別給予能夠抵擋風雨的厚重毛皮、保護色、毒液、羽毛、長牙、利爪、鱗片、箝子、鰓、翅膀、鬚毛，天曉得還有其他哪些東西。他為某些動物賦予速度與凶猛，為某些配給漂浮與飛行的能力——每個動物都各自獲得巧妙設計並且深富效率的專長，包括優異的方向感乃至挖洞、築巢、游泳、跳躍以及鳴唱。他剛為了自己給蝙蝠和海豚賦予回聲定位能力而得意不已，才發現這是最後一項可以分配的特質。他慣常的欠缺先見之明，導致他完全沒有想到該把哪些天賦留給人類——赤裸無毛、兩腿站立、可憐又脆弱的人類。

艾比米修斯內疚不已，於是問他哥哥說：這下所有天賦都已分配一空，他們該怎麼辦？人類沒有任何防護能力可以抵擋動物的殘忍、狡猾與貪婪。他闊綽分發給各種野獸的那些能力，絕對足以消滅掉毫無武器的人類。

普羅米修斯想出的解決方法，就是竊取雅典娜的技藝與赫菲斯托斯的火焰。有了這兩者，人類即可利用智慧、機敏與努力而對抗動物。人也許沒辦法游泳游得像魚那麼好，但可以想辦法製造船隻；人也許沒辦法跑得像馬那麼快，卻可以學會馴服馬兒、為馬釘上蹄鐵，從而騎馬奔馳。有一天，人說不定甚至能夠製造出足以媲美鳥兒的翅膀。

因此，由於意外與錯誤，人類得以在凡俗生物中獨樹一幟，獲得來自奧林帕斯的特質——不是為了讓人與眾神平起平坐，而只是為了讓他們能夠抵擋裝備比較完善的動物。

如同我剛剛提過的，普羅米修斯的名字意為「先見之明」。先見之明具有深遠的影響。英國哲學家羅素在《西方哲學史》（一九四五）這部著作裡寫道：

> 文明人與野蠻人的差別主要在於謹慎這一點上。或者，用個涵蓋範圍比較廣泛的詞語，差別主要在於先見之明。現代人願意為了將來的快樂而忍受當下的痛苦，就算將來的快樂相當遙遠也沒關係……真正的先見之明，就是一個人能夠在不受衝動驅使的情況下做一件事情，原因是他憑著理性知道自己在將來會因此獲益……個人一旦習於以整體的觀點看待自己的人生，就會愈來愈為了將來而犧牲當下。

這段文字也許顯示普羅米修斯之所以是人類文明之父，其實有另一項更細膩的原因，而不只是因為他為我們帶來了火——不論是真實還是象徵性的火。他還帶給我們這種先見之明的特質，這種能夠不必受衝動驅使而採取行動的特質。我們從狩獵採集者演變為農夫、城鎮居住者與商人，是普羅米修斯的先見之明所造成的結果嗎？你如果沒有能力預想未來，就不會辛勤耕種、規劃建造，以及貯存交易。

為免我們過度崇拜普羅米修斯這種帶有基督色彩的理想形象（畢竟，希臘人最常掛在嘴邊的一句座右銘，就是「凡事都不要過度」〔mēdén ágan〕），羅素提醒我們希臘人似乎感到有必要以比較黑暗、比較深沉也比較不穩定的熱情平衡他的影響：

> 明顯可見，這種〔依據謹慎與先見之明行事〕的做法有可能矯枉過正，例如守財奴就是如此。不過，就算沒有到那麼極端的地步，謹慎行事也還是有可能令人錯過人生中某些最美好的事物。狄奧尼索斯的崇拜者抗拒謹慎。他們在生理或靈性的迷醉當中，能夠找回遭到謹慎所摧毀的強烈感受；他們因此發現這個世界充滿歡樂與美麗，想像力也突然從日常事務的牢籠中獲得解放。如果沒有酒神的元素，人生就不免乏味；有了酒神的元素，人生就不免危險。謹慎與熱情的衝突貫穿歷史。在這項衝突當中，我們不該完全偏向其中任何一邊。

普羅米修斯的複雜度與含糊性相當值得注意。他為我們帶來了火——創意之火——但也給了我們促使人邁向文明的先見之明，從而壓下另一種更狂野的火。希臘人拒絕把任何神聖個體視為完美而且完整無缺，不管是宙斯、摩羅斯或是普羅米修斯都是如此，而這也正是希臘人最深得人心之處。至少我是這麼認為……

希望

厄爾畢斯被留在潘朵拉的罐子裡，對於希臘人而言帶有什麼意義，又可能對當今的我們帶有什麼意義，一直是學者與思想家之間一項引人入勝的辯論議題，而且這樣的辯論可以追溯到文字的發明，或甚至更早。

有些人認為厄爾畢斯留在罐子裡乃是強化宙斯對人類的詛咒所帶有的可怕性質。他們指出，世界上所有的惡都被派來折磨我們，但我們卻連希望的慰藉都得不到。畢竟，放棄希望經常被視為是不再關心也不再努力的前奏。但丁筆下的地獄大門，就宣告所有進門者都必須徹底放棄希望。因此，被希望棄絕該是一件多麼可怕的事情。

另外有些人則是主張厄爾畢斯不只代表「希望」，也代表預期，而且不僅如此，更是代表對於**最糟狀況**的預期。換句話說，就是不祥的預感、擔憂、一種認定災難即將來臨的恐懼。這種解讀潘朵拉神話的方式，認為鎖在罐子裡的最後那個精靈其實是最邪惡的一個。在厄爾畢斯沒有逃出罐子的情況下，人類至少不會對自身命運的悲慘以及存在本身這種毫無意義的殘酷狀態懷有強烈的預感。換句話說，由於厄爾畢斯被鎖在罐子裡，我們因此能夠像艾比米修斯那樣活在當下，對於籠罩在我們所有人頭上的痛苦、死亡以及終究無可避免的失敗一無所知，或者至少是置之不理。從一個黑暗的角度來看，這種解讀觀點乃是頗為樂觀。

尼采又以另一個稍微不同的觀點看待這項神話故事。在他眼中，希望是罐子裡所有那些生物當中危害最大的一個，因為希望會延長人類存活於這個世界上的痛苦。宙斯之所以把希望放在罐子裡，原因是他想要讓希望逃脫出來，而以好事即將發生的虛假承諾不斷折磨人類。潘朵拉把希望鎖在罐子裡乃是一大成就，使我們得以避免宙斯最殘酷的懲罰。尼采指出，一旦有了希望，我們就會蠢得相信存在具有意義、目標與前景。在沒有希望的情況下，我們至少可以不受虛妄抱負所迷惑而努力活下去。

只希望──或者該說是在沒有希望的情況下──我們可以為自己做出決定。

巨人之戰

希臘神話裡有一些關於癸干忒斯之戰──又稱為「巨人之戰」──的故事。這個戰士種族共有一百人（我先前提過，從現代的角度來看，他們並不是特別高，也不是特別巨大），誕生自蓋婭與遭到閹割的烏拉諾斯所流出的鮮血。這場戰爭也許是蓋婭最後一次奪回宇宙控制權的嘗試。在某些文獻裡，這場戰爭似乎與泰坦之戰有所重疊或者互相結合。可以確定的是，當時的確發生了一場暴力反抗行動，由巨人之王歐律墨冬（Eurymedon）率領巨人對抗眾神。

我們不知道所有參與者的名字，但其中幾個最強大的人物所遭遇的命運確實受到了記載。最強而有力的恩克拉多斯（Enceladus：吵鬧者）被雅典娜埋在埃特納火山（Etna）底下，他至今仍在那座監獄裡發出隆隆作響的牢騷。[1]波呂波忒斯（Polybotes）被壓在尼希魯斯（Nisyrus）底下——尼希魯斯原是科斯島的一部分，後來被波塞頓掰下來砸在波呂波忒斯身上。[2]達米索斯（Damysus：征服者）在戰爭初期就遭到殺害，但後來因為遺體被人頭馬喀戎挖出來利用而出名。赫菲斯托斯把一桶熔鐵倒在不幸的彌瑪斯（Mimas：模仿者）身上；克呂提俄斯（Clytius：馳名者）遭到赫卡忒的火把焚身；塞克烏斯（Syceus）在遭到宙斯緊追不捨的情況下，被蓋婭變成一棵無花果樹，而得以避免遭到滅絕的命運。[3]希波呂托斯（Hippolytus：馬匹踐踏者）遭到荷米斯所殺，原因是荷米斯採用了套上隱形斗篷的作弊手法；狄奧尼索斯則是以他神聖的酒神杖（thyrsus）殺了提福俄斯（Typhoeus：俊俏者）。

我讀到有一個名叫阿里斯泰俄斯（Aristaeus：最傑出者）的巨人，[4]因為被他的母親蓋婭變成糞金龜的模樣藏匿起來，而得以躲過戰爭的劫數。不過，至於托翁（Thoon：迅捷者）、

1　現在，科學家指稱土星有一顆名為恩克拉多斯而且距離地球僅有八億英里的衛星，似乎提供了生命存在所需的必要條件。所以，蓋婭也許早就有計畫要讓她的血脈擴展到別的世界上。

2　我的希臘文辭典查不到波呂波忒斯的名字所代表的意義。這個名字似乎意為「充滿滋養」或者「多所餵養」。也許就是「肥沃」的意思。

3　從此以後，希臘文就以他的名字「Syceus」指稱無花果樹。

4　不是與他同名的那個負責養蜂的小神。

佛伊提歐斯（Phoitios，莽撞者）、莫利歐斯（Molios）、恩菲托斯（Emphytos，腳踏實地者）以及天曉得還有其他多少的巨人族後來究竟下場如何，就我們所知並沒有留下紀錄。

奇怪的是，有一則記述提到凶猛的巨人波耳費里翁（Porphyrion，紫色巨人）想要強暴赫拉而遭到宙斯與海克力斯所殺，所以他的死亡時間比癸干忒斯之戰晚了許多。不過，時間軸這種前後一致又穩定的機制，絕對不可能用來勾畫希臘神話那混亂複雜又令人眼花撩亂的進展。

腳與腳趾

希臘人和英美人一樣，也用腳當做測量單位。一「普斯」（pous，複數為podes）相當於十五或十六根腳趾（daktyla）的長度，差不多等於一英尺（foot）。一百普斯等於一普勒戎（plethron，田徑跑道的寬度），六普勒戎等於一斯塔達（stadion，田徑跑道的長度，英文的「體育場」〔stadium〕即是由此而來），八斯塔達則是等於一英里，希臘文稱為米利安（milion）。和腳有關的詞語——「足科醫師」（podiatrist）、「章魚」（octopus，又稱為「八腕目動物」〔octopode〕）、「三腳架」（tripod）等等——則是顯示其中的字母「P」如何在朝向西方傳遞的過程中經過扭曲而變成了「F」：「pous」在德文裡變成「Fuss」，在英文裡則是變成「foot」。「Pfennig」（德國貨幣芬尼）、「Pfeife」（菸斗）與「Pfeffer」（胡椒粉）至今仍然受到德文使用，但在英文已經變成了「penny」、「pipe」與「pepper」（但英文倒是還保有

「fife」（菲菲笛）一詞）。十九世紀初期的語文學家施勒格爾（Friedrich von Schlegel）首先注意到這種「擦音大變動」，後來成了格林定律的一部分——這個名稱是為了向格林兄弟致敬，因為他們投注許多心力證明這一點：歐洲與中東的大多數語言，都能夠一路追溯到印度以及那些語言名義上的原始印歐語祖先。

後記

在以下的內容中，我針對神話的本質提出一些想法，也簡單概述我在寫作本書的過程中所參考的部分文獻。

必須強調的是，我從來無意對神話進行詮釋或解釋，我的目標只是要述說神話故事而已。當然，為了讓本書的敘事能夠帶有一致性，我不得不對時間軸做些調整。舉例而言，我的「人類時代」就與詩人赫西奧德的著名版本不同，以便更明確劃分克羅諾斯統治的時代與人類受到創造的時代。在將近三千年前的希臘，由於故事爆發的情形極為熱烈，因此種種事件必然不免顯得似乎都在同時發生。如果有人對我說我把那些故事「搞錯了」，那麼我相信我有充分的理由可以回應指出，這些故事畢竟只是虛構的。我調整細節的做法，其實和自古以來眾人講述神話的方式無異。就這個面向上而言，我覺得自己也為神話的存續盡了一己之力。

神話、傳說與宗教

就像珍珠是環繞著沙粒形成，所以傳說也是環繞著些微的真相建構而成。例如羅賓漢的傳說，就似乎是從一個真實存在過的歷史人物衍生而來。[1]在故事隨著一個個世代流傳下來的過程中，逐漸累積的敘事內容經過潤色誇大之後，就不免在某個時間點演變成傳說。這樣的故事很有可能會被書寫下來，因為傳說的英文「legend」乃是由「legere」這個拉丁文詞語的動形容詞衍生而來，其意思為「用於閱讀」。[2]

不過，神話是充滿想像力與象徵性的虛構故事。沒有人會相信赫菲斯托斯真的存在過。他是金屬加工、製造與工藝的代表。這些活動的化身竟然被描繪成一個黝黑、醜陋而且瘸腿的人物，就會吸引我們加以解讀以及解釋。我們也許注意到實際上的鐵匠雖然身材壯碩，卻經常皮膚黝黑、滿布疤痕而且肌肉發達，以致顯得凶悍而嚇人。也許有許多文化都要求身體健康、高䠷以及完整無缺的男子必須成為士兵，所以反應緩慢、瘸腿又矮小的男孩可能從一開始就會到鐵匠鋪與工作坊裡當學徒，而不是接受打仗的訓練。因此，那些集體文化想像出來的鐵匠之神，自然就可能反映出他們熟悉的人物典型。這類神祇乃是依據我們的形貌創造出來，而不是神祇依照自己的形貌創造出我們。

神話與神話人物雖然起源於象徵意義而不是歷史記載，卻與根源零散的傳說經歷了相同的虛構重塑與潤色。神話同樣被書寫下來，而且希臘神話更在荷馬、赫西奧德以及後續作家的筆下受到詳細記述，為我們提供豐富的時間軸、家族世系與人物歷史，所以像我在本書中嘗試的這種故事講述才有可能實現。

從一個簡單而且明顯可見的角度來說，神話描述的對象是觀察不到的神祇與怪物。古希臘人口中也許有些人**相信**世界上存在著人頭馬與水龍、海神與爐灶女神，但必然難以證明那些東西的存在，也難以說服別人相信。我想，講述以及轉述神話的人，在意識中的某個層次上必然明瞭自己述說的是虛構故事。他們也許認為世界上曾有寧芙與怪物，但也能夠相當確定這類生物已不復存在。

祈禱、儀式與獻祭，也就是向肉眼看不見的自然力量所納的稅，則是另一回事。到了某個階段，神話會變成信仰，接著再變成宗教。神話從圍坐在火堆旁講述的故事演變成一套強制信徒遵從的系統性信仰。教士階級興起，開始指示人應該有何行為表現。神話究竟如何經過成文化的過程而成為經文、禮拜儀式與神學，是足以寫成另一本書的主題，也超出我的學識範圍之外。不過，我們可以說古希臘人沒有近似於聖經或古蘭經那樣的書面經典。他們有「密教」以及各式各樣涉及狂喜狀態的啟蒙儀式，也許類似於現在可見於世界其他地區的薩滿儀式，而且還有許多的廟宇和祭壇。此外，即便在雅典那個光輝的理性與哲學時代，像蘇格拉底這樣的人也還是有可能因為宗教理由而遭到處死。[3]

1　熱門人選有洛克斯利的羅賓（Robin of Loxley/Locksley）以及亨廷頓伯爵費茲奧斯（Lord Fitzooth）。

2　值得一提的是，「legere」這個動詞的動名詞型態「lectum」帶有「聚集」的意思——例如由此衍生而來的詞語「大學」（college）與「收集」（collect）。所以，傳說也許不只是書寫下來供人閱讀的故事，也是受到收集而來的故事。

3　他遭到指控的罪名，是以反宗教的態度拒絕承認雅典邦的神祇。

希臘人

如果有人認為希臘人高人一等，特別獲得上天賦予開明的智慧與理性的博愛，這絕對是錯誤的看法。古希臘有許多的面向都必定會令我們覺得陌生而反感，例如女性在家庭以外的事務當中不能扮演實質的角色、奴役現象普遍存在、懲罰措施極為嚴厲，生活也可能極為困苦。雅典人不只崇拜阿波羅與雅典娜，也崇拜狄奧尼索斯與阿瑞斯，還有潘恩、普里阿普斯與波塞頓。希臘人之所以對我們這麼具有吸引力，原因是他們看起來能夠以如此細膩、深具洞見又生動的方式察覺到我們本質當中的這些不同面向。德爾菲阿波羅神廟的前殿刻著「認識你自己」這句話。透過神話還有希臘人的其他著作，我們可以看到這個民族確實竭盡全力實踐這句古老格言。

所以，古希臘人雖然可能稱不上完美，卻似乎發展出一項技藝，能夠以勝過大多數文明——可能也包括我們自己的文明在內——的坦率清明目光看待這個世界以及他們自己。

地點，地點

希臘。希臘是什麼，在什麼地方？在神話的時代，希臘並不是一個國家。當時雖有一片我們現在可以走訪的陸塊和一群島嶼具有可以辨識的政治主權，但本書當中的希臘世界涵蓋了小亞細亞的大部分地區，包括土耳其，還有敘利亞、伊拉克與黎巴嫩的部分區域，以及北非、埃及、巴爾幹半島、阿爾巴尼亞、克羅埃西亞與馬其頓。「阿里翁與海豚」的故事涉及義大利南部，其他神話故事提到的民族則可能在某些時期自稱為赫愣人、愛奧尼亞人、阿果斯人、阿提卡人、色雷斯人、埃俄羅斯人、斯巴達人、多利克人、雅典人、賽普勒斯人、科林斯人、底比斯人、佛里幾亞人、西西里人、克里特人、特洛伊人、維奧蒂亞人、呂底亞人……以及其他許許多多。我很清楚這一切都相當混亂，對於不是學者或者希臘公民的人而言可能也會令人頗感懊惱。雖有地圖可以參考，但除此之外，我真心希望你不會為了搞清楚這一切而把自己給逼瘋了。天知道我為了搞清楚這一切有多麼辛苦，我可不希望你經歷同樣的困惑與擔憂。

古代的參考資料

重述希臘神話故事，就不免必須跟隨前人偉大的腳步。在本書的前言，我提到了伊迪絲·漢彌爾頓的一句話，指稱希臘神話是「偉大詩人的創作」。希臘神話最深的源頭雖然在於史前時代以及沒有受到記錄的民間傳說，但在為本書蒐集材料的過程中，我就像任何人一樣，能夠查閱西方傳統中最早的詩人所撰寫的著作，而他們不但恰好是希臘人，撰寫的主題也恰好就是神話。

現存文獻裡有一批獨特的寶藏，依據時間先後順序記錄希臘神話當中的事件，從宇宙的開創與眾神的誕生一路記述到他們與人類互動以及干預人間事務的行為告終為止。這些作品始於荷馬，他有可能是單獨一名（失明的）愛奧尼亞詩人，也有可能不是，但有兩部偉大的史詩都被認為是他的作品，也就是據說寫成於西元前八世紀的《伊利亞德》與《奧德賽》。這兩部史詩的故事背景是特洛伊圍城戰及其後果，但荷馬對於先前的神話提出了無數深具參考價值的指涉。與他差不多同時代的詩人赫西奧德（無疑是單一個人），則是為希臘神話盡力整理出也許可以算是時間軸的結果。他的《神譜》（*Theogony*）敘述了創世過程、泰坦的崛起、眾神的起源，以及奧林帕斯的建立。他的《工作與時日》（*Erga kai Hemerai*）講述了普羅米修斯與潘朵拉等人類創生的重大故事，並且列出人類的五個時代——黃金時代、白銀時代、青銅時代、英雄時代與鐵器時代。

後續的希臘與羅馬詩人、作家及旅人填補其中的闕漏，也進一步闡揚、渲染，把不同的故事結合起來或是混為一談，有時更是直接捏造其他的希臘神話故事，但大多數都是源自於赫西奧德整理出來的世系。在這些著作當中，《書庫》（*Bibliotheca*）這部神話辭典大概是最珍貴的文獻。這本書原本被認為是雅典的阿波羅多洛斯（Apollodorus of Athens）這位西元前二世紀學者的作品，但這種說法已受到懷疑；現在認為這部著作的作者是一位不知名的人士，被人取了「偽阿波羅多洛斯」這個頗具羞辱性的稱呼，生存年代可能在西元一世紀或二世紀。其他具有說服力以及可靠的文獻可能全都來自於西元二世紀，包括希臘旅人暨旅行指南編纂者保薩尼亞斯（Pausanias）、「小說家」朗格斯（Longus；以希臘文寫作）與阿普列尤斯（Apuleius；以拉丁文寫作），還有拉丁散文作家希吉努斯（Hyginus）的作品。

高高聳立於他們之上的，是羅馬詩人奧維德（Ovid；西元前四十三年—西元十七年）。他的《變形記》講述了凡人、寧芙及其他個體的故事，他們因為受到眾神的懲罰或憐憫而被變成動物、植物、河流或甚至石頭。他的其他作品，尤其是《愛的藝術》（*Ars Amatoria*）和《女傑書簡》（*Heroides*），也含有經過重塑的希臘神話故事，其中總是使用眾神的拉丁文名字——把宙斯稱為「朱威」或「朱比特」、阿提米絲稱為「黛安娜」、厄洛斯稱為「丘比特」或「埃莫」等等。奧維德極為多產，筆下展現出來的活力與不斷變換觀點的寫作方式，則帶有玩世不恭、俏皮又富有電影色彩的特質。從大量充斥於莎士比亞的劇本與詩作當中的指涉，可以看出他和其他許多作家還有藝術家一樣，都深受奧維德所影響。奧維德相當樂於添加、削減以及發明，而他這樣的做法也影響了我，並且壯大我的膽子，讓我在本書的重述當中敢於——如果可以這麼說的話——**發揮想像力**。

現代的參考資料

大西洋兩岸的許多兒童都像我一樣，從小讀著四位熱門程度歷久不衰的美國作家所寫的希臘神話故事集長大。其中兩位是十九世紀的作家：霍桑（Nathaniel Hawthorne）撰寫了《為女孩與男孩而寫的神奇故事書》（*A Wonder-Book for Girls and Boys*；一八五一）及其續作《纏繞樹林的故事》（*Tanglewood Tales*；一八五三）；布爾芬奇（Thomas Bulfinch）寫了《傳說時代》（*The Age of Fable*；一八五五），後來被納入《布爾芬奇的神話故事選集》（*Bulfinch's Mythology*；一八八一）這部簡明扼要的彙編當中，而在這一百六十年來再版好幾十次。二十世紀由另外兩位作家所稱霸，一位是伊迪絲．漢彌爾頓，她的《希臘羅馬神話：永恆的諸神、英雄、愛情與冒險故事》（*Mythology: Timeless Tales of Gods and Heroes*；一九四二）至今仍然再版；另一位是伊夫斯蘭（Bernard Evslin），他撰寫了《希臘神話裡的英雄、神祇與怪物》（*Heroes, Gods and Monsters of the Greek Myths*；一九六七）這部長青著作。英國的類似作品有查爾斯．蘭姆（Charles Lamb）的《尤利西斯歷險記》（*The Adventures of Ulysses*；一八〇八）與海德（L. S. Hyde）的《最喜愛的希臘神話》（*Favourite Greek Myths*；一九〇五）。後者是我小時候最喜歡的一本書。

這些著作雖然都可圈可點，而且至今仍是如此，卻都傾向於避開或者刪除故事裡的情慾和暴力情節，儘管那些情節乃是希臘神話世界裡極度不可或缺的一部分。詩人暨小說家格雷夫斯（Robert Graves）沒有這樣的顧忌，但他總計兩冊的《希臘神話》（*The Greek Myths*；一九五五）這部結構和敘事方式都頗為奇特的著作，雖然寫作嚴謹、深具學術性與啟發性，卻是採取比較文學性與研究性的觀點，並且一再強調他對於「白衣女神」信仰的著迷。弗雷澤（James Frazer）與後來的作家，包括坎伯（Joseph Campbell）在內，他們的作品雖然也都相當值得參考，但焦點卻都比較不是放在希臘神話上，而是著重於探究其他各種學術性、心理學、比較文學與人類學的議題。現在，網路上有許多專門幫助兒童「發現」希臘神話的網站——不過，在閱讀那些把卡德摩斯稱為「哥們」，把荷米斯描述為「很酷」，而黑帝斯則是個「心理有問題的傢伙」的文章之後，你可能會覺得有需要躺下來休息一下。

能夠讓我衷心推薦的一個網站，是「theoi.com」——這是個絕佳的參考資源，完全聚焦於希臘神話。這個網站是荷蘭與紐西蘭合作成立的專案，含有一千五百頁以上的文字與一千兩百張圖片，包括希臘神話主題的瓶飾畫、雕塑、馬賽克畫與溼壁畫。其內容藉由索引、世系與標題等方式分類。其中的參考書目極為傑出，可以引導人踏上一場迷宮般的追尋之旅，跳躍於一份份的文獻之間，就像興奮不已的蝴蝶收集者一樣。

名字的拼寫

由於許多希臘神話以及其中的人物都是經由拉丁文作家流傳下來，而且今天英文使用的字母也比較接近於羅馬字母而不是希臘字母，所以人物與地點名稱的拼寫正確性都不太可靠。我大可選擇只採用希臘拼法，把刻耳柏洛斯（Cerberus）、傑森（Jason）與卡德摩斯（Cadmus）寫為「Kerberos」、「Iason」以及「Kadmos」。我是不是應該把克羅諾斯寫成「Cronus」而不是「Kronos」？也許阿克泰翁應該寫成「Aktaion」，而不是「Actaeon」？我們都對納西瑟斯的拼法「Narcissus」習以為常，所以要是採用「Narkissos」不免讓人覺得太過刻意。所以，我終究採取了缺乏一致性的做法，不過卻是全書前後一致地採取這種不一致的做法。

名字的發音

我的建議是，你在心裡可以用自己覺得最順口的方式發音。希臘字母「κ」涵蓋硬發音的「k」音，「χ」則是涵蓋送氣比較多的喉擦音，就像「loch」（湖）與「Bach」（巴哈）當中的「ch」發音。不過，如果把所有的「ch」都發成標準的「k」音，也沒什麼問題。我在學校裡學習古希臘文的時候，老師說希臘字母「η」的發音與英文的「ee」相同，所以這個字母的名稱唸為「伊塔」。不過，現在一般卻都把這個字母的名稱唸為「艾塔」。我覺得這種現代發音方式在美式英語當中的普及度高於在英式英語當中。舉例而言，美國人通常會把「beta」唸為「貝塔」，我們英國人則是傾向於唸為「比塔」。

所以，「Thetis」（忒提斯）到底該唸成「Theetis」、「Thettis」還是「Thaytis」？「Metis」（墨提斯）該唸成「Maytis」、「Mettis」還是「Meetis」？「Hera」（赫拉）該唸成「Hearer」還是「Hairer」？「Ares」（阿瑞斯）該唸成「Ahr-ease」還是「Air-ease」？現代希臘人採取一種發音，英國與美國的學者採取另一種發音，而一般的通用說法——在找得到比較常見的通用說法的情況下——又是另一種發音。在我看來，如果有人對你說什麼樣的唸法必然是正確或錯誤的，那樣的說法絕對都不足採信。

致謝

首先要感謝我的丈夫 Elliott 以極大的耐心忍受我長時間沉浸在古希臘的神話世界裡；也要感謝我心愛的妹妹與助手 Jo Crocker 堅持不懈地把我的生活雕琢成這樣的形貌，讓我能夠擁有大量的寫作時間。

一如往常，我依然要感謝我的經紀人 Anthony Goff，還有 Louise Moore 以及 Michael Joseph 出版社的全體人員，感謝這家企鵝藍燈書屋旗下的出版社願意出版我的作品。尤其要感謝我那位勤奮、固執、迷人、體貼而且洞察力總是深刻得教人頭痛的編輯 Jillian Taylor。

聯經文庫
眾神的遊戲：喜劇大師寫給現代人的希臘神話故事（卷一）

2021年8月初版　　定價：新臺幣480元

著者　Stephen Fry
譯者　陳信宏
叢書編輯　林月先
校對　施亞蒨
內文排版　極翔企業
封面設計　鄭婷之

出版者　聯經出版事業股份有限公司
地址　新北市汐止區大同路一段369號1樓
叢書編輯電話　(02)86925588轉5388
台北聯經書房　台北市新生南路三段94號
電話　(02)23620308
台中分公司　台中市北區崇德路一段198號
暨門市電話　(04)22312023
台中電子信箱　e-mail：linking2@ms42.hinet.net
郵政劃撥帳戶第0100559-3號
郵撥電話　(02)23620308
印刷者　文聯彩色製版印刷有限公司
總經銷　聯合發行股份有限公司
發行所　新北市新店區寶橋路235巷6弄6號2樓
電話　(02)29178022

副總編輯　陳逸華
總編輯　涂豐恩
總經理　陳芝宇
社長　羅國俊
發行人　林載爵

行政院新聞局出版事業登記證局版臺業字第0130號

本書如有缺頁，破損，倒裝請寄回台北聯經書房更換。　ISBN 978-957-08-5854-9（平裝）
聯經網址：www.linkingbooks.com.tw
電子信箱：linking@udngroup.com

國家圖書館出版品預行編目資料

眾神的遊戲：喜劇大師寫給現代人的希臘神話故事（卷一）/ Stephen Fry著．陳信宏譯．初版．新北市．聯經．2021年8月．496面．14.8×21公分（聯經文庫）
譯自：Mythos
ISBN 978-957-08-5854-9（平裝）

1.希臘神話

284.95　　110007907